울릉도와 독도,
그 역사적 검증

울릉도와 독도, 그 역사적 검증

1판 1쇄 발행   2010년 4월 9일
1판 3쇄 발행   2018년 1월 21일

글쓴이   송병기
펴낸이   주혜숙

편   집   권미애, 노민정
디자인   박미경, 김미현

펴낸곳   역사공간
         서울특별시 마포구 월드컵로 100 한산빌딩 4층
         전화 : 02-725-8806
         팩스 : 02-725-8801
         e-mail : jhs8807@hanmail.net
         블로그 : blog.naver.com/jgonggan
등록   2003년 7월 22일 제6-510호
ISBN   978-89-90848-49-5   93900

※이 책은 한국해양수산개발원의 지원을 받아 저술되었음.

※잘못된 책은 바꿔드립니다.

가격 19,000원

울릉도와 독도,
그 역사적 검증

송병기 지음

역사공간

한국 역사학계 일각에서는 일찍이 1975년경부터 독도의 역사를 다시 써야한다는 논의가 일고 있었다. 한국사학회 최영희(崔永禧) 선생을 중심으로 한한국근대사자료연구협의회의 성립(1978년 4월)은 이런 학계의 여망에 부응한것이라고 할 수 있다. 당연히 협의회에서는 새로운 독도사 편찬을 기획하였다. 저자도 이 모임에 참여해「고종조(高宗朝)의 울릉도 독도 경영」을 집필하게 되었다. 이것이 저자의 독도 연구의 시작이었다.

고종조의 독도 연구에 착수하면서 다음의 두 가지에 유념하기로 방침을 정하였다. 첫째, 독도는 오랫동안 무인도였지만 울릉도의 속도(屬島)이기 때문에그 연구는 오히려 울릉도를 중심으로 하여야 하며, 둘째, 지금까지 학계의 연구성과를 놓고 볼 때 자료의 수집, 특히 조선 후기 이래의 한국 문화의 보고라고 할 수 있는 규장각 자료를 활용하는 것이 바람직하다는 것이었다.

이런 방침에 따라 저자의 울릉도·독도 연구는 처음부터 규장각 자료에 집착해 왔다. 그 결과 (1) 17세기 말 이후의 울릉도 수토제도의 확립, (2) 검찰사이규원(李奎遠)의 울릉도 파견과 개척, (3) 울릉도의 지방관제 편입과 석도(石島), (4) 일본의 '량고(Liancourt)'도 영토편입과 울도군수 심흥택보고서(沈興澤報告書) 등의 논문을 완성할 수 있었다. 그리고 여기에 다시 몇 편의 논문을 추가하여『울릉도와 독도』(1999년 2월)를 간행하였고, 이어서『고쳐 쓴 울릉도와 독도』(2005년 11월)를 간행하였다.

『고쳐 쓴 울릉도와 독도』에서는 책의 체재를 개설화하고, 본문의 한글화를 시도하였다. 한편 '울릉도쟁계(鬱陵島爭界, 다케시마일건, 1693~1699년)' 등 17세기 말 이래의 한·일 간의 울릉도·독도 영유권 분쟁을 해명하려고 하였다. 그러나 이 문제는 그동안 저자가 금과옥조(金科玉條)로 강조한 규장각 자료만으로 해명할 수 있는 것이 아니다. 다시 일본 측 자료를 조사 분석하고 재해석할 때 비로소 완성될 수 있는 것이다. 『재정판(再訂版, 제3판) 울릉도와 독도』(2007년 7월)는 이런 반성 과정을 거쳐서 출간된 것이다.

하지만 저자에게는 재정판의 내용이 만족스럽지 못하였다. 일본 자료의 조사, 분석, 재해석 작업이 제대로 이루어지지 않았다고 생각되기 때문이다. 그리하여 재정판이 나오자마자 수정 작업은 다시 시작되었고, 이제 그런대로 결실을 보아 이 책『울릉도와 독도, 그 역사적 검증』을 내놓게 된 것이다. 이제 겨우 규장각 자료 등에 의존하여 울릉도쟁계나 안용복 문제 등을 바라보았던 우리에게 시사하는 바가 있을 것이다.

이 책에서는 조선 정부가 진작부터 울릉도와 독도를 그 판도로 인식하고 있었다는데 대해서도 주목했다. 즉 15세기 중엽에 찬진(撰進)된 『세종실록』「지리지」(1454년)에 울릉도와 우산도를 수록함으로써 조선은 두 섬에 대한 왕조의 영유의지를 명확히 했던 것이다. 공도정책은 대(對)왜구정책상 울릉도 거민(居民)의 철수를 의미할 뿐이다. 15세기 초 수토관(搜討官)의 전신인 순심경차관(巡審敬差官)의 울릉도 파견(1438년)이 이를 잘 말해준다.

이 책에서는 울릉도의 청동기 문제에도 주목하였다. 최근에 실시한 한 지표조사에 의하면, 울릉도에 3기의 지석묘가 존재한다는 사실이 보고되었다. 이는 울릉도에 무문토기를 사용하는 청동기인들이 생활하고 있었다는 것을 시사한다. 이 청동기인들은 내륙보다는 늦겠지만, 역사상 최초의 국가형태인 '초기국가(성읍국가)'를 영위하였을 것이다. 이들은 울릉도가 '우산도(독도)와는 떨어짐이 멀지 않아 풍일(風日)이 청명'하면 바라보기도 했을 것이다.

그러니까 이 책의 요지는 (1) 울릉도에는 청동기시대(문화)가 존재했으리라는 것, (2) 독도는 15세기 중엽(1454년)에 울릉도와 함께 조선령으로 선포되었으며, (3) 두 섬은 17세기 말 울릉도쟁계의 결과 일본이 조선령으로 인정하였다는 것이다. 이는 지난 30여 년 동안 저자가 울릉도와 독도 연구에서 얻은 작은 성과였다고 말하고 싶다. 앞으로의 울릉도·독도 연구의 대전제, 또는 방법이 되기를 기대한다.

저자는 울릉도와 독도의 역사와 씨름하는 동안 건강을 해쳤던 것 같다. 지난 연말에는 지병이 악화되어 탈고를 앞두고 뇌수술까지 받아야 하는 등 병마에 시달리기도 했다. 그럼에도 불구하고 큰 차질 없이 이 책을 내놓을 수 있었던 것은 주위 선배나 제자들의 도움이 있었기 때문이었다.

국제한국연구원장 최서면(崔書勉) 선생께서는 일본에서 입수한 독도를 비롯한 한일 관계 귀중 자료들을 건네주셨으며, 그때마다 따뜻한 격려의 말씀을 아끼지 않으셨다. 그 고마움을 길이 간직하여 잊지 않을 것이다.

단국대학교 교양학부의 박성순(朴性淳) 군과 한국학중앙연구원 한국학대학원의 홍정원(洪政阮) 군의 노고도 잊을 수 없다. 박군은 바쁜 시간을 쪼개어 교정을 맡아주었고, 홍군은 수족이 불편한 저자를 대신해 원고의 입·출력과 간행 작업을 전담하였다. 양 군에게도 감사하다는 뜻을 전한다.

여류 출판인 역사공간 주혜숙 사장은 뛰어난 편집 감각을 발휘하여 이 책이 지향하는 바를 독자들이 요령 있게 파악할 수 있도록 책의 표지와 내용을 다듬어 주셨다. 주사장과 편집팀 여러분들에게도 감사하다는 말씀을 드려야겠다.

2010년 2월 13일
고려대학교 구로병원 병상에서
송 병 기

1. 이 책은 고대부터 대한제국이 몰락하는 1910년(융희 4)까지 다루었다.

2. 연월일의 표기는 대체로 태양력(太陽曆)을 공식 사용하기 시작한 건양(建陽) 원년
   인 1896년을 기준으로 하여 그 이전은 음력(陰曆)으로, 이후(일본의 경우 메이지 6
   년인 1873년 이후)는 양력(陽曆)으로 하였다.

3. 일본의 인명 및 지명은 원음을 한글로 표기하되 처음 나올 때 원어를 괄호 안에 넣
   었다.

4. 난해한 용어는 해설을 붙여 (   )로 묶고 내용 보충이 필요한 부분은 *를 달아 본
   문주에 붙여 이해를 도왔다.

Ⅰ. 고대 · 고려 · 조선 초기의 우산 · 무(울)릉도 경영

-조선 초기 지리지 기사를 중심으로-

─────── 조선 초기에 편찬된 「신찬팔도지리지」(1432년, 세종 14)를 거의 그대로 전재한 『세종실록』「지리지」(1454년, 단종 2), 『고려사』「지리지」(1451년, 문종 1)나 「동국여지승람」(1486년·성종 17 편찬, 1499년·연산군 5 교정)에는 울릉도(鬱陵島)와 독도(獨島)에 관한 지지(地誌)를 싣고 있거나(『세종실록』「지리지」, 『고려사』「지리지」), 싣고 있었던 것으로 보인다(「동국여지승람」). 관찬(官撰) 지리지에 두 섬이 실려 있다는 것은 그것이 조선 왕조의 영유 의지를 밝히는 것이어서 주목되지만, 세 지리지는 내용상 조금씩 차이를 보이고 있어 해석상 혼선을 빚게 한다.

이러한 해석상의 혼선을 바로잡기 위해서는 고대 이후 특히 고려 왕조 중·후기, 조선 왕조 초기의 울릉도 경영과 이에 따른 두 섬에 대한 인식의 변화를 살펴볼 필요가 있다.

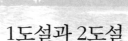

1도설과 2도설

세종~성종대(1418~1494년)는 조선 왕조의 통치체제가 완성되는 시기다. 이와 관련해 통지적(統志的), 전 판도를 대상으로 한 지리지가 편찬되고 고려의 역사도 정리되었다. 「신찬팔도지지리」(1432년)를 거의 그대로 전재한 『세종실록』 「지리지」(1454년),[1] 「팔도지리지」(1477년), 「동국여지승람」과 『고려사』(1451년), 『고려사절요』(1452년) 등이 그것이다.

이들 관찬 지리서나 사서 중 실전(失傳)된 「팔도지리지」나 편년체인 『고려사절요』를 논외로 한다면, 모두 울릉도(欝陵島)*와 독도(獨島)의 지리에 관한 기록이 실려 있다. 『세종실록』 「지리지」와 「동국여지승람」을 증보한 『신증동

---

* 울릉도의 '울'을 '鬱'로 쓴 자료도 있다. 『동국문헌비고(東國文獻備考)』, 『증보문헌비고(增補文獻備考)』가 그것이다. 그러나 이는 예외이고 중요자료, 즉 『삼국사기』・『고려사』・『고려사절요』・『조선왕조실록』・『승정원일기』・『신증동국여지승람』은 물론, 조선 후기의 정부 문서는 거의 전부 '欝'자를 쓰고 있다. 우리가 한 번 되짚어 보아야 할 문제이다.

국여지승람』*은 강원도 울진현(蔚珍縣)조에서, 『고려사』「지리지」는 동계(東界) 울진현조에서 각각 이를 다루고 있다. 이것은 두 섬이 조선의 영토(판도)라는 사실을 말해준다.** 이는 지금 한·일 양국 간의 외교 현안인 독도 영유권 문제를 가늠하는 데 아주 중요한 의미를 갖는다.

하지만 이들 지리지에 실린 울릉도·우산도에 관한 기사는 내용에 조금씩 차이를 보이고 있어 해석상 혼란을 빚게 한다.

세 지리지의 울릉도·독도에 관한 기사는 다음과 같다.

『세종실록』「지리지」

우산(于山)·무릉(武陵) 두 섬이 현(縣)의 정동(正東) 바다 가운데 있다.

두 섬은 서로 떨어짐이 멀지 않아 풍일(風日)이 청명(淸明)하면 바라볼 수 있다.

신라 때 우산국(于山國)이라 일컬었다. 혹은 울릉도(鬱陵島)라 한다. 지방(地方)이 100리(里)이다.

于山武陵二島 在縣正東海中

二島相去不遠 風日淸明 則可望見 新羅時 稱于山國 一云鬱陵島 地方百里.

---

* 1530년(중종 25) 편찬된 『신증동국여지승람』에서는 「동국여지승람」[1486년(성종 17) 편찬, 1499년(연산군 5) 교정]을 증보하면서 '신증(新增)'이라 표시하고 있는데, 우산도·울릉도에는 그러한 표시가 없다. 이는 『신증동국여지승람』이 「동국여지승람」의 우산도·울릉도 기사를 그대로 실었음을 말해 주는 것이다.

** 이에 대해서는 17세기 말 일본 측과의 울릉도 영유권 분쟁 때 조선 측이 쓰시마도주[對馬島主]에게 보낸 서계(書契 : 일본 등 交隣國과 왕복한 公函, 즉 공적 서신)에서 울릉도의 지지가 「여지승람」에 실려 있음을 들어 조선 영토임을 주장하고 있는 것도 좋은 참고가 될 것이다. 『肅宗實錄』, 肅宗 20年 8月 己酉.

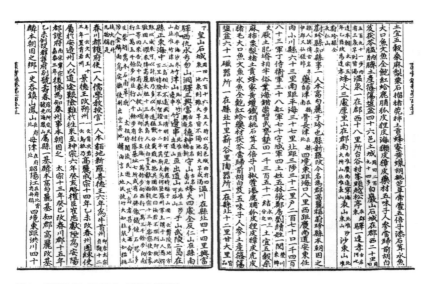

그림 1 ... 『세종실록』「지리지」, 강원도 울진현

그림 2 ... 울릉도에서 바라본 독도(외교통상부 홈페이지)

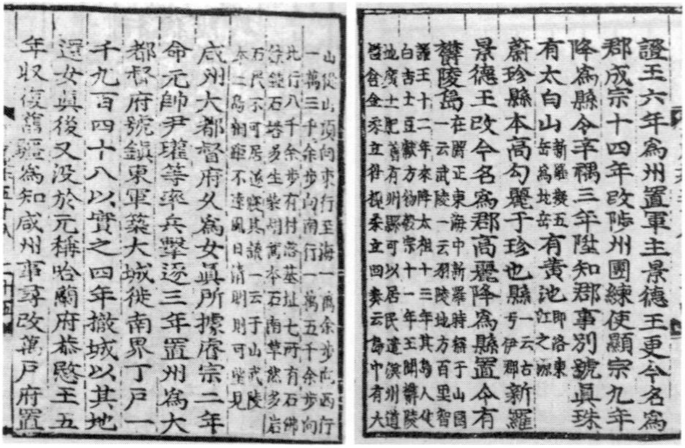
證王六年爲州置軍主景德王更今名爲
郡成宗十四年改陟州團練使顯宗九年
降爲縣令辛禑三年陞知郡事別號眞珠
有太白山
蔚珍縣本高句麗于珍也縣
新羅
景德王改今名爲郡高麗降爲縣置令有
鬱陵島

咸州大都督府久爲女眞所據睿宗二年
命元帥尹瓘等率兵擊逐三年置州爲大
都督府號鎭東軍築大城徙南界丁戶一
千九百四十八以實之四年撤城以其地
還女眞後又沒於元稱哈蘭府恭愍王五
年收復舊疆爲知咸州事尋改萬戶府置

그림 3 … 『고려사』「지리지」 동계 울진현

『고려사』「지리지」

울릉도(鬱陵島)가 있다.

현의 정동 바다 가운데 있다. 신라 때 우산국이라 일컬었다. 혹은 무릉, 혹은 우릉(羽陵)이라고도 한다. 지방(地方)이 100리이다. …… 혹은 우산과 무릉은 본디 두 섬으로 서로 떨어짐이 멀지 않아 풍일이 청명할 때 바라볼 수 있다고 한다.

有鬱陵島

在縣正東海中 新羅時稱于山國 一云武陵 一云羽陵 地方百里 一云于山武陵本二島 相去不遠 風日清明時 可望見.

『신증동국여지승람』

우산도·울릉도

혹은 무릉 혹은 우릉이라고도 한다. 두 섬은 현의 정동 바다 가운데 있다. ……
일설에는 우산·울릉이 본디 한 섬이라고 한다.

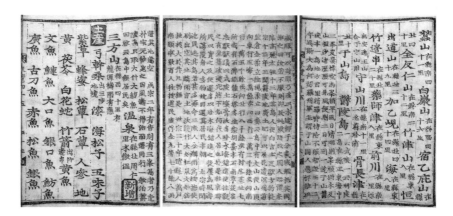

그림 4 ... 『신증동국여지승람』 강원도 울진현

于山島 欎陵島

一云武陵 一云羽陵 在縣正東 海中 …… 一說 于山欎陵 本一島.

편찬 연대가 가장 앞서는 『세종실록』「지리지」는 우산·무릉 2도의 존재(2도설)를 확인하고 있는 데 반해 약 20년 후에 쓰인 『고려사』「지리지」는 울릉 1도설을 내세우면서도 우산·무릉 2도설을 덧붙이고 있다. 「동국여지승람」의 내용을 그대로 실은 『신증동국여지승람』은 우산·무릉 2도를 내세우면서 1도설도 제시하고 있다.

여기에서 제기되는 의문은 『세종실록』「지리지」에서 우산·무릉 두 섬의 존재를 인정하다가 왜 『고려사』「지리지」에서는 울릉 1도설을 내세우면서 2도설을 덧붙이는 선으로 후퇴하고 있느냐는 것이다. 그러나 이 의문은 『고려사』「지리지」가 고려시대 지리에 한해 기술하고 있다는 점을 감안하면 쉽게 이해할 수 있다. 즉『고려사』「지리지」는 울진현 정동 바다 가운데 울릉도가 있다고 하면서, 우산·무릉의 두 섬이라는 설도 있다는 고려시대의 울릉도·독도에 관한 지식을 반영하는 것이라 하겠다.

이렇게 보면 울릉도·우산도에 관한 세 지리지의 기사는 큰 무리 없이 연결되는 셈이다. 즉『고려사』「지리지」에서 울릉 1도설을 내세우면서도 우산·무릉 2도설을 덧붙이다가『세종실록』「지리지」에서 우산·무릉 2도설로 발전했으며,「동국여지승람」에서는『세종실록』「지리지」의 우산·무릉 2도설을 계승하면서도 1도설을 덧붙이는 선으로 후퇴하고 있다.

울릉도·우산도에 대한 이와 같은 인식의 변화는 고려 중·후기나 조선 초기 두 섬에 대한 지리적 지식과 깊은 관련이 있다.

고대·고려시대의 경영

울릉도에 언제부터 사람이 살기 시작했고, 이들이 언제 우산국이라는 작은 나라를 세웠는지는 확실하지 않다. 그런데 이규원(李奎遠)의 「울릉도검찰일기 (欝陵島檢察日記)」 고종 18년(1882년) 5월 2일조에는 다음의 기록이 보인다.

······ 대황토구미에 이르니 길 옆으로 널찍한 돌로 덮개를 하고 좌우전후를 작은 돌로 받친 [석물들이] 많이 보였다. ······ 사람들이 말하기를 옛날에 석장(石葬)한 자취라고 한다.

······ 至大黃土邱尾 傍多以廣石爲蓋 左右前後 以小石撑之 ······ 人云 古之石葬 基痕也.

울릉도 대황토구미에 널찍한 돌로 덮개를 하고 사방을 작은 돌로 받친 석장을 한 옛 자취, 즉 석장지가 군집해 있다는 것이다. 또 5월 3일조에는 흑작지에, 4일조에는 나리동에 간간이 석장지가 있다고 기록하고 있다.[2]

최근에 발표된 서울대학교박물관 울릉도학술조사단(단장 최몽룡)의 보고서

『울릉도-고고학적 조사연구』(최몽룡 외, 1998년)가 주목된다. 이 보고서에 따르면 학술조사단은 1997~1998년에 울릉도에 대한 정밀한 지표조사를 실시해 북면 현포리, 울릉읍 저동리, 서면 남서리에서 지석묘 1기씩을 발견했다고 한다. 현포리에서는 무문토기편, 홍도(紅陶), 갈판, 갈돌 등도 수습했다. 또 울릉도 향토사료관에 수장(收藏)되어 있는 동관편(銅冠片)과 귀고리도 확인했다.[3]

특히 현포리에서 지석묘가 발견되고 무문토기편들이 수습되었다는 것은 매우 중요한 의미를 갖는다. 현포리의 옛 지명은 흑작지로, 「검찰일기」에 보이는 흑작지 등지에 석장지가 있다는 기록은 울릉도에 지석묘가 존재한다는 서울대학교 박물관팀의 견해를 뒷받침해 주는 것이다. 그리고 현포리에서 지석묘가 발견되고 무문토기편들이 수습되었다고 하는 것은 울릉도에 청동기시대의 문화가 있었다는 것을 강력히 시사한다. 지석묘와 무문토기는 남만주 일대와 한반도 전역에서 나타나는 청동기문화권의 특징이기 때문이다.

한국 청동기시대의 편년은 기원전 10세기~기원전 4세기경이라고 하지만, 내륙으로부터 멀리 떨어져 있는 울릉도 편년은 아무래도 좀 늦춰 잡아야 하지 않을까 한다. 그러나 내륙의 초기 철기시대인 기원전 4세기~기원전 1세기보다 더 늦지는 않을 것이다.

울릉도에 최초로 정착한 사람들은 동해안 주민들이었을 것이다. 일찍이 이케우치 히로시[池內宏]는 고대 울릉도 주민을 예족(濊族, 강원도)으로 추정했다.[4] 이들 정착인은 독도를 최초로 목격한 사람들이기도 했다. 『세종실록』「지리지」에 '두 섬(울릉도·우산도)은 풍일이 청명하면 바라볼 수 있다'는 기록이 있고, 또 실제로도 눈으로 보이기 때문에 이주민들도 그것을 확인했으리라고 생각된다.

울릉도에는 다른 청동기문화권 지역과 마찬가지로 최초의 국가 형태인 초기국가가 성립되었다. 성립연대는 기원전이 되겠지만, 정확히 몇 세기쯤인지 아직 알 수 없다. 그리고 초기국가의 이름이 처음부터 우산국이었는지, 아니면 다른 이름을 가지고 있다가 철기를 사용하는 새로운 세력에 의해 우산국으로 바뀌었는지도 모른다.

우산국이 신라에 항복한 것은 이찬(伊湌) 이사부(異斯夫)의 정벌이 있던 512년(지증왕 13)부터였다. 이후 우산국은 신라에 매년 토산물을 바쳤다.[5] 우산국은 고려 왕조에도 토산물을 바쳤는데 '우릉도(芋陵島)'에서는 930년(태조 13) 8월에 사자(使者) 백길(白吉)과 토두(土豆)를 보내어 그 지방의 토산물을 바쳤다. 930년은 태조가 고창(古昌, 현재의 안동)전투에서 후백제의 견훤(甄萱)을 크게 패배시킨 해(1월)이다. 이에 고려 조정에서는 백길에게 정위(正位), 토두에게 정조(正朝)의 벼슬을 내렸다.[6] 정위와 정조는 향리에게 주는 벼슬이다.

이처럼 우산국은 6세기 초부터 내륙과 조공 관계를 맺어 왔으며, 내륙에 조공을 하던 우산국 지배자를 성주(城主)라고 부르기도 했던 것 같다. 『고려사』 세가(世家) 덕종 원년(1032년) 11월 병자(丙子)에 나오는 '우릉성주(羽陵城主)가 아들 부어잉다랑(夫於仍多郞)을 보내어 토물(土物)을 바쳤다'는 기사도 이를 뒷받침해 준다.

우산국은 1018년(현종 9)쯤에 동북여진족의 침략을 받았다.[7] 이때 우산국이 입은 손실은 매우 컸던 것 같다. 일부 주민은 여진족에게 잡혀가거나[8] 내륙으로 피란했으며,[9] 농기구를 빼앗겨 농사도 망쳤다. 고려에서는 농기구를 지급하기 위해서 이원구(李元龜)를 우산국에 파견(1018년, 현종 9)했다.[10] 이원구는 고려가 울릉도에 파견한 최초의 관원이었다. 고려는 다음 해 내륙으로 피난 온 우산국인들을 모두 귀환시켰고, 여진지역에서 도망쳐 온 우산국인들을 예주(禮州, 현재의 영덕)의 호적에 편입시켰다.

그런데 1022년(현종 13)까지 쓰이던 우산국이라는 호칭은 더 이상 『고려사』나 『고려사절요』에 보이지 않는다. 또 1032년(덕종 원년)을 마지막으로 내륙에 사자를 보내어 토산물을 바쳤다는 기사도 찾아볼 수 없다.[11] 이러한 사실은 우산국이 11세기 초 동북여진족의 침략을 받은 뒤 급격히 쇠망해 갔음을 시사한다. 마침내 울릉도는 12세기 중엽 김유립(金柔立)의 보고에서 보이는 바와 같이, 촌락의 자취만 남고 사람이 살지 않는 섬이 되었던 것 같다.

울릉도에서 오는 사자는 끊어졌지만 대신 12세기 중엽부터 내륙 관원들이 그곳으로 파견되었다. 제일 처음 간 사람은 명주도감창사(溟州道監倉使) 이양실(李陽實)이 파견한 사람이었다. 그는 울릉도를 다녀와 내륙에서 볼 수 없는 과일과 나뭇잎 등을 바쳤다.[12] 그리고 이 무렵부터 울릉도는 울릉도(蔚陵島)·우릉도(羽陵島·芋陵島) 등으로 불렸다. 이 중 자주 쓰인 것이 울릉도(蔚陵島)이며, 공민왕대(14세기 말)부터는 무릉도(武陵島)가 등장한다.

1157년(의종 11)에는 명주도감창전중내급사(溟州道監倉殿中內給事) 김유립이 울릉도로 파견되었다. 목적은 내륙인을 이주시키기 위해 울릉도를 사전 조사하는 것이었다. 그의 보고에 따르면 섬 한가운데 큰 산(聖人峰)이 있으며, 이 산 정상에서 동쪽 해안까지가 1만여 보(步), 서쪽 해안까지가 1만 3,000여 보, 남쪽 해안까지가 1만 5,000여 보, 북쪽 해안까지가 8,000여 보에 달했다. 또 7군데의 촌락 기지와 석불·철종·석탑 등의 유물·유적이 있으며, 미나리과에 속하는 시호(柴胡), 백합과에 속하는 고본(藁本), 석남(石南)과에 속하는 상록활엽 관목인 석남초(石南草) 등이 많이 자라고 있다는 것도 확인했다. 그러나 암석이 많아 사람이 살기에 적합하지 않다는 그의 보고에 따라 이주 문제는 더

이상의 진전을 보지 못했다.[13]

내륙 관원들이 파견되면서 울릉도는 동계(東界) 울진현의 관할로 편입된 것 같다. 그 시기는 정확히 알 수 없지만, 하한은 '동계 우릉도인이 조정에 왔었다'는 기록이 보이는 1346년(충목왕 2) 이전으로,[14] 아무래도 김유립이 울릉도를 다녀왔던 12세기 중엽이 아닐까 한다. 『고려사』「지리지」동계 울진현조에서 울릉도 지리를 설명하면서 김유립의 파견에 대해 자세히 언급하고 있는 것도 이런 추정을 뒷받침한다.

울릉도 이주는 무인정권기의 집권자 최이(崔怡, 崔瑀)에 의해서도 추진되었다. 이 무렵 울릉도는 땅이 기름지고 진기한 나무와 해산물이 많은 곳으로 알려져 있었다. 이에 최이는 관원을 보내어 사람이 살던 집터가 있음을 확인한 뒤 1243년(고종 30)에 동부(東部) 지방의 군민(郡民)을 이주시켰다. 그러나 풍랑이 험해 익사자가 많이 생기자 이주민들을 철수시키고 말았다.[15]

1273년(원종 14)에는 울릉도에 진기한 나무가 많다는 것이 알려지고, 몽골 지배기로 들어서면서 목재를 보내달라는 원(元)의 요청이 있자 한때 울릉도 목재의 벌채가 계획되기도 했다.[16] 또한 고려 말에는 울릉도가 유배지로도 이용되었으며[17] 왜(倭)의 침입을 받기도 했다.[18]

이처럼 12세기 중엽 이후 여러 차례에 걸쳐 관원들이 울릉도로 파견되어 지리가 자세히 조사된 결과 울릉도는 물론 우산도에 대한 지식도 어느 정도 갖게 되었던 것으로 보인다. 『고려사』「지리지」울진현조에 '울릉도가 있다'고 하고 '우산(于山)·무릉(武陵)은 본디 두 섬으로 서로 떨어짐이 멀지 않아 풍일(風日)이 청명하면 바라볼 수 있다'고 한 것은 바로 그러한 지견(지식과 견문)을 반영하는 것이라 하겠다.

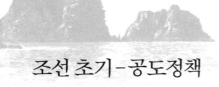

조선 초기-공도정책

울릉도는 공민왕대(14세기 말)부터 무릉도(武陵島)로 불렸다. 이 호칭은 조선 태조·태종대에도 그대로 사용되었는데 태종대에는 무릉도(茂陵島)라고도 했으며, 세종~성종대에는 무릉도(武陵島)보다 무릉도(茂陵島)로 쓰인 경우가 더 많았다. 또한 울릉도는 우산도로 불리기도 했다. 1417년(태종 17) 무릉등처안무사(武陵等處安[按]撫使) 김인우(金麟雨)가 무릉도에 가 거민(居民)을 찾아 데려온 것에 대해 『태종실록』에 '안무사 김인우가 우산도에서 돌아왔다 운운(云云)'하고 있는 것이 그러한 예이다.[19]

한편, 현지 거민들은 울릉도를 유산국도(流山國島)로 부르기도 했던 것 같다. 강원도관찰사의 보고(1412년, 태종 12)에 고성(高城) 어라진(於羅津)에 정박한 유산국도인 백가물(白加勿) 등 12명이 자신들이 사는 섬(유산국도)에 대해 설명한 내용에 따르면 유산국도는 바로 울릉도를 가리키는 것으로 보이기 때문이다. 그러나 그럴 경우 백가물 등 11호(戶) 60여 명이 유산국도로 옮기기 전에 살았다고 진술한 무릉도는 어느 섬을 가리키는 것인지 알 수 없게 된다.[20] 아마 전해 듣는데 착오가 있었거나 진술에 거짓이 있었다고 보아야 할 것이다.[21]

고려 말부터는 내륙 연해민(沿海民)들이 다시 무릉도에 들어가 살기 시작한 것 같다. 앞에서 언급한 백가물 등 11호 60여 명이나, "옛날 방지용(方之用)이란 자가 15호를 이끌고 (무릉도에) 들어가 살았는데, 때로는 가짜 왜구들이 쳐들어왔다"고[22] 1411년(태종 11) 강원도관찰사를 역임했던 호조참판 박습(朴習)이 국왕에게 아뢴 계언(啓言, 1416년, 태종 16년 9월)에 나오는 방지용 등도 아마 울릉도에 들어가 살았던 사람이었을 것이다.

그러나 태종은 연해민들의 무릉도 이주를 용납하지 않았다. 그리하여 1403년(태종 3) 8월에 무릉도 거민을 육지로 보내는 조처를 취했다. 이 무렵 왜(倭)가 강릉 임내(任內)·우계(羽溪)와 장기(長鬐) 등지에 침입하고 있었으므로 이에 대비하기 위함이었던 것으로 보인다.[23] 이로써 조선 초기 울릉도 공도정책(空島政策)이 시작된 것이라고 볼 수 있다. 그리고 1412년(태종 12) 고성 어라진에 정박했던 유산국도인 백가물 등 12명을 돌려보내지 않고 통주(通州)·고성·간성(杆城) 등지에 나누어 살게 한 것도[24] 공도정책의 맥락으로 이해해야 할 것이다.

공도정책이라는 용어에 대해서 거부감을 갖는 연구자들이 많다. 이 말 속에 영토를 포기한다는 뜻이 함축되어 있고 일본의 연구자들이 선호하는 용어라는 이유에서다. 그래서 어떤 연구자는 '쇄환정책(刷還政策)'이나 '해금정책(海禁政策)'이 어떻겠냐는 견해를 제시했고, 일찍이 최남선은 '공광정책(空曠政策)'이라고 부르기도 했다.[25] 그러나 모두 적절한 대안이라고 하기 어렵다.

『세종실록』「지리지」강원도 울진현 우산·무릉도 주기(注記)는 다음과 같이 전한다.

우리 태조[태종] 때 유민(流民)들이 그 섬(무릉도·울릉도)으로 도망쳐 들어간 자들이 매우 많다는 것을 듣고 두 차례나 삼척 사람 김인우를 명하여 안무사(按撫使)로 삼아 쇄환하여 그 땅을 비웠다.

我太祖時 聞流民逃入其島者甚多 再命三陟人金麟雨爲按撫使刷出 空其地.

이는 '공도(空島)'의 출전이 『세종실록』「지리지」에 있다는 것을 말해준다. '그 땅을 비웠다(空其地)'는 말 가운데 '그 땅(其地)'은 그 앞에 나오는 '그 섬(其島)'을 가리킨다. 그러니까 '그 땅을 비웠다'는 것은 '그 섬을 비웠다는 것', 곧 공도정책을 말한다. '그 땅을 비웠다'라는 말은 『동국문헌비고』「여지고」(1770년) 강원도 울진현조에도 나온다. 또 『신증동국여지승람』(1530년) 강원도 울진현조나 신경준(申景濬)의 『강계고(疆界考)』(1756년) 울릉도조에서는 세종 20년(1438년)에 울릉도의 유민(流民)을 모두 쇄환했기 때문에 '그 땅이 드디어 텅 비었다(其地遂空)'라고 하고 있다. '공도'라는 말이 조선 전기뿐 아니라 후기에도 사용되고 있는 것이다. 그러므로 '공도정책'이란 용어에 거부감을 가질 이유가 없다고 생각한다. 그리고 조선 초기부터 시작된 공도정책이 영토의 포기가 아니라는 것은 세종조의 순심경차관(巡審敬差官) 파견이나 숙종조부터 본격적으로 실시되는 수토제도(搜討制度, 거주를 금하고 관리를 파견해 순찰토록 한 정책)가 뒷받침해 준다.

1416년(태종 16) 9월에는 호조참판 박습의 건의에 따라 무릉도를 잘 아는 삼척인 전(前) 만호[萬戶, 각 진(鎭)에 배치된 무관직] 김인우(金麟雨)를 무릉등처안무사에 임명하고, 이 섬을 다녀온 경험이 있는 삼척인 이만(李萬)을 수행원으로 삼아 울릉도에 파견하기로 결정했다. 무릉도에 거주하는 사람들을 데려오기에 앞서 그 두목을 만나 육지로 이주하는 것을 설득하기 위해서였다. 김인우가 국왕의 부름을 받고 이만을 천거하는 한편, "무릉도는 멀리 바다 가운데 있어 사람들의 왕래가 없기 때문에 군역을 피하려는 자가 도망쳐 들어가기도 하는데, 이 섬에 사람들이 많아지면 왜가 반드시 침입할 것이고, 이로 인하여 강원도에도 침입할 것"이라고 진언한 데 따른 것이다.[26]

안무사 김인우가 언제 무릉도로 파견되었는지는 잘 알 수 없지만, 폭풍으로 큰 어려움을 겪은 끝에 1417년(태종 17) 2월 '우산도(于山島)'에서 돌아왔다. 그는 대죽(大竹, 왕대)·강치의 가죽·생모시·목화씨·통나무 토막 등 토산물을 바쳤고, 거민 3명도 데려왔다. 또 섬에 15호(戶) 남녀 86명이 살고 있다는 것도 확인했다.[27]

김인우가 돌아오자 국왕은 즉시 우의정 한상경(韓尙敬)과 6조·대간(臺諫, 사헌부와 사간원)에게 우산·무릉도 거민의 쇄환(刷還, 찾아서 데리고 돌아옴) 여부를 의논케 했다. 다수의 의견은 거민들에게 오곡과 농기구를 지급해 안심하고 생업에 종사하도록 하는 게 옳다는 것이었고, 쇄환을 지지한 사람은 공조판서 황희(黃喜)뿐이었다. 그런데 국왕은 황희의 건의를 받아들여 거민의 쇄환을 결정하고 김인우를 다시 안무사에 임명해 파견했다. 울릉도 공도정책이 확정된 것이다. 이는 이 섬에 사람들이 많아지면 왜가 반드시 쳐들어올 것이라는 염려 때문이었다. 그런데 정말로 이 해 8월 울릉도에 왜구가 침입해 왔다.[28]

안무사 김인우가 언제 울릉도를 다녀왔고, 또 거민 몇 명을 쇄환했는지는 자세히 알 수 없다. 적어도 『태종실록』에는 그러한 기록이 보이지 않는다. 그런데 『세종실록』에 '강원도 평해인(平海人) 김을지(金乙之) 등이 일찍이 무릉도로 도망갔는데, 병신[丙申, 태종 17년인 정유(丁酉)의 잘못된 기록]에 국가에서 인우(麟雨)를 보내어 모두 쇄환했다'고 하고,[29] [세종 원년(1419년) 4월 을해(乙亥)에] '무릉에서 나온 남녀 17명이 경기(京畿) 평구역리(平丘驛里)에 이르러 양식이 떨어졌다'는 기사가 있는 것을 보면[30] 1417년(태종 17), 늦어도 1419년(세종 원년) 초까지는 거민의 쇄환이 일단 마무리된 것 같다.

김인우는 세종조에 다시 우산·무릉도로 파견되었다. 제3차 울릉도행이었다. 앞에서 언급한 바와 같이 김인우는 1417년(태종 17) 제2차 울릉도행 때쯤 김을지 등을 쇄환했다. 그런데 김을지 등 남녀 28명이 다시 무릉도로 도망치는 일이 발생했다. 그러나 김을지 등 7명은 평해군 구미포(仇彌浦)에 잠입해 있다가 체포되었다. 이에 따라 정부는 잔여 거민을 쇄환하기 위해 1425년(세종 7) 8월에 김인우를 우산·무릉등처안무사에 임명해 파견한 것이다.[31]

우산·무릉등처안무사 김인우는 이 해 10월 사명을 마치고 돌아와 복명(復命, 처리 결과를 보고함)을 했다.* 그는 무릉도에서 남녀 20명을 찾아내 붙잡아 왔다. 정부 관원들 가운데에는 이들이 역(役)을 피해 도망간 잘못을 들어 처벌을 주장하기도 했다. 국왕도 이들의 범죄를 인정했으나, 그 범행은 사면령이 내려지기 이전임을 들어 형벌을 내리지 않고 충청도의 깊은 산속 고을에 배치해 다시 도망가지 못하도록 했다.[32]

공도정책에 대해서는 이를 수정해야 한다는 견해가 제기되기도 했다. 이런

---

* 당초에 안무사 김인우는 2척의 병선을 이끌고 무릉도로 떠났다. 그런데 46명이 탄 1척이 폭풍으로 침몰해 36명은 익사하고, 나머지 10명은 일본 이와미주[石見州]로 표류했다가 이해(1435년, 세종 7) 12월 대마도를 거쳐 귀국했다. 『世宗實錄』, 世宗 7年 10月 癸未, 12月 癸巳.

견해를 제시한 이는 바로 울릉도를 관할하는 강원도관찰사 유계문(柳季聞)이었다. 그는 1436년(세종 18) 6월에 국왕에게 장계(狀啓, 관찰사 또는 지방에 파견된 관원이 국왕에게 올리는 보고서)를 올려 무릉도 우산은 땅이 기름지고 산물이 많을 뿐 아니라, 동서남북이 각각 50여 리나 되고 선박을 정박시킬 곳도 있으므로 백성을 모아 이주시키되, 만호나 수령 등을 배치해야 한다고 건의했다.

그러나 유계문의 건의는 받아들여지지 않았다.[33] 유계문은 다음 해, 즉 1437년(세종 19)에도 장계를 올려, 고로(古老)들에 따르면 옛날에 왜가 무릉도를 근거지로 하여 매해 영동을 침략한 일이 있었음을 들어 이 섬에 현을 설치하고 백성을 이주시키기를 요청했던 것 같다.

국왕 세종도 왜가 무인도가 된 무릉도를 점거할지 모른다고 우려했다. 그러나 지방관을 배치하고 이민하는 데에는 어려움이 있음을 지적하면서 매년 관원을 보내 섬 이곳저곳을 탐사하고, 토산물을 채집하거나 혹은 마장(馬場)을 설치한다면 "왜노(倭奴)가 또한 대국의 땅이라고 하여 반드시 몰래 점거하려는 마음을 갖지 않을 것"이라고 했다. 이어 관원 파견에 대비해 풍수(風水)가 순조로운 때는 언제이며, 왕래할 때 갖춰야 할 물건과 선박의 수 등을 조사해 보고* 할 것을 지시했다.[34]

그리하여 울릉도에 파견할 사람을 모집해 1438년(세종 20) 4월 이에 응모한 강원도 해변에 사는 전 호군(前 護軍) 남회(南薈), 전 부사직(前副司直) 조민(曹敏)

---

* 세조 초년(1457년, 세조 3)에도 우산·무릉 두 섬에 읍을 설치하자는 건의가 있었으나 역시 채택되지 않았다. 다만 두 섬에 들어가 사는 사람은 쇄환하지 말라는 국왕의 명이 있었다. 『世祖實錄』, 世祖 3年 4月 己酉.

을 무릉도 순심경차관(巡審敬差官)으로 임명해 울릉도로 파견했다. 도망쳐 들어간 사람들의 수색을 겸한 것이었다.[35]

두 경차관은 7월에 무릉도에서 돌아와 복명(처리 결과를 보고)했다. 이들은 남녀 66명을 붙잡아 왔으며 제철 원료로 쓰이는 사철(沙鐵), 돌고드름, 전복, 대죽(大竹) 등의 토산물도 바쳤다.[36] 순심경차관의 울릉도 파견은 비록 1회에 그쳤지만, 조선 후기 숙종대부터 시행되는 울릉도 수토제도의 기원으로 보아야 할 것이다.

이 순심경차관의 파견은 『세종실록』에 의거해 정리한 것이다. 그런데 『신증동국여지승람』(1530년) 강원도 울진현조에는 다음과 같은 기사가 있다.

세종 20년(1438년)에 울진현 사람 만호 남호(南顥)를 보내어 수백 명을 이끌고 가서 울릉도의 포민(逋民, 군역을 피해 도망간 사람) 김환(金丸) 등 70여 명을 붙잡아 왔으며, 그 땅(섬)은 드디어 텅 비었다(其地遂空).

이 기사는 『세종실록』에 나오는 순심경차관 남회, 조민의 파견 기사와 흡사하다. 우선 파견 시기(세종 20)가 일치하며 붙잡아온 포민 수(66명 : 70여 명)도 거의 같다. 그리고 남호는 포민을 쇄환하기 위해 마지막으로 파견한 관원인데 순심경차관의 경우에도 그렇다고 할 수 있다. 이러한 사실들은 순심경차관의 파견과 만호의 파견이 따로 있었던 것이 아니라 하나의 사실(사건)을 두 이름(순심경차관과 만호의 파견)으로 불렀다는 것을 말해준다. 즉 만호 남호는 두 명의 순심경차관과 동행했던 것이다. 남회는 울진현 사람으로 남호와 일가였다.[37]

앞에서 살펴본 바와 같이 순심경차관은 두 가지 사명을 띠고 있었다. 하나는 일본인들의 잠입이 있었는지를 살피는 것이고, 다른 하나는 포민을 쇄환하는 것이었다. 정부에서 중시한 것은 전자였다. 그래서 명칭을 순심경차관이라고 하고, 현직 만호인 남호는 이끌고 간 많은 사람들을 지휘해 포민들을 잡아들였던 것이다. 『여지승람』은 이런 점에 주목하여 순심경차관 대신 '만호의 파견'을 내세웠을 것으로 보인다.

15세기 초부터 공도정책을 결정하고 거민 쇄환을 위해 관원들을 자주 울릉도로 파견한 결과, 울진현 정동 바다 가운데 우산·무릉의 두 섬이 있다는 것이 더욱 분명해졌다. 가령 공도정책을 확정짓고 1417년(태종 17) 안무사 김인우를 파견할 때 그 사명이 무릉도와 우산도 거민을 육지로 데리고 오는 데 있었다든지, 1425년(세종 7)에 다시 김인우를 파견할 때 그 직함이 우산·무릉등처안무사였다는 사실이 이를 뒷받침해 준다.

1432년(세종 14)에 편찬된 「신찬 팔도지리지」를 거의 그대로 전재한 『세종실록』 「지리지」(1454년) 강원도 울진현조에서 '우산·무릉 두 섬이 현의 정동 바다 가운데 있다'고 하고, 그 주기(注記)에서 '두 섬은 떨어짐이 멀지 않아 풍일(風日)이 청명하면 바라볼 수 있다'고 한 것은 바로 두 섬에 대한 조선 초기의 인식을 반영하는 것이라고 하겠다. 편찬 연대가 뒤짐에도 고려 중·후기의 지리적 지견을 반영하고 있는 『고려사』 「지리지」에 붙어 있던 '혹은'이라는 단서가 두 섬에 대한 지리적 지견이 확대되어 감에 따라 『세종실록』 「지리지」에 이르러 삭제된 것이다.

동해 신도설의 대두

    남회·조민 두 경차관에게 붙잡혀 온 무릉도 입거인(入居人, 들어가 사는 사람)들은 '본국을 배반한 죄'로 관헌의 국문(鞫問, 죄인을 심문함)을 받았다. 그리하여 죄인의 우두머리인 김안(金安)은 교수형에 처하고, 그 밖의 죄인들은 모두 종성(鍾城)으로 이주시키라는 결정이 내려졌다.[38] 다음 해인 1439년(세종 21) 2월에도 무릉도 입거인 수 명이 교수형에 처해졌다.[39]

    이처럼 울릉도 공도정책은 세종 20년(1438년)에 들어서면서 더욱 강화되어 갔다. 이 정책은 한때(세조대) 완화된 적도 있었지만,* 그 뒤에는 계속 엄격히 시행되었다. 그 결과 울릉도는 다시 사람이 살지 않는 섬이 되어버렸다. 1472년(성종 3) 5월 삼봉도경차관(三峯島敬差官) 박종원(朴宗元) 휘하의 곽영강(郭永江) 등이 울릉도에 상륙해 3일 동안 머무르면서 섬을 수색한 결과 "거민은 보이지

---

*   세조가 우산·무릉에 읍을 설치하자는 요청을 거부하면서도 두 섬의 입거인은 쇄환하지 말라는 비답(批答, 국왕이 상주문의 끝에 적는 답변)을 내린 것이 그것이다. 『世祖實錄』, 世祖 3年 4月 己酉.

않고 다만 옛 집터가 있을 뿐이었다"고 한 것은[40] 바로 그러한 상황을 말해 주고 있다. 그리하여 울릉·우산도는 연해민들로부터 점차 잊혀져 갔다. 상황이 이러했기에 이 섬을 찾아낸 경차관 남회·조민 등은 국가로부터 포상까지 받았다.[41]

한편 1430년(세종 12)쯤부터 신도설(新島說)이 나돌기 시작했다. 그 중심이 된 것은 함길도(咸吉道) 연해민들이었다.[42] 신도설의 내용은 동해 가운데, 혹은 양양(襄陽) 동쪽에 요도(蓼島)라는 섬이 있다는 것이었으며[43] 실제 요도를 다녀 왔다는 사람도 나타났다.[44]

국왕 세종은 요도를 찾으려고 노력했다. 이러한 노력은 1445년(세종 27)쯤까지 계속되었다. 관원을 강원도 등지로 파견하기도 했고,[45] 함길도·강원도 관찰사에게 유지(諭旨, 국왕이 신료에게 내리는 글)를 내려 독려하기도 했다.[46] 하지만 끝내 요도는 찾지 못했다.

그러나 요도가 가공의 섬이었던 것으로는 생각되지 않는다. 만약 실재하지 않았다면 그토록 오래 신도설이 나돌지는 않았을 것이다. 그렇다면 요도는 독도로 비정할 수 있지 않을까 한다. 1445년(세종 27) 5위(衛) 중 의흥위(義興衛)의 갑사(甲士)로 있던 최운저(崔雲渚)의 증언, 즉 "일찍이 삼척 봉화현(烽火峴)에 올라갔다가 [요도를] 바라보았으며, 그 뒤 무릉에 갔다가 또한 이 섬을 바라보았다"는 것도[47] 이를 뒷받침해 주는 것이라 하겠다.

성종대에 들어서면서 또 다른 신도설이 영안도(永安道) 연해민들 사이에 나돌았다. 강원 경내인 동해 가운데 삼봉도(三峯島)가 있으며, 그곳에는 군역 등을 기피해 도망쳐 간 사람들이 많이 살고 있다는 것이었다.[48] 그 발설자는 종성인(鍾城人) 혹은 부령인(富寧人)이라고도 하는[49] 김한경(金漢京)이었다.[50] 그는

1471년(성종 2) 5월에 동료 한 명과 함께 우연히 삼봉도에 도착해 거민들과 만나기도 했다고 한다.[51] 물론 이것이 사실이라면 울릉도를 삼봉도로 오해한 것으로 보아야 할 것이다.

삼봉도에 대한 성종의 관심은 요도에 대한 세종의 그것만큼이나 대단했다. 신도설을 접한 국왕은 여러 차례 영안도관찰사에게 이 섬의 탐문을 지시했다.[52] 또 삼봉도 문제를 과거시험 문제로 출제하기까지 했다.[53]

한편 1472년(성종 3) 2월에는 이 섬을 찾아내고 역을 피해 도망간 그곳의 거민들을 쇄환하기 위해 삼봉도경차관 박종원의 파견을 결정했다.[54] 그리고 이 섬의 위치를 잘 안다는 김한경과 왜·여진통사(倭·女眞通事) 각 1명도 경차관을 수행토록 했다.[55]

경차관 박종원 일행은 1472년(성종 3) 5월 말 울진포(蔚珍浦)를 떠나 삼봉도로 향했다. 그런데 박종원이 탄 선박은 무릉도 앞 15리쯤까지 갔다가 폭풍을 만나 간성(杆城) 청간진(淸簡津)으로 돌아왔으나, 경차관 휘하 사직(司直) 곽영강 등이 탄 3척은 폭풍을 피해 무릉도로 가서 3일을 머물렀다. 이들은 머무는 동안 섬을 수색했지만, 사람들은 보이지 않고 다만 옛 집터가 있을 뿐이었다. 그런데 이상하게 큰 대나무가 자라고 있어 이들은 대나무 두어 개를 베어 배에 싣고 강릉 우계현(羽溪縣) 오이진(梧耳津)으로 돌아왔다.[56]

경차관 박종원을 수행했던 김한경은 그 뒤 다시 삼봉도 탐사에 나섰다. 그는 1475년(성종 6) 5월에 영안도민 5~6명과 같이 경원(慶源) 말응대진(末應大津)을 떠난 것으로 보인다. 그리고 떠난 지 3일 만에 멀리 삼봉도가 바라보이는 곳까지 당도했으나 상륙하지 못한 채 되돌아왔다. 그 까닭은 혹은 바람 때문이라고도 하고, 혹은 섬에 7~8명의 사람이 있어 대적할 수 없기 때문이

라고도 한다.[57]

김한경은 다음 해인 1476년(성종 7)에도 영흥인(永興人) 김자주(金自周) 등 11명과 함께 삼봉도를 탐사했다. 영안도관찰사가 파견한 것이었다. 이들은 9월 종성(鍾城) 옹구미(瓮仇未)를 떠나 부령·회령·경원 앞바다를 거쳐 10일 만에 삼봉도에서 7~8리 떨어진 곳까지 당도했다. 여러 섬들이 흩어져 있고 섬에는 바닷물이 관통해 흘렀으며, 섬과 바다 사이에는 30개의 사람 모습과 같은 것들[아마도 가지(可支, 可之)로 불리는 가지어(可支魚), 즉 물개과의 강치, 해려(海驢)인 듯]이 줄 서 있었다. 이들은 두려워 상륙하지 못하고 다만 섬의 모습을 그린 후 돌아왔다.[58]

김한경이 삼봉도를 다녀오면서 정부는 1477년(성종 8) 4월에 관원을 파견해 이 섬을 찾자는 결정을 내렸다. 병조(兵曹)의 요청에 따른 것이었다.[59] 그러나 관원들 사이에 삼봉도를 포기해야 한다는 주장도 있어, 국왕의 의지가 컸음에도 선뜻 관원을 파견하지 못하고 있었다.[60]

그러던 중 1479년(성종 10) 5월에 영안도관찰사의 보고에 따라 병조로부터 관원을 삼봉도로 파견해 거민을 쇄환하자는 요청이 있었다. 그러나 이에 대한 대신들의 견해는 그곳에 거민이 있는지 자세히 알아본 뒤 다시 의논하는 게 좋겠다는 것이었다.[61] 이 무렵 있었던 것으로 보이는 경차관 신중거(辛仲琚)의 영안도 파견은 이러한 대신들의 요청에 따른 것으로 보인다.

영안도에서 돌아온 경차관 신중거는 국왕에게 역을 피해 삼봉도로 도망간 백성의 수가 1,000여 명에 이른다고 보고했던 것 같다. 이에 국왕은 1479년(성종 10) 8월, 신중거를 참석시킨 가운데 대신·부원군·승지들과 삼봉도 정토(征討) 문제를 논의했다. 그리하여 다음 해 2~3월에 관원을 파견해 거민들을 회유하되, 영안도관찰사·절도사로 하여금 전함을 준비케 하기로 결정했다. 그런데 이 자리에서는 삼봉도 옆에 작은 섬이 있고 그곳에 2호(戶)가 살고 있다는 보고도 있었다.[62]

이어 9월에 영안도경차관의 파견이 결정되었다. 경차관은 조위(曺偉)였다. 그는 삼봉도 정토에 사용할 전함의 건조를 감독하고 거민을 쇄환하는 사명을 띠고 있었다. 그리고 정토에 앞서 국왕이 백성에게 내리는 유서(諭書)를 삼봉도로 보내 거민들을 회유하되, 유서를 가지고 갈 사람은 이 섬을 다녀왔거나 역을 피해 섬으로 도망쳤던 사람 중에서 모집하라는 지시도 받고 있었다.[63]

경차관 조위는 영안도에서 삼봉도에 갈 사람들을 모집했다. 응모자는 김한경 등 32명이었다. 이들은 3척의 선박에 나누어 타고, 1479년(성종 10) 10월 말 부령 남면(南面) 해변을 떠나 삼봉도로 향했다. 각 선박의 우두머리는 학문과 지식이 있거나 직함을 가지고 있는 엄근(嚴謹)·김자주(金自周)·김려강(金麗[呂]江)이었다.[64]

하지만 부령 남면 해변을 떠난 김한경 등은 역풍을 만나 곧 되돌아오고 말았다. 경차관 조위는 다시 이들을 출발시켰다. 그러나 이들은 한 달이 다 되도록 돌아오지 않았다. 역풍 때문에 삼봉도행을 포기했던 것이다. 이 때문에 김한경과 세 명의 우두머리는 서울로 잡혀가 병조의 국문을 받았다.[65]

김한경 등의 삼봉도 파견이 좌절되자 정부에서는 다시 삼봉도초무사(三峯島招撫使)의 파견을 계획했고, 이 계획은 1480년(성종 11) 2월에 확정되었다. 초무사와 부사(副使), 그리고 경군(京軍) 중에서 선발하는 군관 각 10명, 경기수군(京畿水軍)·어부·소금을 굽는 사람 중에서 선발하는 사공 30명으로 초무사의 진용(陣容)을 구성한다는 것이었다.[66] 이런 결정에 따라 곡절을 겪은 끝에 심안

인(沈安仁)이 초무사에, 성건(成健)이 부사에 임명되었다.[67]

조정 신료들 중에는 초무사 파견에 반대하는 이들이 많았던 것 같다. 섬의 유무를 확실히 안 뒤 파견해야 한다는 것이었다. 그러나 국왕은 파견을 고집했고, 초무사 심안인은 1480년(성종 11) 3월에 사폐(辭陛, 사명을 띠고 외지로 가는 관원이 왕에게 올리는 하직인사)하였다. 초무사 일행은 영안도로 가 이미 석방된 김한경 등과 합류한 후, 9척의 선박에 나눠 타고 삼봉도로 출발할 예정이었다.[68] 그러나 심안인이 떠난 지 얼마 안 되어, 흙비가 내려 풍수가 고르지 못하다는 이유로 소환령이 내려져 초무사의 삼봉도행은 중단되었다.[69]

초무사의 삼봉도행이 중단되자 1481년(성종 12) 초 정부에서는 다시 삼봉도 수득책(三峯島搜得策)을 결정했다. 영안도에서 자원한 30여 명에게 국왕의 유서를 가지고 들어가게 하되 섬의 소재를 확실히 알게 되면 사절을 보내어 거민을 회유하며, 회유에 응하지 않을 때는 군사를 보내어 토벌한다는 것으로 영안도관찰사 이극돈(李克墩)의 헌의(獻議, 윗사람에게 건의)에 따른 것이었다.[70] 그러나 이 수득책도 실현되지 못한 것 같다. 적어도 『성종실록』에는 이에 대한 기록이 보이지 않기 때문이다.

성종이 온갖 노력을 기울였음에도 삼봉도는 끝내 찾지 못했다. 그렇다고 삼봉도를 가공의 섬으로 보긴 어렵다. 그것은 아마도 독도이거나 울릉도였을 것이다. 그리고 실제로 1476년(성종 7) 김한경·김자주 등이 삼봉도로부터 7~8리 떨어진 곳까지 다녀와서 했던 지형·지리에 대한 설명은 오늘의 독도와 일치하며, 1479년(성종 10) 삼봉도 정토 문제를 논의하는 자리에서 있었던 삼봉도 옆에 2호(戸)가 사는 작은 섬이 있다는 보고는 지리상 그것이 울릉도와 죽도(竹島, 竹嶼)였음을 말해 준다.

15세기 초 이래 울릉도에 대한 공도정책이 계속 시행되어 거민들을 쇄환하고 이들에게 '본국을 배반하려 한 죄'를 적용해 처형한 결과 연해민들의 왕래는 끊어지게 되었다. 그리하여 우산도나 무릉도는 점차 잊혀져 갔다. 따라서 동해에 요도니 삼봉도니 하는 섬이 있다는, 결국엔 독도와 울릉도를 일컫는 것으로 보이는 신도설이 세종·성종대에 특히 함길도(영안도) 연해민들 사이에 나돌게 되었던 것이다.

「동국여지승람」의 우산도·울릉도 기사를 그대로 옮겨 실은『신증동국여지승람』1530년(중종 25) 강원도 울진현조에 '두 섬(우산도·울릉도)이 울진현 정동 바다 가운데 있다'고 하여『세종실록』「지리지」의 기록을 계승하면서도 그 주기(注記)에서 '일설에는 우산·무릉은 본디 한 섬이라고 한다'는 단서를 붙이고 있는 것도, 이와 같은 사정을 반영하는 것이라고 하겠다.

사람들의 왕래가 끊기면서 우산·무릉도는 점차 잊혀져 갔고, 그리하여 신도설이 나돌게 된 것은 매우 자연스러운 현상으로 보아야 할 것이다.* 그러다가 울릉도와 우산도가 다시 주목을 받게 된 것은 조·일(朝·日) 양국 간에 울릉도 영유권 분쟁이 매듭지어지고, 이와 거의 때를 같이해 울릉도 수토제도가 실시되는 17세기 말부터였다.

---

* 이러한 예는 일본에서도 찾아볼 수 있다. 막부에서 죽도, 즉 울릉도가 조선 영토임을 인정해 17세기 말인 1696년(숙종 22, 元禄 9)에 다케시마 도해금지령(渡海禁止令)을 내린 결과 울릉도를 이르는 다케시마[竹島]와 독도를 지칭하는 마쓰시마[松島]는 점차 잊혀져 갔고, 그 대신 19세기 중엽(막부 말~메이지 초)부터 다케시마를 마쓰시마로, 마쓰시마를 량고도(リャンコ島)로 부르게 된 것이 그러한 것이다. 이에 관해서는 이 책 V장 2절 참조.

조선 초기의 세 관찬 지리지, 즉 『고려사』 「지리지」 동계 울진현조, 『세종실록』 「지리지」, 『신증동국여지승람』(『동국여지승람』) 강원도 울진현조에는 이미 앞에서 보아온 것처럼 우산도와 울릉도에 각별한 관심을 보이고 있다. 특히 우산·무릉 2도설과 관련해서는 아마도 고려 중·후기의 어느 시점이 되겠지만, 2도설이 대두하기 시작해(『고려사』 「지리지」) 조선 초기에 정착되었다는 것(『세종실록』 「지리지」)과 조선 초부터 실시해온 공도정책으로 2도설이 동요해 허울만 남았다는 것(『신증동국여지승람』)이 지적 되었다.

세 관찬 지리지에 울릉도, 독도의 지지가 실려 있다는 사실은 두 섬의 영유권 문제와 관련해 중요한 의미를 갖는다. 두 섬에 대한 정부의 영유 의지를 밝히는 것이기 때문이다. 특히 『실록』은 왕조에서 가장 중요하게 여기는 '정사(正史)'였으므로 『세종실록』에 두 섬의 지지를 기록하고 있다는 것은 영유 의지에 대한 천명이라고 할 수 있다. 그러므로 『세종실록』을 찬진(撰進)한 1454년(단종 2)을 독도 고유영토의 원년으로 삼아도 좋지 않은가 한다.

■주■

1 『세종실록(世宗實錄)』이 편찬된 것은 1454년(단종 2)이지만 동서(同書) 지리지인 「신찬팔도지
   리지(新撰八道地理志)」는 1430년(세종 12)을 기준 연도로 하여 1432년(세종 14)에 편찬되었
   다고 한다. 鄭杜熙(1976), 「朝鮮初期 地理志의 編纂」, 『歷史學報』 69, 70~74쪽.

2 조희승(2007), 『독도이야기』, 사회과학출판사, 37~39쪽 참조.

3 서울大學校 博物館(1998), 『鬱陵島 - 考古學的 調査研究』 5, 17~18, 113~115쪽.

4 池內宏(1921), 「朝鮮高麗朝に於ける東女眞の海寇」, 『滿鮮地理歷史研究報告』 8, 216~217쪽.

5 『三國史記』, 新羅本紀, 智證麻立干 13年 6月, 列傳 4, 異斯夫 ; 『三國遺事』 卷1, 智哲老王.

6 『高麗史』, 世家, 太祖 13年 8月 丙午.

7 『高麗史』, 世家, 顯宗 9年 11月 丙寅.

8 『高麗史』, 世家, 顯宗 13年 7月 丙子 ; 『高麗史節要』, 顯宗 13年 7月.

9 『高麗史』, 世家, 顯宗 10年 7月 己卯 ; 『高麗史節要』, 顯宗 10年 7月.

10 『高麗史』, 世家, 顯宗 9年 11月 丙寅, 食貨志 2, 顯宗 9年 11月.

11 『高麗史』, 世家, 德宗 元年 11月 丙子.

12 『高麗史』, 世家, 仁宗 19年 7月 己亥.

13 『高麗史』, 世家, 毅宗 11年 5月 丙子, 地理志 3, 東界 蔚珍縣 ; 『高麗史節要』, 毅宗 11年 5月.

14 『高麗史』, 世家, 忠穆王 2年 3月 乙巳.

15 『高麗史』, 列傳 42, 崔怡.

16 『高麗史』, 世家, 元宗 14年 2月 辛亥, 列傳 43 李樞 ; 『高麗史節要』, 元宗 14年 2月.

17 『高麗史』, 列傳 4, 永興君 環 ; 『高麗史節要』, 辛昌 元年 9月.

18 『高麗史』, 列傳 47, 辛禑 5年 7月.

19 『太宗實錄』, 太宗 17年 2月 壬戌.

20 『太宗實錄』, 太宗 12年 4月 己巳.

21 崔南善(1973), 「鬱陵島와 獨島」, 『六堂全集』 2, 高麗大學校 亞細亞問題研究所, 682쪽 ; 川上健
   三(1966), 『竹島の歷史地理學的研究』, 東京 : 古今書院, 108쪽.

22 『太宗實錄』, 太宗 16年 9月 庚寅.

23 『太宗實錄』, 太宗 3年 7月 辛丑, 8月 丙辰·丙午.

24 『太宗實錄』, 太宗 12年 4月 己巳.

25 高麗大學校 六堂全集編纂委員會(1973), 「鬱陵島와 獨島」, 『六堂崔南善全集』 2, 684~685쪽
   참조.

26 『太宗實錄』, 太宗 16年 9月 庚寅.

27 『太宗實錄』, 太宗 17年 2月 壬戌.

28 『太宗實錄』, 太宗 17年 2月 乙丑.

29 『世宗實錄』, 世宗 7年 8月 甲戌.

30 『世宗實錄』, 世宗 元年 4月 乙亥.

31 『世宗實錄』, 世宗 7年 8月 甲戌.

32 『世宗實錄』, 世宗 7年 10月 乙酉.

33 『世宗實錄』, 世宗 18年 閏6月 甲申.

34 『世宗實錄』, 世宗 19年 2月 戊辰.

35 『世宗實錄』, 世宗 20年 4月 甲戌.

36 『世宗實錄』, 世宗 20年 7月 戊戌.

37 『南氏大同譜』1, 회상사, 1979, 20·43쪽.

38 『世宗實錄』, 世宗 20年 7月 戊戌, 11月 乙巳.

39 『世宗實錄』, 世宗 21年 2月 丙辰.

40 『成宗實錄』, 成宗 3年 6月 丁丑.

41 『世宗實錄』, 世宗 23年 7月 戊申.

42 『世宗實錄』, 世宗 12年 1月 丁卯.

43 『世宗實錄』, 世宗 20年 7月 戊申, 27年 6月 甲寅, 8月 戊午.

44 『世宗實錄』, 世宗 12年 1月 丁卯.

45 『世宗實錄』, 世宗 12年 1月 丁卯, 4月 甲戌.

46 『世宗實錄』, 世宗 12年 1月 丁卯, 4月 癸酉, 20年 7月 戊申, 23年 7月 戊申, 27年 6月 甲寅, 8月 戊午.

47 『世宗實錄』, 世宗 27年 8月 戊午.

48 『成宗實錄』, 成宗 元年 12月 甲寅, 3年 2月 庚午, 3月 壬寅.

49 『成宗實錄』, 成宗 3年 2月 庚午, 7年 2月 壬午, 6月 癸巳.

50 『成宗實錄』, 成宗 10年 閏10月 戊寅, 12年 1月 癸未.

51 『成宗實錄』, 成宗 7年 6月 癸巳.

52 『成宗實錄』, 成宗 元年 12月 甲寅, 3年 8月 丙子, 4年 1月 庚子.

53 『成宗實錄』, 成宗 3年 3月 壬寅.

54 『成宗實錄』, 成宗 3年 2月 庚午, 3月 丙辰, 4月 丁卯.

55 『成宗實錄』, 成宗 3年 2月 庚午, 3月 丙辰.

56 『成宗實錄』, 成宗 3年 6月 丁丑.

57 『成宗實錄』, 成宗 7年 2月 壬午, 6月 癸巳.

58 『成宗實錄』, 成宗 7年 10月 壬辰·丁酉.

59 『成宗實錄』, 成宗 7年 10月 丁酉.

60　『成宗實錄』, 成宗 8年 3月 辛未.

61　『成宗實錄』, 成宗 10年 5月 丁卯.

62　『成宗實錄』, 成宗 10年 7月 丁卯, 8月 癸丑.

63　『成宗實錄』, 成宗 10年 9月 丁巳·戊午·甲子·乙丑.

64　『成宗實錄』, 成宗 10年 10月 壬子, 閏10月 戊午.

65　『成宗實錄』, 成宗 10年 閏10月 戊寅, 12月 庚午·丙子.

66　『成宗實錄』, 成宗 10年 12月 丙子, 11年 2月 壬戌.

67　『成宗實錄』, 成宗 11年 2月 庚午·甲戌·戊寅, 3月 戊子·丁酉.

68　『成宗實錄』, 成宗 10年 12月 丙子, 11年 3月 辛卯·丁酉.

69　『成宗實錄』, 成宗 11年 5月 己酉.

70　『成宗實錄』, 成宗 12年 1月 甲申.

Ⅱ. 안용복의 활동과 울릉도쟁계 1

———————— 내륙 연해민들의 울릉도 진출로 1620년을 전후해서 이 섬에 진출한 일본인들과의 마찰이 예견되고 있었다. 그 결과 발생한 것이 안용복(安龍福) 피랍사건(1693년)이었고, 이는 다시 조·일 간의 울릉도 영유권 분쟁, 즉 울릉도쟁계(鬱陵島爭界, 1693~1699년), 일본에서 말하는 다케시마일건[竹島一件]으로 비화했다.

안용복의 일본 피랍과 활동

앞에서 살펴본 바와 같이 15세기 초(태종대) 이래 실시해 온 공도정책으로 울릉도는 사람이 살지 않는 섬이 되어버렸다. 울릉도에 내륙 연해민들이 다시 왕래하기 시작하는 것은 조선 후기,* 늦어도 17세기 말(숙종 초, 1674년~)부터 가 아닌가 한다.[1]

내륙 연해민들의 울릉도 진출로 1620년을 전후해서부터 이 섬에 출어(出漁, 고기를 잡으러 나감)하던 일본인들과 마찰이 예견되고 있었다. 그 결과 발생한 것이 안용복(安龍福) 피랍사건(1693년)이었고, 이것은 다시 조·일 간의 울릉

---

* 서양인들이 울릉도와 독도를 발견한 것도 조선 후기의 일이다. 울릉도는 1787년(정조 11) 프랑스 해군 대령 라 페루즈(La Pe'rouse, Jean Francois Galaup de)가 이끄는 부솔(Boussole)함 선원 등이 발견했고, 일행 중 최초의 목격자인 해군사관학교 교수 다줄레(Dagelet, Lepaute)의 이름을 따 '다줄레도(I'le Dagelet)'로 명명되었다. 독도는 1849년(헌종 15) 프랑스 포경선 리앙쿠르(Liancourt)호 선원들이 발견했고, 이 배 이름을 따 '리앙쿠르 암초(Rochers Liancourt)'로 명명되었다. 田保橋潔(1931), 「鬱陵島 その發見と領有」, 『靑丘學叢』3, 1~12쪽 참조.

도 영유권 분쟁, 즉 울릉도쟁계(鬱陵島爭界, 1693~1699년),* 일본에서 말하는 다케시마일건[竹島一件]으로 비화했다.

울릉도쟁계는 편의상 안용복의 일본 피랍과 에도 막부에서 다케시마(울릉도) 도해금지령을 내린 1696년 초까지를 1단계, 도해금지령을 내린 직후부터 울릉도쟁계가 타결되는 1699년 초까지를 2단계로 나누어 볼 수 있지 않을까 한다.

내륙 연해민들의 울릉도 왕래는 1693년 11월 초 조선 연해민이 울릉도에 가서 고기잡는 것을 금지해 달라는 일본 측 서계를 받고 입시한 좌·우 대신, 비변사 당상 회의(11월 13일) 때 좌의정 목래선(睦來善)이 한 계언에서 확인할 수 있다. 다음은 목래선의 계언 중 관계되는 부분이다.[2]

> …… 경상도 연해(沿海) 어민들이 풍랑으로 인해 무릉도로 표도(漂到)하였다고 합니다. 그러나 일찍이 연해 수령을 지낸 사람으로부터 듣건대 해반(海畔, 해변) 어민들이 자주 무릉도 및 타도(他島)를 왕래하면서 대죽(大竹)을 벌취(伐取)하고 또한 전복을 딴다고 합니다.
>
> …… 慶尙道沿海漁民 雖稱因風 漂泊於武陵島云云 而得聞於曾經沿海守令之言 海畔漁民 頻頻往來 武陵島及他島 伐取大竹 且捕鰒魚云.

일찍이 연해 수령을 지낸 사람에게 들은 바에 따르면, 연해 어민들이 풍랑

---

* 조선 후기 예조 관원들의 실무 지침서인 『춘관지(春官志)』[1744년(영조 20) 편찬, 1781년 (정조 5) 증보]도 조·일 간의 울릉도 영유권 분쟁을 다루고 있는데, 이를 '울릉도쟁계'로 이름 붙이고 있다.

을 핑계로 자주 무릉도(울릉도) 및 타도를 왕래하면서 대죽을 베고 전복을 잡는다는 것이다. 여기서 '무릉도 및 타도'는 울릉도와 그 밖의 섬, 즉 죽도(竹島, 竹嶼)나 우산도(于山島)를 가리킨다고 할 수 있다. 그런데 울릉도와 죽도의 거리는 불과 2.5km이므로 두 섬은 하나의 어로 구역을 이루고 있었으리라는 것을 고려할 때, '타도'는 특히 우산도를 두고 한 말이 아닐까 한다.

이런 남도 연해 어민들의 울릉도 및 '타도' 진출은 왜구나 해금(海禁) 문제와 관련이 깊다. 한반도의 왜구는 16세기로 들어서면서 소멸되었고, 이에 따라 해금도 완화되어 갔다. 해금의 완화는 남도 연해 어민들의 활발한 원해어업, 즉 울릉도와 '타도' 어업으로까지 이어졌던 것이다. 그리고 그 시기는 울릉도쟁계(1693~1699년) 이전부터였던 것이다.

남도 연해 어민들의 울릉도 출어는 계속되었다. 따라서 매년 3~4월에 이 섬에 교대로, 혹은 공동으로 출어하는 오오야 큐우에몬[大谷九右衛門], 무라카와 이치베에[村川市兵衛]로 대표되는 오오야[大谷]·무라카와[村川] 양가(兩家) 선원들과 충돌할 것이 예견되어 있었다. 일본 측 기록에 따르면, 울릉도쟁계가 시작되기 바로 전년(1692년)에 '당인(唐人)'(조선인) 53명이 탄 배 두 척이 도착해 마침 출어한 무라카와가[村川家] 선원들과 마주쳤다. 그러나 사고는 없었다. 이듬해 1693년(숙종 19, 元祿 6) 3월에는 안용복과 박어둔(朴於屯)이 어민 7명과 같이 탄 경상도 울산 선박이, 4월에는 전라도 순천 선박(17명), 경상도 가덕 선박(16명) 각 1척이 도착했다. 그런데 안용복과 박어둔은 울릉도에 도착한 지 20여 일 만인 4월 18일, 돌연 총칼로 무장한 오오야·무라카와 양가 선원들에게 납치되어 일본으로 끌려갔다.[3] 안용복 피랍사건이 벌어진 것이다.

안용복이나 박어둔의 신상은 돗토리번[鳥取藩]의 번사(藩士) 오카지마 마사

요시[岡嶋正義]가 1828년(순조 28)에 저술한 『죽도고(竹島考)』를 통해 살펴볼 수 있다. 안용복은 피랍 당시 일본 선원들에게 자신은 동래 사람으로 42세이며 안삔샤(アンピンシヤ)·안삐샤(アンピシヤ)·안삔죠(アンペンチウ), 즉 안비장(安裨將)으로 불리고, 박어둔은 자신의 수행원으로 울산 사람이며 나이는 34세, 이름은 도라헤(トラヘ)라고 밝혔다.[4]

또한 『죽도고』는 안용복과 박어둔의 신상을 좀 더 자세히 알려주는 허리에 차는 요패(腰牌), 즉 호패도 소개하고 있다.[*] 두 사람의 신상을 이해하는 데 중요한 자료로 생각되어 원문을 소개한다. 원문 옆의 □나 ⬭안의 글자는 필자가 서울대학교 법과대학 박병호(朴秉濠) 명예교수의 도움을 받아 판독 해석한 바를 적어 넣은 것이다.

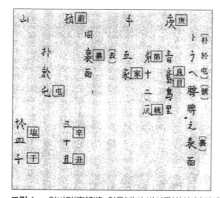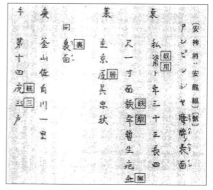

그림 1 ... 안비장(安裨將, 안용복)과 박어둔(朴於屯)의 호패(1690)

---

[*] 요패는 군졸이나 관청에서 부리는 하인이 허리에 차는 나무패를 말하는데, 여기서는 호패를 가리킨다. 오카지마 마사요시는 『인부역년대잡집(因府歷年大雜集)』[癸酉(1693년) 6월 조]에서도 안용복·박어둔의 호패를 소개하고 있다.

이 호패의 기록에 따르면 안용복은 서울에 사는 오충추(吳忠秋)의 사노비로 주소를 부산 좌자천 1리 14통 3호(현재의 부산 동구 좌천동)에 두고 있다. 즉 그는 사노비이자 외거노비(外居奴婢)였던 것이다. 그는 노비이기 때문에 성도 없이 '용복(用卜)'이라는 이름만 가지고 있었던 것 같다. 나이도 일본 선원들에게 42세라고 하였지만 호패를 발급한 경오년(1690년, 숙종 16) 당시 33세였으므로 1693년 현재 36세가 된다. 얼굴은 검으며 검버섯이 돋았고, 흉터는 없으며 당시 신장척(身長尺)에 의한 키는 4척 1촌으로 기록되어 있다. 이를 미터법으로 환산하면 1m 46cm로 키가 매우 작은 편인데, 아마 옮겨 적는 과정에서 잘못이 있었던 것으로 보인다. 『죽도고』의 저자도 요패를 옮겨 적는 과정에서 잘못이 있음을 지적하고 있다.[5]

박어둔은 소금을 굽는 염한(塩干, 塩夫)으로 '신축(辛丑)'생, 즉 1693년 현재 33세이며, 주소는 울산 청량 목도리 12통 5가(현재의 울주군 온산면 방도리 목도)이다. 그의 신분은 양인이지만 소금을 굽는 직업인 천한 일을 부담하고 있었다. 그는 이른바 신양역천(身良役賤, 신분은 양인이나 천한 일을 함) 계층이었다.

박어둔 호패에 있는 기록, 즉 주소·성명·연령·직업(신분) 등은 서울대학교 내 규장각에 소장된 1687년(숙종 13)의 「울산호적대장」에 실려 있는 박엇둔(朴於叱屯, 朴於屯)의 호적기록과 거의 일치한다.[6] 이는 박어둔 호패는 물론, 같은 해인 1690년(숙종 16)에 발급된 안용복 호패가 오카지마 마사요시의 지적처럼 옮겨 적는 과정에 잘못이 있었는지도 모르지만, 그의 기록이 매우 신빙성이 높다는 것을 시사해 준다.

안용복의 주소였던 부산 동구 좌천동 이웃에는 왜관(倭館)이 있었고, 좌천동에서 그리 멀지 않은 곳에 경상좌수영(慶尙左水營)이 있었다. 이와 관련해 안용복(1658년~?)과 거의 같은 시기를 살던 실학자 성호(星湖) 이익(李瀷, 1681~1763년)의 저서 『성호사설(星湖僿說)』에서는 그가 '동래부(경상좌수영) 전선(戰船)의 노군(櫓軍, 노를 젓는 일을 맡은 군사)이었다. [그리고 진작부터] 왜관을 출입해 왜어(倭語, 일본어)를 잘했다'고 전하고 있다.[7]

안용복 등을 납치한 일본인들은 호키주[伯耆州] 요나고정[米子町] 오오야·무라카와 양가의 선원들이었다. 앞에서도 잠깐 언급한 바와 같이, 막부는 일찍이 17세기 초(1620년 전후)에 오오야·무라카와 양가에서 신청한 다케시마도해[竹島渡海] 어업을 돗토리번주[鳥取藩主] 이케다 미쓰마사[池田光政]에게 허가했다. 이에 따라 오오야·무라카와 양가는 울릉도(다케시마) 및 그 근해에서의 이권을 독점해왔다. 이런 상황에서 조선인들이 이곳으로 출어하자 오오야가 등의 선원은 이를 자신들의 권익에 대한 침해로 보고 1692(숙종 18, 元祿 5)부터 그 증인으로 조선 어민의 납치를 모의해 오다가 이를 실행한 것이다.*

안용복 등을 실은 오오야가의 배는 4월 18일 울릉도를 출발해 이 섬에서 하루쯤 걸리는, 후쿠우라[福浦]로 가는 뱃길가에 위치한 마쓰시마[松島], 즉 우산도를 경유했던 것 같다. 이에 대해 『인부역년대잡집(因府歷年大雜集)』은 '[19일] 새벽에 마쓰시마라는 곳에 도착했다'고 기록하고 있다. 안용복은 울릉도에 머무는 동안(3월 27일~4월 18일) 두 차례 마쓰시마(우산도)를 볼 수 있었다. 그

---

* 이케우치 사토시[池內敏]에 따르면, 오오야·무라카와 양가의 다케시마 도해면허는 돗토리 번주 앞으로 내려졌고, 1회에 한해 발급되었다고 한다. 그러므로 양가의 다케시마 어업이 1696년(숙종 22)까지 계속되었다는 것은 비정상적인 것이라고 한다. 池內敏(2006), 앞의 책, 249~251쪽 참조.

런데 이번에 비록 타의에 의해서이긴 하지만 처음으로 마쓰시마(우산도)를 경유하게 된 것이다.[8] 이렇게 잠시 우산도를 경유한 이들은 20일 오키도[隱岐島]의 후쿠우라에 도착했다.[9]*

후쿠우라에서는 재번역인(在番役人, 당번 관리)에게 조사를 받았다. 안용복이 대담(對談)했다는 '오키도주'는 바로 이 재번역인을 과장한 것이었다. 안용복은 오키도주(사실은 재번역인)에게 울릉도(다케시마)가 조선의 지계(地界)임을 들어 자신에 대한 납치와 구금의 부당성을 주장했다.[10]

안용복 등은 4월 23일 후쿠우라를 출발해 도젠[島前], 운슈[雲州] 나카하마[長濱]를 거쳐 27일 요나고[米子]에 도착했다. 요나고에서는 돗토리번의 가로(家老) 아라오 슈리[荒尾修理] 등의 조사를 받았다. 안용복이 대담했다는 호키주의 태수(太守)는 바로 아라오 슈리가 아니었을까 한다.[11]

조사의 초점은 당연히 조선 어민의 다케시마, 혹은 다케시마 어장의 '침범'에 맞추어졌을 것이다. 이에 안용복은 오키도에서 조사받을 때와 마찬가지로 울릉도(다케시마)와 자산도(子山島, 우산도·마쓰시마)**가 조선령임을 들어 자신을 납치해 구금한 것에 대해 항의했을 것이다. 그 결과 돗토리번으로부터 다

---

* 비슷한 내용이 『변례집요(邊例集要)』下, 17, 울릉도 갑술(甲戌)(1694년) 1월에 실린 동래부에서 한 안용복의 진술에도 보인다. 진술에는 선박이 우산도에 근접했던 시각이 19일 석반후(夕飯後)라고 되어 있다. 그러나 마쓰시마[松島]~오키[隱岐]가 이틀 거리 이상이고 선박이 후쿠우라[福浦]에 도착한 날이 20일인 것을 감안할 때 안용복 등이 우산도에 들른 것은 19일 새벽으로 보아야 할 것이다.

** 자산도(子山島)는 후술(III장의 주3)하는 바와 같이, 우산도의 다른 이름으로 일본에서 부르던 마쓰시마[松島], 즉 오늘의 독도를 가리킨다.

케시마와 그에 속한 섬인 마쓰시마를 조선령으로 인정하는 서계(書契, 공문)를 발급받았다고 한다. 안용복이 오키도 역인(役人)에게 항의한 내용은 "울릉에서 우리나라까지는 하루 거리인데, 일본까지는 닷새 거리이니 [울릉은] 우리나라에 소속된 것이 아니겠는가. 조선인이 스스로 조선땅에 갔는데 어찌하여 구금하는가"라는 것이었다.[12]

조사가 끝나자 곧(4월 28일) 보고서가 작성되어 번청을 거쳐 에도의 저택에 머무르고 있던 번주(藩主) 이케다 쓰나키요[池田綱淸]에게 전해졌고(5월 9일), 5월 10일 막부의 월번(月番) 노중(老中, 관백 직속의 정무담당 최고책임자) 쓰치야 사가미노카미[土屋相模守]에게 보고되었다. 「조선인(안용복)의 구술서(唐人の口書)」 등이 수록된 이 보고서의 요지는 안용복 등을 납치, 연행했을 때의 기세와는 달리 조선인의 다케시마 출어를 금지시켜 달라는 것이었다.[13]

조사 결과를 보고받은 노중 쓰치야 사가미노카미는 5월 13일자로 돗토리번에 조선인(안용복 등)들을 나가사키[長崎]로 이송할 것을 지시했다. 그리고 같은 날 쓰시마번[對馬藩]에도 유수거(留守居, 에도에 있는 제후의 저택에서 공무상의 연락을 맡아 처리하는 관원)에게도 안용복 등을 나가사키에서 쓰시마로 이송해 귀국시키되, 조선 측에 어민들의 다케시마 출어 금지를 교섭하라는 지시가 내려졌다. 쓰시마번은 임진왜란 후인 1609년(광해군 1) 조선 측과 체결한 기유약조(己酉約條)에 따라 조·일 교섭의 창구 역할을, 때로는 막부의 대(對) 조선외교를 수행해 왔기 때문에 이번 일에도 참여하게 된 것이다. 막부의 지시는 5월 26일 돗토리번에, 6월 3일 쓰시마번에 전달되었다.[14] 그리고 감정두(勘定頭) 마쓰다이라 미노노카미[松平美濃守]에게는 다케시마와 다케시마 어업에 대해 조사할 것을 지시했다.[15]

여기서 다시 살펴보아야 할 것은 안용복의 울릉도(다케시마)·자산도(우산도·마쓰시마)의 조선령 주장과 이를 인정하는 돗토리번의 서계 발급에 관한 것이다. 일본의 연구자들은 이러한 사실들을 부인하고 있다. 『숙종실록』 등 조선 측 자료에만 보일 뿐 일본의 자료에는 보이지 않는다는 것이다. 그러나 일본 문헌에 위와 같은 기록이 보이지 않는 것은 그러한 사실이 없었기 때문이라기보다는, 그러한 사실을 문헌에 수록하는 것이 일본의 국익상 적절하지 않다는 편찬(작성)자들의 국수주의적 판단 때문이었다고 보아야 할 것이다. 이는 안용복이 돗토리번으로 밀항(1696년 6월 4일~8월 6일)했을 당시, 특히 6월 22일 이후의 활동에 대해 일본 문헌들이 침묵한 것을 보아도 잘 알 수 있다(III장 2절 참조). 그렇다면 일본에도 서계 발급과 관련된 자료가 있을 수 있다는 역추정도 가능하지 않을까 한다.

다음으로 살펴야 할 것은 『숙종실록』이나 『강계고』, 『동국문헌비고』 「여지고」의 안용복 관련 기사, 특히 그가 비변사에서 진술한 내용에 진실성이 있느냐 하는 문제다. 결론부터 말한다면 진실성이 인정된다는 것이다. 물론 안용복의 진술에는 허위진술도 있다. 그러나 그것은 자신의 발언에 무게를 싣기 위해 상대의 지위를 격상시키거나, 해금을 범한 중죄를 모면하기 위해 표류였다는 핑계를 대는 등 선의의 거짓이었다. 이것을 가지고 진실성이 없다며 진술 전체를 인정하지 않는 것은 잘못된 판단으로 보아야 할 것이다.

안용복의 진술은 최근(2005년)에 일본 시마네현[島根縣] 오키에서 발견된 오키도 역인(役人)들의 안용복에 대한 문정기록(問情記錄)과 어긋나는 것이 없다. 특히 안용복이 진술에서 밝힌 자산도를 우산도의 잘못된 기록으로 흔히 이해해 왔었는데, 그것이 실제 '무라카미가[村上家] 문서'에서 확인되었다는 사실은 진술의 진실성을 말해주는 것이다. 다보하시 기요시[田保橋潔]가 안용복의 진술에 대해 "한갓 큰소리로 희롱한 혐의는 있으나 대체로 사실로 믿어진다"고 평한 것은 적절한 것이었다(III장 1절 참조).

안용복이 비변사에서 한 진술이 진실된 것이라면 그가 울릉도(다케시마)와 자산도(우산도·마쓰시마)는 조선령이라는 서계도 발급받았다고 보아야 할 것이다. 그런데 『숙종실록』(22년 9월 무인조)에는 '관백(關白)의 서계'라고 하여 막부 장군이 발급한 것으로 되어 있다. 그러나 이것은 그의 발언에 무게를 싣기 위해 상대를 격상시킨 것일 뿐, 사실은 돗토리번의 중신들이 발급한 것으로 보아야 할 것이다.

돗토리번이 이런 결정을 내리는 데는 에도에 머무르고 있는 번주 이케다 쓰나키요와 논의했을 것이고, 막부의 자문을 구했을지도 모른다. 그리고 돗토리번에서 이 서계를 안용복에게 건네준 것은 그들이 요나고를 떠나 돗토리의 성하(城下, 성곽을 중심으로 발달한 시가)에 당도한 다음날인 6월 2일 저녁, 안용복과 돗토리번 중신들이 아라오 야마토[荒尾大和]의 저택에서 회동한 자리였을 것이다.

돗토리번에서는 안용복을 조사하면서 안용복과 그의 주장에 대해 인식상의 변화를 보였다. 안용복을 납치, 연행할 때는 그를 다케시마 어장을 침범한 죄인으로 몰아 밧줄로 묶기까지 했었다. 그런데 조사가 끝난 후 에도로 보내는 보고서에서는, '조선인의 다케시마(울릉도) 출어를 금지시켜 달라'고 했을 뿐 안용복 등의 처벌에 대해 거론하지 않았다. 더 이상 안용복을 죄인으로 보지 않았던 것이다. 오히려 후술하는 바와 같이, 큰 은인으로 생각하고 있었다고 보아야 할 것이다.

더욱 주목되는 것은 막부의 지시에 따라 마쓰다이라 미노노카미가 그 해

(1693년) 5월 21일 번저(藩邸)로 다케시마와 다케시마 어업에 대해 질의했을 때, 번저에서 다음과 같이 보고한 점이다.[16]

다케시마는 떨어져 있는 섬인데다 사람들이 살고 있지 않습니다. 그러므로 호키노 카미가 지배하는 곳이 아닙니다.

竹島ははなれ島に人住居者不仕候尤伯耆守支配所ニても無之候.

이 보고서는 돗토리번의 다케시마 영유를 부인하며 울릉도와 우산도가 조선령이라는 안용복의 주장과 맥락을 같이하고 있다. 그리고 돗토리번이 이런 인식을 갖게 되는 것은 아무리 늦어도 마쓰다이라 미노노카미에게 보내는 보고서를 작성한 5월 22일 이전이겠지만, 마쓰다이라 미노노카미의 질의를 받은 바로 다음날 답변한 것을 고려한다면 바로 안용복을 조사한 4월 27~28일쯤으로 보아야 할 것이다. 이런 사실은 돗토리번이 울릉도(다케시마)·자산도(우산도·마쓰시마)가 조선령이라는 안용복의 주장을 받아들였다는 것을 시사한다.

안용복 등은 막부의 지시에 따라 나가사키로 가기 위해 5월 29일 요나고를 떠났다. 이들은 6월 1일 돗토리 성하에 당도해, 6월 7일 나가사키로 떠날 때까지 1주일 동안 이곳에서 머물렀다. 성하에서의 첫날 밤은 아라오 야마토의 저택(별장)에서 지내고, 나머지 6일 동안은 정회소(町會所, 町內 役人들의 회관)에서 숙식했다. 융숭한 대접이었다. 거처를 정회소로 옮기는 날(6월 2일), 안용복은 아라오 야마토의 저택에서 돗토리번의 중신들과 회동했다.[17] 안용복이 울릉도와 자산도가 조선령이라는 돗토리번의 서계(공문)를 받은 것은 바로 이 자리였을 것이다.

안용복 등은 6월 7일 성하를 떠나 나가사키로 향했다. 해로(海路)가 아닌 육로(陸路)였는데 이는 막부의 지시에 따른 것이었다. 이날 떠나기 전 돗토리번에서 베푼 송별*은 각별했다. 호송사절이 구성되었으며, 안용복 등은 4명이 메는 가마에 타는 환송을 받았던 것이다. 『죽도고』의 저자 오카지마 마사요시는 이를 두고 '실로 희유(稀有)의 변사(變事)'라고 평했다.[18] 있을 수 없는 일이 벌어졌다는 것이다. 그러나 이 각별한 송별은 성하에서의 환대, 서계(공문)의 발급과 함께 안용복이 무엇인가 돗토리번에 공헌한 것에 대한 배려나 보답으로 보아야 할 것이다.

생각건대 안용복은 돗토리번에 울릉·우산도가 조선령이라는 사실을 명확히 함으로써 돗토리번으로 하여금 다케시마 도해어업이 해금에 노출되어 온 번(藩)이 곤경에 빠지는 위급한 처지에 놓여 있다는 것을 깨닫게 해 주었을 것이다. 이는 안용복이 돗토리번에 크게 공헌한 것이라고 할 수 있지 않을까 한다.

안용복 등은 6월 30일 나가사키에 도착해 7월 1일 나가사키 봉행소[奉行所, 막부의 대외 업무를 담당하는 지방장관인 나가사키 봉행(奉行)들이 집무를 보는 곳]에 인도되었다. 다시 쓰시마번 사자(使者)에게 인계되어(8월 14일) 쓰시마에 도착한 것은 9월 3일이었다.[19]

---

* 나이토 세이츄(內藤正中)는 이 특별한 송별이 중요한 죄인을 호송할 때 하는 일본의 풍습이라고 한다. 內藤正中(2005), 「隱岐の安龍福」, 『北東アジア文化研究』, 4~6쪽. 그렇다면 나가사키에서 쓰시마로, 쓰시마에서 부산으로 호송할 때는 왜 그렇게 하지 않고 침책(侵責)만 했는가 하는 의문이 가며, 돗토리번에서는 안용복 등을 죄가 중한 죄인이 아니라 오히려 은인으로 보고 있었다는 것도 상기할 필요가 있다.

그런데 안용복 등이 나가사키에 도착한 뒤부터 일본 측에서는 그에 대한 처우를 달리하기 시작했다. 그들에 대한 침책(侵責), 즉 책임추궁이 시작되었던 것이다. 쓰시마번에서는 돗토리번에서 받은 서계(공문)를 빼앗겼다. 울릉도(다케시마)를 일본령으로 간주해 안용복 등을 국경을 침범한 죄인으로 몰았던 것이다.[20] 안용복은 이런 상황 속에서 조사를 받았다.

조사는 나가사키 봉행소, 쓰시마는 물론 부산왜관(倭館)에서도 행해졌다. 안용복은 이 조사에서 "조선이 '무루구세무(ムルぐセム)'라고 부르는 섬이 일본의 다케시마라는 것을 이번에 처음 알았다(나가사키·쓰시마)", "울릉도라고 하는 섬에 대해서는 이제까지 모르고 있었다(부산왜관)"고 진술했다고 한다.[21] 안용복의 이런 진술은 그가 울릉도에 대해 명확한 영토의식을 가지고 있지 않고, 따라서 울릉·우산도가 조선령임을 인정하는 서계의 발급 요청 자체가 존재하지 않았다는 추정을 가능하게 한다.[22]

그런데 안용복은 울릉도에 출어(3월 27일)하다 피랍(4월 18일)될 때까지 20여 일을 이 섬에서 체류했다. 안용복은 이 기간에 울릉도 동북(사실은 동남) 쪽으로 하루 거리쯤에 위치한 커다란 섬을 꼭 두 번 바라보았고, 이 섬을 잘 아는 사람이 우산도라 했다고 진술하고 있다. 이미 우산도를 알고 있었다면, 그가 출어한 섬이 울릉도라는 것도 진작부터 알고 있었다고 보아야 할 것이다. 무루구세무는 무릉도, 울릉도를 가리키기 때문이다.[23] 안용복은 납치되기 이전부터 두 섬에 대한 지식을 어느 정도 가지고 있었으며, 납치되어 끌려가던 중(4월 19일 새벽)에 우산도(마쓰시마)를 경유하기까지 했던 것이다.

그럼에도 이 섬(울릉도)이 일본령 다케시마라든가 울릉도에 대해 모르고 있었다는 등 일본 쪽에 유리한 진술을 한 것은 일본, 특히 쓰시마번과 부산왜관의 추궁 때문이 아니었을까 한다. 안용복의 진술이 진실된 것이었다고 하면, 이 해(1693년) 11월부터 부산에서 시작된 울릉도 영유권 교섭에서 일본 측이 중요한 쟁점으로 삼았을 것이다. 이와 관련해 쓰시마번에서 왜관으로 보내는 문서에 '인질(안용복)의 주장은 거짓과 진실을 구별하기 어렵기 때문에 참고를 위해 말씀드립니다. 이에 잘 들으시어 분간해 주시기 바랍니다'라고 한 것도 한 번쯤 음미해 볼만한 것이다.* 이때 쓰시마도주가 파견한 고위 사절, 즉 대차사(大差使)는 귤진중(橘眞重)이라는 조선식 이름을 사용한 다다 요자에몬[多田與左衛門]이었다.

---

* 앞에서 언급한 바와 같이, 남도 연해민들은 늦어도 숙종 초년(1674년~) 이전부터 무릉도(울릉도)와 '타도(他島)'를 왕래하면서 대죽(大竹)과 복어를 채취했다. '타도'란 울릉도 동쪽에 있는 우산도를 가리킨다. 남도 연해민들은 17세기 말 이전부터 울릉도는 물론 우산도(마쓰시마)에도 왕래하고 있었던 것이다. 안용복은 동남 연안을 관할하는 경상좌수영의 노군(櫓軍)이었다. 그런 그가 울릉도를 몰랐다고 하는 것은 잘못된 것이라고 할 수밖에 없다.

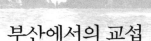

부산에서의 교섭

쓰시마는 일찍이 15세기 초부터 울릉도 영유를 도모하고 있었다. 가령 1407년(태종 7)에는 수호(守護) 소우 사다시게[宗貞茂]가 사람을 보내어 쓰시마 내의 여러 부락을 이끌고 무릉도(울릉도)에 옮겨 살기를 청했다. 울릉도를 넘본 것이다.[24] 조선 후기로 들어와 1614년(광해군 6) 6월에는 쓰시마번에서 선박 3척을 보내어 경상·강원도 사이에 있다는 이소다케시마[礒(磯)竹島]를 조사한다 하고, 이어 이 섬에 쓰시마 주민을 이주시키겠다는 서계를 보내왔다. 울릉도가 조선령임을 알고 있으면서도 공도(空島)임을 기화로 그 영유를 꾀한 것이다. 이에 이 해 7월과 9월에 조선 측(동래부사)에서는 이소다케시마가 조선령 울릉도임을 설명하고 이 섬을 왕래하는 선박은 해적선으로 논할 것임을 경고했다.[25]

그런데 쓰시마도주는 동래부사의 설명이나 경고를 때마침 있었던 '오사카[大阪]의 역(役)'(1614~1615년) 때문에 막부에 미처 보고하지 못했다. 그리하여 막부는 이 사실을 모른 채 돗토리번주 이케다 미쓰마사[池田光政]에게 오오야[大谷]·무라카와[村川] 양가(兩家)의 다케시마 도해면허를 내주었고(1620년 전

후), 이후 양가는 약 70년 동안 울릉도 고기잡이를 독점해왔다.[26]

이처럼 쓰시마는 일찍부터 울릉도를 엿보고 있었으므로 조선 어민의 다케시마 어획활동 금지를 조선 측에 요청하라는 막부의 지시는 그 숙원을 실현할 수 있는 좋은 기회였다. 그리고 그것은 새 영지(領地)를 취득하는 것이어서 다음에서 언급하는 안용복의 지적처럼, 쓰시마번이 에도(막부)에 공을 세우는 일이기도 했다.[27]

쓰시마번은 이 해(1693년) 10월에 차왜(差倭, 대차사) 귤진중을 조선에 사절로 파견했다. 그가 안용복 등을 대동하고 쓰시마를 떠나(10월 22일) 부산왜관에 당도한 11월 2일, 예조참판에게 조선인의 '본국 다케시마'로의 출어 금지를 요청하는 도주의 1693년(숙종 19, 元祿 6) 9월 일자 서계를 전했다.[28] 막부에서 지시한 것은 조선 어민의 다케시마 출어 금지였는데, 여기에 '본국'이 추가된 것이 주목된다. 울릉도 영유권 문제를 들고 나온 것이었다. 교섭에 임하는 일본 측(쓰시마) 입장은 조선이 임진왜란 후부터 울릉도에 관심을 갖지 아니한데 반해, 일본은 오랫동안 지배해 왔으므로 울릉도(다케시마)는 일본 영토라는 것이었다.[29]

보고를 받은 조정에서는 이 해(1693년) 11월 13일 좌·우대신, 비변사 당상(堂上)을 불러 이 문제를 논의했다. 좌의정 목래선(睦來善)이나 우의정 민암(閔黯)은 일본 측 요구에 동의하면서도, 고기잡이는 연해 주민들의 생업이기 때문에 전면적 금지에 어려움이 있지만 우리로서는 금지령을 지키도록 타일러 경계하지 않을 수 없으며(목래선), 발각되는 대로 금지해야 한다(민암)고 건의했다. 국왕 숙종도 전면적 금지가 연해 주민들의 '생도(生道)', 즉 살아가는 방도를 끊는 것이므로 후에 별도로 금령을 내려 주민들이 가벼이 고기잡이에 나서지 않도록 할 것과, 접위관(接慰官, 차왜의 상대역)에게 이 뜻을 일본 측에 알릴 것을 지시했다.[30]

울릉도로의 출어 금지, 즉 울릉도(다케시마) 소속에 관한 정부의 논의는 계속되었다. 11월 18일 접위관 홍중하(洪重夏)는 사폐(辭陛, 사명을 띠고 외지로 가는 관원이 왕에게 올리는 하직인사)하면서 "왜가 말하는 죽도(다케시마)는 우리나라 울릉도입니다. 지금 그것을 버리는 것이 아니라면 미리 그것이 조선령임을 분명히 해두어야 합니다. 왜인이 들어가 산다면 어찌 걱정거리가 아니겠습니까"라고 아뢰었다.

그러나 이에 대해 좌의정 목래선은 "왜인들이 울릉도에 들어가 사는지는 확실히 알 수 없지만, 300년 동안이나 비어 버려둔 땅*으로 인해 [이웃 나라와] 실호(失好)한다는 것은 좋은 계책이 아니다"라고 반박했다. 우의정 민암의 견해도 그러했다. 국왕도 좌·우대신의 견해에 동조했다. 즉 좌·우대신과 국왕의 의도는 일본과 평화를 유지하기 위해서는 그 요구하는 바를 들어주어야 한다는 것이었다.[31] 백 년 전에 있었던 임진왜란(1592~1598년)의 참화가 재연되는 사태를 우려했기 때문이었을 것이다.

이처럼 조정에서는 울릉도를 포기하는 쪽으로 가닥을 잡아가고 있었다. 그런데 주목되는 것은 울릉도에 대한 일본의 영유 의식이 다케시마(울릉도) 도해 금지령 발포에 즈음해서 조선 못지않게 소극적이었다는 사실이다. 1696년 1월에 노중 아베 분고노카미[阿部豊後守]가 쓰시마번 가로(家老) 히라타 나오에몬[平田直右衛門]을 불러 "쓸모없는 작은 섬(다케시마, 울릉도)으로 이웃나라와 우

---

* 『숙종실록』은 이런 조정의 방침에 대하여 '묘당(廟堂, 조정 또는 정부)에서는 [울릉도를] 버려둔 땅으로 여겨 논쟁하려 하지 않았으니 그 계책은 잘못된 것이다'라고 평했다. 『肅宗實錄』, 肅宗 19年 11月 丁巳.

호를 잃는 것은 좋은 계책이 아니다. …… 지금 조정의 의론도 이전과 같지 않다. 그(다케시마) 일로 서로 다투는 것은 바람직하지 않다"고 설유(說諭)하고 있는 사실이 이를 잘 말해준다.[32] 일본(막부)도 조선과 마찬가지로 전쟁보다는 평화를 원하고 있었던 것이다.

접위관 홍중하는 12월 7일 동래부에 당도했다. 그는 안용복 등을 인수(12월 10일)하는 한편, '귀계죽도(貴界竹島, 귀국의 지계 죽도)'로의 출어를 금지시키되 '폐경지울릉도(弊境之鬱陵島, 우리 지경 울릉도)', 즉 울릉도가 조선령임을 밝히는 다소 애매한 내용의 12월 일자 예조참판 권해(權瑎)의 서계를 준비했다. 일본 측이 말하는 다케시마가 울릉도임을 분명히 인식하고 있으면서 2도(다케시마와 울릉도)를 내세운 것은 일본과의 마찰을 피하기 위한 것이었다.

다음 해(1694년) 1월 15일, 예조참판 권해의 회답서계(回答書契) 사본이 귤진중에게 전해졌다. 그리고 차비관(差備官, 접위관을 수행하는 역관) 박동지(朴同知)가 서계에 들어 있는 '귀계죽도', '폐경지울릉도'에 대해 설명했다. 울릉도라는 명의는 조선 측에 남기되 토지는 일본 측에 넘긴다(일본 측이 사용한다)는 것이었다. 그리고 그렇게 하는 조건으로 '폐경지울릉도'가 삭제되어서는 안 된다고 했다.[33] 이에 귤진중은 2월 초(9·10일)에도 박동지를 만나 '울릉도' 삭제에 대해 논의했다. 박동지는 울릉도가 조선령임은 『여도(輿圖)』(『여지승람』)에 실려 있고 중국에도 알려져 있으므로, 마치 버린 땅을 일본이 줍는 것처럼 되어서는 조선 정부에 대한 외국의 평판도 손상되는 만큼 '울릉도'는 삭제할 수 없다고 주장했다.

귤진중은 이런 조선의 주장을 진작에 쓰시마번에 알렸고, 가로(家老)들로부터 삭제를 계속 교섭하되 여의치 않으면 회답서계를 받아 돌아오라는 연락을

받았다. 그리하여 귤진중은 회답서계 원본을 받아서 2월 22일 왜관을 출발,
쓰시마로 돌아갔다(27일).**34** 이로써 조(朝)·일(日) 간의 제1차 울릉도(다케시마)
영유권 교섭은 끝났다.*

그런데 쓰시마번에서 조선 서계 내용 중 '울릉도'를 삭제해야 한다는 강경론
이 다시 일어났다. 그리하여 쓰시마로 돌아왔던 귤진중을 다시 대차사로 발령
해 부산으로 파견했다. 귤진중은 5월 28일 쓰시마를 출발해 윤 5월 13일 왜관
에 도착했다. 그는 쓰시마도주가 예조참판에게 보내는 서계를 휴대했다. 그 내
용은 물론 회답서계에 들어 있는 '울릉도'를 삭제해 달라는 것이었다. 이 요구
가 받아들여진다면 울릉도는 쓰시마도주의 관할로 들어가게 되는 것이었다.**35**

그러나 쓰시마도주의 이러한 요구를 두고 조정에서는 이제까지의 소극적
자세에서 벗어나 그 요구를 단호히 거부하는 강경방침으로 급선회했다. 여기
에는 1694년(숙종 20) 새로 부임한 접위관 유집일(俞集一)의 조사에서 안용복이
진술한 내용이 크게 작용했다. 왜관에서 풀려난(12월 10일) 안용복은 처음 일
본에 도착해서는 대우가 매우 좋았는데, 나가사키로 오면서부터 추궁이 시작
되었으며 쓰시마 서계 내용 중 다케시마에 관한 주장은 에도(막부)에 공을 세
우려는 계책임을 유집일에게 알렸다. 안용복의 진술에 주목한 유집일은 왜관
에 머무르고 있던 대차사 귤진중 등과 접촉해 그러한 기미를 어느 정도 확인

---

* 그런데 이케우치 사토시는 울릉도가 조선령이라는 사실이 중국에 알려졌기 때문에 '울릉
도'를 삭제할 수 없다는 주장은 조공체제하의 조청관계를 염려했기 때문으로 보고 있다.
그러나 중국(청국)은 19세기 중엽까지 조선의 내·외정에 간여하지 않았다. 그러므로 박동
지가 '울릉도'를 삭제할 수 없다고 한 것은 그의 지적대로 '외국의 평판' 때문으로 보아야
할 것이다(주 34의 자료 참조).

했던 것 같다.[36]

8월 귀경한 유집일의 보고를 받은 정부는 일시에 대일 강경책으로 급선회했다. 정부의 강경책은 영의정 남구만이 유집일의 보고를 받자마자 고쳐 쓴 서계에 잘 나타나 있다. 그 내용은 '울릉도는 강원도 울진현의 속도(屬島)이므로 조선 어민들이 경계를 침범한 것이라고 할 수 없으며, 앞으로 일본 연해민들의 울릉도 왕래를 금한다'는 것이었다.[37]

유집일은 영의정 남구만이 고쳐 쓴 예조참판 이여(李畬) 명의의 서계를 갖고 다시 동래로 내려갔다. 그리고 대차사 귤진중으로부터 조선 측 회답서계 (1693년 9월)를 회수하고(8월) 다시 작성한 서계(1694년 9월)를 왜관에 전했다(9월). 귤진중이 쓰시마에서 회답서계를 가지고 온 것은 조선 측과의 회답서계 개정 교섭이 성공할 때 돌려주기 위해서였다.

조선 측의 강경책에도 불구하고 귤진중은 회답서계(1693년, 숙종 19)의 수정을, 또는 제2서계에 회답할 것을 고집했다. 소우 요시쓰구[宗義倫] 도주가 병사해 나이 어린 소우 요시미치[宗義方]가 1694년(숙종 20, 元祿 7) 새 도주로 들어서고, 그의 아버지인 전 도주(前 島主) 형부대보(刑部大輔) 소우 요시자네[宗義眞]가 섭정을 시작한 이후에도 쓰시마의 강경방침에는 변화가 없었다.[38] 조선 측의 회답을 기다리면서 왜관에 1년여를 머물러 있던 귤진중이 소우 요시자네의 뜻에 따라 1695년(숙종 21) 동래부사에게 글을 보내 조선 측이 다시 작성한 서계 중 사실과 다르다고 하는 4개조*를 들어 조정의 답변을 요구한 것도 쓰시마번의 강경기류를 반영하는 것이라 하겠다.

그러나 조선 정부의 강경방침에는 변화가 없었다. 마침내 귤진중은 동래부사에게 서신을 보내 정부를 비난하고 예에 따라 조선 측에서 지급하는 상당량의 백미(白米)를 사양한 채 이 해 6월 10일 왜관을 출발해 귀국(6월 17일)했다. 이 때문에 인심이 흉흉해 졌고, 사람들은 '임진지변(壬辰之變)'의 재발을 우려했다고 한다.[39] 이로써 쓰시마번의 2차 교섭은 무위로 끝났다.

---

* 4개조, 이른바 '귤진중의 힐문4개조(詰問四個條)'란 첫째, 서계에는 '때로 공차[公差, 관에서 파견하는 관원 또는 사자(使者)]를 파견해 왕래하며 수색하고 검사했다'고 하는데, 그렇다면 어찌하여 그곳에 가 있던 일본 어민이 만나지 못했는가. 둘째, 서계에는 '뜻밖에 귀국 사람들이 스스로 경계를 침범했다'든가 '귀국 사람들이 우리 지경을 침범했다'고 했는데, 그렇다면 전에 다케시마에 갔다가 귀국에 당도했던 어민들을 돌려보내면서 보낸 서계에서는 어찌하여 경계를 침범했다고 하지 않았는가. 셋째, 서계에는 '1도2명(一島二名)의 실상은 다만 우리나라 서적에 적혀 있을 뿐 아니라 귀주(貴州) 사람들도 잘 안다'고 했는데, 그렇다면 전 서계(1693년)에서는 어찌하여 '귀국의 경계 죽도(貴界竹島)', '우리 지경 울릉도(我境欝陵島)'라고 했는가. 넷째, 82년 전 동래부사 박경업(朴慶業)이 보낸 서계에 기죽도(磯竹島)는 '우리나라가 이르는 바 죽도'라는 구절이 보이는데 이는 전 서계(1693년)에서 말한 '귀국의 경계 죽도', '우리 지경 울릉도'와 어긋나지 않는가 라는 것 등이다.

동래부사는 역관(譯官) 박재흥(朴再興)을 시켜 귤진중에게 「동국여지승람」이나 『지봉유설(芝峰類說)』에 따르면, 다케시마는 울릉도의 별칭으로 신라 이래 조선 영토임을 되풀이해 설명했다. 조정에서도 같은 취지의 답서를 그에게 내렸다. 그러나 귤진중은 「여지승람」은 200년 전의 저술로 다케시마가 일본 영토로 편입된 것이 80년대의 일임을 들어 조선 측 주장에 동의하려 하지 않았다. 귤진중이 울릉도가 80년대로 일본 영토였다고 주장한 것은 쓰시마번이 조선 측(동래부)에 두 차례나 서계를 보내 주민을 이소다케시마[磯(礒)竹島], 즉 울릉도로 이주시키겠다는 뜻을 밝혔고, 요나고정[米子町]의 오오야[大谷]·무라카와[村川] 양가가 막부의 허가를 받아 다케시마(울릉도) 어업을 해온 사실을 두고 하는 말인 것 같다. 그러나 조선 측(동래부)은 쓰시마번의 이주 요청을 단호히 거절했고, 일본이 울릉도를 점령하거나 주민을 이주시킨 일은 결코 없었다. 따라서 울릉도가 80년대로 일본 영토였다는 귤진중의 주장은 성립될 수 없다. 그리고 임진왜란 당시에도 침략군이 울릉도를 점령한 사실은 없었다. 『肅宗實錄』, 肅宗 21年 6月 庚戌 ;『邊例集要』下 17, 欝陵島, 乙亥(1695) 5·6·7月 ;『善隣通交事考』4, 「告竹島一件事考」 ;『朝鮮通交大紀』8 ;『竹島紀事』, 元祿 8年 5月 15日 ; 田保橋潔(1931), 앞의 글, 18~19쪽 ; 內藤正中(2000), 앞의 책, 79~80쪽 ; 池內敏(2006), 앞의 책, 292~294쪽 ; 朴炳涉(2007), 앞의 책, 50쪽.

에도 막부의
다케시마(울릉도) 도해금지령과 우산도

울릉도쟁계가 3년째로 접어들었지만, 조선 측에서 양보할 기미는 보이지 않았다. 그런데다 안용복에 대한 돗토리번의 환대도 신경이 쓰이는 문제였다. 마침내 쓰시마번 섭정(攝政) 형부대보(刑部大輔) 소우 요시자네[宗義眞]는 1695년(숙종 21, 元祿 8) 10월 에도로 올라가 관백(關白) 도쿠가와 쓰나요시[德川綱吉]를 배알한 데 이어 노중 아베 분고노카미[阿部豊後守]를 방문해, 이제까지의 교섭 전말을 보고하고 막부의 지원을 요청했다. 온건론자 수야마 쇼에몬[陶山庄右衛門]의 건의를 받아들인 결과였다.[40]

아베 분고노카미는 울릉도쟁계에 관한 대책을 검토하기 시작했다. 그리하여 돗토리번에 다케시마에 관련된 설문지가 보내졌다(12월 24일). 그 문항 중에는 다음과 같은 것들이 들어 있었다.

> 이나바[因幡]·호키주[伯耆州]에 부속된 다케시마는 어느 때부터 두 나라(이나바·호키주)에 부속되었는가.
>
> 因州·伯州え附候竹島は、いつの頃より兩國之附屬候哉.

다케시마 외 양국에 부속된 섬이 있는가.

竹島の外兩國え附屬の島有之哉.

그러자 즉시 에도 돗토리 번저(藩邸)의 회답(25일)이 있었다. 그 내용은 다음
과 같다.

다케시마는 이나바·호키주의 부속이 아닙니다.

竹島は因幡·伯耆附屬にては 無御座候.

다케시마·마쓰시마[는 물론] 그 밖에 [어떤] 두 나라의 부속섬도 없습니다.

竹島·松島其外兩國之附屬の島無御座候.

이렇게 다케시마(울릉도)와 함께 묻지도 않은 마쓰시마(우산도·자산도)까지
돗토리번의 소속이 아님을 분명히 밝히고 있는 것이다.[41]

이미 1절에서 지적한 바와 같이, 돗토리번 에도 번저에서는 막부 감정두 마
쓰다이라 미노노카미의 다케시마 소속에 관한 질의를 받고(1693년 5월 21일) '다
케시마는 호키노카미[伯耆守]가 지배하는 곳이 아닙니다'라는 요지의 보고(5월 22
일)를 한 바 있다. 그리고 직접 막부로 보낸 이번 보고에서도 다케시마가 이나바,
호키주 소속이 아님을 분명히 하고 있다. 두 보고에 차이점이 있다면, 막부로 직
접 보낸 보고서에는 다케시마뿐 아니라 마쓰시마도 들어가 있다는 점이다. 마쓰
다이라에게 보낸 보고서에 있는 '다케시마'에는 '마쓰시마'가 포함되는 것으로
보아야 하겠지만, 막부로 보낸 보고서에서는 '마쓰시마'를 직접 거론함으로써
울릉도와 자산도가 그 영외(領外)임을 밝히고 있는 것이다.[42] 보고를 받은 막부

는 다시 마쓰시마에 대해서 문의했다. 돗토리 번저의 회답은 이 섬이 이나바, 호키주의 소속이 아니라 다케시마로 가는 뱃길가에 있는 섬이라는 것이었다.[43]

다음 해(1696년) 1월에도 이미 예고한 다케시마 도해금지의 발령을 앞두고 거듭 막부로부터 마쓰시마에 대한 질의가 있었다. 이 섬이 일본령인지 아닌지를 최종적으로 확인하기 위해서였을 것이다. 그러나 돗토리번은 '마쓰시마(우산도·자산도)는 어느 나라[州]에도 소속되어 있지 않으며, 다케시마(울릉도)로 가는 뱃길가에 있는, 다케시마로 가는 길에 잠시 들러서 고기를 잡는 섬'이라고 보고했다.[44] 즉 마쓰시마는 어느 주(州)에도 소속되지 않은 다케시마의 속도(屬島)라는 것이었다.

돗토리번이 이 보고서를 막부에 제출한 것은 1월 23일로 막부(노중 아베 분고노카미)에서 다케시마가 조선령임을 인정하고, 다케시마 도해금지령의 발령을 예고(1월 9일)한 뒤였다.[45] 이런 사실은 돗토리번이 막부의 다케시마 시책(施策), 즉 조선령 인정을 지지하며, 돗토리번이나 그 밖의 어떤 주의 지배도 받지 않는 다케시마의 속도인 마쓰시마도 조선령으로 보고 있었다는 것을 말해준다. 그리고 돗토리번의 보고에 보이는 '돗토리번의 지배를 받지 않는 섬', '다른 어떤 주의 지배도 받지 않는 섬', '다케시마의 속도'란 조선령의 완곡한 표현으로 보아도 좋을 것이다.

다케시마·마쓰시마에 대한 돗토리번의 이와 같은 인식상의 변화가 일어난 시기는 요나고에서 안용복을 조사(1693년 4월 27~28일)하면서 그로부터 울릉도(다케시마), 자산도(우산도·마쓰시마)가 조선령이라는 설명을 들은 후부터인 것으로 보인다. 그리하여 이 해 5월 22일 감정두 마쓰다이라 미노노카미에게 하는 보고를 통해 그러한 뜻을 막부에 전달하고, 다케시마 도해금지령 발포에 즈음해 두 차례에 걸쳐(1695년 12월 25일~1696년 1월 23일) 보고했던 것이다.

여기에서 의문이 가는 것은 돗토리번이 다케시마(울릉도)와 마쓰시마(우산도·자산도)가 그 소속이 아니라고 끈질기게 주장한 까닭이 무엇이냐는 것이다. 그것은 아무래도 다케시마 도해어업과 해금(海禁) 문제에서 찾아야 할 것 같다. 안용복이 밝힌 울릉·자산도가 조선령이라는 사실은 돗토리번이 그동안 법적 근거 없이 사적, 비정상적으로 행해온 다케시마 도해어업*이 해금에 노출되어 오오야·무라카와 양가는 물론, 공의어목견(公儀御目見) 등 양가의 도해어업을 주선하고 지원한 번이나 번주도 곤경에 빠뜨리는 위급한 처지에 놓여 있다는 것을 깨닫게 해주었을 것이다.[46]

이런 점에서 안용복은 돗토리번에 크게 공헌했다고 말할 수 있지 않을까 한다.[47] 안용복이 피랍되었다가 나가사키를 거쳐 귀국할 때 돗토리번이 두 섬이 조선령임을 인정하는 서계(공문)를 발급하고 그를 환송한 점, 그리고 뒤에 안용복이 밀항했을 때(1696년) 돗토리번에서 그를 환대하고, 비록 다케시마 도해금지령이 내려진 뒤의 일이기는 하지만, 번주를 대신한 고위관리로부터 두 섬이 조선령임을 확인받은 배경도 여기에서 찾아야 할 것이다.

---

* 다케시마 도해면허는 1회에 한해 유효한 것이었으므로 오오야·무라카와 양가는 대체로 평균 5년여에 한 번씩 갖는 공의어목견(公儀御目見, 막부 장군을 배알하는 일)을 가짐으로써 관백의 권위를 빌려 다케시마 어업을 계속해 왔다. 어목견(御目見)을 주선한 것은 아베 시로고로 마사유키[阿部四郎五郎正之]였는데, 그 뒤 아베 시로고로 마사시게[阿部四郎五郎正重]가 공무에서 물러나면서부터(1681년) 어목견을 돗토리번에서 주선했다. 따라서 다케시마 도해어업은 법적 근거 없이 사적, 비정상적으로 이루어지고 있었던 것이다. 池內敏 (2006), 『大君外交と「武威」』, 名古屋大學出版會, 245~246·264~270쪽 참조.

따라서 이제 돗토리번으로서는 해금에 노출된 다케시마 도해어업을 폐지해야 했다. 그리고 그런 연유에서 시행한 것이 두 섬에 대한 영유권 부인이 아니었을까 한다. 영유 사실 자체를 부인하면 에도(노중)와 비정상적(사적)으로 연계되어 있는 다케시마 도해어업을 쉽사리 폐지시킬 수 있기 때문이다. 돗토리번의 보고는 바로 이 점을 겨냥한 것이었을 것이다.

막부는 돗토리번의 보고를 받아들였다. 여기에는 난항을 겪고 있는 울릉도를 둘러싼 조·일 교섭에 관한 쓰시마번(소우 요시자네)의 보고(1695년 10월)도 고려되었을 것이다. 노중 아베 분고노카미*는 관백 도쿠가와 쓰나요시의 재가를 받아 1696년 1월 9일 소우 요시자네를 수행한 쓰시마번의 가로(家老) 히라타 나오에몬[平田直右衛門]에게 다케시마가 조선의 영역임을 유시(諭示)했다. 구체적인 내용은 (1) 다케시마에 일본인이 거주한 적이 없고, (2) 2대 장군

---

* 다케시마(울릉도)에 일본인이 거주한 적이 없다는 노중 아베 분고노카미[阿部豊後守]의 유시는 1614년 7월자 서(序)가 들어 있는 이수광의 『지봉유설』(권 2, 地理部)에 실려 있는 다음과 같은 기사와 배치된다. "울릉도 …… 임진란 후 사람들이 가 보았더니 또한 왜(倭)가 노략질해 다시 인적이 없었다. 근자에 들으니 왜노(倭奴)가 기죽도(磯竹島)를 점거했다는데, 혹 기죽도라고 말하는 것은 곧 울릉도(蔚陵島)이다(蔚陵島…… 壬辰變後 人有往見者 亦被倭焚掠 無復人烟 近聞倭奴占據磯竹島 或謂磯竹島 卽蔚陵島也)". 특히 후단의 기사와 어긋남을 알 수 있다. 그러나 시간적인 격차가 있기는 하지만 전해들은 것이 아니라 '확인'되었다고 하는 점에서 노중의 유시가 옳다고 보아야 할 것이다. 전단의 '왜가 노략질해 다시 인적이 없었다'는 기사도 문제가 된다. 조선 초기 이후 공도정책을 확정짓고 주민들을 계속 쇄환한 결과 울릉도는 점차 사람이 살지 않는 섬이 되었고, 따라서 임진왜란 당시에는 처음부터 노략질할 대상이 존재하지 않았다고 보아야 할 것이기 때문이다. 이 문제와 관련해 나이토 세이쮸[內藤正中]가 "도요토미 히데요시[豊臣秀吉]의 침략 전쟁시에 울릉도를 공격해 점거했다고 하는 사실은 없다"고 단언하고 있는 것이 주목된다.

도쿠가와 히데타다[德川秀忠] 때, 즉 1620년을 전후해서 요나고 마을 사람들이 그 섬에서 고기잡이하기를 원했기 때문에 이를 허락했던 것이며, (3) 지리적으로도 이나바보다는 조선과 더 가깝기 때문에 조선의 영토임을 의심할 여지가 없다는 것이었다.[48]

이처럼 아베 분고노카미는 다케시마가 조선의 영토임을 천명하면서 앞으로의 시책인 다케시마(울릉도) 도해금지령에 대해서도 언급했다. 그는 "당초에 이 섬을 저 나라에서 취(取)한 것이 아니니 지금 다시 돌려준다고 말할 수 없다. 다만 우리나라 사람들이 그곳에서 고기잡이 하는 것을 금할 뿐이다"라고 하고 마땅히 이 뜻을 조선에 알려야 한다고 지시했다.[49] 이는 막부가 조선령으로 인정한 다케시마(울릉도)에 다케시마(울릉도) 도해금지령을 내릴 것을 예고한 것이었다.

그로부터 20일이 채 안 되는 1696년(숙종 22, 元祿 9) 1월 28일, 노중 도다 야마시로노카미[戸田山城守]는 노중들이 참석한 가운데 다케시마(울릉도) 도해금지령 각서를 쓰시마번의 소우 요시자네에게 직접 건넸다. 그리고 이날 노중 도다는 돗토리번 에도 유수거(留守居) 요시다 헤이마[吉田平馬]를 불러 여러 노중이 서명한 다케시마 도해금지령 봉서(奉書, 관백의 명을 전달하는 문서)를 건네 돗토리번주 이케다 쓰나키요[池田綱淸]에게 전했다. 다케시마(울릉도) 도해금지령이 내려진 것이다.[50] 그리하여 17세기 초 이래 호키국[伯耆國] 요나고정[米子町] 오오야·무라카와 양가의 다케시마 도해어업은 금지되었고, 돗토리번은 해금에 노출되는 위험한 상태에서 벗어날 수 있었다. 돗토리번주는 2월 9일 다케시마 도해면허 봉서를 막부에 반납했다.[51]

쓰시마번은 물론 돗토리번과 입장을 달리했다. 다케시마 문제에 일말의 기대를 가지고 있던 소우 요시자네는 다케시마 도해금지령을 받아들이면서도, 이 금지령을 연말쯤 구두로 조선에 전달할 것임을 밝혔다. 여기에는 막부의 금지령에 대한 쓰시마번의 불쾌감이 담겨 있었으며, 구두 약속은 증거가될 수 없다는 번내 강경론자들의 견해도 고려된 것이었다. 또 소우 요시자네는 돗토리번에 금지령을 통지하는 것을 보류해 줄 것을 노중 도다에게 요청했다. 쓰시마번이 금지령을 전달하기 전에 조선에 먼저 알려지는 것을 우려했기 때문이다.[52] 그러나 이 요청은 막부가 금지령 봉서를 돗토리번에 전달함으로써 거절당한 결과가 되었고, 이 사실이 번저의 『어용인일기(御用人日記)』(「在府日記」)에 기재되기까지 했지만(元禄 9년 1월 28일조), 쓰시마번이 조선 측에 통지(10월)할 때까지 비밀은 지켜졌던 것 같다.

그런데 여기서 한 가지 짚고 넘어가야 할 것은 막부의 다케시마(울릉도) 도해금지령이 우산도(자산도·마쓰시마)에도 적용되느냐 하는 것이다. 가와카미겐조[川上健三]에 따르면 오오야·무라카와 양가에서는 울릉도를 왕래하는 도중 잠시 마쓰시마(우산도)에 들러 고기를 잡기도 했고, 1660년을 전후해서는 막부로부터 마쓰시마 도해면허도 받았다고 한다. 그런데 다케시마(울릉도) 도해금지령이 내려질 때 마쓰시마 도해금지 문제는 전혀 거론되지 않았다. 그리하여 그는 울릉도쟁계 이후에도 마쓰시마 도해면허는 계속 유효하다는 견해를 피력했다.[53]

그 논거로 (1) 다케시마 도해 금지 봉서(1월 28일)에 마쓰시마가 빠져 있고, (2) 19세기 중엽(1836년)에 있었던 하마다번[濱田藩]의 하치우에몬[八右衛門] 다케시마 밀무역사건의 판결문에 '마쓰시마 도해를 명목으로 내세우고 다케시마로 가서 밀무역을 했다'는 구절이 있는데, 이는 마쓰시마 왕래는 자유로웠다는 뜻으로 해석되며, (3) 마쓰시마(우산도·자산도)를 일본 소속으로 본 기타모토 쓰안[北園通莽]의 『죽도도설(竹島圖説)』(1751~1763년)에 있는 '오키국[隠岐國] 마쓰시마'·'오키[隠岐]의 마쓰시마'라는 기록과 야다 다카마사[矢田高當]의 『장생죽도기(長生竹島記)』(1801년)에 있는 마쓰시마는 '본조(本朝, 일본) 서해의 끝(本朝西海のはて也)'이라는 기록 등을 들었다.[54]

그러나 (1)은 마쓰시마가 다케시마(울릉도)의 속도(屬島)였다면 빠지는 것이 오히려 자연스러운 것이라 할 수 있고, (2)는 하치우에몬은 처음부터 마쓰시마가 아닌 다케시마에서의 어업을 명목으로 삼았을 뿐 아니라, 그를 극형에 처한 것도 판결문상으로는 그의 다케시마 밀무역을 들고 있지만 사실은 그의 여러 차례에 걸친 동남아 밀무역을 응징하려는 데 있었다고 보아야 할 것이며(V장 2절 참조), (3)은 민간에서 마쓰시마를 오키의 일부로 보고 있었다는 증거가 될지는 몰라도 일본령임을 정부 차원에서 천명한 것이라고는 할 수 없다.

마쓰시마를 일본령으로 본 지금까지 알려진 일본 측 자료는 위 두 문헌의 기록이 고작이지만, 우산도를 조선령이라고 밝힌 조선 측 자료는 많다. 『죽도도설』 등과 같은 시기에 편찬된 것만 하더라도 『동국문헌비고』(1770년)와 『만기요람(萬機要覽)』(1808년) 등이 있다. 특기할 것은 일본의 두 문헌이 영토 문제에 책임이 없는 민간의 저술인 데 반해, 조선의 두 문헌은 왕명에 따라 편찬되었다는 점이다. 『동국문헌비고』는 백성을 잘 다스리기 위한 도구로 활용하기 위해, 『만기요람』은 국왕(순조)이 좌우(座右)에 놓고 정무지침서로 참고하기 위해 편찬되었다(IV장 2절 참조). 이는 조선의 우산도(마쓰시마) 영유 의지를 미루어 짐작하게 한다.

한편 우산도를 일본령으로 본 조선 측 기록은 찾아볼 수 없지만 마쓰시마를 조선령으로 본 일본 측 기록은 많은 편이다. 앞에서 언급한 바와 같이, 막부의 다케시마(울릉도) 도해금지령(1696년 1월) 시달에 즈음해 돗토리번에서는 세 차례에 걸쳐 마쓰시마가 어느 나라에도 소속되어 있지 않으며 다케시마(울릉도)에 속한 섬임을, 다시 말하여 사실상 조선령임을 밝혔다.

쓰시마번의 경우도 동일했다. 다케시마 도해금지령이 내려진 지 20여 년이 지난 1722년(경종 2, 享保 7)에 막부는 이와미[石見] 주민(州民)의 다케시마 도해 문제로 쓰시마번에 마쓰시마(우산도) 소속에 대해 질의했다. 쓰시마번의 대답은 마쓰시마 출어가 다케시마와 마찬가지로 정지되었다는 것이었다. 다케시마 도해금지령이 마쓰시마에도 적용되고 있었던 것이다. 그 대답 중에 '반드시 그렇게 정해졌다고 하기는 어렵다'는 단서를 붙인 것은 도해금지령 발령 때처럼 막부에 대한 불쾌감의 표시로 보아야 하지 않을까 한다.[55]

다케시마 도해금지령 이후에 제작된 중요 전도(全圖)들도 마쓰시마를 조선령으로 표시하고 있다. 이를테면 나가쿠보 세키스이[長久保赤水]의 「개정일본여지노정전도(改正日本興地路程全圖)」(1779년)나 이노 다다타카[伊能忠敬]의 「대일본연해여지전도(大日本沿海興地全圖)」(1821년)는 일본 영토는 채색해 놓은 것과 달리 다케시마·마쓰시마, 그리고 조선 본토까지 채색을 하지 않음으로써(나가쿠보), 혹은 아예 다케시마와 마쓰시마를 그려넣지 않음으로써(이노) 두 섬이 조선령이 되었음을 밝히고 있다. 나가쿠보의 지도는 메이지[明治] 초년까지 일본 지도계에 군림(君臨)한 지도이며, 이노의 지도는 일본 지리학사상 위대한 업적으로 평가되는 에도시대를 대표하는 관찬 지도이다. 관찬 문헌, 특히 지도는 집권자의 영유 의지가 반영되어 있는 것으로 보아야 할 것이다.

메이지 초년에 들어와서도 다케시마와 마쓰시마의 지적편찬(地籍編纂) 문제를 놓고 내무성에서 두 섬의 소속에 대한 논의가 있었고, 이는 곧 태정관에게 보고되었다. 태정관 우대신 이와쿠라 도모미[岩倉具視]는 내무성의 건의를 받아들여 "다케시마 외 1도[竹島外一島(마쓰시마)]는 본방(本邦, 일본)과 관계없다"는 지령을 내렸다. 두 섬이 조선령임을 우회적으로 선언한 것이다. 이것은 울릉도쟁계 당시 조·일 간에 합의·결정된 사실을 재확인한 것이라고 할 수 있다.

그런데 17세기 말 막부에서 다케시마 도해금지령을 내릴 때 마쓰시마는 전혀 거론되지 않았다. 메이지 초년에 다케시마·마쓰시마 소속에 대해 논의할 때 내무성이 제시한 울릉도쟁계에 관한 중요 문서들, 즉 (1) 도쿠가와 막부가 내린 다케시마 도해금지령의 주요 내용, (2) 쓰시마번 봉행(奉行) 평진현(平眞顯) 등이 동래부 훈도(訓導, 외국어의 통역과 번역을 맡아보던 관청에 파견된 9품 벼슬)·별차(別差, 일본어 통역관)에게 보낸 서신, (3) 조선 측(예조참의 이선부)이 쓰시마번 소우 요시자네에게 보낸 서계(書契, 공문), (4) 소우 요시자네가 조선 측으로 보낸 회답서계와 구상서(口上書, 외교문서)에도 마쓰시마에 관한 기록은 없다. 혹 있다고 하면 내무성에서 태정관으로 보내는 질의서 첨부문건 「유래(由來)의 개략(槪略)」에 나오는 '다케시마 …… 다음에 1도가 있는데 마쓰시마라 부른다'로 시작되는 마쓰시마의 지리에 관한 간단한 설명뿐이다.[56]

그렇다면 나가쿠보 세키스이나 이노 다다타카, 일본 내무성이나 태정관에서는 무엇을 근거로 마쓰시마를 조선령으로 보았는가 하는 의문이 생긴다. 그 해답은 마쓰시마가 다케시마의 속도(屬島)라는 데서 찾을 수 있을 것 같다. 「오오야가문서[大谷家文書]」에는 '다케시마 내의 마쓰시마(竹嶋之內松嶋)', '다케시마에 가까운 마쓰시마(竹嶋近邊松嶋)', '다케시마 근처의 작은 섬(竹島近所之小嶋)'이라는 호칭이 자주 보인다. 마쓰시마가 다케시마의 속도라는 뜻이다.[57]

그리고 돗토리번은 실제로 다케시마 도해금지령이 내려지기 전에 세 차례나 마쓰시마가 다케시마의 부속도서임을 막부에 보고했다. 특히 3차 보고(1월 23일)는 막부(노중 아베 분고노카미)에서 다케시마가 조선령임을 밝히고 다케시마 도해금지령의 발령을 예고한(1월 9일) 후에 있었다. 이는 돗토리번이 막부측의 다케시마 조선령 인정을 지지하고 있으며, 다케시마는 물론 그 속도인 마쓰시마도 조선령으로 보고 있었다는 것을 말해 준다.

즉 마쓰시마는 울릉도와 한 세트였다.[58] 울릉도쟁계의 결과 울릉도를 조선령으로 인정함에 따라 우산도(마쓰시마)도 자연 조선령으로 인정하게 되었던 것이다. 다케시마를 조선령으로 인정한 이상 그 속도(마쓰시마)를 조선령으로 인정한다는 것은 너무나 당연한 것이었다. 그러므로 다케시마 도해금지령의 '다케시마'에는 '마쓰시마'가 함축되어 있다고 보아야 할 것이다. 메이지 초년(1877년) 내무성에서 지적편찬 문제로 4건의 부속문서와 함께 태정관에 제시한 「기죽도약도(磯竹島略圖)」에 다케시마와 함께 마쓰시마를 그려 넣은 것도 좋은 예가 될 것이다.

이와 같이 우산도(마쓰시마)는 조선이 영유 의지를 천명했고, 울릉도쟁계 당시 일본 막부에서 인정한 조선령이었으므로, 다케시마(울릉도) 도해금지령은 울릉도는 물론 우산도에도 적용되는 것이다. 이런 점에서 가와카미 겐조[川上健三]의 견해는 재고되어야 할 것이다. 심지어 최근의 연구성과는 막부의 마쓰시마(독도) 도해면허 자체가 존재하지 않았음을 확인해 주고 있다.[59] 사실 다케시마(울릉도) 도해면허를 내준 이상 그에 속한 섬인 마쓰시마 도해면허를 내줄 필요는 없었다. 더구나 마쓰시마는 어업기지로서의 조건을 갖추지 못한 불모의 석도(石島, 돌섬)였던 것이다.

1 안용복의 피랍·정문사건, 울릉도쟁계, 서양인들의 울릉도·독도 발견과 관련해서는 다보하시 키요시[田保橋潔](1931)의 고전적 연구「鬱陵島 その發見と領有」,『靑丘學叢』3, 1~30쪽이 있다. 이에 관한 최근의 연구로는 나이토 세이츄[內藤正中](2000)의『竹島(鬱陵島)をめぐる 日朝關係史』, 東京 : 多賀出版이 자세하고, 이케우치 사토시[池內敏](2006)의『大君外交と「武威」』, 名古屋 : 名古屋大學出版會가 치밀하다. 또 朴炳涉(2007),『안용복사건에 대한 검증』, 한국해양수산개발원은 기본 자료『竹島紀事』를 분석 정리한 것이어서 주목된다.

2 『備邊司謄錄』, 肅宗 19年 11月 14日 ;『承政院日記』, 肅宗 19年 11月 13日.

3 『肅宗實錄』, 肅宗 20年 2月 癸酉 ; 國史編纂委員會(1970),『邊例集要』下 17, 鬱陵島 癸酉(1693) 12月, 甲戌(1694) 8月 ; 申景濬,『疆界考[誌]』(高麗大學校 中央圖書館 所藏),「鬱陵島」·「安龍福事」;『東國文獻備考』(國立中央圖書館 所藏)「輿地考」13, 關防 3, 海防 1, 東海 蔚珍 ; 朝鮮總督府 中樞院(1937),『萬機要覽』, 軍政篇 4, 海防, 東海,「文獻備考鬱陵島事實」;『朝鮮通交大紀』8 ;『善隣通交事考』,「告竹島一件事考」;『大谷家文書』,「乍恐口上之覺」;『竹島紀事』, 元祿 6年 6月, 9月 4日 ; 岡山正義(1828),『竹島考』下,「大谷之船人拿歸朝鮮人」; 田保橋潔(1931), 앞의 글, 14~15쪽 ; 池內敏(2001),「17~19世紀 鬱陵島海域の生業と交流」,『歷史學研究』756, 27~28쪽 ; 朴炳涉(2007), 앞의 책, 25~28쪽.

4 『竹島考』下,「大谷之船人 拿歸朝鮮人」.

5 『竹島考』下,「大谷之船人 拿歸朝鮮人」; 이준구(2005),「17세기 말 號牌·戶籍이 말하는 울릉도·독도 파수꾼 安龍福과 朴於屯」,『朝鮮史研究』14, 73~74쪽.

6 『竹島考』下,「大谷之船人 拿歸朝鮮人」; 이준구(2005), 위의 글,『朝鮮史研究』14, 62쪽의 주 8), 74~76쪽.

7 李瀷,『星湖僿說』「鬱陵島」; 鄭淳台(1995),「안용복, 그는 누구인가」,『WIN』1995년 5월호, 259쪽 ; 金鴻均(1995),「특종 현지추적-안용복의 일본행적」,『WIN』1995년 5월호, 282쪽 ; 金學俊, HosakaYu Ji 譯(2004),『獨島·竹島韓國の論理』, 東京 : 論創社, 70~71쪽.

8 『因府歷年大雜集』, 元祿 5[6]年 7月 24日 ; 朴炳涉(2007), 앞의 책, 29~30쪽.

9 申景濬,『疆界考』,「安龍福事」;『東國文獻備考』「輿地考」13, 關防 3, 海防 1, 東海 蔚珍 ; 內藤正中(2000), 앞의 책, 67~69쪽 ; 內藤正中(2005),「隱岐の安龍福」,『北東アジア文化研究』, 5~6쪽 ; 朴炳涉(2007), 앞의 책, 29~32쪽.

10 申景濬,『疆界考』,「安龍福事」;『東國文獻備考』「輿地考」13, 關防 3, 海防 1, 東海 蔚珍.

11 『竹島考』下,「大谷之船人 拿歸朝鮮人」; 內藤正中(2000), 앞의 책, 67~71쪽.

12 『肅宗實錄』, 肅宗 22年 9月 戊寅, 10月 丙申 ; 申景濬,『疆界考』,「安龍福事」;『東國文獻備考』

「輿地考」13, 關防 3, 海防 1, 東海 蔚珍.

13 『控帳』, 元祿 6年 4月 28日；內藤正中(2000), 앞의 책, 71~74쪽；池內敏(2006), 앞의 책, 277~280쪽；朴炳涉(2007), 앞의 책, 32~34쪽.

14 『御用人日記』, 元祿 6年 5月 13日；『竹島紀事』, 元祿 6年 5月 26日；朴炳涉(2007), 앞의 책, 32~34쪽.

15 『御用人日記』, 元祿 6年 5月 21日；朴炳涉(2007), 앞의 책, 34~35쪽.

16 『御用人日記』, 元祿 6年 5月 21日；朴炳涉(2007), 앞의 책, 34~35쪽.

17 『控帳』, 元祿 6年 6月 2日；『竹島考』 下, 「大谷之船人 拿歸朝鮮人」；內藤正中(2000), 앞의 책, 71~74쪽.

18 『竹島考』 下, 「大谷之船人 拿歸朝鮮人」；『因府年表』, 元祿 6年 6月 7日；內藤正中(2005), 앞의 글, 4~6쪽.

19 『控帳』, 元祿 6年 4月 28日；內藤正中(2000), 앞의 책, 71~74쪽；池內敏(2006), 앞의 책, 277~280쪽；朴炳涉(2007), 앞의 책, 32~34쪽.

20 『肅宗實錄』, 肅宗 22年 10月 丙申·甲辰；申景濬, 『疆界考』, 「鬱陵島」·「安龍福事」；『東國文獻備考』 「輿地考」13, 關防 3, 海防 1, 東海 蔚珍.

21 『竹島紀事』, 元祿 6年 7月朔, 9月 4日.

22 內藤正中(2005), 앞의 글, 10·12~13쪽.

23 『竹島紀事』, 元祿 6年 12月 5日.

24 『太宗實錄』, 太宗 7年 3月 庚午.

25 『光海君日記』(太白山·鼎足山本), 光海君 6年 9月 辛亥；『肅宗實錄』, 肅宗 20年 8月 己酉, 21年 6月 庚戌；『邊例集要』 下 17, 鬱陵島, 1614年 6月；申景濬, 『疆界考』, 鬱陵島；『東國文獻備考』 「輿地考」13, 關防 3, 海防 1, 東海 蔚珍；『朝鮮通交大紀』 8；田保橋潔(1931), 앞의 글, 13~14쪽；崔南善(1973), 「鬱陵島와 獨島」, 『六堂全集』 2, 高麗大學校亞細亞問題硏究所, 684쪽；內藤正中(2000), 앞의 책, 32~33쪽.

26 『同文彙考』 3, 附編 26 爭難, 「差倭辨明竹島疑端書」, 國史編纂委員會(影印)(1978)；北澤正誠, 「竹島版圖所屬考」.

27 『肅宗實錄』, 肅宗 20年 8月 己酉；朴炳涉(2007), 앞의 책, 48~49쪽.

28 『肅宗實錄』, 肅宗 20年 2月 辛卯, 8月 己酉, 22年 9月 戊寅；『邊例集要』 下 17, 鬱陵島, 癸酉(1693) 12月；『同文彙考』 3, 爭難 癸酉, 島主押送 竹島漁採人書(國史編纂委員會 影印, 1978)；申景濬, 『疆界考』, 「鬱陵島」·「安龍福事」；『東國文獻備考』 「輿地考」13, 關防 3, 海防 1, 東海 蔚珍；『朝鮮通交大紀』 8；『善隣通交事考』, 「告竹島一件事考」；『竹島紀事』, 元祿 6年 11月 1日；田保橋潔(1931), 앞의 글, 15쪽；池內敏(2006), 앞의 책, 284쪽；朴炳涉(2007), 앞의 책, 45쪽.

29 池內敏(2006), 앞의 책, 285~286쪽；朴炳涉(2007), 앞의 책, 45쪽.

30 주 2)와 같다.

31 『肅宗實錄』, 肅宗 19年 11月 丁巳.

32 『肅宗實錄』, 肅宗 19年 11月 丁巳, 20年 2月 辛卯;『邊例集要』下 17, 欝陵島, 癸酉(1693) 12 月;『同文彙考』3 爭難; 申景濬,『彊界考』,「欝陵島」;『東國文獻備考』「輿地考」13, 關防 3, 海防 1, 東海 蔚珍;『朝鮮通交大紀』8;『通航一覽』113, 朝鮮國部『竹島紀事』, 元祿 7年 1 月 15日;『善鄰通交事考』,「告竹島一件事考」; 田保橋潔(1931), 앞의 글, 15~16쪽; 池内敏 (2006), 앞의 책, 286쪽; 朴炳涉(2007), 앞의 책, 45~46쪽.

33 『善鄰通交事考』,「告竹島一件事考」;『竹島紀事』, 元祿 7年 1月 15日, 2月 15日; 池内敏 (2006), 앞의 책, 288~289쪽; 朴炳涉(2007), 앞의 책, 45~46쪽.

34 『竹島紀事』, 元祿 7年 2月 18日, 22日; 池内敏(2006), 앞의 책, 78~79・289~290쪽.

35 『肅宗實錄』, 肅宗 20年 2月 辛卯, 8月 己酉;『邊例集要』下 17, 欝陵島, 甲戌(1694) 2月;『同 文彙考』3, 附編 26, 爭難,「島主扮辨燒菆島書」;『善鄰通交事考』,「告竹島一件事考」;『竹島 紀事』, 元祿 7年 3月 9日, 8月 9・25日; 田保橋潔(1931), 앞의 글, 16쪽; 內藤正中(2000), 앞 의 책, 76~77쪽; 池内敏(2006), 앞의 책, 290~291쪽; 朴炳涉(2007), 앞의 책, 47쪽.

36 『肅宗實錄』, 肅宗 20年 8月 己酉;『竹島紀事』, 元祿 8年 6月; 朴炳涉(2007), 앞의 책, 48~3 49쪽.

37 『肅宗實錄』, 肅宗 20年 2月 辛卯, 8月 己酉;『邊例集要』下 17, 欝陵島, 甲戌(1694) 8・10月; 『同文彙考』3, 附編 26, 爭難,「禮曹糸判答書」;『朝鮮通交大紀』8;『善鄰通交事考』,「告竹島 一件事考」; 田保橋潔(1931), 앞의 글, 17~18쪽; 內藤正中(2000), 앞의 책, 77~78쪽; 池内 敏(2006), 앞의 책, 291~292쪽; 朴炳涉(2007), 앞의 책, 47~49쪽.

38 『肅宗實錄』, 肅宗 20年 8月 己酉, 21年 6月 庚戌;『善鄰通交事考』4, 告竹島一件事考; 田保 橋潔(1931), 앞의 글, 17~18쪽.

39 『肅宗實錄』, 肅宗 21年 6月 庚戌;『邊例集要』下 17, 欝陵島, 乙亥(1695) 5・6・7月;『善鄰通 交事考』4,「告竹島一件事考」;『朝鮮通交大紀』8;『竹島紀事』, 元祿 8年 5月 15日; 田保橋 潔(1931), 앞의 글, 18~19쪽; 內藤正中(2000), 앞의 책, 79~80쪽; 池内敏(2006), 앞의 책, 292~294쪽; 朴炳涉(2007), 앞의 책, 50쪽.

40 『肅宗實錄』, 肅宗 20年 8月 己酉, 22年 10月 丙申;『邊例集要』下 17, 欝陵島, 丁丑(1697) 1・3月;『善鄰通交事考』4,「告竹島一件事考」;『朝鮮通交大紀』8;『竹島紀事』, 元祿 9年 10月; 田保橋潔(1931), 앞의 글, 20~21쪽; 內藤正中(2000), 앞의 책, 86~91쪽; 池内敏 (2006), 앞의 책, 295~301쪽; 朴炳涉(2007), 앞의 책, 50~52쪽.

41 『竹島之書附』; 塚本孝(1985),「竹島關係旧鳥取藩文書および繪圖(上)」,『レファレンス』411, 80~81쪽; 이훈(1996),「조선 후기의 독도(獨島) 영속 시비」,『독도와 대마도』, 지성의 샘, 39 ~40쪽; 內藤正中(2000), 앞의 책, 84~86쪽; 朴炳涉(2007), 앞의 책, 50~51쪽.

42 內藤正中,「竹島問題補遺-島根縣紀竹島問題研究會最終報告書 批判-」,『北東アジア文化研究』

26, 14~16쪽.

43 「磯竹島事略」坤, 4쪽 ; 주 46).

44 「磯竹島事略」坤, 7쪽 ;「竹島之書付」; 주 46).

45 다음과 같은 사실도 돗토리번이 일찍부터 안용복의 울릉·자산도 조선 영유권 주장을 수용하고 있었다는 것을 뒷받침해 준다.

1694년 11월에 오오야·무라카와 양가에서는 다음 해 봄 울릉도 출어에 대비해 예년과 같이 자금의 대여를 번청(藩廳)에 신청하고 섬에서 조선인을 만났을 때 어떻게 대처해야 할지를 문의한 일이 있다. 그러나 번청에서는 자금을 대여해주지 않았을 뿐 아니라 조선인을 만났을 경우 취할 조처에 대해서도 지시를 내리기 어렵다고 답변했다.『鳥取藩史』6, 471쪽 ; 內藤正中(2000), 앞의 책, 83쪽 ; 權五曄(2006),「안용복의 일본에서의 독도 울릉도 수호활동」,『누가 독도를 침탈하려 하는가?-독도영유권의 역사적 국제법적 해부-』, 독도학회 발표문, 9~10쪽 참조. 이는 아무래도 돗토리번이 안용복의 울릉·자산도 영유권 주장을 수용한 결과라고 보아야 할 것이다.

46 池內敏(2006), 앞의 책, 245~246·264~270쪽 참조.

47 權五曄(2006), 앞의 독도학회 발표문, 7쪽 ; 大西俊輝, 權五曄·權靜 譯(2004),『獨島』, 제이앤씨, 229~230쪽.

48 內藤正中(2000), 앞의 책, 31쪽 참조.

49 주 39)의 자료와 같다.

50 『竹島紀事』, 元祿 9年 1月 28日 ; 川上健三(1966),『竹島の歷史地理學的研究』, 東京 : 古今書院, 57~158쪽 ; 內藤正中(2000), 앞의 책, 84~87쪽 ; 池內敏(2006), 앞의 책, 300~301쪽 ; 朴炳涉(2007), 앞의 책, 51~52쪽.

51 「磯竹島覺書」; 朴炳涉(2007), 앞의 책, 56~57쪽.

52 池內敏(2006), 앞의 책, 303~304쪽 ; 權五曄(2006), 앞의 독도학회 발표문, 17쪽 ; 朴炳涉(2007), 앞의 책, 52~53쪽.

53 川上健三(1966), 앞의 책, 73~83·190~193쪽.

54 川上健三(1966), 앞의 책, 53~54·190~193쪽.

55 『對馬島宗家文書』古文書 ; 이훈(1996), 앞의 글, 41~42쪽.

56 「日本海内 竹島外一島 地籍編纂에 關한 內務省 質疑」, 明治 10年(1877) 3月 17日(日本 國立公文書館 소장).

57 川上健三(1966), 앞의 책, 74·78·80쪽 ; 堀和生(1987),「1905年 日本の竹島領土編入」,『朝鮮史研究會論文集』24, 101쪽.

58 堀和生(1987), 앞의 글, 103~104쪽 ; 內藤正中·朴炳涉(2007),『竹島=獨島論爭』, 新幹社, 89쪽.

59 池內敏(2006), 앞의 책, 251~259쪽.

Ⅲ. 안용복의 활동과 울릉도쟁계 2

――――――――― 안용복의 일본 밀항을 정리하는 데는 2005년 일본 시마네현[島根縣] 오키도[隱岐島] 무라카미가[村上家]에서 발견된 「겐로쿠9병자년조선주착안일권지각서[元祿九丙子年朝鮮舟着岸一卷之覺書]」(이후엔 「무라카미가 문서[村上家文書]」로 약칭한다)가 큰 도움이 되었다. 이 문건은 1696년 5월에 오키도 역인(役人)들이 안용복 등을 문정(問情, 정황을 물어봄)한 기록이다.

안용복의 일본 밀항

안용복이 일본에 밀항해 쓰시마도주(島主)의 불법 비리를 관백(關白, 막부 장군)에게 고발하는 소장(訴狀)을 돗토리번주에게 제출한 것은 1696년(숙종 22)의 일이다. 안용복은 울릉도쟁계를 관백의 뜻이 아니라 쓰시마번의 탐욕과 기만 때문으로 보고 있었다. 이것은 그가 일본, 특히 쓰시마와 부산왜관, 그리고 동래에서 보고 들은 바에 따라 내린 결론이었다고 할 수 있다. 그는 조사를 받으면서 이런 사실을 동래부사에게 알리고, 또 동래에 내려온 새 접위관 유집일(俞集一)에게도 알렸지만 그 반응은 불만스러웠다. 그런데다 쓰시마번에서 보내는 사절인 차왜(差倭)의 파견이 잦아지자 사람들은 이러다가 변란이 일어나는 것 아니냐며 우려하기 시작했다. 그러자 그는 쓰시마도주의 탐욕과 기만을 바로잡기 위해서는 자신이 직접 일본으로 건너가 그에게 호의적이었던 돗토리번을 통해 관백에게 소원(訴願)해야 한다고 생각했다.[1]

안용복은 어머니를 뵙는다는 구실로 이 해(1696년) 봄에 울산으로 갔다. 일본으로 밀항할 동지를 모으기 위해서였다. 그리하여 평산포 사람 이인성(李仁成), 낙안 사람 김성길(金成吉), 연안 사람 김순립(金順立), 영해 사람 유봉석(劉

奉石), 흥해 사람 유일부(劉日夫), 순천 중 뇌헌(雷憲)·승담(勝淡)·연습(連習, 衍習)·영률(靈律)·단책(丹責) 등을 이 일에 참여시켰다. 이인성은 한문을 할 줄 알고 글씨 쓰는 솜씨가 어느 정도 있는 선비(진사)였다.[2]

「무라카미가 문서」에 따르면, 안용복 등 11명은 3월 18일 본토(울산)를 출발해 이날 저녁 다케시마[竹島, 울릉도]에 도착했다. 그리고 마쓰시마[松島, 우산도]로 떠난 것은 5월 15일이었다. 마쓰시마로 떠날 때까지 근 2개월 동안의 그들의 행적은 알 수 없으나 이 문서로 어느 정도 짐작할 수 있다.

「무라카미가 문서」를 면밀히 검토하건대, 안용복 등은 외교사절로 가장하고 정문(呈文, 문서 제출·고발)하는 데 필요한 자료와 물품을 준비한 것으로 보인다. 이를테면 울릉도와 자산도(子山島, 우산도·마쓰시마)를 강원도 소속으로 기록한 「조선팔도지도(朝鮮八道之圖)」, 일행을 대표할 안용복이 입을 무관 당상관이 입는 옷인 청첩리(靑帖裏), 검은 천으로 싼 갓, 가죽신, '통정대부(通政大夫) 안용복 갑오생(甲午生) 동래(東萊)' 등이라고 새겨진 가짜 호패 등이었다. 이들은 이런 물품들을 울산에서 구입했거나 울릉도에서 머문 2개월 동안 만들었을 것이다. 뱃머리에 깃대를 세워 두 개의 목면 깃발을 단 것도 울릉도에서 작업한 것으로 보아야 할 것이다.

이들은 5월 15일 당일에 자산도에 도착한 뒤 1박하고 16일 자산도를 출발해, 18일 아침에 오키도[隱岐島]에 도착했다. 울릉도에서 자산도까지 1일, 자산도에서 오키까지 2일 남짓한 노정(路程)이었다. 이는 사이토 호센[齋藤豊宣]의 『은주시청합기(隱州視聽合記[紀])』(1667년) 「국대기(國代記)」에 보이는 오키에서 마쓰시마까지는 2일 1야(夜), 마쓰시마에서 다케시마까지는 1일의 노정이라는 기록과 거의 일치한다. 조선 후기로 들어와 유형원(柳馨遠)에 의해 다시

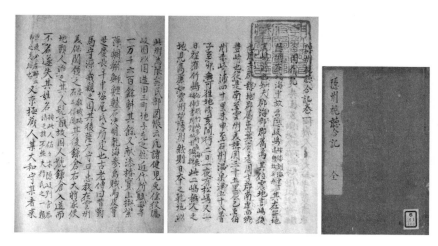

그림 1 ... 「은주시청합기」 「국대기」 다케시마(울릉도)·마쓰시마(독도) 관련기사(국립중앙도서관 소장)

제시된 우산·울릉 2도설을 안용복이 실증한 것이라고 할 수 있다.

비변사(備邊司)에서 한 진술 등에 따르면, 안용복은 울릉도에 출어(出漁)한 일본 어민들과 마주치자(아마도 5월 15일인 듯) 큰 소리로 꾸짖으며 퇴거를 명하고, 다시 송도(자산도, 우산도)로 추격해 이들을 쫓아버렸다. 울릉도가 "본디 우리 지경일 뿐 아니라 송도는 바로 자산도로, 이 또한 우리나라 땅이다"는 것이었다.[3] 또 이 진술에서 안용복은 자산도로 일본 어선을 추격하던 중 갑자기 회오리 바람[狂飆]을 만나 오키에 이르게 되었다고 했지만, 그들이 탄 길이 3장(丈, 9m), 폭 1장 2척(尺, 3.6m), 깊이 4척 2촌(寸, 1.26m) 80석(石) 적(積) 범선에 그러한 흔적은 없었다. 이는 남의 나라에 잠입(몰래 들어감)한 것을 해명하기 위한 허언이었다.[4]

안용복의 진술에 대해 가와카미 겐조[川上健三]는 "허구와 과장이 가득 차 있

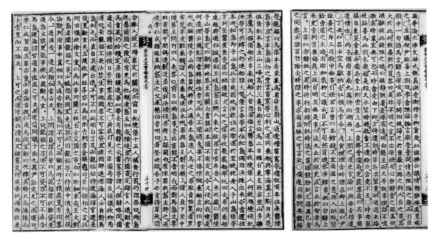

그림 2 … 『숙종실록』(권 30)의 안용복과 울릉도·자산도(독도) 관련기사

다. 그 중에서도 가장 결정적이며 명백한 허언(虛言)은 [울릉도에] 왜선(倭船) 또한 많이 와서 머물러 있었다고 말하고 있는 점"을 지적했다. 그것은 1696년 1월 28일자 봉서(奉書)로 다케시마(울릉도) 도해금지가 재부(在府) 중의 마쓰다이라 [松平] 호키노카미[伯耆守]에게 전달되어 오오야[大谷]·무라카와[村川] 양가는 물론 다른 어민도 다케시마에 출어하고 있지 않았기 때문이라는 것이다.[5]

그리고 그 논거로 「오오야가 문서[大谷家文書]」에 수록된 「관보원년신유 (1741년) 6월 10일자 나가사키봉행소 역인에게 청원하는 구상서(寬保元年辛酉 年六月十日附 長崎御奉行所樣御役人中樣宛奉願候口上之覺)」에 보이는 다음과 같은 기록을 들고 있다.[6]

…… 그 후 매년 도해(渡海)한 바, 1692년 그 섬에 당인(唐人, 조선인)이 건너와 있

었다. 이에 호키주[伯耆州] 태수가 보고해, 그로부터 6년, 7년, 8년까지 지시를 바탕으로 도해했는데, 해마다 당인이 증가하고 있었다. 호키주 태수가 보고한 이후, 다케시마 도해를 금지한다는 것을 1696년 1월 28일 봉서(奉書)로 호키주 태수에게 지시했다고 호키주 태수로부터 말씀이 있었다.

다케시마 도해 금지에 대한 분부로 인해 가업을 잃어 살아갈 방법이 없으니 ……

…… 其後每歲渡海仕候處 元祿五年彼嶋江唐人相渡依之 伯耆守樣御注進被仰上 夫より六年七年八年迄段々御差圖を以渡海仕候處年々唐人相增候樣子二付追々從 伯耆守樣御注進被仰上候處竹嶋渡海禁制之旨 元祿九年正月二十八日 御奉書を以 伯耆守樣迄被爲 仰出候旨則從 伯耆守樣被仰渡候御事

竹嶋渡海禁制被爲 仰付候二付 家業を失 渡世可仕樣無御座 ……

그러나 이 기록은 1696년 1월 28일 막부의 다케시마 도해금지령이 내려져, 오오야가가 가업을 잃어 생계를 꾸려나갈 수 없게 된 것을 호소한 것일 뿐, 이 금지령이 언제 호키주 오오야·무라카와 양가나 그 밖의 어민들에게 전달·시행되었는지를 밝히고 있는 것은 아니다. 그런데 돗토리번의 『어용인일기(御用人日記)』에 따르면 금지령은 1696년 8월 1일* 오오야·무라카와 양가에

---

* 금지령 전달이 8월 1일로 늦춰진 것은 쓰시마번 소우 요시자네가 도해금지령 각서를 받는 자리에서 비밀유지를 위해 돗토리번에 금지령을 통고하는 것을 보류해 줄 것을 노중 도다 야마시로노카미[戸田山城守]에게 요청한 사실과 노중 도다가 돗토리번 에도 유수거 요시다 헤이마[吉田平馬]에게 봉서를 전하는 자리에서 도해금지령을 당분간 비밀로 하라고 한 것과 관련이 있을 것으로 생각된다. 8월 1일자로 전달된 것은 이케다 쓰나키요[池田綱淸] 돗토리 번주가 가신을 시켜 울릉·자산 양도가 조선령임을 귀국이 임박한 안용복 등에게 확인해 주

전달되었다고 한다.[7] 그러므로 안용복이 울릉도에 가 있던 5월에는 오오야가나 무라카와가, 그리고 그 밖의 어민들이 울릉도에서 고기잡이를 했었다고 보아야 할 것이다.[8]

일행은 20일에서 22일까지 오키의 재번역인(在番役人)인 수대(手代, 영지를 다스리는 지방관) 나카세 단에몬[中瀨彈右衛門]·야마모토 세이에몬[山本淸右衛門] 등의 조사를 받았다. 무관복을 입고 통정대부라고 새겨진 호패를 찬 안용복은 준비해 온 울릉도와 자산도가 그려져 있는 「조선팔도지도」를 꺼내 보이면서 일본에서 다케시마·마쓰시마로 불리는 섬들은 조선 강원도 동래부 소속의 울릉도와 자산도라고 밝혔다. 그리고 자신들은 이런 사실을 소원(訴願)하고자 호키[伯耆]로 가는 길에 마쓰시마를 거쳐 오키에 들렀으며, 순풍을 기다려 건너갈 것이라고 했다. 또 안용복은 자신들에게 배후세력이 있음을 과시하려는 듯, 지금 다케시마에는 1척에 9~15명이 탄 조선 선박 13척이 고기를 잡고 있고 자신이 타고 온 배도 그 중의 하나라고 주장했다. 또 자신을 안용복, 안벤죠('アンベンチョウ')라고 소개하며 4[3]년 전에 도리베(とりべ, 박어둔)와 같이 다케시마에서 피랍되어 일본에 끌려왔었다는 것도 밝혔다.[9]

기 앞서 오오야·무라카와 양가에 알려야 한다고 판단했기 때문일 것이지만, 노중 오쿠보 가가노카미[大久保加賀守]로부터도 그러한 지시가 있었기 때문이었을 것이다(주 31 참조).
그런데 안용복의 진술에 대한 다보하시 기요시[田保橋潔]의 견해는 가와카미 겐조의 견해와 다르다. 다보하시는 안용복 등이 울릉도에 갔을 때 "다수의 어부가 출어하고 있었다"든지, 관백의 서계(書契) 발급과 관련해 안용복이 "울릉도가 조선령임을 명백히 하고 일본 관백 또한 이를 인정했다"고 하는 등 진술이 "한갓 큰 소리로 희롱한 혐의는 있으나 대체로 사실로 믿어진다"고 긍정적으로 평가하고 있다. 田保橋潔(1931), 「鬱陵島 その發見と領有」, 『靑丘學叢』 3, 19~20쪽.

이밖에 안용복 등은 서풍이 심하게 불어 흔들리는 배 안에서는 글씨를 쓸 수 없으므로 상륙을 허락해 줄 것을 요청했다. 오키에서는 이를 승낙, 바닷가에서 가까운 민가를 제공해 22일부터는 이 집으로 들어가 소장(訴狀) 초안을 완성했다고 한다. 이 작업에 참여한 사람은 안용복·이인성·뇌헌·연습 등이었다. 안용복 등이 뱃머리에 세운 두 개의 목면 깃발에 「조울양도감세장[신]안동지기(朝鬱兩島監稅將[臣]安同知騎)」라고 쓴 것도 이때가 아니었을까 한다.[10]

이러한 사실들은 수대 나카세·야마모토 등에 의해 5월 23일자로 세키주[石州] 어용소(御用所, 막부 대관이 집무하는 곳)에 보고되었다. 나카세·야마모토 등은 조사 결과를 돗토리번에도 알렸다. 요지는 조선 선박 32척이 다케시마(울릉도)로 도해(渡海)했고, 그 중 11명이 탄 1척이 호키주에 소송하기 위해 오키에 와 있다는 것이었다. 이 통지는 6월 2일 돗토리번에 전달되었다.[11] 안용복은 나카세 등에게 조선배 13척이 울릉도에 와 있다고 했는데,* 그 수가 어

---

* 나카세 등은 안용복 일행에 대한 조사(5월 20~22일) 결과를 세키주 어용소에 보고하고 돗토리번에도 알렸다. 그런데 이 보고서나 통고문에는 안용복 등의 소장[초안] 사본이 첨부되었다는 견해가 있다. 池內敏(2006), 『大君外交と「武威」』, 名古屋大學出版會, 305~309쪽. 그러나 안용복 등은 소송을 제기하게 된 경위를 적어 제출하라는 오키 측의 요구를 호키에 가서 자세히 설명할 것임을 들어 거절했고(5월 22일), 나카세 등은 세키주로 보내는 보고서(5월 23일)에서 "그러나 앞의 문서에서 [소송에 관한] 대강의 경위는 말씀드린 것으로 생각되기 때문에 그대로 두었습니다(倂前之書付ニ而始終大体王ケ聞へ申候樣ニ奉存候其通ニ而差置申候)"라고 하여 소장 초안 사본이 만들어지지 않았음을 알 수 있다. 그러므로 소장 초안 사본은 보고서나 통고문에 첨부될 수 없다. 이 보고서에 보이는 '조선인에 관한 1권의 문서(朝鮮人一卷之書付)'는 바로 「무라카미가 문서」를, '조선인이 제출한 문서(朝鮮人出候之書付)'는 안용복 등이 조사를 받으면서 나카세 등에게 그때그때 제출한 각서를 가리킨다. 朴炳涉(2007), 『안용복 사건에 대한 검증』, 한국해양수산개발원, 59~60쪽.

떻게 32척으로 불어나게 되었는지는 알 수 없다.

6월 4일 안용복 등 11명은 호키주 아카사키[赤崎]에 도착했고 이들은 다시 돗토리를 향해 해안선을 따라 동쪽으로 나아갔다. 그런데 게타군[氣多郡] 나가오곶[長尾鼻(串)]까지 갔다가 바닷물이 얕아 좌초되어 다음날인 5일 돗토리번에서 동원한 선박들의 도움을 받아 아오야진[靑谷津]에 정박할 수 있었다. 배에는 아마도 아카사키에 도착하기 직전부터 달았을 것으로 짐작되는, 표면에 「조울양도감세장신안동지기(朝鬱兩島監稅將臣安同知騎)」, 이면에 「조선국안동지승주(朝鮮旺安同知乘舟)」라고 쓴 깃발과 그 아래에 '배 꼬리에서 일어나 무성히 자란 벼를 바라보니 다시 돌아갈 고향의 농사철이 생각나네(起船尾見盛稻 又歸古鄕思農時)'라는 농촌의 정경을 읊은 시구를 적은 작은 깃발이 나부끼고 있었다.[12]

돗토리번에서는 아오야[靑谷]로 역인(役人)을 보내 안용복 등에게 무슨 일로 왔는지를 물었지만 의사소통이 되지 않았다. 이에 번유(藩儒) 쓰지 곤노죠[辻權之助]를 보내 안동지(安同知) 외 2인을 전념사(專念寺, 千念寺)로 불러 필담을 나누었지만 역시 임무가 무엇인지 확인하지 못했다. 안용복이 일본어 사용을 절제했기 때문이었다.[13]

그러나 돗토리번은 이 필담을 통해 안용복 등 11명의 명단을 파악할 수 있었다. 아오야의 자야 규수케[茶屋九助]라는 사람이 가지고 있었다는 「인원지기(人員之記)」가 그것이다. 「인원지기」에서는 특수목적을 띤 수군 선박으로 인식될 만한 인적 구성을 나타내고 있는 것이 눈에 띈다.[14]

자야 규수케는 안용복 등이 탄 배가 6월 5일 아오야진에 정박할 당시에 그린 「선험의 도(船驗の圖)」도 가지고 있었다. '선험의 도'란 배의 표지(標識), 즉 「조울양도감세장신안동지기」(표면)·「조선국안동지승주」(이면)라고 쓴 깃발과

밑에 단 '배 꼬리에서 일어나 ……'의 시구를 적어 넣은 작은 깃발을 그린 그림이다. 그리고 설명에는 '…… 조울 양도는 울릉도(일본에서 다케시마라고 일컫는다)·자산도(일본에서 마쓰시마라고 부른다)이다. 그때의 선장을 안동지라고 부른다'라고 적혀 있다.[15]

돗토리번이 비록 허황된 내용이기는 하지만, 이처럼 「인원지기」를 확보하고 「선험의 도」를 설명할 수 있었던 것은 안용복이 장차 있을 주수(州守)와의 회담에 대비해 그런 정보를 흘렸기 때문에 가능했던 것이다. 그런 그가 일본어 사용을 절제하고 돗토리번에 온 목적도 밝히지 않은 것은 조선 외교사절로 대접받기 위한 시위로 보인다.

한편 진사군관 이비장, 즉 이인성은 '조선화전이진사서(朝鮮花田李進士書)'라고 서명한 8장의 휘호를 남기고 있다. 글씨가 온화하고 순수하다는 평을 받았다는 이 휘호는 아오야 주민들의 요구에 따른 것이었다.[16] 짧은 기간의 교류였지만 이것 또한 돗토리번이 안용복 일행을 외교사절로 믿게 하는 데 기여했을 것이다.

시위의 효과인 듯, 8일에는 돗토리번의 고위관원인 어보청봉행(御普請奉行) 기타무라 하이베에[北村八兵衛]가 역인을 데리고 아오야를 찾았다. 이는 거처 때문이었던 것 같다. 그리하여 안용복 등은 14일 돗토리에서 가까운 가로항[加路(賀露)港]으로 이동해 거처로 정해진 도젠지[東善(禪)寺]에 들었다.[17] 돗토리번으로부터 조선에서 파견한 외교사절로 대접받기 시작한 것이다.

안용복의 공과

안용복 등은 도젠지에 머문 지 10일 만인 6월 21일 돗토리 성하(城下) 정회소(町會所)로 거처를 옮겼다. 숙소에는 접대를 담당하는 역인까지 배치되었으며, 안용복 일행을 맞아들이기 위해 돗토리번에서는 교자(轎子) 2채와 말 9필을 동원했다. 교자에는 안용복과 이인성이 탔다. 실로 극진한 접대였다.[18] 짐작컨대 이날 안용복 등은 돗토리번 중신들과 상견례를 가졌을 것이며, 안용복이 오키에서 이인성·뇌헌·연습 등과 같이 작성한 소장(訴狀) 초안도 건네주었을 것이다. 말하자면 제1차 회담을 가진 셈이다.*

그 뒤 돗토리번에서는 고야마지[湖山池]에 있는 작은 섬 아오시마[靑嶋]에 임시로 집을 짓고, 7월 17일 안용복 등의 거처를 다시 이곳으로 옮겼다. 막부로부터 안용복 등을 그 배에 머물게 하라는 소식이 전해졌고 이어 노중 오쿠보

---

* 비변사 진술에서 안용복은 이때 청첩리·흑포립 차림에 가죽신을 신었다고 말하고 있으나, 이는 처벌을 염려한 발언인 듯하며, 앞에서 지적한 바와 같이 오키도에 도착할 당시부터 그런 차림이었다.

가가노카미[大久保加賀守]가 6월 23일자 각서를 돗토리번으로 보내 조선배에 경비를 붙여 감시할 것을 지시했기 때문이다. 이밖에도 각서에는 쓰시마번에 요청해 통역을 돗토리번으로 보낼 것이며, 안용복 등이 원하는 바는 나가사키 봉행소에서만 취급하는 것이 원칙이므로 그렇게 하지 않을 경우 귀국시키라는 내용이 들어 있었다.[19] 이 각서는 22일 막부에 도착했던 안용복에 대한 돗토리번의 조사기록, 즉 아오야진에 머물러 있다는 것, 말이 통하지 않아 일본에 온 목적을 파악하지 못했다는 것, 목록이 작성되지 않았지만 배 안에 문서들이 있다는 것 등을 보고한 데 대한 회신이었다.

안용복 일행은 호키주 아카사키에 도착(6월 4일)한 이후, 특히 성하(城下)에 머무는 동안 융숭한 대접을 받았다. 거처도 돗토리에서 가까운 가로항의 도젠지로 정했다(12일)가 아예 돗토리 성하의 정회소로 옮겼다(21일). 돗토리번이 막부의 승낙 없이 감히 이런 일을 저지른 데는 안용복 등을 외교사절로 보았기 때문만이 아니라 다른 이유도 있었을 것이다.

그것은 아무래도 3년 만에 다시 찾아온, 돗토리번이 해금(海禁)에 노출되는 위험을 일깨워 준 안삥샤(アンピンチャン, 安뼈將), 즉 안용복을 환영해서가 아니었는가 한다. 안용복 등의 배에 경비를 붙여 감시하라는 막부의 지시에도 불구하고, 아오시마에 임시로 집을 지어 머무르게 한 것도 안용복에 대한 돗토리번의 배려로 보아야 할 것이다. 안용복이 당초에 돗토리번을 통해 관백에게 쓰시마번의 불법 비리를 고발하기로 한 것도 이러한 기대가 있기 때문이었을 것이다.

『죽도고(竹島考)』나 『인부연표(因府年表)』는 이제까지 안용복 등의 동정을 비교적 자세히 기록해 왔다. 적어도 돗토리 성하로 들어가는 6월 21일까지는 그러했다. 그러나 6월 22일부터 아오시마를 떠나 귀국하는 8월 6일까지인 약 50일 동안은 안용복 등에 관한 기록이 거의 보이지 않는다. 그 밖의 자료들도 안용복 등의 기록은 지극히 간략하다.[20] 아마도 이 기간에 있었던 안용복 등의 움직임을 기록으로 남기는 것은 국익상 부적절하다고 보았기 때문일 것이다.

소장(訴狀)의 제출(정납. 정문. 정단)에 관한 기록도 마찬가지다. 안용복이 비변사에서 진술한 바에 따르면, 그는 이인성을 시켜 쓰시마도주의 죄를 자세히 적은 소장을 관백에게 전달하기 위해 그 사본을 돗토리번에 제출했다. 이것은 일행이 오키에 들렀을 때 안용복이 이인성 등과 의논해 작성한 것이었다. 그러나 지금은 원본이든 사본이든 그 소장을 찾아볼 수 없다고 한다.[21]

그러므로 그 내용은 『숙종실록』이나 『강계고』·『동국문헌비고』 「여지고」 등의 조선 측 자료를 통해 살필 수밖에 없다. 이 자료들에 따르면 (1) 안용복이 몇 해 전에 호키주로부터 울릉·자산도가 조선령이라는 서계를 발급받았으나 이를 쓰시마번이 탈취했다. (2) 쓰시마에서 막부의 명을 빙자해 울릉도를 차지하려고 중간에서 농간을 부리고 있다. (3) 쓰시마에서 조선이 일본에 보낸 물품들을 양을 줄인 후 재포장해 판매하고 있다는 것 등이었다.[22]

(1)은 안용복이 비변사의 심문(1696년 9월)에서 "몇 해 전에 내가 이곳에 들어와서 울릉·자산 등의 섬을 조선의 지경으로 정하고 이에 대한 관백의 서계까지 있는데 …… 쓰시마도주가 서계를 빼앗았다"고 진술한 것을 재정리한 것이다. 여기서 '몇 해 전'은 그가 피랍되었던 3년 전(1693년)을 말하는 것이지만, '관백의 서계'에서 '관백'은 번주(藩主)나 주수(州守)를 안용복이 과장한 것으로 생각된다. 실제로 '관백'을 '본주(本州, 호키주)'·'호키주'로 적은 기록이 보인다.[23] 어쨌든 안용복은 이 서계 탈취를 쓰시마도주의 죄목으로 꼽고 있었다.[24]

(2)와 관련해서 막부는 1693년(元祿 6) 5월에 조선인의 다케시마(울릉도) 출어(出漁) 금지 문제를 조선 측과 교섭하도록 쓰시마번에 지시했는데, 쓰시마번은 조선으로 보내는 첫 서계(1693년 9월) 첫머리부터 '본국 다케시마'를 강조하면서 집요하게 다케시마(울릉도)가 일본령임을 고집했다. 이는 쓰시마가 15세기 초 이래 획책해왔던 다케시마 영유를 실현하기 위한 것이었고, 또한 새 영지를 취득하는 것이기도 해서 쓰시마번이 막부에 공을 세울 수 있는 계책이기도 했다. 그리하여 쓰시마번은 울릉도를 다케시마로 가칭(假稱)하고 조선 어민의 출어금지를 요청하는 등 이 섬을 가로채려고 노력했던 것이다. (2)는 바로 이런 쓰시마번주의 자세나 책략을 비난한 것이다.

(3)의 내용은 쓰시마가 조선에서 일본에 보낸 쌀·베·종이 등의 용량을 줄여 재포장 후 이를 판매해 막대한 이익을 얻고 있다는 것이다. 그 수법은 쌀은 15두(斗)가 1섬(斛)인데 쓰시마에서는 7두를 1섬이라 하고, 베 30척(尺)이 1필(匹)인데 쓰시마에서는 20척을 1필이라 하며, 종이 1다발은 매우 길어 쓰시마에서는 이를 끊어 3다발로 늘려 남는 수량을 처분하는 식이었다.[25]

안용복 등이 언제 돗토리번 중신들을 만나 소장을 건네주었는지는 분명하지 않다. 이 문제와 관련해 『숙종실록』(숙종 23년 2월 을미조)에 실린 동래부사(東菜府使) 이세재(李世載)의 보고서에 나오는 "관왜[館倭, 왜관(倭館)의 일본인, 여기서는 왜관의 우두머리인 관수(館守)를 말하는 듯하다]가 또 묻기를 귀국인이 지난 가을에 소장을 제출한 일이 있는데 조선 정부에서 나왔습니까"라는 구절이 이를 짐작할 수 있게 한다. 가을이 시작되는 것은 7월부터이고, 안용복 일행이 막부의 출륙금지령(6월 23일자 각서)에 따라 고야마지의 작은 섬 아오시마의 임시 가옥으로 옮기는 것이 7월 17일이므로, 안용복 등은 7월 10일을 전후해 정회소에서 돗토리번 중신들과 회담을 갖고 소장을 건네주었을 것이다.

한편 쓰시마번은 7월 7일 막부로부터 조선인이 돗토리번에 와 있으므로 그곳에 통역을 파견하라는 지시를 받았다.* 노중 오쿠보 가가노카미가 6월 23일자로 돗토리번에 내린 각서에 따른 조처였다.[26] 그런데 이 각서에는 조선인 대책에 대해서도 지시했는데, 소송은 나가사키 봉행소에 가서 하는 것이 원칙이며, 그렇지 않으면 귀국시키라는 내용이었다.

나가사키 봉행소에 소송을 의뢰한다는 것은 조·일 양국 외교의 창구역을 맡고 있는 쓰시마번의 위상을 손상시키는 것이었다. 따라서 쓰시마번은 에도로 급사를 파견해 조선인 대책의 수정을 요청했고, 막부는 이 요청을 받아들였다. 그리하여 조선인을 나가사키 봉행소로 보낸다는 이제까지의 방침을 바꾸어 7월 24일에 조선과의 외교는 쓰시마번 이외에는 할 수 없으므로 그들을 귀국시켜야 한다고 돗토리번에 지시한 것이다.[27]

쓰시마번에서 볼 때 안용복 등의 소장은 안용복 일행을 나가사키 봉행소로 보내어 소송하도록 지시한 노중 오쿠보 가가노카미의 각서 이상으로 심각한 문제였다. 만약 소장이 에도로 올라가면 도주는 물론, 도주를 돌보고 있는 전도주 형부대보(刑部大輔) 소우 요시자네도 무거운 처벌을 받게 될 것이기 때문이다.

---

* 쓰시마번의 통역사들이 돗토리번 구역 내로 들어온 것은 안용복 등이 일본을 떠난(8월 6일) 뒤인 8월 중순이었다. 쓰시마번 에도 번저(藩邸)에서 조선인 '안히쟈구[우](アンヒチヤク[ウ], 安裨將·安龍福)'가 소송차 돗토리번에 왔다는 것을 알게 된 것은 6월 23일이었다. 『竹島紀事』, 元祿 9년 6月 23日 ; 池內敏(2006), 앞의 책, 306~307쪽 참조. 그러므로 이 소식이 쓰시마번에 전해진 시기는 역시 7월 7일쯤이었을 것이다.

쓰시마번에서는 소장의 취하를 위해 노력을 했다. 쓰시마번이 에도로 급사를 파견한 것도 막부에 조선인 대책의 수정을 요청하는 한편, 은밀히 돗토리번 측과 소장 취하를 교섭하기 위한 것으로 보인다. 안용복의 진술 중 "도주의 아비(소우 요시자네)가 소를 올리지 말도록 호키주에 간청했다"에서 '도주의 아비'란 안용복이 예에 따라 격상시킨 것일 뿐 사실은 바로 쓰시마번의 급사로 짐작되기 때문이다.[28]

번주 이케다 쓰나키요[池田綱淸]가 에도에서 돗토리로 돌아온 것은 7월 19일이었다. 그는 안용복 등이 제출한 소장을 막부에 제출하지 않았다. 그 대신 고위관원을 (아마도) 아오시마로 보내 상륙이 금지된 안용복 등과 회동(안용복으로서는 제3차 회담)하고 울릉도를 침범했다가 안용복 등의 추격을 받았던 어민 15명을 처벌했음을 알렸다. 그리고 '두 섬(울릉도·자산도)이 당신 나라에 소속된 뒤(兩島旣屬爾國之後)'에 다시 경계를 침범하는 자가 있거나 쓰시마도주가 함부로 침범할 경우 국서(國書)를 작성해 역관을 시켜 보내면 엄히 처벌할 것임을 약속했다.[29] '두 섬이 당신 나라에 소속된 뒤'란 양도(兩島) 소속에 관해 외교상의 확인 절차를 밟는 것을 뜻하는 것으로 생각된다.*

돗토리번 고위관원이 안용복 등을 만나 이런 약속을 한 시기는 막부가 쓰시마번의 건의를 받아들여 안용복 등의 귀국을 지시한 7월 24일 이후, 더 좁혀서 말하면 7월 24일자 문건이 돗토리번으로 전해졌을 8월 1일 이후로, 돗토리번의 『어용인일기(御用人日記)』(元祿 9년 8월 6일조)에 따르면 8월 4일이었

---

* 안용복은 자신과 이야기했던 상대를 '도주'(돗토리번주)라고 하고 있으나, 이는 번주가 보낸 고위관원을 의례히 격상시킨 것으로 보아야 할 것이다.

고, 고위관원은 번유(藩儒) 쓰지 곤노죠[辻權之助]를 대동한 히라이 긴자에몬[平井金左衛門]이었다.[30] 이에 앞선 8월 1일은 돗토리번이 다케시마(울릉도) 도해금지령을 오오야·무라카와 양가에 알린 날이다.* 돗토리번주는 자신이 이 해(1696년) 1월 28일 통달받은 다케시마 도해금지령을 막부의 독촉을 받고서야 오오야·무라카와 양가에 알리는 한편, 고위관원 히라이를 아오시마로 보내 안용복 등과 회담을 갖고 울릉·자산 양도가 조선의 지계(地界)임을 확인해 주었던 것이다.[31]

번주가 파견한 고위관원으로부터 울릉·자산 양도가 조선의 지계임을 확인받은 안용복 등은 8월 6일 아오시마를 떠나 귀국길에 올랐다. 일행은 갔던 길을 따라 되돌아왔는데, 8월 29일 강원도 양양현(襄陽縣)에 이르러 강원감사 심평(沈枰)에 의해 체포되었다. 그런데 『승정원일기』에 따르면 김순립은 양양에서 자취를 감추어 버렸다고 하고 『숙종실록』에는 안용복이 동래에서 체포되었다는 기사가 보인다. 그렇다면 안용복은 울산에서 일행과 헤어진 것이 된다.[32] 어쨌든 울릉도·자산도와 관련된 안용복의 활동은 8월로써 끝이 났다고 할 수 있다.

안용복 등은 비변사로 넘겨져 심문을 받았다. 심문은 1697년(숙종 23) 초까지 계속되었는데 이는 변방의 정세 또는 국방 문제와 관련되는 것이었기 때문

---

* 노중 오쿠보 가가노카미는 6월 22일 돗토리번 에도유수거 요시다 헤이마에게 다케시마 도해금지령을 오오야·무라카와 양가에 알릴 것을 지시했고, 7월 24일에도 이 금지령이 8월 1일까지 양가에 전달되도록 돗토리번에 지시했다고 한다. 金柄烈·內藤正中(2006), 『한일 전문가가 본 독도』, 다다미디어, 3장의 4(김병렬), 54~56쪽 참조.

이었다. 그리하여 국왕 숙종은 여러 차례에 걸쳐 대신·비변사 당상들과 함께 안용복 등의 처벌 문제를 논의했다. 비변사 당상들의 견해는 국경을 넘고 멋대로 소장을 제출한 안용복의 죄상을 용서할 수 없으므로, 먼저 이 사실을 쓰시마도주에게 통고하되 도해역관(渡海譯官)이 돌아온 뒤에 처단해야 한다는 것이었다.[33] 도해역관이란 전 도주 소우 요시쓰구[宗義倫]의 문상차 쓰시마에 간 변동지(卞同知)·송판사(宋判事)를 가리킨다.

그러나 영중추부사(領中樞府事) 남구만(南九萬)과 영돈령부사(領敦寧府事) 윤지완(尹趾完), 지중추부사(知中樞府事) 신여철(申汝哲) 등은 비변사 신하들의 견해와는 달리 안용복을 가벼이 죽여서는 안 된다고 주장했다. 그 논거로 남구만은 '쓰시마에서 울릉도를 다케시마로 가칭하고 막부의 명을 빙자해 우리나라로 하여금 사람들의 왕래를 금지시키려 하는 등 [이 섬을 가로채려고] 중간에서 기만 조롱한 정황이 안용복에 의해 모두 드러났'는 것을 들었다. 윤지완이 제시한 논거는 '쓰시마 사람들이 우리를 속여 온 것은 우리나라가 에도와 관계를 맺지 못하고 있기 때문인데, 이제 안용복에 의해 다른 길이 있다는 것을 알게 되었'는 것이었다.[34]

울릉도쟁계에서 (1) 조선이 일본(막부)과 교섭하는 데 쓰시마가 아닌 다른 길이 있을 수 있으며, (2) 쓰시마번에서 울릉도를 다케시마로 가칭하고 막부의 명을 빙자해 조선 어민의 왕래를 금지시키려 하는 등 이 섬을 가로채려고 중간에서 기만 조롱한 정황이 드러났다는 것, (3) 쓰시마에서 갑자기 일본인이 울릉도에서 고기잡이 하는 것을 금지시키겠다는 통지를 해 온 것도 정부에서는 안용복의 공으로 보았다. 국왕 숙종의 생각도 그러했다. 그의 활동이 확실히 영유권 분쟁의 해결을 촉진시켰던 것이다. 모두 올바른 평가라고 할 수 있다.

그리고 (4) 안용복이 돗토리번으로부터 (비록 뒤에 쓰시마에서 탈취당하기는 하였지만) 울릉도와 자산도가 조선령임을 인정하는 서계를 발급받은 사실(1693년 6월), 돗토리번주 이케다 쓰나키요가 소장(訴狀)을 막부에 제출하지 않았지만 그 대신 번주가 보낸 고위관리를 통해 두 섬이 조선령임을 확인받은 사실(1696년 8월)도 그의 또 다른 공로라고 할 것이다.

이밖에 (5) 『숙종실록』(숙종 20년 8월 기유조)에 따르면, 울릉도 영유권 교섭에서 소극적 자세를 보였던 조선 측이 강경방침으로 선회한 것도 안용복의 진술이 직접적으로 작용했다. 왜관에서 풀려난 안용복 등은 새로 부임한(1694년 1월) 접위관 유집일의 조사를 받았는데 이 조사에서 안용복은 쓰시마 서계(1693년 9월)의 다케시마(울릉도)에 관한 주장은 막부에 공을 세우려는 계책이라고 진술했고, 이에 주목한 유집일은 왜관에 와 있던 귤진중 등과의 접촉을 통해 그러한 기미를 확인했던 것이다.

유집일은 귀경해 이러한 사실을 정부에 보고했다. 그리하여 영유권 교섭은 유집일의 보고를 받고 영의정 남구만이 작성(8월?)한 이른바 개작서계(1694년 9월)에서 보듯, 강경방침으로 급선회했다. 유집일은 이 고쳐 쓴 서계를 가지고 다시 동래로 내려가(8월) 차왜(대차사) 귤진중이 개정 교섭을 위해 되가져온(윤 5월) 회답서계(1693년 9월)를 회수하고, 고쳐 쓴 서계를 왜관에 전했다(9월). 고쳐 쓴 서계의 요지는 울릉도는 조선령이며 일본 연해민의 출입을 금한다는 것이었다. 회답서계의 회수는 제1차 교섭에서 조선 측이 일본 측에 제안한 울릉도 토지의 사용을 쓰시마에 넘긴다는 제안의 취소를 의미하는 것이다.

이런 공로들이 참작되어 1697년(숙종 23) 3월 안용복에게 사형에서 죄를 감해 유배형을 내렸다.[35] 소장(訴狀)을 작성한 이인성도 종범(從犯)으로 인정되어 유배되었을 것이다. 그 밖의 사람들은 1696년 10월에 모두 석방되었다.[36]

앞에서 열거한 것처럼 안용복이 울릉도쟁계에 끼친 공로는 적지 않다. 그러나 우리가 간과했던 대단히 중요하고 각별한 공로가 하나 더 있다. 그것은 (6) 안용복이 피랍되었을 때 울릉·자산도가 조선령임을 주장해 그것이 돗토리번에 받아들여졌다는 사실이다. 그리하여 돗토리번은 막부에 다케시마·마쓰시마 영유를 부인하는 보고를 올렸고 이 보고가 결정적 요인이 되어 막부는 다케시마가 조선령임을 인정, 오오야·무라카와 양가의 다케시마 출어를 금지하는 다케시마(울릉도) 도해금지령(1696년)을 내렸다. 즉 안용복은 울릉도쟁계 해결의 기틀을 마련하는 데 크게 기여한 것이다.

한편 안용복의 활동 중에서 주목되는 것은, 비록 그가 의도했던 것은 아니지만, 조선 후기로 들어와 유형원이 「여지지(輿地志)」(1656년)에서 제시한 우산·울릉 2도설을 최초로 현지 확인했다는 사실이다. 안용복은 요나고로 납치(1693년 4월)될 때나 돗토리로 밀항(1696년 6월)할 때 울릉도를 출발해 우산도, 오키도를 경유했다. 돗토리에서 돌아올 때(1696년 8월)도 같은 경로를 거쳤던 것 같다. 따라서 안용복은 3차례에 걸쳐 우산도를 현지 확인한 것이다. 그 노정은 울릉~우산 하루 거리, 우산~오키 약 이틀 거리였다. 이는 마쓰시마(우산도·자산도)·다케시마(울릉도)를 조선령으로 본 사이토 호센[齋藤豊宣]의 『은주시청합기(隱州視聽合記[紀])』의 오키~마쓰시마가 2일 1야, 마쓰시마~다케시마가 하루 거리라는 기록과 거의 일치하는 것이다. 이로써 유형원의 우산·울릉 2도설은 사이토 호센에 의해 인정되고, 안용복에 의해 현지 확인된 셈이다.

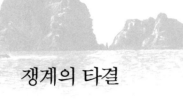

쟁계의 타결

　안용복이 일본에서 벌인 활동, 특히 돗토리번과의 접근은 쓰시마번을 불안
하게 했다. 조선이 쓰시마번이 아닌 다른 길, 이를테면 돗토리번을 통해 막부
와 교섭하게 되는 사태를 우려했던 것이다. 소우 요시자네는 마침내 1696년
(숙종 22) 10월 16일 전 도주(前島主) 소우 요시쓰구의 문상차 건너온 역관 변동
지·송판사에게 당초 연말로 미뤄왔던 막부의 다케시마(울릉도) 도해금지령을
서둘러 구두로 알리는 한편, 안용복 등의 소장 제출에 대해 유감의 뜻을 표시
했다. 그리고 다케시마 도해금지령 발령과 안용복의 소장 제출에 관한 각각의
일문 구상서(口上書)와 쓰시마 봉행(奉行) 평진현(平眞顯) 등 6명의 가로가 서명
한 동래부 훈도(訓導)·별차(別差)에게 보내는 한문 구상서를 변동지 등에게 건
넸다.
　다케시마(울릉도)에 관한 서신의 요지는 '다케시마가 조선과는 가깝고 일본
과는 멀기 때문에 즉시 명령을 내려 사람들이 다케시마에 들어가 고기잡이하
는 것을 금지했다는 것, 향후 우호관계를 위해 한 섬의 사소한 일은 따지지 않
는 것이 바람직하다'는 내용으로 막부가 도해금지령을 내려 울릉도가 조선령

임을 인정했음을 알리는 내용이었다.

소장 제출에 관한 구상서의 요지는 '조·일 양국의 외교 통로는 쓰시마 한 곳으로만 하기로 맹약한 바 있는데, 지금에 와서 쓰시마를 버리고 다른 길을 경유하려 하고 있으니 귀국에서는 맹약을 잘 지키도록 단단히 타일러 분쟁의 씨앗이 생기는 일이 없도록 힘써주기 바란다'는 것이었다.[37] 쓰시마번이 안용복과 돗토리번의 접촉에 대해 얼마나 조심스러우면서도 예민하게 반응하고 있는지를 보여준다.*

역관 변동지·송판사가 귀국한 것은 다음 해(1697년) 1월 10일이었다. 울릉도(다케시마) 영유권 협상(부산)에 참여했던 재판(裁判) 다카세 하치에몬[高勢(瀬)八右衛門]도 역관들의 호송을 명목으로 동행했다.[38] 재판 다카세는 동래부사 이세재와 역관들에게 두 차례(1월 22·24일)에 걸쳐 소우 요시자네의 다케시마(울릉도) 도해금지령 구두 통보에 대한 조선 측(예조) 서계 발급을 요청했고, 이 것은 2월 동래부사에 의해 정부에 보고되었다. 보고 속에는 도해금지령을 내리는 데는 현재 도주(소우 요시미치, 사실은 섭정 형부대보 소우 요시자네)의 공이 많았다는 관왜[館倭, 왜관의 일본인으로 여기서는 관수(館守)를 가리킨다]의 말도 들어 있었다.[39]

---

* 본래 2통의 구상서, 즉 도해금지령과 안용복의 소장 제출에 관한 구상서는 일문으로 작성된 것이었으나, 조선 역관들이 이해하기 어렵다고 하자 한문으로 2통을 더 작성하게 된 것이다. 이 한문 구상서는 「조선국훈도·별차양공여탑하(朝鮮國訓導·別差兩公旅榻下)」라는 수신인과 발신년월, 발신인 쓰시마 봉행(奉行) 평진현 등 6명이 기록되어 있다. 그러므로 한문으로 된 2통의 구상서는 정식 서한이었다고 할 수 있다.

조선 정부는 서계 발급을 달갑게 생각하지 않았다.[40] 쓰시마번이 다케시마 (울릉도) 도해금지령을 구두로 통고해 온데다, 도해금지령 이전엔 울릉도에 대한 영유권을 주장하다가 이후엔 조선 영유권을 지지한다는 이중적 태도 때문이었을 것이다. 그러나 정부는 부산 왜관 관수 도보 신고로[唐坊新五郞]나 재판 다카세 하치에몬의 끈질긴 교섭에 따라 소우 요시자네에게 보내는 예조참의 박세전(朴世熈) 명의의 서계를 작성해 동래부로 내려보냈다.[41] 이는 조선 정부가 울릉도가 조선령임을 인정한 막부의 다케시마 도해금지령을 외교적으로 뒷받침하는 절차를 밟기 시작한 것이라고 할 수 있다.

이 해(1697년) 4월 말 동래부에 도착된 이 서계에는 다음과 같은 내용이 포함되어 있었다.

(1) 최근에 역관이 귀주(貴州, 쓰시마주)에서 돌아와 귀주 여러 봉행(奉行)의 서신을 읽어보아 사정을 자세히 알게 되었습니다. (2) 울도(울릉도)가 우리 땅임은 『여도(輿圖, 동국여지승람)』에 실려 있는 바로 출처가 분명하며, 그쪽과 멀고 이쪽과 가까운 것을 막론하고서도 강계(疆界)가 자별(自別)합니다. (3) 귀주에서 처음에 비록 잘못 알았으나 마침내 돈복(敦復, 제자리로 돌아옴)하였으니 지금부터는 지난 일을 허물하지 말고 예전의 우호관계를 유지하는 것이 마땅합니다.
(1) 頃因譯使 回自貴州 得接貴州諸奉行之文字 備悉委折矣 (2) 欝島之爲我地 輿圖所載 文蹟昭然 無論彼遠此近 疆界自別 (3) 貴州始雖錯認 終能敦復 自今以後 惟當不咎旣往 無替舊好矣(『竹島考證』中).

이 서계의 사본을 넘겨받은 부산 왜관 관수 도보와 재판 다카세는 이를 검

토한 끝에 두 차례(5월 10·14일)나 훈도·별차를 왜관으로 초청해 (1)의 '귀주
여러 봉행의 서신을 읽어보아(得接貴州諸奉行之文字)', (2)의 '울릉도가 우리 땅
임은 『여도』에 실려 있는 바(欝島之爲我地 輿圖所載)', (3)의 '귀주에서 처음에 비
록 잘못 알았으나 마침내 돈복하였다(歸州始雖錯認 終能敦復)'는 것 등을 고쳐줄
것을 요청했다. 봉행만을 거론해 도주의 역할이 무시되었고, 에도에는 다케
시마로 알려졌으므로 울릉도를 서계에서 빼거나 그 밑에 다케시마라는 주(注)
라도 달아주어야 하며, "비록 잘못 알았으나 돈복하였다"는 것은 책망하는 뜻
이 없지 않다면서 이 서계가 수정되지 않으면 도주가 벌을 받게 된다는 것이
었다.[42]

동래부의 보고에 따라 정부에서는 '조정(朝廷)의 대체(大體, 체면)'상 서계
의 수정 요구를 받아들여야 한다고 보고 예조참의 박세전 명의의 제2차 서계
를 작성해 동래부로 내려보냈다. 이 서계에는 (1)의 '귀주에서 …… 읽어보아
(得接貴州 ……)'를 삭제하면서 '좌우(左右, 상대를 높인 말)께서 대면해 당부한 말
씀을 자세히 전하고 또 …… 접하여(細傳左右面囑之言 且接 ……)'가 추가되었다.
(3)은 모두 삭제하는 대신 '귀주에서 이미 울릉도와 죽도(다케시마)가 섬은 하
나이나 이름은 둘이라는 사실을 알고 있으니 이름이 비록 다르다고 하더라도
그것이 우리 땅임은 마찬가지입니다(貴州旣知 欝陵與竹島 爲一島而二名 則其名雖
異 其爲我島則一也)'란 구절이 새로 들어갔다. 관수 도보와 재판 다카세 등이 수
정해 주기를 요청한 세 가지 중에서 (3)은 모두 고쳐졌지만 (1)은 '좌우 ……'
라는 새 구절이 추가되었으나 '봉행의 서신'은 그대로 남았고, (2)는 손도 대지
않았다. 다만 (3)을 고치면서 죽도를 언급했을 뿐이다.[43]

고쳐진 제2차 서계 문안은 다음과 같다.

(1) 최근에 역관이 귀주에서 돌아와 좌우(左右)께서 대면해 부탁한 말을 상세히 전하고 또 여러 봉행 서신을 접하여 사정을 갖추어 알게 되었습니다. (2) 울릉도가 우리 땅임은 『여도』에도 실려 있는 바로 출처가 분명하며, 그쪽과 멀고 이쪽과 가까운 것을 막론하고서도 강계가 자별합니다. (3) 귀주에서 울릉도와 죽도는 섬은 하나이고 이름은 둘이라는 사실을 알고 있으니 그 이름이 비록 다르다 하더라도 그것이 우리 땅인 것은 마찬가지입니다.

(1) 頃因譯使 回自貴州 細傳左右面囑之言 且接諸奉行文字 備悉委折矣 (2) 欝島之 爲我地 輿圖所載 文蹟昭然 無論彼遠此近 疆界自別 (3) 貴州旣知 欝陵與竹島 爲一 島而二名 則其名雖異 其爲我地則一也(『竹島考證』中).

훈도·별차가 제2차 서계 사본을 7월 21일 왜관에 전달했다. 이를 받아 본 관수 도보와 재판 다카세는 자신들이 요구한 바가 충분히 반영되지 않았으므로 다시 동래부와 (1)·(2)의 개정을 놓고 교섭했다. 그러나 부사가 이를 거절해 서계 문안에 대한 동래부 훈도·별차와 왜관 관수 도보·재판 다카세 간의 협상은 결렬되었다.[44] 조선 측으로서는 막부에서 울릉도를 조선령으로 인정했다는 소우 요시자네의 구상서나 쓰시마번 가신(家臣)들의 서신을 받아놓고 있었으므로 여유를 갖고 협상에 임할 수 있었던 것이다. 그리하여 이 무렵인 8월 관왜들은 네 차례나 난출(闌出), 즉 동래부사나 부산첨사의 허가 없이 관문(館門) 밖으로 나가 서계의 개정 등을 촉구하는 시위를 벌였다. 특히 제2차 시위는 재판 다카세가 직접 지휘했다고 한다.[45]

다음 해(1698년) 1월 동래부사에 박권(朴權)이 새로 부임했다. 관수 도보는 동래부로 새 부사를 방문해 제2차 서계 문안에 들어있는 (1)의 '여러 봉행의 서신'을 삭제하고 (2)의 '울릉도가 우리 땅임은『여도』에 실려 있다'는 구절도 고쳐줄 것을 요청했다.[46] 이 서계는 소우 요시자네에게 보내는 것이므로 (1)의 '여러 봉행의 서신'를 삭제한다는 것은 '좌우', 즉 소우 요시자네를 부각시키는 것이 된다. (2)에 대해서는 막부에서 울릉도를 다케시마로 알고 있다는 문제 외에도 울릉도 영유권 협상 당시 쓰시마번이 한 바와 같이 "조선은 임진왜란 이후 울릉도를 방치했지만, 일본은 80년래로 이 섬을 지배해 왔다"고 주장한 것으로 보인다.

정부는 제3차 서계 발급을 거절했다. 전년(1697년) 8월의 제2차 시위를 직접 지휘한 사람이 바로 재판 다카세였기 때문이다. 그러므로 그가 왜관에 머무르는 한 다시 서계를 작성해 보낼 수 없다는 것이 정부의 입장이었다. 마침내 재판 다카세는 3월 4일 쓰시마로 돌아갔고, 이어 3월자 예조참의 이선부(李善溥) 명의의 제3차 서계가 작성되어 4월 4일 왜관에 전달되었다.[47] 서계의 문안은 다음과 같이 정리되었다.[48]

(1) 최근에 역관이 귀주에서 돌아와 좌우께서 대면해 부탁한 말씀을 자세히 전하여 사정을 갖추어 알게 되었습니다. (2) 울릉도가 우리 땅임은『여도』에도 실려 있는 바로 출처가 분명하며, 그쪽과 멀고 이쪽과 가까운 것을 막론하고서도 강계가 자별합니다. (3) 귀주에서 이미 울릉도와 죽도는 섬은 하나이나 이름은 둘이라는 사실을 알고 있으니 그 이름이 비록 다르다 하더라도 그것이 우리 땅인 것은 마찬가지입니다.

(1) 頃因譯使 回自貴州 細傳左右面托之言 備悉委折矣 (2) 鬱島之爲我地 輿圖所載 文蹟昭然 無論彼遠此近 疆界自別 (3) 貴州旣知 鬱陵與竹島 爲一島而二名 則其名

雖異 其爲我之地則一也(『竹島考證』中).

　제3차 서계 문안에는 제2차 서계 문안에 들어있던 (1)의 '봉행(奉行)'이 삭제되어 자연 '좌우', 즉 소우 요시자네의 역할이 부각되었다. 당초에 쓰시마번은 울릉도쟁계가 조선 측에 유리하게 결말이 났으므로 이에 관여한 소우 요시자네에게 사의를 표할 것이라 기대했다.[49] 이 서계가 막부까지 올라가기 때문에 그런 바람이 더욱 컸을 것이다. 그러나 여러 차례 동래부와 교섭을 벌였음에도 목적을 이루지 못하고 (1)의 '봉행'을 삭제하고 좌우, 즉 소우 요시자네를 넣는 선에서 만족할 수밖에 없었다.

　조선 측은 쓰시마번의 서계 발급 요청을 달갑게 여기지 않았다. 전년(1697년) 2월 동래부사의 서계 발급 건의를 받아들이지 않은 것을 비롯해서 제1차 서계에서 '봉행의 서신'만을 거론한 것, 제2차 서계에서 관수 등의 요청에도 불구하고 '봉행의 서신'을 그대로 둔 채 좌우를 언급했다가 제3차 서계에서 비로소 '봉행의 서신'을 삭제한 것이 바로 조선 측의 불편한 심기를 반영하는 것이라고 할 수 있다.

　(2)의 '울릉도가 우리 땅임은 『여도』에 실려 있는 바로 출처가 분명하며, 그쪽과 멀고 이쪽과 가까운 것을 막론하고서도 강계가 자별합니다'라는 구절은 관수 도보 등의 요청에도 불구하고 끝내 고치지 않았다. 이는 제2차 서계 문안부터 나오는 (3)의 '귀주에서 이미 울릉도와 죽도(다케시마)는 섬은 하나이나 이름은 둘이라는 사실을 알고 있으니 그 이름이 비록 다르다고 하더라도 그것이 우리 땅인 것은 마찬가지입니다'라는 구절과 함께 울릉도가 죽도라는 별명이 있지만 「동국여지승람」에 실려 있는 조선령임을 강조한 것으로 '80년

래로 일본이 지배했다'는 쓰시마번의 주장을 부인하는 것이다.

이로써 서계 문안의 절충작업은 끝났다. 예조참의 이선부 명의로 된 이 서계의 내용은 막부가 울릉도가 조선령임을 인정해 도해금지령을 내린 것을 환영하고, 울릉도는 「동국여지승람」에 실려 있는 조선령이며 울릉도와 다케시마가 1도2명(一島二名)임을 들어 그 정당한 인식을 촉구하고 있다. 또한 안용복 등의 소송에 대해서도 설명하고 있는데 안용복 등은 물에 빠져 떠내려 온 사람일 뿐 맹약을 어겨 쓰시마번이 아닌 다른 길, 이를테면 돗토리번을 통해 막부와 접촉하려 했다고 할 수 없으며, 소장을 제출한 일은 공문서 위조의 죄가 있기 때문에 이미 구속 수감했다는 것이다.[50]

이선부의 서계*는 다음과 같다.[51]

…… 지난번에 역관이 귀주(貴州)에서 돌아와 좌우(左右, 상대를 높인 말)께서 직접 부탁한 말을 상세히 전하여 사정을 자세히 알게 되었습니다.

울릉도가 우리 땅임은 「여도(輿圖, 동국여지승람)」에도 실려 있는 바로 문적(기록)이 분명하며, 그곳과는 멀고 이곳과는 가까운 것을 막론하고서라도 강계(疆界)가

---

* 이선부의 서계에 대해 다보하시 기요시[田保橋潔]를 비롯한 일본 연구자들은 '사서(謝書)', 혹은 '다케시마사서[竹島謝書]'라고 하며 막부가 다케시마(울릉도) 도해금지령을 내린 데 감사하는 서신으로 보고 있다. 田保橋潔(1931), 앞의 글, 20~21쪽 ; 川上健三(1966), 『竹島の歷史地理學的硏究』, 古今書院, 159쪽 ; 池內敏, 앞의 책, 320~321쪽 참조. 이 점은 울릉도쟁계 연구의 기본 사료라고 하는 고시 쓰네에몬[越常右衛門] 편집의 『죽도기사(竹島紀事)』(1726)도 예외는 아니다. 『竹島紀事』, 元祿 11년 5月, 12년 10月 19日條 등 참조. 그러나 서계에는 다케시마 도해금지령을 내린 것을 환영한다는 내용은 있어도, 감사를 표한 구절은 없다.

자별(自別)합니다. 귀주에서 이미 울릉도와 죽도는 섬은 하나이고 이름은 둘이라는 것을 알고 있으니, 이름이 비록 다르더라도 그곳이 우리 땅임은 마찬가지입니다.

그런데 귀국에서 명령을 내려 영구히 들어가 고기잡는 것을 허락하지 않겠다고 했는데, 그 뜻이 정녕스러우니 가히 오래도록 다른 일이 없을 것이라고 하니 자못 다행입니다. 우리나라에서도 관리에게 분부해 때때로 검사하고 살펴 두 지역 사람들이 왕래하면서 뒤섞이는 폐단이 없도록 하겠습니다.

작년에 있었던 표류민(안용복 등)에 관한 일은 바닷가 사람들은 거의 배를 가지고 생계를 꾸려나가고 있어 강풍이 휘몰아치면 표류하기 쉽고, 심지어 큰 바다를 넘어 귀국(일본)에까지 떠내려갈 수도 있는데 어떻게 이것으로써 맹약을 어겨 다른 길로 [일본과] 경유하려고 했다고 의심할 수 있습니까? 그들이 올린 문서는 참으로 위조의 죄가 있기 때문에 이미 붙잡아 징계하였고, 연해에 단단히 일러 금지령을 신칙하였습니다. 더욱 성신(誠信)에 힘써 나라를 온전하게 하고 변경(邊境)에서 다시는 이러한 일이 생기지 않게 하는 것이 피차에 크게 바라는 바가 아니겠습니까? …… 이만 줄입니다.

　　　　　　　　　무인년[戊寅年, 1698년(숙종 24)] 3월 일 예조참의 이선부

…… 頃因譯使 回自貴州 細傳左右面托之言 備悉委折矣

欝陵島之爲我地 輿圖所載 文跡昭然 無論彼遠此近 疆界自別 貴州旣知欝[陵]島與竹島爲一島而二名 則其名雖異 其爲我也則一也

貴國下令 永不許人往漁探 辭意丁寧 可保久遠無他 良幸々々 我國亦當分付官吏 以時檢察 俾絕兩地人往來殽雜之弊矣

昨年漂氓事 濱海之人 率以舟楫爲業 颶風焱忽 易及飄盪 以至冒越重溟 轉入貴國 豈可以此 有所致疑於違定約而由他路乎 若其呈書 誠有妄作之罪 故已施幽殛之典

以爲懲戢之地 另勅沿海 申明禁令矣 益務誠信 以全大體 更勿生事於邊疆 庸非彼此
之所大願者耶 …… 不宣

戊寅年三月 日 禮曹叅議 李善溥

　　이선부의 서계는 이 해(1698년) 4월 4일 왜관으로 전해졌고, 13일에 대관
(代官) 히라야마 규자에몬[平山九左衛門]에 의해 쓰시마로 옮겨졌다. 그리고 6월
에 다시 막부로 전달되었다. 사자(使者)는 쓰시마 가로 히라타 나오에몬[平田直
右衛門]이었다. 히라타는 7월 중순 노중 아베 분고노카미에게 이 서계에 대해
보고했고, 아베는 7월 하순에 관백에게 계달(啓達)했다. 사명을 마친 히라타는
곧(7월 25일) 에도를 떠나 9월 2일 쓰시마에 도착했다.[52]

　　쓰시마번은 다음 해인 1699년(숙종 25, 元祿 12) 1월에 사자 아비루 소베에
[阿比留惣兵衛]를 부산으로 파견했다. 아비루는 소우 요시자네가 예조참의 이
선부에게 보내는(1699년 1월) 회답서계와 쓰시마번 구상서(「口上之覺」)를 휴대
했다. 서계의 요지는 울릉도가 조선령임을 명백히 한 이선부의 서계를 막부에
보고했다는 것이고, 관사(館司, 館守)가 말로 전하게 될 구상서의 요지는 울릉
도를 조선령화하는 데 소우 요시자네의 역할이 컸다는 것이었다.

　　소우 요시자네의 회답서계를 소개한다.[53]

　　…… 하유(下諭, 분부)를 받자옵건대 작년 역관이 바다를 건너왔을 때 다케시마[竹
島, 울릉도]의 일건을 대면해 말씀드렸는데, 이로 말미암아 좌우(左右)께서 그 사
정을 잘 살피시게 되었고 양국이 교의를 영원히 통하여 더욱 성신에 힘쓸 뜻을 보
이셨습니다. 다행한 일입니다. 보이신 뜻을 즉시 동무(東武, 막부)에 계달(啓達)했

기에 이제 서계를 작성해 간략히 알려 드립니다. 나머지는 관사(館司)가 말로써 전하게 될 것입니다 …… 이만 줄입니다.

원록(元祿) 12년 기묘[己卯, 1699년(숙종 25)] 1월 일 대마주 형부대보 습유 평[종]의진

…… 承諭前年象官超溟之旧[日] 面陳竹島之一件 緣是左右克諒情由 示以兩國永通交誼 益懋誠信矣 至幸至幸 示意 即已啓達東武了 故今修牘 畧布餘蘊 附在館司舌頭 …… 不宣

元祿十二年 己卯 正月 日 對馬州 刑部大輔拾遺 平[宗]義眞

사자 아비루 소베에가 부산에 도착한 다음날인 3월 21일 왜관 관수 도보 신고로는 동래부 훈도·별차를 왜관으로 초청해 두 문건을 전달했다. 울릉도의 조선 영유를 외교적으로 마무리 짓는 서계의 교환이 이루어진 것이다.[54] 이로써 1693년(숙종 19, 元祿 6)부터 시작된 울릉도(다케시마) 영유권 분쟁(울릉도쟁계)의 막이 내렸다.

안용복의 활동과 조·일 간의 울릉도 영유권 분쟁을 정리하면 다음과 같다.

(1)『숙종실록』에 보이는 안용복이 비변사에서 한 진술이나『강계고』·『동국문헌비고』「여지고」안용복 관계 기사의 진실성은 대체로 인정된다. 그러나 자기 발언에 무게를 싣기 위해 상대의 지위를 격상시킨 거짓도 있고, 법을 어긴 죄를 모면하기 위해 부득이하게 한 거짓도 있었다.「조선팔도지도(朝鮮八道之圖)」를 갖고 밀항(1696년)한 사실은 아예 발설조차 하지 않았다. 이런 예외가 있기는 하지만, 대부분의 발언은 사실과 부합한다. 2005년에 발견된 그의 밀항(1696) 당시 오키 역인(役人)의 문정(問情) 기록인「무라카미가 문서」가 안용복의 진술과 거의 일치한다는 사실이 이를 뒷받침해 준다. 다보하시 기요

시가 안용복의 진술에 대해 "한갓 큰소리로 희롱한 혐의는 있으나 대체로 사실로 믿어진다"고 평한 것은 매우 적절하다고 생각된다.

(2) 안용복이 울릉도(다케시마)·자산도(우산도·마쓰시마)를 거쳐 일본(오키·돗토리번)으로 밀항(1696년 6월)한 것은 (비록 의도한 것은 아니었지만) 조선 후기로 들어와 유형원에 의해 다시 제기된 우산·울릉 2도설을 실증한 것이라는 점에서 중요한 의미를 갖는다. 그러나 밀항에서 시도했던 쓰시마도주를 고발하는 일은 극적인 사건이기는 했지만 다케시마 도해금지령이 내려진 이후의 일이었고 관철하지도 못했다.

안용복의 활동은 밀항(1696년)했을 때보다 납치(1693년)되었을 때가 더욱 돋보인다. 특히 그가 돗토리번을 설득해 마침내 쟁계 해결의 기틀이 된 막부의 다케시마 도해금지령을 이끌어 내는 데 크게 기여한 것은 높이 평가할 만하다.

돗토리번은 안용복의 울릉도(다케시마)와 자산도(우산도·마쓰시마)가 조선령이라는 주장을 수용해 두 섬이 돗토리번에 속한 섬이 아님을 막부에 보고했고, 막부는 이 보고를 받아들여 오오야·무라카와 양가의 울릉도 어획활동을 금지하는 다케시마 도해금지령(1696년 1월 28일)을 내렸다. 이 금지령은 우산도(자산도·마쓰시마)에도 적용되는 것이었다. 우산도가 울릉도에 속한 섬이기 때문이다.

(3) 쓰시마번 형부대보 소우 요시자네로부터 막부의 다케시마 도해금지령을 통고받은 역관들이 동래로 돌아온 것은 1697년(숙종 23, 元祿 10) 1월이었다. 조·일 양국은 곧 울릉도가 조선령임을 서계로 확인하는 절차를 밟았다. 그리하여 1698년(숙종 24) 3월 예조참의 이선부가 쓰시마번 형부대보 소우 요시자네에게 보낸 울릉도가 조선령임을 명백히 한 서계(1698년 3월 일자)가 부산 왜관

으로 전해졌다. 다음 해(1699년) 3월에는 조선 측 서계 내용을 막부에 보고했다는 소우 요시자네가 이선부에게 보내는 서계(1699년 1월 일자)가 동래부로 전달되었다. 이것으로 울릉도쟁계는 타결되었고 일본은 울릉도와 울릉도에 속한 섬인 우산도(자산도·마쓰시마), 즉 오늘의 독도가 조선령임을 인정했다. 지금 한·일 간에 논란이 되고 있는 독도 문제는 이미 17세기 말에 매듭지어진 것이었다.

▓주▓

1 　申景濬,『疆界考』,「安龍福事」;『東國文獻備考』「輿地考」13, 關防 3, 海防 1, 東海 蔚珍;「村
上家文書」.

2 　『肅宗實錄』, 肅宗 22年 8月 壬子, 9月 戊寅;申景濬,『疆界考』,「安龍福事」;『東國文獻備考』
「輿地考」13, 關防 3, 海防 1, 東海 蔚珍;「村上家文書」;田保橋潔(1931),「鬱陵島 その發見
と領有」,『靑丘學叢』3, 19~20쪽.

3 　'송도(松島)'에 대해『숙종실록』에서는 '송도는 바로 자산도(松島卽子山島)'로,『강계고』·『동
국문헌비고』에서는 '송도는 바로 우산도(松島卽芋山島)'라고 기록하고 있다.『肅宗實錄』, 肅宗
22年 8月 戊寅條 및『疆界考』·『東國文獻備考』기사 참조. 자산도(子山島)는 우산도(于山島)의
잘못된 기록으로 보는 경향이 있지만 모도(母島)인 울릉도에 대한 자도(子島)란 뜻도 가지고 있
다는 고 이병도(李丙燾) 교수의 견해가 주목된다. 李丙燾(1963),「獨島 名稱에 대한 史的 考察
-于山·竹島 名稱考-」,『趙明基紀念佛敎史論叢』;宋炳基(1985),「高宗朝의 鬱陵島·獨島 經
營」,『獨島硏究』, 韓國近代史資料硏究協議會, 189쪽. 2005년 오키에서 발견된「무라카미가
문서」(1696)에 보이는 안용복의 증언으로 우산도의 다른 이름임이 확인되었다.

4 　『肅宗實錄』, 肅宗 22年 9月 丙寅;「村上家文書」;內藤正中(2005),「隱岐の安龍福」,『北東ア
ジア文化硏究』22. 안용복은 1693년 봄 출어했을 때도 표류 끝에 울릉도에 이르렀다고 하고
있으나(『肅宗實錄』, 肅宗 19年 11月 丁巳), 함께 나섰던 안용복 등 42명은 모두 무사했다(『竹
島考』下,「大谷之船人 拿歸朝鮮人」). 이는 해금(海禁)을 어긴 죄를 모면하기 위한 거짓이었을
것이다.

5 　川上健三(1966),『竹島の歷史地理學的硏究』, 東京 : 古今書院, 167~168쪽 참조.

6 　川上健三(1966), 위의 책, 168~169쪽.

7 　內藤正中(2000),『竹島(鬱陵島)をめぐる日朝關系史』, 東京 : 多賀出版, 94쪽 참조.

8 　田保橋潔(1931), 앞의 글, 19~20쪽 참조.

9 　「村上家文書」;內藤正中(2005), 앞의 글;金柄烈·內藤正中(2006),『한일 전문가가 본 독
도』, 다다미디어, 3장의 2(김병렬), 42~43쪽;朴炳涉(2007), 앞의 책, 59~60쪽. 안벤죠('ア
ンベンチョウ')를 손승철은 안변장(安邊將)으로 보고 있다. 손승철(2006),「1696년, 安龍福의
제2차 渡日 공술자료-「元祿九丙子年朝鮮舟着岸一卷之覺書」-에 대하여」,『한일관계사연구』
24, 285쪽 참조. 하지만 오카지마 마사요시[岡嶋正義]의『죽도고(竹嶋考)』(1828)에서는 'アンピ
ンシヤ'·'アンピシヤン'·'アンベンチウ'를 '안비장(安裨將)'으로 보았다.『竹島考』下,「大谷之
船人 拿歸朝鮮人」.

10 　주 9의 자료와 같다.

11 「村上家文書」；『竹島考』下, 「朝鮮國通使舶于本藩」；『因府年表』, 元祿 9年 6月 4日；金鴻均(1996), 「특종 현지추적-안용복의 일본행적」, 『WIN』 1996年 5月號, 288쪽；內藤正中(2000), 앞의 책, 96~98쪽；池內敏(2006), 『大君外交と「武威」』, 名古屋：名古屋大學出版會, 305~309쪽；朴炳涉(2007), 앞의 책, 59~60쪽.

12 『竹島考』下, 「朝鮮國通使舶于本藩」；『因府年表』, 元祿 9年 6月 6日；金鴻均(1996), 위의 글, 288쪽；內藤正中(2000), 위의 책, 98~100쪽.

13 『竹島考』下, 「朝鮮國通使舶于本藩」；『因府年表』, 元祿 9年 6月 6日；內藤正中(2000), 앞의 책, 99쪽.

14 『因幡志』筆記之部 3；『竹島考』下, 「朝鮮國通使舶于本藩」；金鴻均(1996), 앞의 글, 288쪽；內藤正中(2000), 앞의 책, 99~100쪽. 이 자료들에 따르면 「인원지기」는 다음과 같다.

3품당상신(三品堂上臣)	안동지(安同知)
금오승장석씨(金烏僧將釋氏)	헌판사(憲判事)
진사군관(進士軍官)	이비장(李裨將) 김비장(金裨將)
대솔(帶率)	김사공(金沙工) 유격졸(劉格卒) 유한부(劉漢夫)
석씨대솔승(釋氏帶率僧)	담법주(淡法主) 습화주(習化主)
	율화주(律化主) 책화주(責化主)

15 『因幡志』筆記之部 3；『竹島考』下, 「朝鮮國通使舶于本藩」；內藤正中(2000), 앞의 책, 100~101쪽. 자야 규수케의 原文은 다음과 같다. …… 朝鬱兩島ハ鬱陵島(日本ニテ是ヲ竹島ト稱ス)子山島(日本ニテ松島ト呼フ)是ナリ, 其トキノ船長ヲ安同知ト呼フ.

16 『因幡志』筆記之部 3；內藤正中(2000), 앞의 책, 100~101쪽.

17 『竹島考』下, 「朝鮮國通使舶于本藩」；內藤正中(2000), 앞의 책, 103쪽；朴炳涉(2007), 앞의 책, 64~65쪽.

18 『肅宗實錄』, 肅宗 22年 9月 戊寅；「村上家文書」；『竹島考』下, 「朝鮮國通使舶于本藩」；『因府年表』, 元祿 9年 6月；內藤正中(2000), 앞의 책, 103~104쪽；朴炳涉(2007), 앞의 책, 65쪽.

19 『竹島考』下, 「朝鮮國通使舶于本藩」；『因府歷年大雜集』, 元祿 9年 6月 10日；『因府年表』, 元祿 9年 6月 6日；內藤正中(2000), 앞의 책, 104~105쪽；朴炳涉(2007), 앞의 책, 65·86~87쪽.

20 內藤正中(2000), 앞의 책, 105~107쪽.

21 『肅宗實錄』, 肅宗 22年 9月 戊寅；주 11) 참조.

22 『肅宗實錄』, 肅宗 20年 8月 己酉, 22年 9月 戊寅, 10月 丙申；申景濬, 『疆界考』(高麗大學校 中央圖書館 所藏), 「鬱陵島」·「安龍福事」；『東國文獻備考』「輿地考」13, 關防 3, 海防 1, 東海蔚珍.

23 『肅宗實錄』에 '本州成給鬱島永屬朝鮮公文', '伯耆州所給銀貨及文書馬島人却奪'이라는 기록이 보인다. 『肅宗實錄』, 肅宗 22年 10月 丙申·甲辰.

24 『肅宗實錄』, 肅宗 22年 9月 戊寅.

25 『肅宗實錄』, 肅宗 22年 10月 丙申 ; 申景濬, 『疆界考』(高麗大學校 中央圖書館 所藏), 「鬱陵島」·「安龍福事」;『東國文獻備考』「輿地考」13, 關防 3, 海防 1, 東海 蔚珍.

26 川上健三(1966), 앞의 책, 164~165쪽 ; 內藤正中(2000), 앞의 책, 108~109쪽 ; 池內敏 (2006), 앞의 책, 309~312쪽 ;『竹島紀事』, 元祿 9年 6月 23日 ; 池內敏, 앞의 책, 306~307 쪽 참조.

27 『竹島紀事』, 元祿 9年 7月 7日 ; 川上健三(1966), 앞의 책, 164~165쪽 ; 內藤正中(2000), 앞의 책, 108~109쪽 ; 池內敏(2006), 앞의 책, 309~312쪽 ; 朴炳涉(2007), 앞의 책, 65~67쪽.

28 『肅宗實錄』, 肅宗 22年 9月 戊寅.

29 川上健三(1966), 앞의 책, 172쪽 ;『肅宗實錄』, 肅宗 22年 9月 戊寅.

30 內藤正中(2000), 앞의 책, 108~109쪽.

31 金柄烈·內藤正中(2006), 앞의 책, 3장의 4(김병렬), 54~56쪽 참조.

32 『肅宗實錄』, 肅宗 22年 8月 壬子, 9月 乙亥 ;『承政院日記』, 肅宗 22年 9月 27日 ; 田保橋潔 (1931), 앞의 글, 19~20쪽 ; 川上健三(1966), 앞의 책, 165쪽.

33 『肅宗實錄』, 肅宗 22年 8月 壬子, 9月 乙亥·庚辰 ;『承政院日記』, 肅宗 22年 9月 27日.

34 『承政院日記』, 肅宗 22年 10月 13日 ;『肅宗實錄』, 肅宗 22年 9月 庚辰, 10月 丙申.

35 『承政院日記』, 肅宗 23年 3月 27日 ;『肅宗實錄』, 肅宗 23年 3月 戊寅.

36 『承政院日記』, 肅宗 22年 9月 27日, 10月 13日 ;『肅宗實錄』, 肅宗 22年 9月 庚辰, 10月 丙申.

37 『同文彙考』3, 附編 26 爭難, 「馬島奉行等以竹島漁采彼此禁斷事與任譯書」·「馬島奉行以漂民事 與任譯書」, 國史編纂委員會(影印)(1978) ;『善鄰通交考』4, 「告竹島一件事考」;『竹島紀事』, 元祿 9年 10月 ; 北澤正誠(2000), 『竹島考證』中 ; 內藤正中(2000), 앞의 책, 110~111쪽.

38 北澤正誠(2000),『竹島考證』中 ; 內藤正中(2000), 앞의 책, 111~112쪽 ; 池內敏(2006), 앞의 책, 313쪽.

39 『邊例集要』下 17, 鬱陵島, 丁丑(1697) 1月 ; 池內敏(2006), 앞의 책, 313쪽.

40 『肅宗實錄』, 肅宗 23年 2月 乙未 ;『邊例集要』下 17, 鬱陵島, 丁丑(1697) 1月 ; 內藤正中 (2000), 앞의 책, 111~112쪽.

41 『邊例集要』下 17, 鬱陵島, 丁丑(1697) 3·4月 ;『竹島考證』中 ; 內藤正中(2000), 앞의 책, 112쪽 ; 池內敏(2006), 앞의 책, 313쪽.

42 『邊例集要』下 17, 鬱陵島, 丁丑(1697) 6月 ;『竹島考證』中 ; 內藤正中(2000), 앞의 책, 113쪽.

43 『邊例集要』下 17, 鬱陵島, 丁丑(1697) 6月 ;『竹島考證』中 ; 池內敏(2006), 앞의 책, 314~315쪽.

44 『竹島考證』中 ; 內藤正中(2000), 앞의 책, 112~113쪽 ; 池內敏(2006), 앞의 책, 319쪽.

45 『邊例集要』下 13, 闌出, 丁丑(1697) 8月 ; 池內敏(2006), 앞의 책, 319쪽.

46 『肅宗實錄』, 肅宗 23年 12月 戊辰；『竹島考證』中；池內敏(2006), 앞의 책, 320쪽.

47 『邊例集要』下 13, 闌出, 戊寅(1698) 1・3・4月；『竹島紀事』, 元祿 11年 4月；『竹島考證』中；內藤正中(2000), 앞의 책, 113~114쪽；池內敏(2006), 앞의 책, 320쪽.

48 『邊例集要』下 17, 鬱陵島 戊寅(1698) 4月.

49 『公文錄』內務省之部 1(日本國立公文書館 所藏),「日本海內竹島外一島地籍編纂方伺」(明治 10年 3月 17日의 附屬文書)；內藤正中(2000), 앞의 책, 124쪽.

50 『同文彙考』3, 附編 26 爭難,「禮曹參議與島主書」, 國史編纂委員會(影印)(1978)；『善隣通交事考』4,「告竹島一件事考」；『竹島紀事』, 元祿 11年 4月；北澤正誠(2000),『竹島考證』中；田保橋潔(1931), 앞의 글, 20~21쪽.

51 田保橋潔(1931), 앞의 글, 20~21쪽；川上健三(1966), 앞의 책, 159쪽；池內敏(2006), 앞의 책, 320~321쪽 참조.

52 『邊例集要』下 13, 闌出, 戊寅(1698) 4・5月；『善隣通交事考』4,「告竹島一件事考」；『竹島紀事』, 元祿 11年 4月 4・9・10・13日, 6月 10・12日, 7月 16・17・20・21日, 元祿 12年 3月 20・21・26日；田保橋潔(1931), 앞의 글, 20~21쪽；內藤正中(2000), 앞의 책, 114쪽；池內敏(2006), 앞의 책, 320~321쪽.

53 『善隣通交事考』4,「告竹島一件事考」；『竹島紀事』, 元祿 12年 1月；『公文錄』內務省之部1(日本國立公文書館 所藏),「日本海內竹島外一島地籍編纂方伺」(明治 10年 3月 17日) 付属文書 4.

54 『善隣通交事考』4,「告竹島一件事考」；『竹島紀事』, 元祿 12年 3月 20・21日, 4月 3日；『公文錄』內務省之部 1(日本國立公文書館 所藏),「日本海內竹島外一島地籍編纂方伺」(明治 10年 3月 17日) 付属文書 4.

Ⅳ. 울릉도 수토제도 확립과 지리적 지견의 확대

─────────── 울릉도쟁계(다케시마일건)는 조선이 울릉도를 방어하는 데 관심을 갖게 했다. 쟁계가 시작되면서 삼척첨사(三陟僉使) 장한상(張漢相)을 파견해 울릉도를 자세히 살피게 했고(1694년), 1697년(숙종 23) 막부의 다케시마(울릉도) 도해금지령이 내려지면서 울릉도 수토(搜討, 순검·수색)를 정식화(定式化)해 1895년(고종 31) 전임 도장[專任島長(監)]을 두게 될 때까지 계속 시행되었다. 그 결과 울릉도 방면의 지리가 자세히 밝혀져 울릉도와 우산도(독도)에 대한 영유 인식이 구체화되었고, 일본과의 경계도 분명히 가늠할 수 있게 되었다.

울릉도 수토제도*의 확립

　쓰시마도주 소우 요시쓰구[宗義倫]가 예조참판에게 서계를 보내면서 본격화된 조·일 간의 울릉도 영유권 분쟁(1693~1699년)은 대신과 비변사 당상들뿐 아니라 재야인사들에게도 관심을 불러일으켰던 것 같다. 1694년(숙종 20) 7월의 전무겸선전관(前武兼宣傳官) 성초형(成楚珩)의 상소(上疏)가 그러한 것이다. 그는 울릉도가 국가의 요충이며 땅이 넓고 기름짐에도 불구하고 오랫동안 버려져왔다며, 최근에 일본이 감히 울릉도에 들어가 살기 위한 계책을 내고 있다고 하니 이곳에 특별히 진(鎭)을 설치해 일본이 넘보지 못하도록 해야 한다고 주장했다.[1]

　정부에서도 문제가 되고 있던 울릉도 방비책에 대해 관심을 갖기 시작했다. 영의정 남구만(南九萬)이 삼척첨사를 울릉도에 파견해 형세를 조사한 후

＊　울릉도 수토제도를 정리하는 데는 1978년 울릉도·독도학술조사단이 울릉도에서 입수한 「울릉도사적(蔚陵島事蹟)」(국사편찬위원회 소장)이 큰 도움이 되었다. 이 자료는 삼척첨사 장한상이 울릉도를 자세히 살피고 조사한 기록으로 그의 외후손 신광박(申光璞)이 정리한 것이다.

백성을 이주시키거나 진을 설치함으로써 일본의 침범에 대비해야 한다고 건의했던 것(8월)이다.[2]

남구만의 건의에 따라 장한상*이 삼척첨사로 발탁되었다.[3] 장한상은 1694년(숙종 20) 9월 19일 삼척을 출발했다. 일행은 별견역관(別遣譯官) 안신휘(安愼徽)를 포함해 총 150명이었고, 기선(騎船) 2척, 급수선(汲水船) 4척을 동원해 9월 20일부터 10월 3일까지 10여 일을 체류하면서 울릉도를 살핀 후 10월 6일 삼척으로 돌아왔다. 장한상의 울릉도 조사에 관해서는 『숙종실록』에도 기록되어 있으나, 「울릉도사적」이 더 자세히 전하고 있다.

장한상은 울릉도 조사 결과를 산천(山川)·도리(道里)를 적어 넣은 지도와 함께 정부에 보고했다. 그 요지는 왜인(倭人)이 왕래한 흔적은 있으나 살고 있지는 않다는 것, 바닷길이 순탄치 않아 일본이 점령한다 하더라도 막기 어렵다는 것, 땅이 좁고 큰 나무들이 많아 토석(土石)으로 된 작은 보(堡)도 설치할 수 없어서 사람들을 이주시키기 어렵다는 것, 토질을 알아보려고 밀보리를 심고 왔다는 것 등이었다.[4]

이밖에도 우리의 주목을 끄는 것은 장한상이 독도를 확인했다는 사실이다. 이에 대해 「울릉도사적」은 다음과 같이 전한다.

동쪽으로 5리(里)쯤에 작은 섬이 하나 있는데, 크기가 그리 크지 않으며 해장죽(海長竹)이 한쪽에 모여 자라고 있다. 비 개고 [구름] 걷힌 날 산으로 들어가 중봉(中

---

* 당시 삼척첨사는 이준명(李浚明)이었던 것 같다. 그러나 그가 울릉도를 자세히 살피는 것을 기피했기 때문에 장한상으로 대체되었던 것으로 생각된다. 『肅宗實錄』, 肅宗 21年 4月 甲辰.

峯)에 오르면 남북(南北) 양봉(兩峯)이 높다랗게 마주보고 있는데 이를 삼봉(三峯)
이라 한다. 서쪽을 바라보면 대관령의 구불구불한 모습이 보이고 동쪽을 바라보면
바다 가운데 한 섬이 보이는데 아득히 진방(辰方)에 위치하며 그 크기는 울도(蔚
島)의 3분의 1 미만이고 [거리는] 300여 리에 불과하다.[5]

東方五里許 有一小島 不甚高大 海長竹叢生於一面 雨霽鸎[雲]捲之日 入山登中峯
則南北兩峯 岌崇相面 此謂三峯也 西望大關嶺透迤之狀 東望海中有一島 杳在辰方
而其大未滿蔚島三分之一 不過三百餘里.*

쾌청한 날 중봉(中峯), 즉 성인봉(聖人峯)에 올라 서쪽을 바라보면 대관령의
구불구불한 모습이 보이고, 동쪽을 바라보면 바다 가운데 한 섬이 있는데, 아
득히 진방(辰方)**에 위치하며 그 크기는 울릉도의 3분의 1이 채 안 되고 거리
는 300여 리에 지나지 않는다는 것이다.

진(辰)의 방위는 동남동인데, 독도는 울릉도의 동남동에 위치하고 있다. 그
러므로 장한상이 확인한 섬은 바로 독도를 가리키는 것이다. 독도의 면적은
0.186km²로, 울릉도(72.99km²)의 약 391분의 1이다. 이것은 장한상의 지적과
는 상당한 차이가 있다. 또 울릉도와 독도의 거리는 약 50해리로 약 230리다.
그런데 장한상은 300여 리라 하고 있으므로 70여 리의 오차를 보이고 있다.

---

* 그런데 「雨霽鸎捲之日」의 '鸎'는 자전(字典)에 없다. 유미림에 의하면 장한상과 동시대 인
  물인 박세당(朴世堂, 1629~1703년)의 『서계잡록(西溪雜錄)』 울릉도조는 「울릉도사적(蔚
  陵島事蹟)」을 싣고 있는데 여기서는 '鸎'를 '雲'으로 바로잡고 있다. 유미림(2007), 『「欝陵
  島」와 「蔚陵島事蹟」의 역주 및 관련기록의 비교 연구』, 한국해양수산개발원, 21쪽.
** 24방위의 하나로 정동에서 남으로 30도의 방위를 중심으로 한 15도 각도 안의 방위.

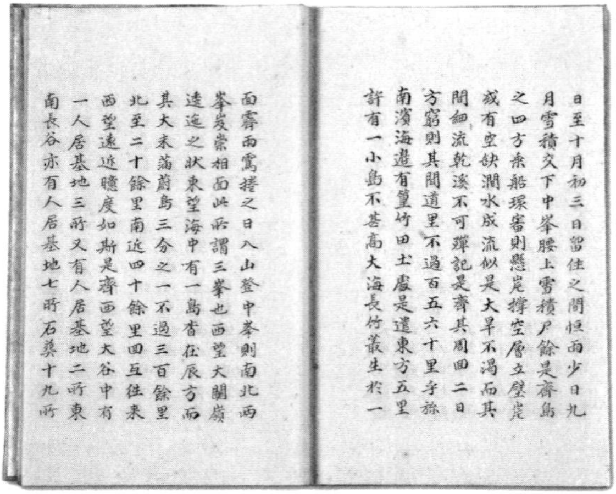

그림 1 ... 장한상의 울릉도 조사 보고서『울릉도사적』

그렇더라도 눈으로만 측정한 것이었으므로, 면적과 거리에서 이만한 오차는 부득이한 것으로 보아야 할 것이다.

　독도에 관한「울릉도사적」의 기록은 조선총독부 촉탁 겸 동경제국대학 강사 나카이 다케노신[中井猛之進]의 조사 기록과 일치한다. 나카이는『울릉도식물조사서』에 다음과 같이 기록했다.[6]

　최고봉(最高峯)을 상봉(上峯)이라 하는데 해발 920미돌(米突), 날씨가 맑고 화창하면 서쪽으로 강원도의 산영(山影)이 보이고, 또 비오기 전 공기가 맑고 깨끗할 때에는 동남방 바다 멀리 난도(卵島)를 바라볼 수 있다.

　最高峯ヲ上峯ト云ヒ海拔九百二十米突. 天氣晴朗ナレバ西ノ方江原道ヲ見, 又雨降ル前, 空氣澄ミ渡ル時東南方沖合遙ガ二卵島ヲ望ミ得.

난도(卵島)는 'ラン島', 즉 'リヤンコ島'로 오늘의 독도를 가리킨다. 이렇게 볼 때 「울릉도사적」의 기록도 그러하지만, 특히 '두 섬(于山·武陵島)은 서로 떨어짐이 멀지 않아 풍일(風日)이 청명(淸明)하면 바라볼 수 있다(二島相去不遠 風日淸明 則可望見)'고 한 『세종실록』「지리지」의 정확성을 다시 한 번 확인할 수 있다.

그러나 언제나 울릉도에서 독도를 바라볼 수 있는 것은 아니다. 여기에는 기상조건이 뒷받침되어야 한다. 그 조건으로 『세종실록』「지리지」는 풍일(날 씨)이 청명할 때를, 장한상은 비 개이고 구름 걷힌 날을, 나카이는 비오기 전 공기가 맑고 깨끗할 때를 들었다. 이렇게 두 섬은 기상조건이 뒷받침되지 않 으면 육안으로 바라보기 어려울 만큼 떨어져 있는 것이다. 후술하는 바와 같 이 1711년 수토관 박석창(朴錫昌)이 「울릉도도형(鬱陵島圖形)」에 죽도(죽서)를 '소위우산도(所謂于山島)'로 적어 넣은 것이나, 1882년 검찰사 이규원(李奎遠)이 우산도를 찾지 못한 것은 오히려 당연한 일이었다고 할 수 있다.

장한상의 보고가 있자, 정부는 곧 울릉도에 관한 대책을 논의했다. 영의정 남구만은 수토(搜討)를 건의했다.[7]

[남]구만이 들어와 아뢰기를 "민(民)을 입거(入居)시킬 수 없으니 1~2년 간격으로 수토함이 마땅합니다"라고 하다. 상(上)께서 이에 좇다.

九萬入奏曰 不可使民入居 間一二年搜討爲宜 上從之.

백성을 이주시킬 수 없는 만큼 1년 혹은 2년 걸러 수토하자는 것이다. 수토 는 물론, 일본인의 불법 왕래에 대비하기 위한 것이었다.

국왕은 남구만의 건의를 받아들였다. 이렇게 해서 일본인의 불법 왕래를 막기 위한 정부의 울릉도 수토 방침이 일단 확정되었다. 그러나 1년을 걸러서 할 것인지, 2년을 걸러서 할 것인지는 결정되지 않았다. 그것이 결정되어 울릉도 수토가 정식화되는 것은 일본과의 울릉도 영유권 문제가 일단 매듭지어진 뒤인 1697년(숙종 23)이 되어서였다.

쓰시마번이 전 도주 소우 요시쓰구의 문상차 건너온 역관 변동지·송판사에게 막부의 다케시마(울릉도) 도해금지령을 알린 것은 1696년(숙종 22) 10월이고, 역관들이 귀국한 것은 다음 해 1월이었다. 이처럼 울릉도쟁계가 일단 매듭지어 가자 정부는 곧(4월) 울릉도 수토에 관한 논의를 재개했다. 이에 대해 『승정원일기』(숙종 23년 4월 13일조)는 다음과 같이 전하고 있다.

상께서 희정당으로 거둥(임금의 행차)하여 대신·비변사 당상들을 인견(引見) 입시(入侍)하였다. 영의정 유상운(柳尙運)이 말하기를, "울릉도 일은 이제 이미 명백하게 귀일(歸一)되어 왜인은 본국인의 어채(漁採)를 금한다 말하였고, 우리나라는 때때로 사람을 보내어 수토하겠다는 뜻을 서계 중에 대답해 보냈습니다. 해외 절도(絕島)라 비록 매년 입송(入送)할 수는 없지만, 이미 지방(地方, 국토)에 매여 있고 또한 이는 무인도여서 불가불 간간이 사람을 보내어 순검(巡檢)하도록 해야 하는 까닭에 감히 이같이 앙달합니다"라고 하였다. 상께서 말씀하시기를, "우리나라의 지방을 영구히 버릴 수 없으며 매년 입송하는 것 또한 많은 폐단이 있으므로 2년을 간격으로 입송함이 옳다"라고 하셨다. 유상운이 말하기를, "3년에 1번 보내는 것을 정식으로 삼는다면 상상년(上上年)에 이미 다녀보고 왔으므로 명년에 마땅히 입송해야 하는데, 듣건대 본도는 반드시 5월 말 바람이 고를 때 왕래할 수 있다고 하니 명년 5월에 입송하는 것이 마땅할 듯하며 차송(差送)하는 사람은 늘 입송할 때에 품지(稟旨)하여 시행함이 어떠하겠습니까"라고 하였다. 상께서 말씀하시기를, "그리하라"고 하셨다.

上御熙政堂 大臣·備局堂上引見入侍 領議政柳……尚運曰 鬱陵島事 今已明白歸一 倭人則禁本國人漁探爲言 我國則以時時送人搜討之意 答送於書契中矣 海外絶島 雖不可每年入送 旣係地方 且是無人之島 不可不間間送人巡檢以來 故敢此仰達 上 曰 我國地方 不可以永棄 逐年入送 亦多有弊 間二年入送 可也 尚運曰 若以三年一 次定送爲式 則上上年 旣已往見而來 明年當入送 而聞本島必五月間風和之時 可以 往來云 以明年五月間入送似宜 而差送之人 則每當入送之時 稟旨差送何如 上曰 依 爲之.

비변사 당상들과 같이 입시한 영의정 유상운이 울릉도 수토 문제에 대해 건의한 내용은 울릉도 문제가 명백히 합의되어 일본은 일본인의 어채를 금하겠다고 했고, 우리나라에서도 때때로 사람을 보내 수토할 뜻을 서계에서 밝힌 바 있는데, 울릉도가 우리 영토이기는 하나 육지에서 멀리 떨어져 있는 외딴 섬이고 무인도이기 때문에, 해마다는 어렵지만 간간이 사람을 보내 순찰해야 한다는 것이었다. 그러자 국왕도 이 건의를 받아들여 간이년(間二年), 즉 2년을 걸러서 파견할 것을 지시했다. 그리하여 3년에 한 차례씩 관원을 파견해 수토하는 것이 정식화되었다.

이 회의에서는 3년에 한 차례씩 파견하는 것을 정식으로 한다면 '상상년(上上年)', 즉 1695년(숙종 21)에 이미 다녀왔으므로 '명년(明年)'인 1698년(숙종 24)부터 파견해야 한다는 것도 결정하고 있다. 그러나 실제로는 1695년에 수토한 기록을 찾아볼 수가 없다. 아마도 1694년에 장한상이 다녀온 것을 '상상년'으로 잘못 알았던 것으로 생각된다. 그렇다면 정부에서는 2년을 걸러서 시행하는 수토의 기준을 장한상의 울릉도 조사에 두었던 것으로 보인다.

그러나 그 기원은 1438년(세종 20) 4월의 무릉도 순심경차관(武陵島巡審敬差官) 남회, 조민의 파견으로 거슬러 올라간다. 순심경차관의 '순심(巡審)'은 순찰, '경차관(敬差官)'은 어떤 특별한 사명을 띠고 지방에 임시로 파견되는 관원을 의미한다. 남회 등은 '왜노(倭奴)'들의 울릉도 침범을 순찰하기 위해 파견되었는데, 이들은 7월에 돌아와 조선인 66명을 붙들어 왔다고 보고하고 울릉도 토산물을 바쳤다. 따라서 이때의 순심경차관은 1697년(숙종 23) 4월 13일에 정식화된 울릉도 수토관의 전신이라고 할 수 있다. 그러나 순심경차관의 파견은 단 1회에 그쳤다.

그건 그렇다고 하더라도 정부는 1698년에도 미처 관원을 파견하지 못했다. 관원을 파견한 것은 이듬해인 1699년(숙종 25)이었다. 강원도관찰사가 비변사에 보고한 바에 따르면, 울릉도에 파견된 관원은 월송포 만호(越松浦萬戶) 전회일(田會一)이었다. 전회일은 수토차 이 해 6월 4일 출발해 임무를 마치고 6월 21일 돌아왔다. 그는 울릉도의 지도와 함께 토산물인 황죽(篁竹, 대나무의 한 가지)·향나무·토석(土石) 등을 바쳤다.[8]

이어 1702년(숙종 28)에는 삼척영장(三陟營將) 이준명이 울릉도를 수토했다. 1702년은 전회일이 다녀온 1699년부터 따져 간이년, 즉 3년차에 해당하는 해이다. 이에 관해『숙종실록』은 다음과 같이 전하고 있다.[9]

삼척영장 이준명·왜어역관(倭語譯官) 최재홍(崔再弘)이 울릉도에서 돌아와 지도와 자단향(紫檀香, 콩과에 속하는 상록활엽 교목인 자단을 깎아 만든 향)·푸른 대나무·석간주(石間朱[硃], 산화철을 많이 품은 빛이 붉은 흙)·어피(魚皮) 등의 물건을 바쳤다. 울릉도를 2년 간격으로 변경을 지키는 장수가 돌아가며 수토하는 것은 이미 정식(定式)이 있고 금년이 3년차에 해당하는 까닭에 준명이 울진 죽변진(竹邊津)에서 승선하여 2주야(晝夜) 만에 돌아왔다. 제주에 비해 배나 멀다고 한다.

三陟營將李浚明·倭語譯官崔再弘, 還自鬱陵島 獻其圖形及紫檀香·靑竹·石間朱(硃)·魚皮等物 鬱陵島 間二年使邊將輪回搜討 已有定式 而今年三年當次 故浚明乘船于蔚珍竹邊津 兩晝夜而還歸 比濟州倍遠云.

이준명도 역시 전회일과 마찬가지로 지도와 함께 향나무를 비롯한 토산물을 바쳤다고 되어 있는데, 장한상도 아마 토산물을 바쳤을 것으로 생각된다. 또 장한상은 역관을 대동했는데 이준명도 역관을 대동하고 있다. 이것은 물론 일본인과의 만남을 대비한 것이었으며, 전회일도 역관을 대동했을 것으로 생각된다. 이렇게 보면 수토관은 일본어 역관을 대동하고, 울릉도 지도와 토산물을 바치게 되어 있었던 것으로 생각된다.

또 앞에서 인용한 『승정원일기』 기사에 따르면 수토관은 파견할 때마다 국왕에게 품의해 임명하도록 하고 있다. 그런데 『숙종실록』 기사에 따르면 이것이 변경의 장수가 돌아가며 수토하는 것으로 바뀌고 있음을 알 수 있다. 그리고 1702년의 수토는 삼척영장의 차례이기 때문에 이준명이 다녀왔다고 했는데 3년 전에는 월송포 만호인 전회일이 다녀왔으며, 제1차 수토관이라고 할 장한상의 직함은 삼척첨사였다. 결국 돌아가며 수토하는 것이란 울릉도와 가까운 거리에 있는 삼척영장과 월송포 만호가 3년마다 돌아가면서 수토하는 것을 의미하는 것이다.

수토하는 시기도 『승정원일기』 기사에 따르면 처음엔 바람이 잔잔한 5월로 정했으나, 수토제도가 확립되면서 3·4월로 바뀐 듯하다. 1795년(정조 19) 6월 이조판서 윤시동(尹蓍東)의 계언(啓言)에 나오는 '울릉도 수토는 늘 3·4월 사이에 있었다'는 구절이 이를 뒷받침한다.[10] 그런데 여기에도 예외는 있었다. 1794년(정조 18) 수토관 한창국(韓昌國)의 경우 날씨 때문인지는 모르겠지만 4월 21일에 출발해 5월 8일에 돌아왔으며,[11] 전회일의 경우에는 아예 6월에 다녀왔다. 이런 사실을 감안한다면 수토 시기는 바람이 잔잔한 3월부터 늦더라도 6월 사이가 아니었을까 생각한다.

울릉도 수토는 극심한 흉년을 당해 파견하지 못했던 경우도 있었지만,[12] 그 외에는 꾸준히 계속되었다. 수토관 한창국의 다음 보고가 그것을 잘 말해준다.[13]

> 섬의 서쪽 황토구미진(黃土丘尾津)에 배를 대고 산에 올라 살펴보니 …… 왼쪽은 황토구미굴(黃土丘尾窟)이고 오른쪽은 병풍석(屛風石)인데, 그 위에 또한 향목정 (香木亭)이 있는 까닭에 향목을 작취(斫取)했다. 간년(間年) 작취했기 때문에 점차 희소해졌다.
>
> 到泊於黃土丘尾津 登山看審 …… 左爲黃土丘尾窟 右爲屛風石 其上又有香木亭 故 斫取香木 而以間年斫取之 故漸就稀少.

정기적으로 파견되는 수토관들이 항토구미진에 있는 향목정의 향나무를 베어갔기 때문에 점차 희소해졌다는 것이다.

지리적 지견(知見)의 확대

　수토관이 정기적으로 왕래함에 따라 오랫동안 잊혀졌던 울릉도의 지리는 점차 자세히 밝혀졌다. 나루·섬·바위·산에는 이름이 붙여졌으며, 바다와 육지에 서식하는 동식물도 조사되었다. 그 결과 강치[可支魚]의 서식이 확인되어 수토관 한창국은 강치가죽[可支魚皮]을 바치기도 했다.[14] 식물로는 인삼이 나고 있음이 알려져 18세기 중엽부터는 잠상(潛商, 거래금지 제품을 판매하는 상인)들이 몰래 채취해가는 일이 제법 행해지고 있었다.[15]

　실학자들의 저술과 『신증동국여지승람』(1530년, 중종 25) 강원도 울진현조에서 보듯이 그동안 대두되었던 우산·울릉 1도설(一島說)은 2도(島)로 바로잡혀 갔고, 우산도(독도)에 대한 국토로서의 인식도 구체화되어 갔다. 1756년(영조 32)에 저술된 신경준의 『강계고』가 그것이다. 『강계고』는 17세기 중엽(1656년 효종 7)에 저술되었으나 지금은 실전(失傳)된 유형원(柳馨遠)의 「여지지(輿地志)」*

---

* 　신경준은 『강계고』에서 「여지지」를 자주 인용하고 있는데, 첫 인용에서 '유반계형원여지지 (柳磻溪馨遠輿地志)'라고 하여 저자가 유형원임을 밝히고 있다.

그림 2 ... 신경준, 「강계고」(1756년) 울릉도

를 참고하고 있다.[16]

「여지지」의 우산·울릉도 기사와 관련해 『강계고』 울릉도조는 다음과 같이
전하고 있다.

내가 살펴(생각)건대 「여지지」에 이르기를 '일설에는 우산과 울릉은 본래 한 섬이
라고 하나 『도지(圖志)』를 상고하면 두 섬이다. 하나는 왜(倭)가 이르는 바 송도(松
島, 마쓰시마)인데 대개 두 섬은 모두 다 우산국[의 땅]이다'라고 하였다.

愚按輿地志云 一說于山·欝陵本一島 而考諸圖志 二島也 一則倭所謂松島 而盖二
島 俱是于山國也.

이렇게 「여지지」는 우산과 울릉은 한 섬이 아니라 두 섬으로 그 중 하나가 일본 측에서 부르는 송도(독도)이며, 모두 우산국 소속이라고 밝히고 있다.

그 뒤 신경준은 『동국문헌비고』(1770년, 영조 46) 편찬 사업에도 참여해 「여지고」를 담당해 편찬했다.[17] 그는 「여지고」에서 울릉도와 우산도를 다루면서 유형원의 "「여지지」에 이르기를, '울릉과 우산은 다 우산국의 땅인데, 우산은 왜가 이르는 바 송도다'라고 하였다"고 하며 『강계고』에서 전제한 '내가 살피(생각)건대'를 삭제하는 한편, '울릉·우산 두 섬 중 하나는 왜가 이르는 바 송도'라는 다소 애매한 표현을 '우산은 왜가 이르는 바 송도', 즉 우산이 곧 송도임을 간결하면서도 확실하게 밝히고 있다.[18] 이로써 울릉도쟁계 이전인 17세기 중엽에 저술된 유형원의 「여지지」 중 모호했던 우산도가 송도로 매듭지어졌다.

유형원의 「여지지」와 비슷한 기록이 일본 문헌에도 보인다. 「여지지」보다 10여 년 뒤지지만 같은 17세기 중엽에 저술된 사이토 호센[齋藤豊宣]의 『은주시청합기(隱州視聽合記[紀])』(1667년, 寬文 7)가 그것이다. 마쓰시마(우산도·독도)에 관한 일본 최고(最古) 문헌으로 알려진 『은주시청합기』「국대기(國代記[紀])」는 특히 이 섬(마쓰시마)의 소속을 명확히 하고 있어 우리의 주목을 끈다.[19]

오키[隱岐]는 북해(北海) 중에 있다. 그런 까닭에 오키도[隱岐島]이다. …… 술해간(戌亥間)으로 2일(日) 1야(夜)를 가면 마쓰시마[松島]가 있고 또 하루 거리에 다케시마[竹島]가 있다.[속언(俗言)으로 이소다케시마[磯竹島]. 대나무·물고기·해록(海鹿)이 많다.] 이 두 섬은 사람이 살지 않는 땅으로 고려를 보는 것이 운슈[雲州]에서 오키를 바라보는 것과 같다. 그런즉 일본의 서북경계는 이 주(州)로 한계를 삼는다.

隱州在北海中 故隱岐島 …… 戌亥間 行二日一夜 有松島 又一日程 有竹島(俗言磯竹島

多竹魚海鹿) 此二島 無人之地 見高麗 如自雲州望隱岐 然則日本乾地 以此州爲限矣.

오키, 즉 인슈[隱州]에서 서북쪽으로 2일(日) 1야(夜)를 가면 마쓰시마가 있고
또 하루 거리를 가면 다케시마가 있다. 이 두 섬은 무인도로 고려를 보는 것이
마치 운슈, 즉 이즈모국[出雲國]에서 오키를 바라보는 것과 같다. 그러므로 일본
의 서북경계[乾地]는 인슈를 한계로 삼는다는 것이다. 지리적 위치로 보아 마쓰
시마는 오늘의 우산도(독도), 다케시마는 울릉도이며 이 두 섬은 오히려 조선과
가깝기 때문에 일본의 영토는 인슈, 즉 오키에 국한한다는 내용이다.

『은주시청합기』의 저자 사이토 호센은 이즈모국(운슈)의 관원이었다. 그는
번주(藩主)의 명에 따라 공무로 오키도를 시찰했는데, 그가 시찰하는 과정에서
직접 보고 들은 바를 기록한 것이 바로 『은주시청합기』이다.[20] 그러므로 그가
'일본의 서북경계는 이 주(州, 오키)로 한계를 삼는다'*고 한 것은 당시 조·일
간의 국경을 가늠하는 데 중요한 자료가 된다.[21]

앞에서 언급한 바와 같이 조선 후기로 들어와 우산·울릉 2도설을 주장
한 이는 유형원이었다. 그리고 1693년 안용복이 일본으로 납치될 때와 밀항
(1696년)할 때 우산도(자산도)를 경유하게 됨으로써 2도설이 확인되었다고 할
수 있다. 이후 이 2도설은 18세기 중엽 신경준의 『강계고』에 이르러 보다 더

---

* 종래 '일본의 서북경계는 이 주(州)로 한계를 삼는다(日本乾地 以此州爲限矣)'의 '이 주(此
州)'를 일본 학자들은 다케시마(울릉도)로 보는 문법에 맞지 않는 무리한 해석을 해왔는데,
최근에 와서 인슈(오키)로 보는 연구가 보이기 시작한다. 池內敏(2005), 「近代竹島の歷史
學的硏究序說-隱州視聽合紀の解釋をめぐって一」, 『靑丘學術論文集』 25.

구체화되었다. 즉『강계고』울릉도조에 울진현 정동 바다 가운데 울릉도와 함께 우산도가 있음을 분명히 하고 있다.

울릉도(鬱陵島), 울(鬱)은 울(蔚)이라고도 하고, 우(芋)라고도 하며, 우(羽)라고도 하고, 무(武)라고도 한다. 두 섬으로, 하나가 바로 우산(芋山)이다. 울진현 정동 바다 가운데 있으며, 일본의 은기주(隱岐州)와 서로 가깝다.
鬱陵島 鬱一作蔚 一作芋 一作羽 一作武 二島 一卽于山 在蔚珍縣正東海中 與日本之隱岐州相近.

이어『강계고』울릉도조는 울릉도 · 우산도의 위치와 연혁, 일본과의 울릉도 영유권 분쟁에 관해 기록하고 있다. 그리고 연혁 말미에는 「여지지」의 기사를 인용해 우산과 울릉은 두 섬이며, 그 중 하나가 일본 측에서 부르는 송도(독도)로 우산국의 땅임을 재확인하고 있다.

『강계고』울릉도조는 「안용복사(安龍福事)」조로 이어지는데, 여기서 신경준은 안용복의 일본 피랍 · 밀항 사건에 대해 비교적 자세하게 언급하고 있다. 특히 밀항 사건을 설명하면서 안용복이 울릉도에서 고기잡이하던 일본 어선을 추격해 송도(松島)로 가서 다음과 같이 꾸짖었다고 전하고 있다.

송도(松島)는 바로 우산도(芋山島)이다. 너희들은 우산(芋山)이 또한 우리 지경이란 말을 듣지 못하였느냐.
松島卽芋山島 爾不聞芋山亦我境乎.

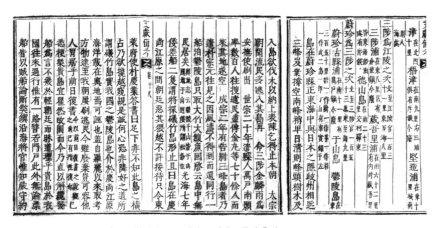

그림 3 ... 『동국문헌비고』(1770년) 여지고 13, 관방 3, 해방 1, 동해 울진

일본 측에서 부르는 마쓰시마[松島]가 우산도이며, 그것이 조선 영토임을 거듭 강조한 것이다.

신경준은 『동국문헌비고』「여지고」를 담당해 편찬했다. 그는 「여지고」 울진조에서 우산도·울릉도를 다루면서 『강계고』의 울릉도·안용복사조 기사를 거의 그대로 실었다. 다른 것이 있다면 본문에서 우산·울릉도는 두 섬으로 그 중 하나가 우산임을 밝히고 울릉도·우산도의 위치와 연혁, 영유권 분쟁, 안용복의 피랍·밀항 사건을 부록으로 묶고 있는 점, 그리고 유형원의 「여지지」 기사를 "「여지지」에 이르기를 '울릉과 우산은 다 우산국의 땅인데, 우산은 왜가 이르는 바 송도다'라고 하였다"고 보다 더 간결하면서도 명확하게 인용한 점이다.

『동국문헌비고』는 잘 알려진 바와 같이 영조의 명에 따라 편찬된 것으로, 그 목적은 과거의 사실들을 집대성하고 나아가 이를 '경제의 도구(經濟之具)',

즉 '경세제민(經世濟民)의 도구', '정치의 도구'로 활용하는 데 있었다.[22]

『동국문헌비고』에 이어 1808년(순조 8)에는 왕명에 따라 『만기요람(萬機要覽)』이 편찬되었다. 『만기요람』 군정편(軍政篇) 4, 해방(海防) 동해조는 『동국문헌비고』 울진조의 부록 기사, 즉 울릉도·우산도의 위치와 연혁, 울릉도 영유권 분쟁, 안용복 피랍·밀항 사건 등을 그대로 전하고 있다.[23] 이는 우산도는 조선령이며 일본 측에서 부르는 송도라는 『동국문헌비고』의 견해를 『만기요람』에서도 그대로 계승·수용하고 있음을 뜻하는 것이다. 『만기요람』은 국왕(순조)이 좌우(座右)에 놓고 참고할 목적으로 편찬된 정무 지침서이다.[24]

울릉도의 지리적 지식과 관련해 주목되는 것은 1714년(숙종 40) 7월 강원도 어사 조석명(趙錫命)이 영동지방의 해방(海防)을 논의하는 중에 내놓은 다음의 지적이다.[25]

자세히 포인(바닷가 사람)의 말을 듣건대 '평해(平海)·울진(蔚珍)은 울릉도에서 가장 가까운 거리에 있고 뱃길이 조금도 막힘이 없으며, 울릉도 동쪽으로 도서(島嶼)가 잇달아 왜의 지경과 접한다'고 합니다.

詳聞浦人言 平海蔚珍 距鬱陵島最近 船路無少礙 鬱陵之東 島嶼相望 接于倭境

이렇게 울릉도 동쪽으로 섬이 잇달아 있고, 그 섬들은 일본의 경계와 접한다는 내용 중 울릉도 동쪽으로 잇달아 있는 섬이란 오늘의 죽도(竹島, 竹嶼)와 독도(獨島)를 가리킨다.

그런데 신경준의 『강계고』 울릉도조는 '두 섬으로, 하나가 바로 우산이다. 울진현 정동 바다 가운데 있으며, 일본의 오키주[隱歧州]와 가깝다'고 지적하

고 있다. 우산도는 울릉도와 함께 일본의 영토인 오키도[隱岐島]와 접경해 있
다는 것이다. 울릉도 동쪽 섬들이 일본의 경계와 접하고 있다는 조석명의 지
적에서 발전해 울릉·우산도는 일본 오키도와 경계를 접하고 있다는 신경준의
강계고 내용으로 볼 때 18세기 초, 늦어도 『강계고』가 편찬되는 18세기 중엽
쯤에는 일본과의 국경도 더욱 분명하게 가늠할 수 있게 된 것으로 보인다.

일본의 경우 다케시마(울릉도) 도해금지령(1696년)에도 불구하고 마쓰시마
(독도)를 오키주[隱岐州]에 속해 있는 섬으로 보거나 '일본 서해의 끝'으로 보는
책이 있고,[26] 심지어 울릉도(다케시마)가 조선령임을 모르는 책조차 있었다.[27]
그러나 이는 책임이 없는 민간의 저술일 뿐이며, 대체로 『강계고』·『동국문헌
비고』·『만기요람』「군정편」 등과 같은 시기에 제작된 일련의 중요 지도들은
마쓰시마를 조선령으로 보았다.

메이지 초년에 이르기까지 지도계(地圖界)에 큰 영향을 끼친 나가쿠보 세키
스이[長久保赤水]의 「일본여지노정전도(日本興地路程全圖)」(1773년)의 개정판 「개
정일본여지노정전도(改正日本興地路程全圖)」(1779년)는 일본에서 처음으로 경·
위도(經·緯度)를 도입해 작성한 것으로 일본 본토와 부속지를 모두 채색하고
있지만, 다케시마(울릉도)와 마쓰시마(우산도, 자산도)는 조선 본토와 함께 채색
하지 않았고 경·위도선도 긋지 않았다. 즉 다케시마와 마쓰시마를 조선령으
로 본 것이다. 또 이 지도의 울릉도·독도 옆에는 '[두 섬에서] 고려를 보는 것이
운슈(이즈모)에서 인슈(오키)를 바라보는 것과 같다(見高麗猶雲州望隱岐)'라는 『은
주시청합기』와 거의 같은 내용의 기록이 보여 일본의 영토를 오키까지로 보
는 제작자의 의도를 살필 수 있다.[28]

하야시 시헤이[林子平]의 『삼국통람도설(三國通覽圖說)』(1785년) 부속 지도인

「삼국접양지도(三國接壤之圖)」는 울릉도와 독도의 위치와 크기를 정확하게 그려 넣고, 조선 본토와 같이 노란색으로 칠해 녹색으로 칠한 일본 영토와 구별하고 있다. 독도가 조선령임을 분명히 한 것이다. 더욱 주목되는 것은 이 지도에 울릉도와 독도를 조선령으로 그려 넣으면서 '조선의 차지로(朝鮮ノ持之)'라는 설명까지 곁들이고 있다는 사실이다. 이는 조·일 간 울릉도쟁계 결과 울릉도와 우산도가 조선의 영유로 결정된 사실을 밝히고 있는 것이다.[29]

19세기 초에는 일본 지리학사에 위대한 업적을 남긴 것으로 평가되는 이노 다다타카[伊能忠敬]의 「대일본연해여지전도(大日本沿海輿地全圖)」(1821년)가 제작되었다. 이 지도에는 다케시마와 마쓰시마가 빠져 있는데, 이는 두 섬이 일본령이 아니라 조선령임을 시사하는 것이다.* 이 지도가 관찬(官撰)이라는 사실을 고려하면 막부가 17세기 말 울릉도와 독도를 조선령으로 인정한 이후 오랫동안 이 사실을 존중해 왔음을 알 수 있다.[30]

울릉도에 대한 지리적 지식의 확대가 지도 작성에도 영향을 주어 우산도의 위치가 명확하게 부각되고 있는 것도 주목할 만하다. 종래의 지도, 예를 들어 『신증동국여지승람』에 실려 있는 「팔도총도(八道總圖)」나 「강원도도(江原道圖)」

---

* 1836년 하마다번[濱田藩]의 하치우에몬사건[八右衛門事件]의 당사자인 하치우에몬은 이 사건을 설명하기 위해 「죽도방각도(竹島方角圖)」(방각은 방위를 뜻한다)를 작성했다. 이 지도에는 조선 남단과 일본 서북경계를 위로부터 다케시마(울릉도)와 마쓰시마(우산도·자산도), 그리고 오키도를 차례로 그려 넣고 마쓰시마를 조선 남단·다케시마와 같은 색깔로 칠해 오키도·일본 본토와 구별하고 있다. 이것은 마쓰시마가 조선령임을 시사하는 것이다. 川上健三(1966), 『竹島の歷史地理學的硏究』, 古今書院, 54∼58쪽 ; 호사카 유지(2006), 「지도와 문헌으로 본 19세기 일본의 대독도인식」, 『독도와 교과서』, 서울대학교 사범대학 학술회의 발표문, 70∼74쪽.

등은 우산도를 내륙 쪽으로, 울릉도를 그 동쪽으로 거의 같은 크기로 붙여서 그리고 있다. 그런데 정상기(鄭尚驥, 1678~1752년)의 「동국지도(東國地圖)」에 와서는 울릉도가 내륙 쪽으로, 우산도가 그 동쪽으로 옮겨졌을 뿐 아니라 거리나 크기가 정확하게 표시되어 있는 것을 볼 수 있다.[31] 이것은 1694년(숙종 20) 삼척첨사 장한상이 울릉도 동쪽으로 '300여 리' 떨어진 곳에 작은 섬이 있음을 확인한 것이나, 안용복 등이 1693년(숙종 19) 피랍 당시 우산도를 경유한 것과 1696년(숙종 22)에 우산도에서 1박한 것 등의 경험이 바탕이 되어 울릉도와 우산도에 대한 지리적 지식이 쌓여갔다고 볼 수 있다.

「동국지도」는 그 뒤의 지도 작성에 영향을 주었다. 그 중에서도 대표적인 것이 19세기 초 작성된 「해좌전도(海左全圖)」이다. 김대건(金大建)의 「조선전도(朝鮮全圖)」(1846년, 프랑스 국립도서관 소장)도 울릉도와 독도를 제 위치에 알맞은 크기로 그려 넣고 있어 굳이 분류한다면 「동국지도」 계열로 볼 수 있지 않을까 한다.[32]

한편 수토관 박석창(朴錫昌)의 「울릉도도형(鬱陵島圖形)」(1711년, 숙종 37)에서는 울릉본도(本島)에서 동쪽으로 2.5km 떨어져 있는 오늘의 죽도(죽서)를 '소위우산도(所謂于山島)'로 기록했다. 이후부터 죽도(죽서)를 '소위우산도'로 적은 지도들이 제작되었고, 18세기 중·후엽부터는 '소위'를 지우고 '우산도'로 적은 지도들이 보이기 시작한다. 그러나 우산·울릉 1도설의 논거가 되었다고 할 수 있는 이런 호칭의 지도는 19세기 말 이후부터 제작이 끊긴 것 같다. 검찰사 이규원이 보고한 지도[울릉도외도(鬱陵島外圖), 1882년]에서는 이 섬을 죽도로 적고 있기 때문이다.[33]

울릉도 인삼은 대략 18세기 중엽부터 잠상들에 의해 몰래 채취되고 있었다. 그러나 잠상뿐 아니라 심지어 관원들까지도 은밀히 사람을 보내 채취했는데, 그 숫자는 '누수십근(累數十斤)'에 이르는 경우도 있었던 것 같다. 이런 혐의로 삼척영장이 처벌되고 강원감사 홍명한(洪名漢)이 탄핵되어 자리에서 물러났다(1769년. 영조 45). 그리하여 이듬해 신임 관찰사 서명선(徐命善)에게는 삼을 캐는 것을 금하라는 지시가 내려졌다.[34]

울릉도 인삼은 재배된 것이 아니었으므로 산삼이나 마찬가지였다. 따라서 품질이 매우 우수했다. 그리하여 아마도 정조조(正祖朝)에 들어서는 수토관들에 의해 채취되어 다른 토산물들과 같이 정부에 바쳐졌던 것 같다. 수토관들은 대개 3·4월에 파견되었는데, 3·4월은 삼을 채취하기에 적당한 시기가 아니었다. 그러므로 정부에서는 수토의 시기를 삼을 채취하기에 적당한 6·7월로 바꾸는 문제를 검토하기도 했다. 품질이 좋은 인삼을 버리기 아까우므로 제철에 캐도록 해야 한다는 이조판서 윤시동의 건의(1795년, 정조 19)에 따른 것이었다.[35]

울릉도 수토가 실시되어 그 지리가 밝혀져 감에 따라 연해민들의 왕래는 더욱 활발해졌다. 주로 인삼을 캐거나 대나무·어복류(魚鰒類)를 채취하기 위한 것이었다. 그러나 수토제도의 실시가 해금(海禁)의 해제를 뜻하는 것은 아니었으므로, 울릉도 왕래는 불법적인 것이었다. 그렇기 때문에 연해민들 가운데에는 수령으로부터 불법적으로 공문을 받아 왕래하는 사례도 있었다.[36] 또 왕조 말에 이르러서는 울릉도를 근거지로 하는 도적이 생기기도 했던 것 같다.[37]

이런 점은 일본인의 경우에도 마찬가지였다. 1696년 10월 쓰시마에서는 일본 어민의 울릉도 어획활동을 금지한다는 막부의 결정을 조선 측에 알린 바 있다. 이보다 앞서 이러한 막부의 결정은 오오야[大谷]·무라카와[村川] 양가로도 전달(1696년 8월)되었다. 그럼에도 불구하고 일본 연해민들의 울릉도 침어(侵漁)는 적어도 18세기 초(숙종 말년)까지 계속되었던 것 같다. 1710년(숙종 36) 10월 사직(司直) 이광적(李光迪)이 올린 다음의 상소가 이러한 사정을 말해준다.[38]

왜선(倭船)이 자주 울릉도에서 어채(漁采)하고 있어 진실로 한심스럽다.
倭船 比比漁采於鬱陵島 誠可寒心.

이러한 왜선 중에는 강원도 연해까지 와서 노략질하는 경우도 있었다.[39] 이에 따라 정부 관원들 사이에서는 왜선에 대한 방어론이 거론되기도 했다. 울릉도에 진(鎭)을 설치하고 백성의 이주를 허락해 국방을 튼튼히 해야 한다는 주장도 있었다.[40] 또 연해안의 수군(水軍)을 정비하고 이미 폐지한 진을 다시 설치해야 한다는 건의도 있었다.[41] 그러나 정부는 이런 건의를 받아들이는지 않았고, 다만 강원도 감사와 수령들에게 군보(軍保)의 단속만을 지시(1714년, 숙종 40)하는 데 그쳤다.[42]

울릉도 개척을 결정해 이민이 시작되는 것은 19세기 말, 검찰사 이규원이 울릉도를 다녀온 다음 해인 1883년(고종 20)부터였다. 그 후 개척은 급속도로 진행되어 1895년 초에는 수토제도를 폐지하는(고종 31년 12월) 대신 전임도장(專任島長)를 두게 되었다(고종 32년 1월). 수토제도를 실시한 지 거의 200년 만의 일이었다.

1   『承政院日記』, 肅宗 20年 7月 16日.

2   『肅宗實錄』, 肅宗 20年 8月 己酉.

3   『肅宗實錄』, 肅宗 21年 4月 甲辰.

4   『肅宗實錄』, 肅宗 20年 8月 己酉; 張漢相, 「蔚陵島事蹟」.

5   유미림(2007), 『「鬱陵島」와 「蔚陵島事蹟」의 역주 및 관련기록의 비교연구』, 한국해양수산개발원, 21쪽.

6   朝鮮總督府(1919), 『鬱陵島植物調査書』, 1쪽.

7   『肅宗實錄』, 肅宗 20年 8月 己酉.

8   『備邊司謄錄』, 肅宗 25年 7月 15日.

9   『肅宗實錄』, 肅宗 28年 5月 己酉.

10 『正祖實錄』, 正祖 19年 6月 癸未.

11 『正祖實錄』, 正祖 18年 6月 戊午.

12 『肅宗實錄』, 肅宗 43年 3月 壬申, 44年 2月 己酉.

13 『正祖實錄』, 正祖 18年 6月 戊午.

14 『正祖實錄』, 正祖 18年 6月 戊午.

15 『英祖實錄』, 英祖 45年 10月 壬戌.

16 柳馨遠(1974), 『增補磻溪隧錄』 年譜, 景仁文化社.

17 洪良浩 撰(1976), 『旅菴全書』 I, 墓碣銘, 景仁文化社에 "明年(1770년, 영조 46) …… 上又選文學之士八人 撰文獻備考 設編輯廳 公則掌輿地考"라고 보인다.

18 『東國文獻備考』(國立中央圖書館 所藏) 「輿地考」 13, 關防 3, 海防 1, 東海 蔚珍.

19 內閣文庫 所藏本.

20 『隱州視聽合記』 序; 川上健三(1966), 『竹島の歴史地理學的研究』 東京: 古今書院, 51～52쪽.

21 池內敏(2005), 「近代竹島の歷史學的研究序説-隱州視聽合紀の解釋をめぐってー」, 『靑丘學術論文集』 25.

22 『東國文獻備考』, 「進文獻備考箋」.

23 朝鮮總督府 中樞院(1937), 『萬機要覽』, 軍政篇, 4 海防, 東海.

24 朝鮮總督府 中樞院(1937), 『萬機要覽』, 財用篇, 序文(四方博).

25 『肅宗實錄補闕·正誤』, 肅宗 40年 7月 辛酉.

26 北園通荗, 『竹島圖說』(寶曆年間, 1751～1763년); 矢田高當(1801), 『長生竹島記』.

27 松浦武四郎(1854), 『他計甚麿雑誌』.

28 中村拓(1966), 「改正日本輿地路程全圖」(33), 解說, 『日本古地圖大成』, 講談社 ; 堀和生(1987), 「1905年 日本の竹島領土編入」, 『朝鮮史研究會論文集』 24, 102쪽 ; 崔書勉, 「古地圖から見た 獨島」, 『統一日報』, 1981年 5月 27～29日 ; 호사카 유지(2006), 「지도와 문헌으로 본 19세기 일본의 대독도인식」, 『독도와 교과서』, 서울대학교 사범대학 학술회의 발표문, 64～66쪽.

29 慎鏞廈(2003), 「朝鮮王朝의 獨島領有와 日本帝國主義의 獨島侵略-獨島領有에 대한 實證的 一 研究」, 『韓國의 獨島領有權研究史』, 獨島學會, 144～147쪽 ; 호사카 유지(2006), 「임자평도와 독도」, 『일어일문학연구』 58, 228～235쪽 ; 호사카 유지(2006), 위의 발표문, 67～69쪽.

30 川上健三(1966), 앞의 책, 54～58쪽 ; 호사카 유지(2006), 앞의 발표문, 70～74쪽 ; 주 28)의 자료.

31 李燦(1978), 「韓國古地圖에서 본 獨島」, 『鬱陵島·獨島學術調査研究』, 韓國史學會, 119～ 133쪽 ; 오상학(2006), 「조선시대 지도에 표현된 울릉도·독도 인식의 변화」, 『문화역사지리』 18 : 1, 89～92쪽.

32 오상학(2006), 앞의 글, 95～97쪽 ; 慎鏞廈(1996), 『독도의 민족영토사 연구』, 지식산업사, 152～154쪽.

33 오상학(2006), 앞의 글, 87～89·91～93쪽.

34 『英祖實錄』, 英祖 45年 12月 丁巳, 46年 正月 壬午.

35 『正祖實錄』, 正祖 19年 6月 癸未, 23年 3月 丙子.

36 『正祖實錄』, 正祖 11年 7月 庚寅.

37 『哲宗實錄』, 哲宗 3年 7月 己未.

38 『肅宗實錄』, 肅宗 36年 10月 甲子.

39 『肅宗實錄補闕·正誤』, 肅宗 40年 7月 辛酉.

40 『肅宗實錄』, 肅宗 34年 2月 甲辰 ; 『英祖實錄』, 英祖 10年 正月 庚寅.

41 『肅宗實錄』, 肅宗 36年 10月 甲子.

42 『肅宗實錄』, 肅宗 40年 7月 辛酉 ; 『肅宗實錄補闕·正誤』, 肅宗 40年 7月 辛酉.

V. 검찰사의 울릉도 파견과 개척

─────── 일본 서북 연해민(沿海民)들의 울릉도(鬱陵島) 침어(侵漁)는 다케시마(울릉도) 도해금지령 발령에 힘입어 18세기 초(숙종 말)부터 소강상태를 맞이했다. 그런데 19세기 중엽(막부 말~메이지 초)부터 침어는 재개되었고, 1881년(고종 18)에는 수토관에 의해 범작(犯斫 : 불법 벌목) 현장이 확인되었다.

미국과의 수교를 결심(1880년)하고 이에 대비해 통리기무아문(統理機務衙門)을 설치(1881년)하는 등 초기의 개화자강정책을 막 시작한 젊은 국왕 고종은 일본인의 침어 대책으로 울릉도 개척을 결정(1882년)하고, 1883년(고종 20)부터 민호(民戶)를 이주시키기 시작했다. 이는 울릉도 개척이 개화자강정책의 일환으로 추진되었으며, 15세기 초 이래 460여 년간 실시되어온 공도정책(空島政策)의 수정을 의미하는 것이다.

검찰사 이규원의 파견

    18세기 초까지만 하더라도 일본인의 울릉도 침어(侵漁) 문제는 자주 논의되었으나 그 뒤부터 이 논의는 자취를 감추어 버렸다. 이는 일본인의 울릉도 침어가 적어도 수토관(搜討官)들에게 발각되지 않을 만큼 현저하게 줄어들었음을 의미하는 것이다. 그런데 19세기 중엽(막부 말~메이지 초)으로 들어서면서 일본인의 침어가 다시 시작되었고, 이것은 조선 정부로 하여금 보다 더 적극적으로 울릉도 경영에 나서게 하는 계기가 되었다.

    일본인의 울릉도 잠입이 확인된 것은 1881년(고종 18)으로, 젊은 국왕(고종)이 미국과의 수교 방침을 굳히고 이를 위해 외교·통상·자강정책 등을 다룰 통리기무아문을 설치하는 등, 이른바 초기 개화정책을 앞장서서 추진해 나가던 바로 그 해였다. 즉 이 해 초 울릉도를 수토하던 관원에 의해 무단 벌목을 하던 일본인 7명이 적발되었는데, 이들은 벌채한 목재를 원산과 부산으로 반출하려던 참이었다. 이 사실은 곧 강원도관찰사 임한수(林翰洙)를 거쳐 정부에 보고되었다.[1]

    보고를 받은 통리기무아문은 곧(5월 22일) 이에 관해 두 가지 대책을 건의했다. 하나는 일본인의 불법 벌목은 변경 왕래 금지를 어기는 것이므로 일본 외무성에 서계(書契)를 보내 항의해야 한다는 것이었다. 다른 하나는 울릉도를 더 이상 빈 땅으로 버려둘 수 없으므로 부호군(副護軍) 이규원(李奎遠)을 울릉도 검찰사에 임명해 현지로 파견하여 지형과 방수(防守) 문제를 자세히 조사시키되, 보고를 기다려 대처하자는 것이었다. 이 건의는 즉시 국왕이 윤허하여 다음날 이규원이 울릉도검찰사로 임명되었다.[2]

통리기무아문의 이러한 건의나 국왕의 즉각적 윤허는 당면한 울릉도 문제(일본 연해민들의 무단 벌채와 개척 문제)를 주관하는 관서(官署)가 신설된 통리기무아문이며, 울릉도 개척이 고종이 앞장선 초기의 개화정책, 특히 부국강병책(자강책)의 일환으로 추진된 것임을 시사한다. 그리고 울릉도 개척은 15세기 초 이래 460여 년간이나 계속되어온 공도정책(空島政策)의 폐기를 의미했다.[3]

정부의 결정에 따라 검찰사 이규원이 울릉도로 떠난 것은 1882년(고종 19) 4월 초순이었다. 검찰사에 임명된 것은 전년 5월 하순이었지만 철을 놓쳤기 때문에 출발을 늦추었던 것이다. 그는 떠나기 전인 4월 7일, 국왕에게 하직인사를 하는 자리에서 국왕으로부터 각별한 지시를 받았다.[4]

그 내용은 (1) 일본인들이 불법 왕래하고 있으므로 이를 철저히 검찰할 것, (2) 울릉도 옆에 있는 송죽도(松竹島)와 우산도(芋山島), 혹은 송도(松島)와 죽도(竹島)라 부르는 섬들의 지리를 자세히 살필 것,[5] (3) 울릉도에 고을을 설치할 계획이므로 농사지을 수 있는 곳 등을 자세히 조사해 지도와 별단(別單, 왕에게 올리는 문서에 첨부하는 문서)을 작성하여 올리라는 것 등이었다. 검찰사 파견이 단순히 일본인의 검찰에 그치는 것이 아니라 우산도 등 부속된 섬들의 조사와 울릉도 개척에 있음을 알 수 있다.

이규원 일행은 4월 10일 길을 떠나 4월 29일 강원도 평해군 구산포에서 울릉도를 향해 출발해 4월 30일 울릉도 서쪽 해변의 소황토구미(小黃土邱尾, 학포)에 도착했다. 일행은 검찰사 이규원을 비롯해 중추도사(中樞都事) 심의완(沈宜琓), 군관출신 서상학(徐相鶴), 전 수문장 고종팔(高宗八), 화원(畵員) 유연호(柳淵祜)와 하급 관리, 선원을 합쳐 82명, 포수가 20명으로 도합 102명이었고,* 큰 배 1척과 작은 배 2척 등 3척의 선박이 동원되었다.[6]

이규원 등은 4월 30일부터 5월 10일까지 11일 동안 울릉도에 체류하면서 섬의 구석구석을 답사했다. 5월 2일 소황토구미를 출발해 육로로 대황토구미[大黃土邱尾, 태하(台霞)]·흑작지[黑斫支, 현포(玄浦)]·추봉(錐峯, 송곳산)·홍문가[紅門街, 홍문동(紅門洞)]·나리동(羅里洞)·성인봉[聖人峰, 중봉(中峰)]·저포(苧浦, 모시개)·도방청포[道方廳浦, 도동(道洞)]·장작지포(長斫之浦, 사동)·통구미포(桶邱尾浦, 통구미)·곡포(谷浦, 남양) 등을 거쳐 8일에 소황토구미로 돌아왔다.

5월 9일에는 배편으로 소황토구미를 출발해 대황토구미·향목구미[香木邱尾, 향목동(香木洞)]·대풍구미[待風邱尾, 대풍취(待風吹)]·흑작지(黑斫之)·왜선창(倭船艙)·선판구미(船板邱尾, 섬목)·도방청(道方廳)·장작지(長斫之)·통구미·흑포(黑浦, 감을개)·사태구미(沙汰邱尾, 사태감)·산막동(山幕洞) 등의 포구를 거쳐 10일 저녁 소황토구미로 돌아왔다.[7] 도보로 7일, 배편으로 2일 등 총 9일에 걸친 답사였다.

---

* 검찰사 일행으로 동래부 일본어 역관도 포함되어 있었으나 평해군 구산포에 때를 맞추어 도착하지 못했기 때문에 동행하지 못했다. 李奎遠, 「鬱陵島檢察日記」.

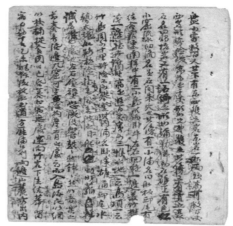

그림 1 ... 이규원, 「울릉도 검찰일기」 (국립제주박물관 소장, 1882) *

이규원은 9일간의 답사를 통해 우선 울릉도에 있는 조선인이 대략 140명에 달하는 것을 확인했다. 이들은 대부분 가난한 백성들로 포구 가까이에 막을 치고 살고 있었다. 이들이 막을 친 포구는 소황토구미(24명)·대황토구미(23명)·왜선창(41명)·도방청(14명)·장작지(13명)·통구미(23명) 등이었다. 단 함양에서 온 전석규(全錫奎), 파주에서 온 정이호(鄭二祜)는 사족(士族) 출신으로, 각각 나리동에 초막을 짓고 생활하고 있었다. 또 나리동에는 성황화상(城隍畵像)을 모신 정결한 산신당도 세워져 있었다.**

---

* 이혜은·이형근(2006), 『만은(晚隱) 이규원(李奎遠)의 『울릉도검찰일기(鬱陵島檢察日記)』』, 한국해양수산개발원, p. 217, 222에서 전재.

** 「일기(日記)」와 「계본초(啓本草)」의 조선인 수가 차이를 보이고 있는데 여기에서는 「계본초」를 따랐다.

이들을 출신 도별로 보면 흥양(전남 고흥) 94명[선주 5명, 격졸(格卒)과 격군(格軍, 노를 젓는 군사) 89명], 낙안(전남 순천군 낙안면) 21명(선주 1명, 격졸 20명) 등 115명으로 전라도가 가장 많았다. 다음이 강원도(평해) 14명(선주 1명, 격졸 13명), 경상도 10명[경주 7명, 연일(延日) 2명, 함양 1명]이었고, 이 밖에 경기(파주)가 1명이었다.

이들이 하고 있는 일도 조사했다. 전라도에서 온 115명은 배를 만들거나 미역 채취, 고기잡이에 종사했다. 이들은 봄에 울릉도에 들어와 나무를 베어 배를 만들고, 미역을 따거나 고기를 잡아 전라도로 돌아갔다. 강원도에서 온 14명은 배를 만들었던 듯 하며, 경상도에서 온 10명 중 8명(경주 7명, 함양의 전석규)과 경기도에서 온 1명(정이호)은 약초를 캤고, 경상도에서 온 나머지 2명(연일 사람)은 연죽(烟竹)을 베고 있었다.

또한 일본인들의 무단 벌목도 확인했다. 이규원이 서면으로 문답한 바에 따르면 이 일본인들은 1880년(고종 17)부터 울릉도를 왕래하면서 나무를 베어 왔으며, 울릉도 내의 일본인 수는 78명에 달하고 있었다. 그리고 이들은 1881년 조선 정부가 일본 외무성으로 조회(照會, 어떤 사실을 묻거나 알리기 위하여 보내는 공문)를 보내 벌목 금지를 촉구한 사실을 모르고 있었다. 일본 정부가 조선 정부와 맺은 약속과 달리, 연해민들에게 울릉도 출입 금지를 지시하지 않았음을 말해주는 것이다. 이규원은 일본인들에게 조선 법률상 무단 벌목은 엄히 금지되어 있음을 들어 조속히 돌아가도록 이들을 타일렀다.

이규원은 이밖에도 도방청포에 일본인의 작은 돛단배 1척이 정박하고 있으며, 도방청포와 장작지포 사이에 일본인들이 쳐놓은 막 2개가 있는 것도 직접 목격했다. 또 통구미 해변에 '대일본국송도규곡(大日本國松島槻谷) 메이지 2

년 2월 13일 이와사키 다다테루[岩崎忠照] 건지(建之)'라고 쓴 1869년(고종 6)에 세워진 길이 6척·너비 1척의 푯말이 서 있는 것도 확인했다.

이규원은 배편으로 울릉도를 돌면서 각 포구는 물론 바위섬들도 두루 살폈다. 선판구미에 당도해서는 남쪽으로 마주 보고 있는 죽도를 확인했다. 이 섬에는 작은 대나무와 잡초가 우거져 있었다. 그는 송죽도, 혹은 우산도도 찾으려고 했다. 성인봉 정상에 올라간 것도 이 때문이었던 것 같다. 그러나 끝내 오늘의 독도인 우산도를 찾아내는 데 실패했다. 다만 이곳에서 거주하는 사람들로부터 울릉도에 가까이 있는 섬이란 말만 들었을 뿐이다.

그는 농사지을 수 있는 땅도 자세히 조사했다. 특히 이 섬의 중심지인 나리동은 들이 넓고 기름져 밭을 일군다면 1,000호쯤 수용할 수 있는 곳으로 지목되었다. 또 대황토구미·흑작지·천년포(千年浦)·왜선창·대저포(大苧浦)·소저포(小苧浦)·도방청(道方廳)·장작지 등에도 논밭을 일굴 수 있어 각각 100~300호쯤 수용할 수 있는 것으로 꼽혔다. 그리고 산삼을 비롯한 많은 약재와 강치 등 풍부한 해산물이 있으며, 뽕나무·닥나무·저초(苧草) 등이 자라고 있는 것도 확인했다. 그는 이런 점들을 감안해 울릉도를 충분히 개척할 수 있는 곳으로 판단했다. 다만 사방이 절벽으로 둘러싸여 있어 배를 댈 수 있는 포구가 없는 점을 아쉬워했다.[8]

이규원은 육로로 울릉도를 답사하던 5월 2일 대황토구미에서 '널찍한 돌로 덮개를 하고 사방을 작은 돌로 받친' 많은 석물(石物)들을 발견했다. 5월 3일에는 흑작지에서, 5월 4일에는 나리동에서 간간이 이 석물들을 발견했다. 그리고 동행한 현지인들로부터 이 석물들이 돌로 장사를 지낸 자취라는 설명을 들었다. 이규원이 울릉도에 지석묘가 있다는 것을 처음으로 확인했던 것이다.

이규원은 5월 11일 울릉도를 출발해 12일 평해군 구산포로 돌아왔고, 5월 27일 귀경했다. 그는 귀경한 뒤 곧 서계, 별단, 그리고 지도인 「울릉도외도」와 「울릉도내도」를 올렸고, 6월 5일 정식으로 결과를 보고했다. 그는 이 자리에서 국왕의 물음에 답변하는 가운데 (1) 진(鎭)을 두든 읍(邑)을 두든 가장 적합한 장소는 나리동이며, 현지에 있는 사람들에게 물어본 바에 따르면 개척을 할 경우 백성들이 즐겨 따를 것이나 먼저 입주를 허락해 모이는 것을 보아 가면서 조처해야 한다는 것, (2) 간사한 일본인들이 심지어 '마쓰시마[松島]'라는 푯말까지 세우고 있는 만큼 일본공사 하나부사 요시모토[花房義質]에게는 물론, 일본 외무성에도 항의해야 한다는 것 등을 건의했다.

국왕은 이규원의 건의를 받아들여 "비록 작은 땅이라도 버릴 수 없다"고 단언하며, 울릉도 개척을 결심하고 총리대신과 현직대신에게 울릉도 개척을 서두를 것과 아울러 일본 정부에 항의할 것을 지시했다.[9] 사실 이미 국왕은 검찰사 파견을 결정할 때부터 울릉도 개척을 결심하고 있었는데 이규원이 올린 서계·별단·지도를 통해 개척이 가능하다는 사실을 확인하게 되었고, 다시 이규원의 보고로 그것을 재확인하게 되어 개척을 결정하게 된 것이다. 또 일본인의 무단 벌목과 '송도운운(松島云云)'하는 푯말도 국왕의 결정을 촉구하는 계기가 되었을 것이다.

이처럼 정부에서는 검찰사 이규원을 울릉도로 파견하는 한편, 이보다 앞서 1881년 5월에 예조판서 심순택(沈舜澤) 명의로 된 서계를 일본 외무경(外務卿) 이노우에 카오루[井上馨]에게 보내 일본인의 울릉도 침어(侵漁)에 대해 항의했다.[10] 그 내용은 (1) 지금으로부터 189년 전인 1693년(숙종 19)에 일본인이 섬 이름을 착각한 일로 여러 차례 서계가 왕래한 끝에 마침내 바로잡혀 일본은 영구히 연해민들이 울릉도에서 고기잡는 것을 불허할 것임을 약속했다는 것, (2) 그럼에도 일본인들이 우리 경계 안에 들어와 벌목하고 있는데, 일본 정부는 변경 왕래 금지를 엄히 신칙(申飭, 타일러 경계함)하여 선박들을 철수시키고 다시 그러한 잘못이 없도록 해야 한다는 것이었다.

이 서계는 곧 일본 외무성에 도착했다. 그러나 외무성에서는 선뜻 이에 대한 일본 정부의 입장을 밝히는 회신을 하지 못했다. 그 이유는 외무성이 섬 이름의 혼란을 빚고 있는 마쓰시마에 대해 조사를 진행 중이었기 때문이었다.

섬 이름의 혼란 배경을 살펴보건대, 1696년(숙종 22, 元祿 9)에 막부가 다케시마(울릉도) 도해금지령을 내리면서 다케시마(울릉도)와 마쓰시마(우산도·자산도)는 일본 서북 연해민들로부터 점차 잊혀져 갔다. 그리고 19세기 초 하마다번[濱田藩] 아이즈야 하치우에몬[會津屋八右衛門]의 다케시마 밀무역사건은 이런 경향을 더욱 촉진했던 것으로 보인다.

하마다번의 아이즈야 하치우에몬은 1830년대 초부터 번주(藩主) 마쓰다이라 미노노카미[松平周防守], 가로(家老) 오카다 다노모[岡田賴母], 감정방(勘定方, 에도 시대에 막부와 각 번에서 회계를 담당한 관리) 하시모토 산베에[橋本三兵衛] 등의 지원을 받으며 다케시마에서 어획활동을 한다는 핑계를 대고 동남아 여러 나라와 밀무역을 해 큰 이익을 챙겨왔다. 그러나 이 밀무역은 1836년(天保 7) 6월 적발되었다. 그리하여 하치우에몬과 하시모토 등은 체포돼 처형되고 가로 오카다 등은 자결했으며, 번주 마쓰다이라는 영지를 다른 곳으로 옮기게 되었다(9월). 이어 1837년 2월 21일 막부는 '이국항해(異國航海)'를 엄중히 금할 것이며, 이를 각 포(浦), 방(方), 촌(村), 정(町)에 빠짐없이 주지시킬 것을 전국에 알렸다.

하치우에몬 등을 처형·처벌한 죄목은 다케시마(울릉도) 도해금지령 위반이었다. 그리고 이에 이은 도해금지령의 발령은 제2의 다케시마 도해금지령이라고 할 수 있다. 그러나 처형과 발령 배경을 고려한다면 동남아, 나아가서는 서양과의 교섭을 경계하고 금지시키려는 막부의 뜻이 반영된 것으로 보아야 할 것이다.[11] 포고문에서 '다케시마 도해' 대신 '이국항해'라고 한 것도 그런 인상을 준다. 그렇더라도 제2의 도해금지령은 일본 연해민들의 다케시마(울릉도) 어획활동을 억제하는 데 기여했을 것이다.

다케시마 도해금지령으로 다케시마와 마쓰시마, 즉 울릉도와 우산도는 일본 서북 연해민들에게서 잊혀져 갔고 19세기 중엽, 즉 막부 말~메이지 초부터는 다케시마(울릉도)에 마쓰시마(송도), 마쓰시마(독도)에 량고도(リャンコ島)라는 새 이름이 각각 붙었다. 새로운 이름은 일본 지도의 기틀이 되었다는 시볼트(Siebold, Philipp Franz von)의 「일본도(日本圖)」(1840년)에서 영향을 받은 것이었다. 「일본도」는 다줄레(Dagelet, 다케시마)를 마쓰시마로, 알고노트(Argonaut, 1789년 발견)를 다케시마로 명명했는데 알고노트는 1850년대에 가공의 섬으로 판명되었다. 그리하여 이름을 잃은 마쓰시마는 서양 이름을 따 량고도(リャンコル島)라는 새 이름을 갖게 되었다.

새 이름이 붙여진 시기를 막부 말~메이지 초년으로 보는 것은 이 시기에 제작된 지도, 예컨대 가쓰 카이슈[勝海舟]의 「대일본국연해략도(大日本國沿海略圖)」(1867년, 慶応 3), 하시모토 교쿠란[橋本玉蘭]의 「대일본사신전도(大日本四神全圖)」(1870년, 明治 3)에서 울릉도를 마쓰시마, 독도를 리앙고오루도로구(リャンコヲルトロック)로 표기하고 있는 것으로 짐작이 간다. 그런데 다케시마를 마쓰시마(울릉도)로 부르게 되는 상한은 시볼트가 다케시마를 마쓰시마로 명명

(命名)한 「일본도」가 제작된 1840년(天保 11)으로, 마쓰시마를 량고도로 부르
게 되는 상한은 독도(마쓰시마)가 프랑스 포경선(捕鯨船) 리앙쿠르호에 발견되
어 리앙쿠르 암초(Rochers Liancourt)로 명명된 1849년(嘉永 2)으로 보아야 할
것이다.[12]

1876년 이후 마쓰시마 개척을 원하는 글이 잇달아 제출됨에 따라 마쓰시
마가 울릉도를 가리키는 것인지, 독도를 가리키는 것인지 혼란이 일어났다.
이 혼란은 1880년 아마기함[天城艦]의 현지 조사로 일단 해결되기는 했지만,
적어도 외무성으로서는 충분한 자체 조사와 검토가 요청되었던 것이다.

기타자와 마사노부[北澤正誠]의 『죽도고증(竹島考證)』(상·중·하)은 이런 외무
성의 필요에 의해 1881년 7월에 작성되었다. 기타자와는 이 보고서에서 한·
중·일의 관계 자료를 조사·수집·검토해 울릉도의 연혁과 영유권을 둘러싼
조·일 간의 교섭 전말을 자세히 밝히고, 아마기함의 현지 조사 결과에 대해
언급하고 있다. 그리고 이를 다시 요약한 보고서 「죽도판도소속고(竹島版圖所
屬考)」를 1881년 7월 26일(양 8월 20일)자로 외무성에 제출했다.[13]

『죽도고증』이나 「죽도판도소속고」에 따르면, 1877년(明治 10) 시마네현 사
족(士族) 도다 다카요시[戸田敬義]는 다케시마 도해원서(渡海願書)를 제출했다.
그런데 이보다 앞서 무쓰[陸奧]의 무토 헤이가쿠[武藤平學] 등이 블라디보스토
크를 왕래하면서 다케시마 외에 마쓰시마가 있음을 주장하고, 1876년에 마쓰
시마 개척을 청원했다. 메이지 연간으로 들어와서 처음 있는 일들이었다. 그
리하여 이들이 말하는 마쓰시마와 다케시마가 '한 섬에 이름이 둘'인지, '두 섬
에 대한 각각의 이름'인지 설이 분분해 일본 정부로서도 결론을 내리지 못했
다. 결론이 나지 않자 마침내 일본 정부는 1880년(明治 13) 8월(양 9월)에 군함

아마기를 현지로 보내 조사했다. 조사 결과 마쓰시마는 조선의 울릉도이며 다케시마는 그 옆에 있는 작은 섬, 즉 죽도(竹島)로 일본에서 말하는 죽서(竹嶼, Boussole Rock)라는 것이 밝혀졌다.

그리하여 기타자와 마사노부는 이 두 조사 보고서에서 다음과 같은 말로 결론을 대신하고 있다.

이로 말미암아 볼진대 금일(今日)의 마쓰시마[松島]는 바로 겐로쿠[元祿] 12년*칭(稱)한 바의 다케시마로서 고래(古來)로 우리 판도(版圖) 밖의 땅임을 알 것이다.
由此觀之ハ今日ノ松島ハ卽チ元祿十二年稱スル所ノ竹島ニシテ古來我版圖外ノ地タルヤ知ルベシ.

아마기함의 조사 결과를 놓고 볼 때 지금의 마쓰시마는 1699년(숙종 25, 元祿 12) 울릉도쟁계 당시 일컬었던 다케시마(울릉도)로, 일본 판도 밖에 있는 땅이라는 것이다.

아마기함의 조사 결과는 해군 수로국(水路局)의 『환영수로지(寰瀛水路誌)』 제2권(露韓編, 1883년)과 수로부(水路部, 수로국의 개칭)의 1894·1899년판 『조선수로지(朝鮮水路誌)』에 반영되어 마쓰시마(울릉도)와 함께 리앙고루도열암(リヤン

---

* '元祿 12년(1699년, 숙종 25)'은 쓰시마로부터 조선의 서계[1698년(숙종 24) 막부의 울릉도 어획활동 금지 결정을 환영하고 울릉도와 다케시마가 1도2명(一島二名)임을 강조해 그 정당한 인식을 촉구한 예조참판 이선부의 서계] 내용을 막부에 보고했다는 회답서계가 있었던 해이다.

コールト 列岩, 량고도·독도)이 조선편에 실려 있다. 이에 반해 1892년부터 순차적으로 간행된 일본 영토만을 다룬 『일본수로지(日本水路誌)』에는 리앙고루도 열암이 실리지 않았다.[14] 이는 해군 수로국(部)과 마찬가지로, 아마기함도 조사 당시부터 량고도를 조선령으로 인식하고 있었다는 것을 말해준다. 그러므로 기타자와 마사노부가 관계 문헌을 검토하고 아마기함의 조사 결과를 토대로 해서 내린 '우리 판도(版圖) 밖의 땅'이라는 결론에는 마쓰시마뿐만 아니라 량고도(독도)도 포함되는 것으로 보아야 할 것이다. 일본 해군은 늦어도 1876년부터 독도를 조선령으로 인식하고 있었다. 그러다가 1880년 아마기함의 현지(마쓰시마·울릉도) 조사에 즈음해 독도가 조선령임을 다시 인지하게 되었고, 『조선수로지』를 간행하면서 이를 확인하게 되었던 것이다.

기타자와 마사노부의 보고서는 외무성에서 아무런 이의 없이 채택(8월)되었고, 곧 태정대신(太政大臣) 산조 사네토미[三條實美]에게 보고(10월)되었다. 그리하여 조선 정부의 항의서계에 대한 일본 정부의 회답문안은 기타자와 마사노부의 조사보고서를 받은 지 1주일 만인 8월 27일(윤 7월 3일)에 가서야 결정되었다. 그리고 당연히 일본 정부가 회신을 보내 온 것은 이 날 이후였다. 그런데 회답 일자는 8월 20일(음 7월 26일)로 하고 있고, 내용도 일본 정부로서는 일찍이 듣지 못하던 일이므로 사실을 조사해 양국 우의에 장애가 되지 않도록 하겠다는 것이었다.[15]

그로부터 3개월여가 지난 이 해(1881년) 12월 15일(음 10월 24일)에 가서야 주조선일본공사관 사무서리(事務署理) 소에다 다카시[副田節]는 외무경의 훈령에 따라 경리총리아문사(經理總理衙門事) 이재면(李載冕) 앞으로 서신을 보내 울릉도 벌목에 관한 처리 상황을 알렸다. 요지는 벌목한 사실은 있으나 이제 일본인들은 모두 철수했다는 것이었다.[16] 그러나 실제 일본인들은 울릉도에서 철수하지 않았다.[17] 일본 외무성으로서는 일본인들이 벌목한 사실이 있는 이상, 이에 대한 처리 상황을 조속히 통지해 조선의 의구심을 해소시키는 것이 당면한 대(對)조선외교전략을 수행하는 데 필요하다고 판단해[18] 이렇게 허위의 공문을 만들게 되었던 것이다.

1870~1880년대 메이지 정부의 울릉도, 독도 인식

　　메이지 초년부터 량고도 영토 편입(1905년) 이전까지인 1870~1880년대 메이지 정부의 울릉도(다케시마), 독도(마쓰시마) 인식은 두 섬이 조선령이라는 에도 시대의 인식을 존중하는 것이었다. 이러한 사례는 여러 곳에서 찾아볼 수 있다.

　　메이지 정부가 성립(1868년)되면서 외무성에서는 조선과의 국교 개시 문제 등을 정탐하기 위해 출사(出仕) 사다 하쿠보[佐田白茅]·모리야마 시게루[森山茂]·사이토 사카에[齋藤榮] 등을 1869년(明治 2) 12월에 쓰시마·부산 등지로 파견했다. 이들은 이듬해 귀국해 10여 개 항목으로 된 복명서(復命書, 사명을 완수하고 돌아와 작성하는 보고서)「조선국교제시말내탐서(朝鮮國交際始末內探書)」를 제출(4월)했다.

　　10여 개의 정탐 항목은 외무성에서 사다 등이 현지로 떠나기 앞서 태정관(太政官)에게 품의해 승인받은 것이었다. 이와 관련해 주목되는 것이 마지막 항목의 '다케시마·마쓰시마가 조선의 부속으로 된 시말(竹島松島朝鮮附屬二相成候始末)'이라는 제목이다. 비록 그 내용은 별 것 아니지만 이 제목만으로도 외무성은 물론 태정관도 울릉도쟁계 이후 일본 측이 울릉도와 독도를 조선령으로 인정한 사실을 메이지 정부가 이미 인식하고 있었다는 것을 말해 준다.[19]

강화도조약(1876년)이 성립되면서 일본 해군 수로국은 일찍이 서양인들이 작성한 「조선해안도」를 자기 나라에 맞게 수정한 「조선동해안도(朝鮮東海岸圖)」(1876년)를 군사용 지도로 사용해 왔다. 1905년까지 판을 거듭한 「동해안도」는 마쓰시마(독도)가 너무 멀리 떨어져 있기 때문에 원래의 경도·위도에서 떼어내 울릉도 왼쪽 아래로 옮겨 수록하고 있다. 일본 해군은 늦어도 1876년부터 독도를 조선령으로 인식하고 있었던 것이다.[20]

19세기 중엽(막부 말)에는 막부에 의해 「관판실측일본지도(官板實測日本地圖)」(1867년)가 제작되었다. 여기에는 「대일본연해여지전도」와 마찬가지로 다케시마와 마쓰시마가 들어 있지 않다. 이 지도는 메이지 초(1870년) 일본 정부[개성학교(開成學校)]에 의해 재판이 제작되었는데[21] 이는 다케시마와 마쓰시마가 일본 영외(領外), 즉 조선령이라는 에도 시대의 인식이 메이지 시대로 이어진 것이라고 할 수 있다.

메이지 초년에는 근대적 토지제도 확립을 위한 기초 작업으로 지지(地誌), 지적(地籍) 편찬 사업이 시작되었다. 이를 위해 태정관 정원(正院)에 지지과(地誌課)가 설치되어 1872년(明治 5)부터 1873년에 걸쳐 전 일본의 지지가 편찬되고 1874년부터 순차적으로 출간해 1879년에 『일본지지제요(日本地誌提要)』 8책 77권이 완간되었다. 여기서 제4책 제50권 「오키(隱岐)」(1875년)는 '오키의 소도(小島)'로 179개의 섬을 들고 있는데 이것은 오키의 속도(屬島)가 179개임을 뜻한다. 그런데 다케시마와 마쓰시마는 '소도'에 포함시키지지 않고 서북방에 있다고 별도로 기록하고 있다.[22] 두 섬을 일본 영외로 인식한 것이다.

이처럼 메이지 정부는 초년부터 울릉도는 물론 독도도 일본 영외로 인식하고 있었다. 그리고 오래지 않아 내무성의 품의(稟議)에 따라 두 섬(다케시마, 마쓰시마)이 일본 판도 밖의 땅, 즉 조선령임을 우회적으로 선언하게 된다. 그 직접적인 계기가 된 것이 내무성의 지적 편찬 사업이었다.

시마네현[島根縣]은 1876년 10월 내무성 지리료(地理寮, 태정관 정원 지지과의 후신)로부터 지적 편찬 문제로 다케시마에 대한 문의를 받았다. 그리하여 시마네현은 17세기 오오야[大谷]·무라카와[村川] 양가의 다케시마 어업에 대해 조사하고, 여기에 다케시마「유래의 개략」과 오오야가의 다케시마「도면」을 첨부한 '일본해내(日本海內) 다케시마 외 1도 지적 편찬에 관한 질의서'를 내무성에 제출했다. 여기에서 다케시마 외 1도는 마쓰시마(우산도·자산도)를 가리킨다.[23]

이소다케시마[磯竹島] 혹은 다케시마라고 한다. 오키국의 서북쪽 120리(浬)쯤에 있다. …… 다음에 한 섬이 있는데 마쓰시마라 부른다. 주위가 30정(町)이다. 다케시마와 동일 선로에 있다. 오키에서 80리쯤이다. 나무와 대나무는 거의 없고 물고기와 짐승(강치)이 난(産)다.

磯竹島一ニ竹島ト稱ス隱岐國ノ乾位一百二拾里許ニ在リ …… 次ニ一島アリ松島ト呼フ周回三十町許竹島ト同一線路ニ在リ隱岐ヲ距ル八拾里許樹竹稀ナリ亦魚獸ヲ産ス ……

내무성에서는 시마네현의 질의서를 검토하는 한편 울릉도쟁계(1693~1699년) 당시의 문서를 조사했다. 그리하여 (1) 구 정부(도쿠가와 막부)의 다케시마

(울릉도) 도해금지령에 대해 평의(評議)한 주지(主旨), (2) 쓰시마번 봉행(奉行) 평진현 등이 동래부 훈도(訓導)·별차(別差)에게 보내는 서신(1696년 10월), (3) 예조참의 이선부가 소우 요시자네[宗義眞]에게 보낸 서계(1698년 3월), (4) 소우 요시자네가 이선부에게 보낸 회답서계(1699년 1월)와 구상서(口上書,「口上之覺」) 등을 확인했다.

각 문서의 내용은 막부가 다케시마(울릉도)를 조선령으로 인정해 요나고정 사람들의 출어를 금지했다는 것(「평의의 주지」), 다케시마 도해금지령을 알리고 안용복 등의 정문사건(1696년)에 유감을 표시한 것(평진현 등의 서신), 도해금지령을 환영하고 울릉도와 다케시마가 1도2명임을 들어 정당한 인식을 촉구한 것, 그리고 안용복 등은 표민(漂民)에 지나지 않는다는 것(이선부의 서계), 조선 예조(이선부)의 서계를 막부에 보고했다는 것(소우 요시자네의 서계) 등이었고 「구상서」에는 막부가 다케시마를 조선령으로 인정하게 된 데에는 소우 요시자네의 역할이 컸다는 것을 주장하는 내용이 포함되어 있었다. 결론적으로 도쿠가와 막부가 다케시마를 조선령으로 인정했음을 알 수 있는 내용이었다.

내무성은 이 조사를 통해 다케시마(울릉도)가 1699년(숙종 25, 元禄 12)에 조선령으로 매듭지어졌으며 일본과 관계가 없다는 결론을 내렸다. 그러나 '판도(版圖)의 취하고 버림은 중대한 사건'이기 때문에 1877년(고종 14, 明治 10) 3월 17일 내무성에서 조사한 4개 사항을 「부속문서」* 제1~4호로 정리 수록한

---

* 전 도주 소우 요시쓰구[宗義倫]의 문상차 쓰시마에 건너갔던 동래부 역관 변동지(卞同知), 송판사(宋判事)는 쓰시마 봉행 평진현 등이 서명한 동래부 훈도(訓導), 별차(別差)에게 보내는 (1) 다케시마 도해금지령에 관한 서신, (2) 안용복의 정문사건(呈文事件)에 항의하는

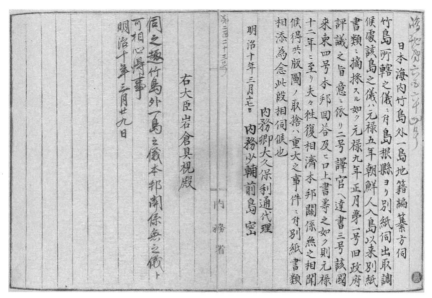

그림 2 … 일본 내무성의 「일본해내(日本海內) 다케시마 외 1도 지적 편찬에 관한 질의서」(1877년 3월 17일) 및 태정관 우대신 이와쿠라 도모미[岩倉具視]의 지령(1877년 3월 29일)

'일본해내 다케시마 외 1도 지적 편찬에 관한 질의서'를 태정관에 제출해 판단을 요청했다.[24]

내무성의 질의서에는 시마네현이 제출한 질의서와 함께 성(省)에서 제작한

서신을 받았다. 이 두 서신은 울릉도쟁계와 관련된 문건이라고 할 수 있다. 그런데 내무성에서 울릉도쟁계에 관한 자료를 정리한 「부속문서」[「다케시마 외 1도 지적 편찬 방사(竹島外一島地籍編纂方伺)」 수록] 제2호에 (1)이 실려 있고 제3호에는 (1)과 함께 (2)를 언급하고 있어서 제2호에는 (2), 즉 정문사건에 관한 서신을 싣고 있을 것이라고 오해하기 쉽다. 그러나 (2)는 「부속문서」 어디에도 실려 있지 않다.

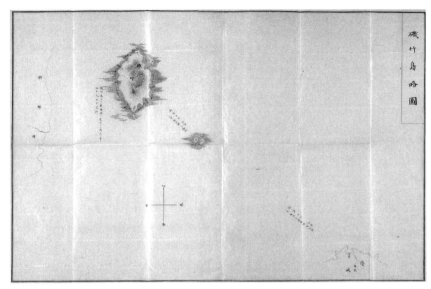

그림 3 … 「기죽도약도」 일본 내무성의 「일본해내 다케시마 외 1도 지적 편찬에 관한 질의서」(1877년 3월 17일) 소수(所收)

「기죽도약도(磯竹島略圖)」도 첨부되어 있었다. 부속문서 제5호라고 할 수 있는 이 「약도(略圖)」는 다케시마 옆(동남쪽)에 마쓰시마를 그려 넣어 다케시마 외 1도가 마쓰시마(독도)를 말하는 것이며, 마쓰시마가 울릉도에 부속된 섬임을 밝혀주고 있다.[25]

질의서를 접수한 태정관 조사국의 심사에서는 내무성의 견해, 즉 1692년 조선인이 울릉도에 들어온 이래 조·일 양국 간에 문서가 왕복한 끝에 두 섬은 '일본과 관계가 없다'는 사실이 인정되었다. 이에 따라 다음과 같은 태정관 지령안(指令按[案])이 작성되었다.

질의한 다케시마 외 1도 건에 대해 본방(本邦, 일본)은 관계가 없다는 것을 주지(周知)할 것

伺之趣竹島外一嶋之儀本邦關係無之儀ト可相心得事

이 지령안은 태정관 우대신 이와쿠라 도모미의 승인을 받아 1877년 3월 29일자로 내무성으로 내려갔고, 4월 9일자로 시마네현에 전달되었다.[26]

일본 최고 국가기관인 태정관이 내무성에서 질의한 다케시마(울릉도)와 마쓰시마(독도) 소속에 대해 두 섬이 일본과 관계 없음을, 다시 말해 사실상 조선령임을 공적으로 선언한 것이다. 이는 메이지 정부가 울릉도쟁계 당시 막부의 결정을 존중하고 있음을 보여준다.

메이지 정부는 초기부터 관찬 일본지도를 제작했다. 처음 제작된 것은 태정관 우대신의 다케시마(울릉도)·마쓰시마(독도) 일본 영외 선언이 있던 1877년에 제작한 일본 육군참모국의 「대일본전도(大日本全圖)」, 문부성의 「일본제국전도(日本帝國全圖)」였다. 그 뒤에도 정부의 지도 편찬은 계속되어 량고도(독도) 영토 편입(1905년)이 있기 전까지 내무성 지리국의 「대일본부현관할도(大日本府縣管轄圖)」(1879년), 「대일본국전도(大日本國全圖)」(1880년), 「대일본부현분할도(大日本府縣分轄圖)」(1881년) 등 모두 6~7종이 제작되었다.

그런데 이 관찬 지도들은 다케시마(울릉도)와 마쓰시마(독도)를 아예 지도에서 빼버리거나(육군참모국의 「대일본전도」, 내무성 지리국의 「대일본국전도」·「대일본부현분할도」), 그려 넣었다고 하더라도 조선 본토와 함께 채색하지 않거나(문부성의 「일본제국전도」), 또는 점선을 그려 넣어[육군 육지측량부의 「집제이십만분일도일람표(輯製二十萬分一圖一覽表)」, 1885년, 1890년 수정, 1892년 재수정] 일본령과 구

분하고 있다. 즉 1905년 랑고도 영토 편입 이전의 관찬 지도들은 하나같이 다케시마와 마쓰시마를 조선령으로 보고 있는 것이다.[27]

1880년대에 외무성이 다케시마와 마쓰시마를 조선령으로 인식한 기록도 보인다. 외무성은 늦어도 1869년 말 조선과 국교를 재개하는 문제 등을 정탐하기 위해 출사(出仕) 사다 하쿠보 등을 부산 등지로 파견할 때 이미 두 섬이 조선령이라는 사실을 인지했겠지만, 그러한 기록이 보이는 것은 1881년부터이다. 외무성은 이 해 11월 29일자로 된 내무성의 조회를 받았다. 그 안에는 다케시마(울릉도)와 마쓰시마(독도)가 일본 영역이 아님을 선언한 태정관의 지령문(指令文, 1877년)도 들어 있었다. 그러나 외무성은 당시 울릉도에서의 일본인 철수 문제가 조·일 간 외교 현안으로 대두했던 시기였음에도 불구하고, 내무성 조회에 대해 아무런 이의도 제기하지 않았다. 그리고 그 뒤 독도를 편입(1905년)할 때까지 다케시마와 마쓰시마의 영유권을 분리해서 다룬 적이 없다. 외무성에서는 한결같이 독도를 조선령으로 인식하고 있었던 것이다.[28]

한편 1880년 9월 아마기함의 조사 결과는 앞(1절)에서도 잠깐 언급한 바와 같이, 해군 수로국(水路局)의『환영수로지』와 수로부(水路部)의 1894·1899년판『조선수로지』에 반영되어 마쓰시마(울릉도)와 함께 리앙고루도 열암(リャンコルト 列岩, Liancourt Rocks, 독도)은 조선편에 실렸다. 이에 반해 1892년부터 순차적으로 간행된 일본 영토만을 다룬『일본수로지』는 1895년 시모노세키조약[下關條約]에 따른 새 영토인 대만이나 팽호도(澎湖島), 쿠릴(치시마[千島]) 열도의 최북단인 점수도(占守島)까지 신고 있지만, 리앙고루도 열암은 신고 있지 않았다. 그런데 독도 편입 후에 간행된『일본수로지』(1907년) 제4권 제1개판(改版) 제3편 본주(本州) 서안(西岸)에는 다케시마(리앙고루도 열암)를 추가하고

6장 말미에 '메이지 38년(1905년)에 시마네현 소관으로 편입되었다'는 설명을 덧붙이고 있다.

이렇게 해군이 리앙고루도 열암을 일본령에서 제외시킨 사실은 독도를 조선령으로 인식하고 있었다는 것을 의미한다.[29] 그리고 해군 당국뿐 아니라 아마기함도 이미 마쓰시마를 조사할 당시부터 조선령으로 보고 있었는데 해군성(海軍省) 수로국은 아마기함의 현지조사 전에「조선동해안도」(1876년 초판)에서 독도가 조선령임을 인정했고, 이어 아마기함의 현지조사(1880년)에서 이 사실을 확인했으며『조선수로지』(1894·1899년)를 간행하면서 재확인했던 것이다.

태정관에서는 1877년 3월 17일 내무성의 건의를 받아들여 다케시마(울릉도)와 마쓰시마(량고도·독도)를 일본 영외로, 다시 말해 조선령으로 선포(1877년 3월 29일)했다. 그리고 1880년대로 들어서자 외무성과 해군이 이에 동조했다. 내무성과 외무성, 해군은 영토 문제와 깊이 관련되어 있는 중앙관서이고, 태정관은 각 성(省)을 통괄하는 일본 최고의 국가기관이었다.

태정관의 선언이 있었던 1877년부터 량고도 영토 편입이 있던 1905년까지 모두 6~7종의 지도가 메이지 정부에 의해 제작되었다. 이 관찬 지도들은 울릉도(다케시마)·우산도(독도·마쓰시마)를 하나같이 사실상 조선령으로 보고 있었다. 이는 19세기 초 이노 다다타카의「대일본연해여지전도」나 중엽의「관판실측일본지도(官版實測日本地圖)」의 영향을 받은 것이지만, 태정관의 지령이 결정적 계기가 되었을 것이다. 1880년대에 두 섬에 대한 외무성이나 해군의 인식도 태정관 지령의 영향으로 이해해야 할 것이다.

그런데 태정관의 지령에는 몇 가지 우리가 주목해야 할 것이 있다. 첫째, 그동안 다케시마(울릉도) 도해금지령이 마쓰시마(독도)에도 적용되느냐는 문제를 놓고 논쟁을 해왔는데 이제 메이지 정부에서 '다케시마 외 1도'에서의 '외 1도'가 마쓰시마이며, 그것은 일본과 관계가 없다고 밝혀 다케시마 도해금지령이 마쓰시마에도 적용된다는 것, 그리고 마쓰시마가 조선령임이 확인되었다고 하는 사실이다. 내무성 질의서의 부속문서로 보아야 할 「기죽도약도」에는 다케시마와 함께 마쓰시마를 그려 넣어 마쓰시마가 조선령임이 재확인되고 있다.[30]

둘째, 내무성의 질의서나 태정관의 지령에서 '다케시마 외 1도', 즉 다케시마와 마쓰시마가 '본방(本邦, 일본)과 관계가 없다'는 결론을 내리게 된 배경이 내무성 질의서에 수록된 울릉도쟁계 당시 조·일 간에 왕복한 외교문서에 있다는 사실이다. 내무성 부속문서 내용이 우산도를 포함한 울릉도가 조선령이 되었음을 확인해 주는 것이기 때문에, 내무성이나 태정관도 그러한 결론을 내렸던 것이다. 이는 1696년 10월부터 1699년 3월에 걸쳐 울릉도(다케시마)·우산도(마쓰시마)가 조선 소속임을 외교상으로 확인하는 작업이 완벽하게 이루어졌음을 의미한다. 그러므로 메이지 정부의 울릉도·독도 시책은 17세기 말 막부의 다케시마 도해금지령 영향을 받지 않을 수 없었던 것이다.

메이지 정부의
일본인 울릉도 도항 금지 및 쇄환

　이규원의 건의에 따라 정부가 일본 외무성에 조회한 것은 1882년 6월 중순이었다. 이규원이 명령 수행 후 보고를 올린 지 10여 일 만이고, 임오군란이 일어나 흥선대원군이 재집권한 지 며칠이 지나지 않아서였다. 예조판서 이회정(李會正)의 명의로 된 이 공문의 요지는 검찰사 이규원이 시찰한 바에 따르면 이미 일본 정부의 확약이 있었음에도 무단 벌채가 계속되고 있으므로 법으로 엄격히 방지해 잘못이 되풀이되지 않도록 해달라는 것이었다.[31]

　일본 정부는 조선 정부의 항의를 받고서도 아무런 조치를 취하지 않았고, 회답조회도 보내오지 않았다. 이 무렵 일본 정부는 대원군 피랍 이후 재조직된 조선 정부에 일본공사관의 피습, 훈련교관의 피살 등에 대한 책임을 추궁하는 데 열중하고 있었다. 그러나 제물포조약이 체결되어(7월) 이런 문제들이 마무리되었고, 이 조약의 비준을 위해 일본에 건너갔던 수신사(修信使) 박영효(朴泳孝)가 무단 벌채 문제를 다시 거론하자 일본 정부로서도 계속 미룰 수 없게 되었다. 박영효는 제물포조약을 비준하는 자리에서(9월, 양 11월) 외무경 이노우에 카오루에게 강경하게 항의했다.[32]

만약 계속 미루고 금하지 않는다면 아마도 분쟁의 요인이 될 것이므로, 청컨대 불법 벌목을 엄금하라.

若弭而不禁 則恐惹事端 請嚴禁潛斫也.

그리하여 이노우에 카오루는 수신사 박영효 일행이 아직 도쿄에 체류중이던 10월 초순(양 11월 중순)에 조선 정부의 항의에 대해 정부 수반과 협의를 시작했다. 이노우에는 태정대신 산조 사네토미에게 올리는 공문에서 '조선 정부의 두 차례에 걸친 조회에도 불구하고 울릉도 도항(渡航)이 계속된다면 조선과의 관계에도 좋지 않을 뿐 아니라 일본 정부의 금지명령이 국민들에게 미치지 않음을 보여줄 염려마저 있다'고 전제하고, 다음과 같은 대책을 건의했다.[33]

(1) 조선 정부엔 다케조에 신이치로[竹添進一郎] 공사를 시켜 도항을 금지시키겠다는 답서를 보내도록 하고, (2) 이후에는 위반하지 않도록 내무경(內務卿)이 각 부현(府縣)에 유달(諭達)하도록 한다. 단, 조선과는 막 조약(제물포조약)을 비준했고, 현재 조선 측 사절단도 도쿄에 체류 중이므로 이런 것들과 인연이 있는 것으로 알려지지 않도록 유달문(諭達文)에는 해도(該島, 울릉도) 소속에 관한 조선 정부와의 의정년월(議定年月)을 적어 넣어 특히 금일에 정해진 것이 아님을 증명하며, 유달 내용은 단지 울릉도의 위치를 명시해 도항을 금지한다는 것으로 그치고, 그 발표는 조선 사절이 돌아간 뒤에 한다. (3) 이 유달을 위반하고 울릉도에서 밀매매(密賣買) 하는 자는 일한무역규칙 제9칙에 의해 처분하고, 나무를 무단 벌채하는 자는 일본 형법 제373조에 의해 처분할 것이므로 이 뜻을 사법경(司法卿)이 각 재판소 내부에 알리도록 한다.

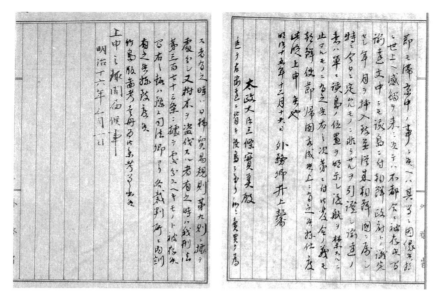

그림 4 ... 1882년 일본 외무경(外務卿) 이노우에의 울릉도 도항금지 건의문

이런 외무경의 건의는 일본 정부의 방침으로 받아들여져 곧 몇 가지 조처가 취해졌다. 우선 외무경의 훈령에 따라 일본공사 다케조에 신이치로는 이해 12월(1883년 양 1월) 예조판서 이병문(李秉文)에게 조회하여 벌목 금지를 약속했다. 요지는 이미 금령을 내렸으므로 이후 범법자를 조선 지방관이 색출해 부근의 일본영사관에게 인도하면 이들을 조일수호조규(朝日修好條規), 일본 법률에 의거해 처벌한다는 것이었다.[34]

이어 참사원(參事院)에서는 1883년(明治 16) 1월(양 2월) 외무경이 건의한 일본인의 울릉도 도항 금지안을 심사해 울릉도 도항을 금하며, 금령을 어기고 밀무역과 무단 벌채를 하는 경우에는 무역규칙과 형법이 정하는 바에 따라 처

벌하는 것이 타당하다는 결정을 내렸다. 그리고 이런 참사원의 결정에 따라 태정대신 산조 사네토미는 이 해(1883년) 1월 22일(양 3월 1일) 일본인의 마쓰시마(울릉도) 도항을 금하며, 위반자는 일한무역규칙 제9조와 형법에 의해 처벌한다는 것을 내무경 야마다 아키요시[山田顯義]와 사법경 오키 다카토[大木喬任]에게 내달(內達)했다.[35]

이처럼 일본공사 다케조에 신이치로는 조선 정부에 울릉도에 있는 일본인의 철수를 약속했고, 태정대신 산조 사네토미는 일본인의 울릉도 왕래를 금하며 위반자는 처벌하겠다는 내달(內達)을 내무경과 사법경에게 보냈다. 그러나 이런 약속이나 내달에도 불구하고 일본인의 울릉도 왕래는 계속되어 태정대신의 내달이 있었던 1월(1883년, 양 3월) 중에도 후쿠오카현[福岡縣]의 하야세 이와헤이[早瀨岩平] 등 80여 명이 울릉도에 잠입해 수목과 어류를 채취하고 있었다. 그 후 각 현에서 잠입하는 자가 잇달아 야마구치현[山口縣]의 사족(士族) 마쓰오카[松岡] 등 수십 명을 합쳐, 모두 수백 명을 헤아리게 되었다.

사태가 이에 이르자 일본 정부로서도 대책의 강구가 시급해졌다. 조선 정부에 신의를 잃는 것은 물론, 장차 조선 정부에서 항의를 해올 경우 매우 난처한 입장에 빠지게 될 것을 우려했던 것이다. 외무경 이노우에 카오루는 우선 원산 주재영사(駐在領事) 소에다 다카시에게 지시해 하야세 이와헤이 등 80여 명을 조속히 철수시킬 것임을 덕원부사(德源府使) 정현석(鄭顯奭)에게 약속하도록 하고, 하야세·마쓰오카 등의 원적지(原籍地)인 후쿠오카현·야마구치현에 이들을 조속히 철수시킬 것을 지시했다. 그러나 울릉도에 있는 대부분의 일본인은 원적지를 밝히기 어려웠으므로 이노우에 카오루는 내무성에서 관원을 파견해 이들을 철수시킬 것을 태정대신에게 건의했고, 태정대신은 이 해(1883

년) 8월 초순(양 9월 초순) 일본인들을 철수시킬 것을 내무성에 지시했다.[36]

일본 내무성에서 울릉도로 관리를 파견한 것은 8월 하순(양 9월 하순)이었다. 파견된 관리들은 내무소서기관 히가키 나오에[檜垣直技]와 수원(隨員)·순검(巡檢) 등 모두 31명이었다. 이들은 기선 에치코마루[越後丸]에 탑승하여 8월 27일(양 9월 27일) 시나가와[品川]를 출발해 9월 7일(양 10월 7일) 울릉도에 도착했다. 이들은 울릉도 내의 일본인을 조사 점검해 에치코마루에 싣고 9월 14일(양 10월 14일) 울릉도를 출발, 15일 바칸[馬關]으로 돌아갔다. 내무성 관리들은 떠나기에 앞서 도장(島長) 전석규에게 단 한 명도 남은 사람이 없다는 증서를 받기도 했다. 그리고 원산 주재영사 소에다 다카시는 9월 9일(10월 9일)자로 덕원부사 정현석에게 장차 일본 정부에서 관리를 파견해 울릉도에 있는 일본인을 체포한 뒤 처벌할 것이라고 알리기도 했다.[37] 에치코마루가 울릉도에 도착한 뒤의 일이었다.

일본 내무성 관리들이 울릉도에서 쇄환한 일본인 수는 255명에 달했다. 이 안에 마쓰오카 등 야마구치현 출신 수십 명이 포함되어 있는지는 확실하지 않으나, 후쿠오카현 출신 하야세 등 80여 명은 후쿠오카현에서 별도로 쇄환한 것으로 생각된다. 그러므로 마쓰오카 등 수십 명이 255명 내에 포함되었다고 하더라도 이 무렵 울릉도에서 수목이나 어류를 불법 채취하던 일본인 수가 330명을 웃돌았다는 것을 알 수 있다.[38] 검찰사 이규원이 조사했을 때인 78명보다 약 4.3배 많은 수치다.

쇄환된 255명 중 243명은 야마구치현, 3명은 효고현[兵庫縣]으로 인도되었고, 9명은 경시청으로 인도되었다. 이들은 각기 해당하는 재판소에서 재판을 받았는데 이 재판은 1886년(明治 19)까지 계속되었다. 조선 정부로부터 여러 차례의 요구가 있었으므로 이들에 대한 재판은 불가피했을 것이다. 그러나 재판 결과는 조선 정부와 했던 약속이나 요구와 달리 모두 무죄 석방이었다.[39]

19세기로 들어와 일본인의 울릉도 불법 벌목이 조선·일본 간에 외교 문제화된 것은 1881년(고종 18)부터였다. 이후 조선 정부에서는 여러 차례 공문을 보내 일본인의 철수를 요청했다. 그러나 그때마다 일본 정부는 철수시킬 것을 약속하면서도 시일을 미루고 있었다. 그러기를 2년, 1883년(고종 20) 9월에 이르러 드디어 울릉도에 있던 일본인이 완전 철수해 양국 간 외교 현안이었던 울릉도 무단 벌채 문제는 일단 해결을 보게 되었다.

그러나 1883년 9월 이후에도 일본인의 울릉도 왕래는 간헐적으로 있었다. 덴쥬마루[天壽丸] 사건 같은 것이 그것이다. 일본 에히메현[愛媛縣]의 무라카미 도쿠하치[村上德八] 등은 1883년 말 덴쥬마루를 이용해 울릉도로 미곡을 반출하고 그곳의 목재를 반입했다. 그는 울릉도장 전석규가 발행한 증표(證票)도 가지고 있었다. 마침 일본에 체류 중이던 동남제도개척사(東南諸島開拓使) 김옥균은 일본인들이 계속 울릉도의 수목을 불법으로 밀반출한다는 정보에 따라 이 해 12월 초 수원(隨員) 탁정식(卓挺埴)을 시켜 조사하도록 했다. 그 결과 탁정식은 시모노세키에서 덴쥬마루를 찾아냈고, 무라카미 등으로부터 이런 사실을 확인했다.[40]

조선 정부가 김옥균으로부터 덴쥬마루 사건을 보고받은 것은 1884년 초(고종 20년 음 12월)였다.[41] 이에 정부는 증표를 발행한 도장 전석규를 1월 11일자로 파면했다.[42] 그리고 이 날짜로 독판교섭통상사무(督辦交涉通商事務) 민영목(閔泳穆) 명의의 공문을 일본 서리공사 시마무라 히사시[嶋村久]에게 보내 항의하며 무라카미 등을 처벌할 것과 목재를 동남제도개척사에게 돌려보내 줄 것을 요청했다.[43] 이 사건은 양국 간의 오랜 교섭 끝에 1886년(고종 23) 6월 일본 정부가 무라카미에게 벌금을 부과하고, 벌금과 목재 공매 대금을 조선 측에 보내옴으로써 결말을 보았다.[44]

1885년(고종 22)의 반리마루[萬里丸] 사건은 덴쥬마루 사건과 다른 경우였다. 일본에 건너가 차관을 교섭 중이던 동남제도개척사 김옥균은 울릉도 규목 (槻木, 느티나무)을 벌채해 일본에 판매하는 계획을 추진했다.[45] 이에 따라 김옥균의 수원 백춘배(白春培)는 1884년 8월 반리마루 선장 와타나베 수에키치[渡邊末吉]와 규목 반출 계약을 체결했다. 그 뒤 김옥균은 갑신정변(甲申政變, 1884년 10월)을 주도하다 일본으로 망명했고, 공석이 된 개척사 자리에는 전 검찰사 이규원이 임명되었다(1885년 초, 고종 21년 음 12월).[46] 한편 반리마루 선장 와타나베는 1885년 봄에 울릉도로 가서 규목을 싣고 4월에 고베항[神戸港]으로 돌아갔다.[47] 그런데 이 반리마루의 규목 반출이 조·일 양국 간에 외교 문제로 대두됐다.

갑신정변 뒤처리 문제를 마무리 지으러 1885년 초에 일본에 건너갔던 전권대신 서상우(徐相雨), 부대신 묄렌도르프(Möllendorff, Paul George von)는 울릉도 목재 관리를 고베의 한 독일상회에 위탁했다. 얼마 후 이 독일상회로부터 반리마루가 울릉도에서 밀반출한 규목을 싣고 고베항에 도착했다는 제보를 받은 전권대신 일행은 묄렌도르프가 외무경 이노우에 카오루에게 반리마루의 밀반출을 항의하고 목재의 압류를 요청했으며, 통리교섭통상사무아문 (統理交涉通商事務衙門)에서도 일본대리공사 곤도 신스케[近藤眞鋤]에게 공문을 보내 같은 요청을 했다. 이 사건은 1887년(고종 24)에 일본 측에서 목재 공매 대금을 보내겠다는 공문을 조선 측에 보내오면서 매듭지어졌다.[48]

개척과 수토제도의 폐지

국왕은 1882년(고종 19) 6월 5일 검찰사 이규원이 명령 수행 후 보고하는 자리에서 울릉도 개척을 서두를 것을 총리대신과 현직대신에게 지시했다. 이 지시에 따라 영의정* 홍순목(洪淳穆)은 8월 20일 대신들이 모여 정무를 아뢰는 자리에서 울릉도 개척에 관해 (1) 우선 주민을 모집해 개간하되 5년부터 세를 걷도록 한다면 자연히 마을이 형성되어 갈 것이다, (2) 영남·호남의 배 만드는 작업을 울릉도에서 할 수 있도록 허락한다면 사람이 많이 모이게 될 것이다, (3) 도맡아 다스리는 사람이 없으면 여러 가지 폐단을 막기 어려우므로, 건실하고 일할 만한 사람을 검찰사에게 문의해 일단 도장(島長)으로 임명 파견한다, (4) 진(鎭)을 설치하는 것은 뒤로 미루되, 도장으로 하여금 이에 대한 대책을 미리부터 강구하도록 강원도관찰사에게 지시한다 등을 건의했다.[49]

---

* 통리아문 대신(統理衙門 大臣)이 울릉도 개척에 관한 지시를 먼저 받았지만 임오군란 직후 통리아문이 폐지되었기 때문에 영의정이 울릉도 개척을 왕에게 아뢴 것 같다. 통리아문이 재설치 되는 것은 이 해 11월이다.

즉 내륙인이 울릉도에 들어가 사는 것을 적극 권장하고, 영·호남의 배 만드는 작업을 허락하되 우선 도장을 임명 파견하며, 진(鎭)을 설치하는 일은 뒤로 미룬다는 것으로 이규원이 보고하는 자리에서 건의한 바를 좀 더 구체화한 것이다. 국왕은 영의정의 건의를 즉시 윤허했다.[50] 이는 울릉도 개척에 관한 정부의 구체적 방침이 확정된 것임을 의미하는 것이다.

정부의 울릉도 개척 방침이 확정됨에 따라 1882년(고종 19) 8월 말쯤 강원도관찰사의 발령으로 처음으로 도장이 임명되었다. 첫 도장은 전석규였다.[51] 검찰사 이규원의 「울릉도검찰일기·계본초(鬱陵島檢察日記·啓本草)」에 따르면 전석규는 울릉도에 들어온 지 이미 10년이 된 경상도 함양의 사족(士族) 출신으로, 약초 캐는 일에 종사하고 있었다. 따라서 그는 울릉도 지리에 익숙해 사람이 살만한 곳과 각종 토산물을 샅샅이 알고 있었다. 그렇기 때문에 이규원의 천거를 받아 도장으로 발탁되었던 것 같다.

이 해 10월쯤에는 개척 사업을 주관할 지방관으로 평해군수(平海郡守)가 위촉되었다. 그리하여 평해군수는 강원도관찰사의 지휘하에 현지 사정에 밝은 도장 전석규와 협의하면서 개척에 따른 여러 가지 준비를 추진해 나갔다.[52] 즉 울릉도 개척 사업은 강원도관찰사·평해군수·울릉도장의 선에서 추진되었던 것이다.

1883년(고종 20) 3월에는 정계의 실력자인 참의교섭통상사무(參議交涉通商事務) 김옥균이 동남제도개척사 겸 포경등사(東南諸島開拓使兼捕鯨等事)에 임명되어 개척 사업팀이 보강되었다.[53] 김옥균의 임무는 그 직함이 시사하듯이, 울릉도의 자원과 동해의 고래잡이를 담보로 일본으로부터 거액의 차관을 얻는 데 있었다고 한다.[54] 그러나 울릉도 개척·이민도 그의 주요한 임무 중 하나가 아니었나 생각한다. 그것은 그가 동남제도개척사 겸 포경등사에 임명된 지 얼마 안 되어 내륙인들의 울릉도 입거가 실현된 것으로 짐작할 수 있다.

내륙인들의 울릉도 입거가 시작된 것은 이 해 4월부터였다. 우선 이 달에 약 30명이 입거했다. 그리고 뒤이어 제2차로 약 20명의 입거가 있었다. 이렇게 두 차례에 걸쳐 입거한 숫자는 16호 54명에 달했다. 출신 도별로는 강원 39명(강릉 26명·울진 13명), 경상 11명(함양군 안의 5명·경주 2명·대구·선산·연일·안동 각 1명), 충청 3명(충주), 경기 1명이었고, 남녀별로는 남 36명, 여 18명이었다.[55]

제1차 입거 때는 배 4척과 선원 40명이 동원되었고, 목수·대장장이 수 명도 동행했다. 또한 벼·콩·조·팥 등의 씨앗과 쌀 60석·소(암수) 2마리 등을 비롯해 여러 가지 물자도 지급되었다. 그 안에는 총검(銃劍)·화승(火繩, 총을 쏠 때 사용하는 화약 심지) 등도 포함되어 있었다.[56] 아마도 일본인과의 충돌에 대비하기 위해서였던 것 같다. 제2차 입거 때도 거의 비슷한 지원이 있었을 것이다.

이들 16호 54명의 입거인들은 대황토포(大黃土浦, 태하 16명)·곡포(谷浦, 남양 5명)·추봉(錐峰, 송곳산 8명)·현포동(玄浦洞, 현포 25명) 등지로 흩어져 터전을 잡고 개간과 영농에 종사했다. 그 결과 입거가 시작된 지 약 3개월이 지난 7월에 이르러서는 310마지기(대황토포 100·곡포 45·추봉 80·현포동 85)의 농토를 개간하게 되었다.[57] 이는 정부의 지원에 힘입은 것이기도 하지만, 입거인들의 노력에 의해 개척이 빠른 속도로 이루어져 가고 있음을 말해 준다.

울릉도를 개척하기 위해서는 계속 내륙인을 입거시키고 경지도 개간해야 했다. 그리고 이를 주관할 관원의 배치도 필요했다. 그러나 1882년(고종 19) 8월부터 도장이 임명되기는 했으나 강원도관찰사의 발령이었고, 이정(里正)이나 보갑(保甲)과 같은 것이어서 관수(管守, 맡아 지키는 관원)의 권한을 가지고 있지 않았다.[58] 그런데 도장 전석규마저 덴쥬마루 사건과 관련해 파면(1884년 1월)되었던 것이다.

이에 정부에서는 1884년(고종 21) 3월에 삼척영장으로 하여금 현지를 답사해 관수가 입주할 수 있는 방도를 강구케 하는 한편, 그 준비는 강원도관찰사가 하도록 할 것과 관수의 직명은 울릉도첨사 겸 삼척영장(鬱陵島僉使兼三陟營將)으로 발령할 것을 결정했다.[59] 이 울릉도첨사제는 비록 겸임이라 상주하는 것은 아니지만, 정부 관원의 배치가 제도적으로 뒷받침되었다는 점에서 중요한 의미가 있다.

울릉도 관수(管守)에 관한 제도는 그 뒤 몇 차례의 변경이 있었다. 이 해(1884년) 6월에는 삼척영장이 예겸(例兼, 관제상 정해진 겸직)하던 것을 바꾸어 평해군수가 겸직하게 되었다.[60] 그 후 1888년(고종 25) 2월에 이르러서는 첨사제(僉使制)를 도장제(島長制)로 바꾸어 평해군(平海郡) 삼척포진관(三陟浦鎭管) 월송포수군만호(越松浦水軍萬戶)가 겸직하게 되었다.[61] 비록 겸직이기는 하지만, 종래의 도장제와는 달리 종4품의 정부 관원으로 임명하게 된 것이다.[62] 그리고 첫 도장에는 전 도장 서경수(徐敬秀)가 임명되었던 것 같다.[63]

겸임도장을 임명하게 된 1888년(고종 25)부터 울릉도 경영에 변화가 일기 시작했다. 종래의 도장을 없애는 대신 임시 도장 혹은 도수(島首)를 두게 된 것도 변화의 하나였다.[64]

수토제도는 더욱 커다란 변화가 있었다. 사실 이 제도는 이미 전부터 어느 정도 바뀌고 있었다. 종래 삼척영장과 월송포만호가 하던 것을 평해군수와 월송포만호가 하게 된 것이 그것이다. 시기는 평해군수가 울릉도첨사를 예겸하게 되는 1884년(고종 21) 이후였을 것이다. 그런데 1888년(고종 25)부터는 겸임 도장이 전담하게 되었고, 그것도 종래처럼 몇 해 건너 실시하는 것이 아니라 수시로 왕래하는 것이었다.[65] 이후 겸임도장은 매년 울릉도를 수토하여 그때마다 종래의 예처럼 지도와 토산물을 바치고, 신구호수(新舊戶數)·남녀인구·개간면적을 보고했다.[66] 이는 1888년 이후 정부의 울릉도 개척 사업이 더욱 적극적으로 추진되어 갔음을 말해 준다.

겸임도장이 매년 울릉도를 수토하는 것 이외에도 정부는 중앙 혹은 지방의 관원을 울릉도로 파견해 개척 사업을 점검하기도 했다. 국왕의 각별한 지시에 의한 것이었다. 그리하여 1892년(고종 29)에는 선전관(宣傳官) 윤시병(尹始炳)을 울릉도검찰관으로 임명해 파견했다.[67] 이어 1893년(고종 30)에는 평해군수 조종성(趙鍾成)을 수토관에 임명해 파견했으며, 1894년(고종 31)에도 조종성을 사검관(査檢官)에 임명해 파견했던 것 같다.[68]

정부는 울릉도민에게 양곡을 지원하기도 했다. 울릉도는 새나 쥐로 인한 재해가 심했기 때문이다. 1888년(고종 25) 7월 겸임도장 서경수의 수토보고서에 '금년은 새나 쥐로 인한 재해가 없어서 실제 흉년을 면했다'는 내용은 바로 이런 사정을 말해 준다.[69] 그런데 얼마 후 울릉도는 다시 쥐로 인한 재해를 심하게 입었다. 도장 서경수의 보고를 접한 정부는 영의정 심순택이 국왕에게 건의한 바에 따라 삼척·울진·평해 3읍(邑)의 환곡(還穀) 중 300석을 떼어 울릉도에 지급해 울릉도민들은 위기를 넘길 수 있었다.[70] 지금 울릉도에 있는 휼진기념비(恤賑記念碑)의 건립 연대가 1890년(고종 27) 4월로 되어 있고 도장 서경수가 1889년에 상경한 듯한 것을 감안한다면,[71] 정부에서 양곡을 지원한 것은 1889년 말이거나 1890년 초였을 것으로 추정된다.

정부에서는 울릉도민에게 부세(賦稅)·요역(徭役)을 감면해 주었다. 내륙인의 입거와 개간을 장려하기 위한 것이었다. 이런 방침은 개척이 시작된 1882년(고종 19)에 결정된 것으로 그 기간은 5년으로 제한되어 있었다. 그런데 그 뒤에도 계속 부세와 요역이 면제되었다.[72] 다만 호남인으로부터 곽세(미역을 따는 사람에게서 받는 세금)와 조선세를 거두었을 뿐이다.[73] 이런 부세나 요역의 면제 조처도 울릉도를 개척하는 데 크게 기여했을 것이다.

울릉도에는 평해군으로부터 관아의 하리(下吏)와 장교(將校)들이 배치되었다. 그 시작은 평해군수가 울릉도첨사를 예겸하게 되는 1884년(고종 21)쯤으로 보인다. 하리와 장교들은 그들이 머무르는 데 쓸 용도로 도민들에게 콩이나 보리를 거두었는데, 뒤에 가서는 그것이 커다란 민폐가 되었다. 또 도민들 중에는 외국인과 짜고 곡물을 외국으로 반출해, 가뜩이나 부족한 식량 사정을 더욱 어렵게 하는 사람도 있었다. 이에 정부에서는 1894년(고종 31) 초에 평해군과 울릉도에 관문(關文, 상관이 하관에게 보내는 공문)을 보내 불법을 저지르는 하리와 장교 무리와 잠상배(潛商輩)를 체포해 압송할 것과 하리와 장교를 배치하는 것을 폐지할 것을 지령하기도 했다.[74]

1882년(고종 19)부터 울릉도 개척이 시작되고 1888년(고종 25) 이후 더욱 개척에 힘쓴 결과 1894년(고종 31) 전후에는 제법 많은 백성이 입거하게 되었고, 농지도 상당히 개간되었다. 그리하여 1896년(건양 원년) 9월쯤에 울릉도에서 작성한 통계에 따르면, 도내 동리 수는 11동(저포동·도동·사동·장흥동·남양동·현포동·태하동·신촌동·광암동·천부동·나리동), 호구 수는 277호 1,134명(남 662명·여 472명), 개간농지는 4774.9마지기에 이르렀다.[75] 1883년(고종 20) 첫 입거 당시 16호 54명, 310마지기와 비교하면, 호구는 17배, 인구는 21배, 농지는 15.3배가 증가한 것이다.

이처럼 1894년(고종 31)을 전후해 민호와 농지가 불어나는 등 울릉도 개척에 상당한 성과를 거두게 되자 종래 실시해 오던 수토제도를 폐지하는 대신 전임 도장제를 실시하는 것이 바람직하게 되었다. 그리하여 정부에서는 우선 1895년 1월(고종 31년 음 12월)에 경상도위무사(慶尙道慰撫使) 이중하(李重夏)의 건의에 따라 강원도·경상도의 울릉도 수토선원과 세간살이의 폐지를 결정했다.[76] 그것은 물론 울릉도 수토제도 자체의 폐지를 의미하는 것이었다. 조선 후기 수토의 기원을 삼척첨사 장한상이 다녀온 1694년(숙종 20)으로 친다면, 198년만의 일이다.

울릉도 수토제도가 폐지된 이상 전임 도장을 두는 것은 당연한 순서였다. 그리하여 정부에서는 1895년(고종 32) 1월(양 2월)에 내부대신 박영효의 건의에 따라 월송포 만호의 울릉도장 겸임을 해제하고, 대신 전임 도장을 두어 울릉도 업무를 관장하게 했다. 이와 함께 매년 수차례 배를 보내어 도민이 병으로 고통 받고 있는지도 살피도록 했다.[77] 그러나 전임 도장에 누가 임명되었는지는 알 수 없다. 적어도 『관보(官報)』에는 게재되어 있지 않다. 농민전쟁·청일전쟁 등으로 치안 상태가 대단히 혼란한 시기였으므로 미처 도장을 임명해 파견할 겨를이 없었을지도 모른다. 그런데 1895년 8월(양 10월)에는 내부대신 박정양(朴定陽)의 건의에 따라 도장제(島長制)가 도감제(島監制)로 바뀌었고, 도감에 울릉도인 배계주(裵季周)가 판임관(判任官) 대우로 임명(9월 20일)되었다.[78] 배계주는 인천 영종도 출신으로 개척 초에 입거한 사람이었다.[79]

수토제도의 폐지와 이에 이은 도장(감)제의 실시는 고종조의 울릉도 경영상 획기적인 의미를 갖는 것이었다. 그러나 도장(감)은 아직 지방관제(地方官制)에

편입된 것이 아니었다. 울릉도가 지방관제에 편입되는 것은 광무(光武) 연간
(1897~1906년)에 들어가서였다.

1 『承政院日記』, 高宗 18年 5月 22日.

2 『承政院日記』, 高宗 18年 5月 22·23日.

3 초기 개화정책에 대해서는 宋炳基(1985), 「聯美論의 進展과 初期의 開化政策」, 『近代韓中關係史研究』, 檀國大學校出版部, 123~157쪽 참조.

4 『承政院日記』, 高宗 18年 5月 23日 ; 高宗 19年 4月 7日 ; 李奎遠, 「鬱陵島檢察日記·啓本草」.

5 『承政院日記』, 高宗 19年 4月 7日條에 다음과 같은 문답 기사가 보인다.
上曰……松竹島·芋山島 在於鬱陵島之傍 而其相距遠近何如 亦有何物與否 未能詳知 今番爾行 特爲擇差者 各別檢察……奎遠曰……芋山島 卽鬱陵島 而芋山古之國都名也 松竹島 卽一小島 而與鬱陵島相距 爲三數十里 其所産卽檀香與簡竹云矣 上曰……又稱松島·竹島 與芋山島爲三島 通稱鬱陵矣 其形便一體檢察……奎遠曰……或稱松島·竹島 在於鬱陵島之東 而此非松竹島 以外別有松島·竹島也……

6 李奎遠, 「鬱陵島檢察日記·啓本草」.

7 李奎遠, 「鬱陵島檢察日記·啓本草」.

8 李奎遠, 「鬱陵島檢察日記·啓本草」.

9 『承政院日記』, 高宗 19年 6月 5日 ; 李奎遠, 「鬱陵島檢察日記·啓本草」.

10 『同文彙考』4, 國史編纂委員會(影印)(1978), 3902쪽. 원문은 다음과 같다.
大朝鮮國禮曹判書沈舜澤 呈書大日本國外務卿井上馨閣下 謹茲照會者 卽接我江原道觀察使所報 則鬱陵島捜討官巡察之際 有貴國人七名在其島 伐木積置 將送于元山釜山港云 盖此鬱陵島 奧自三韓 係在本國 土地物産 詳載於本國輿圖 逮我朝 以海路危險 撤其居 空其地 封殖長養 而派官審檢 歲以爲常 重藩蔽固疆圉之道 不得不然爾 前此一百八十九年癸酉 以貴國人 錯認島名事 屢度往復 竟至歸正 而自貴國筋于海民 永不許入往漁采 其書尙載在掌 故可按也 今此貴國人 之惝然來斫 有欠入境雨禁之義 且交隣貴誠信 梁灌楚苁 晉遭吳獵 豈非今日之所相勉者乎 茲庸開陳 望貴政府 嚴申通禁 俾還往船舶 更毋得味例踵過 益篤兩國之字 永久無替 深所幸也 尙此前付 順祈台祉 敬具 辛巳年五月 日 禮曹判書 沈舜澤. 이 서계 원문은 『日本外交文書』卷 14, 事項 10, 문서번호 160에도 실려 있으나 오자(誤字)가 많다.

11 奧原碧雲(1907), 『竹島及鬱陵島』, 日本 松江 : 報光社, 24~27쪽 ; 島根縣(1930), 『島根縣史』9, 728~733쪽 ; 濱田市誌編纂委員會(1973), 『濱田市誌』上, 240~249쪽 ; 島根縣敎育會(1979), 『島根縣誌』, 306~309쪽 ; 田保橋潔(1931), 「鬱陵島 その發見と領有」, 『靑丘學叢』3, 22~23쪽 ; 川上健三(1966), 『竹島の歷史地理學的研究』, 東京 : 古今書院, 191~193쪽 ; 森須和男(2002), 『八右衛門とその時代』資料編, 濱田市敎育委員會, 91쪽 ; 內藤正中(2000), 『竹島

(鬱陵島)をめぐる日朝關係史』, 東京：多賀出版, 124~125쪽.

12 川上健三(1966), 위의 책, 19~21쪽 참조.

13 『日本外交文書』14, 事項 10, 文書番號 161.

14 堀和生(1987), 「1905年 日本の竹島領土編入」, 『朝鮮史研究會論文集』24, 105~106쪽 ; 朴炳涉(2007), 『안용복사건에 대한 검증』, 97~101쪽.

15 『日本外交文書』14, 事項 10, 文書番號 160.

16 『舊韓國外交文書』1, 日案 1, 文書番號 75.

17 『善鄰始末』, 附錄 竹島始末.

18 주 10)과 같다.

19 『日本外交文書』2-3, 문서번호 574 ; 3, 문서번호87 ; 신용하(1996), 『독도의 민족영토사 연구』, 지식산업사, 156~164쪽.

20 신용하(1996), 위의 책, 172~174쪽.

21 朴炳涉(2008), 「明治政府の竹島＝獨島認識」, 『北東アジア文化研究』28, 41~43쪽.

22 朴炳涉(2008), 위의 글, 33~35쪽.

23 「日本海內竹島外一島地籍編纂方伺」明治 10年(1877) 3月 17日(日本國立公文書館 소장) ; 朴炳涉・內藤正中 共著(2007), 『竹島・獨島論爭』, 東京：新幹社, 80~95쪽 ; 堀和生(1987), 앞의 글, 103~104쪽.

24 주 23) 자료 ; 『同文彙考』3, 附編 26 爭難, 「馬島奉行等以竹島漁探彼此禁斷事與任譯書」, 國史編纂委員會(影印)(1978).

25 「日本海內 竹島外一島 地籍編纂에 關한 內務省 質疑」, 明治 10年(1877년) 3月 17日(日本國立公文書館 소장) ; 朴炳涉(2007), 앞의 책, 80~86쪽.

26 「日本海內 竹島外一島 地籍編纂 等에 관한 太政官 指令」, 明治 10年(1877년) 3月 29日(日本國立公文書館 소장) ; 朴炳涉(2007), 앞의 책, 80~95쪽 ; 堀和生(1987), 앞의 글, 103~104쪽.

27 朴炳涉(2008), 앞의 글, 41~43쪽.

28 堀和生(1987), 앞의 글, 105쪽.

29 堀和生(1987), 앞의 글, 105~106쪽 ; 朴炳涉(2007), 앞의 책, 97~101쪽.

30 다케시마 도해금지령이 마쓰시마에도 적용되는가 하는 문제는 이 책 II장 3절 참조.

31 『承政院日記』, 高宗 19年 6月 16日 ; 「啓下書契册」1, 禮曹判書遺外務省書 ; 李瑄根(1963), 「近世鬱陵島問題와 檢察使 李奎遠의 探察成果-그의 檢察日記를 中心한 若干의 考察」, 『大東文化研究』1, 313~314쪽.

32 『修信使記錄』(「使和記略」, 高宗 19年 9月 22日) ; 李瑄根(1963), 위의 글, 314쪽.

33 『日本外交文書』15, 事項 10, 文書番號 158 ; 李瑄根(1963), 앞의 글, 314~315쪽.

34 『日本外交文書』15, 事項 10, 文書番號 159 ; 李瑄根(1963), 앞의 글, 315~316쪽.

35 『日本外交文書』16, 事項 10, 文書番號 125 ; 李瑄根(1963), 앞의 글, 315쪽.

36　『日本外交文書』16, 事項 10, 文書番號 126·127·128；『善鄰始末』, 附錄「竹島始末」.

37　『日本外交文書』16, 事項 10, 文書番號 130·131·133；『善鄰始末』, 附錄「竹島始末」.

38　『日本外交文書』16, 事項 10, 文書番號 132·133；『善鄰始末』, 附錄「竹島始末」.

39　『日本外交文書』15, 事項 10, 文書番號 159；李瑄根(1963), 앞의 글, 315~316쪽；『舊韓國外交文書』日案 1, 文書番號 204·277·316·479.

40　『善鄰始末』, 附錄「竹島始末」.

41　『舊韓國外交文書』日案 1, 文書番號 204；『善鄰始末』, 附錄「竹島始末」.

42　『承政院日記』, 高宗 21年 正月 11日.

43　『日本外交文書』16, 事項 10, 文書番號 130·131·133；『善鄰始末』, 附錄「竹島始末」.

44　『舊韓國外交文書』日案 1, 文書番號 207·277·278·293·316·438·604·702；『善鄰始末』, 附錄「竹島始末」.

45　國史編纂委員會(1973), 『尹致昊日記』 1, 1884年 2月 15日.

46　『承政院日記』, 高宗 21年 12月 17日；『舊韓國外交文書』日案 1, 文書番號 483.

47　『舊韓國外交文書』日案 1, 文書番號 728；『日本外交文書』18, 事項 7, 文書番號 98；『日本外交文書』19, 事項 6, 文書番號 116.

48　『舊韓國外交文書』日案 1, 文書番號 479·480·597·732·866·885·886；『日本外交文書』18, 事項 7；『日本外交文書』19, 事項 6.

49　『承政院日記』, 高宗 19年 8月 20日.

50　『承政院日記』, 高宗 19年 8月 20日.

51　「江原監營關牒」(奎章閣 소장), 壬午 9月 初6日 到付.

52　「江原監營關牒」, 壬午 10月.

53　『承政院日記』, 高宗 20年 3月 16日.

54　李光麟(1973), 『開化黨研究』, 一潮閣, 59~60쪽.

55　「光緖 9年 4月 日 鬱陵島開拓時船格糧米雜物容入假量成冊」(奎章閣 소장)；「光緖 9年 7月 日 江原道鬱陵島新入民戶人口姓名年歲及田土起墾數爻成冊」(奎章閣 소장).

56　「光緖 9年 4月 日 鬱陵島開拓時船格糧米雜物容入假量成冊」.

57　「光緖 9年 7月 日 江原道鬱陵島新入民戶人口姓名年歲及田土起墾數爻成冊」.

58　『舊韓國外交文書』日案 1, 文書番號 204.

59　『高宗實錄』, 高宗 21年 3月 15日.

60　『高宗實錄』, 高宗 21年 6月 30日.

61　『承政院日記』, 高宗 25年 2月 6·7日.

62　월송포수군만호의 품계는 종4품이었다. 『大典會通』4, 兵典 外官職 江原道.

63　이 해(1883) 3月 서경수가 월송포수군만호로서 울릉도를 검찰하고 있는 것으로 짐작할 수 있다. 「江原道關草」, 丁亥 5月 22日·戊子 7月 10日.

64   「江原道關草」, 戊子 7月 10日·庚寅 8月 10日.

65   「江原道關草」, 壬辰 12月 9日·癸巳 3月 12日 ;『承政院日記』, 高宗 25年 2月 6·7日.

66   「江原道關草」, 戊子 7月 10日·己丑 7月 17日·庚寅 7月 19日·辛卯 8月 16日·壬辰 7月 14日.

67   「江原道關草」, 壬辰 2月 1日·8月 28日.

68   「江原道關草」, 壬辰 12月 9日·癸巳 3月 12日·9月 20日·11月 8日.

69   「江原道關草」, 戊子 7月 10日.

70   崔南善(1973), 「鬱陵島와 獨島」,『六堂崔南善全集』2, 高麗大學校 亞細亞問題研究所, 695쪽 ;
      禹用鼎, 「欝島記」.

71   울릉도 태하동 소재, 「領議政沈公舜澤恤賑永世不忘碑」;「江原道關草」, 己丑 7月 17日.

72   「江原道關草」, 甲午 正月 7日.

73   禹用鼎, 「欝島記」.

74   「江原道關草」, 甲午 正月 7日.

75   『독립신문』, 建陽 2年 4月 8日 외방통신.

76   『高宗實錄』, 高宗 31年 12月 27日.

77   『高宗實錄』, 高宗 32年 1月 29日 ;『官報』, 開國 504年 正月 29日.

78   『高宗實錄』, 高宗 32年 8月 16日 ;『官報』, 開國 504年 8月 16日·9月 20日.

79   「駐韓日本公使館記錄」, 本省機密往信(明治 33年), 機密 第133號

VI. 울릉도의 지방관제 편입과 석도

──────── 고종조의 울릉도 경영은 수토제도가 폐지되는 1895년 초를 기준으로 그 이전을 전기로, 전임 도감(장)제[專任島監(長)制] 실시 이후를 후기로 나눌 수 있다. 전기의 특징이 울릉도 개척사업의 적극적인 추진과 수토제도의 폐지라고 한다면, 후기의 특징은 개척의 성과를 바탕으로 한 지방관제 편입과 독도에 대한 확고한 영토 관리라고 할 수 있다.

일본인의 울릉도 침입*

　고종조에서 울릉도 개척에 관심을 기울이기 시작한 것은 검찰사 이규원의 파견을 결정한 1881년(고종 18)부터로 그가 울릉도를 다녀온 이듬해부터 개척 사업이 적극적으로 추진되었다. 그 결과 1894년을 전후로 민호(民戶)와 농지가 크게 늘어나 종래 실시되어 오던 수토제도의 폐지와 함께 전임도장의 배치가 요청되었다. 그리하여 정부는 1895년 1월(고종 31년 12월) 근 200년간 계속되어 오던 수토제도를 폐지하고, 전임도장을 두어(2월) 업무를 관장하도록 했다. 그런데 도장제는 다시 도감제로 바뀌었고(8월), 도감에는 울릉도인 배계주가 판임관 대우로 임명되었다. 그는 인천 영종도 출신으로 개척 초에 이주한

<hr />

*　이 논고를 정리하는 데 최남선(崔南善) 선생이 발굴한 것으로 짐작되는 울릉도시찰위원(欝陵島視察委員) 우용정(禹用鼎)의 「울도기(欝島記)」[『六堂文庫』(高麗大學校附設 亞細亞問題研究所 소장)]는 지방관제로의 편입 문제를 살피는 데 큰 도움이 되었고, 고(故) 방종현(方鍾鉉) 교수의 울릉도 기행문 「독도(獨島)의 하루」[『京城大學豫科新聞』 13호(1947) ; 方鍾鉉(1963), 『一簑國語學論集』, 民衆書館, 568~572쪽]는 석도와 독도의 관계를 밝히는 데 있어 시사받은 바가 컸다.

사람이었다.[1]

수토제도의 폐지와 전임도장·도감제의 실시는 조선 정부의 울릉도 경영상 획기적인 의미를 갖는 것이었다. 그러나 아직 도감은 지방관제에 편입된 것이 아니었다. 도감은 울릉도민 중에서 임명되었으며, 비록 판임관 대우라고는 하지만 정부에서 지급되는 월 급여도 없었고 수하에는 단 한 사람의 사환도 없었다.[2] 도감제는 자치적 성격을 띠고 있었던 것이다.

울릉도가 지방관제에 편입되는 것은 광무(光武) 연간으로, 1898년 5월 광무 2년 칙령 제12호로 지방관제(1896년, 건양 원년 칙령 제36호)를 개정해 울릉도에 도감을 두고 판임관으로 대우하도록 한 것이 그것이다. 그러나 아직 도감은 울릉도민 중에서 임명되었고,[3] 여전히 월 급여도 없었으며 수하에는 단 한 사람의 서기나 사환도 없었다.[4] 명목상 지방관제에 편입되었을 뿐 자치적 성격에는 변함이 없었던 것이다.

울릉도가 실질적으로 지방관제에 편입되는 것은 1900년(광무 4)에 내부시찰관 우용정(禹用鼎) 등이 이 섬을 다녀간 뒤의 일이다. 우용정 등을 파견한 것은 호구·농지 등 울릉도의 현 상황을 조사하기 위해서이기도 했지만, 일본공사관원(日本公使館員)과 함께 현지 일본인이 끼친 잘못을 조사하고 이들을 퇴거시키기 위해서였다.

1696년(元祿 9) 일본 막부의 다케시마(울릉도) 도해금지령에 따라 잠잠해졌던 일본인의 울릉도 침어(侵漁)가 재개된 것은 19세기 중엽(막부 말~메이지 초)부터인 것으로 보인다. 이들은 울릉도의 규목(槻木)을 불법 벌목해 밀반출하고 있었는데 이러한 사실은 1880년대로 들어서면서 조선 측 수토관과 검찰사 이규원에 의해 적발되었다. 이에 정부는 여러 차례에 걸쳐 일본 측에 서계(書契)

를 보내 항의하고 일본인의 철수를 요청했다.[5]

일본 정부는 조선 측의 요구에 따라 1883년(고종 20) 9월에 울릉도에 있는 일본인들을 모두 철수시켰다. 이후 덴쥬마루 사건[天壽丸事件, 1883년 12월]·반리마루 사건[萬里丸事件, 1885년 4월] 등 일본인의 울릉도 목재 밀반출은 간헐적으로 있었지만, 불법 벌목은 당분간 사라졌다.[6] 그러나 1888년(고종 25)부터 전복을 채취하는 일본 어민들의 울릉도 연안 출몰이 시작되었다.[7] 처자를 거느린 일본 어민 시라미스 기치베에[白水吉兵衛]가 울릉도 입적(入籍)을 원한 것도 이 해의 일이었다.[8]

1889년(고종 26) 여름에는 전복을 채취하는 대규모 일본 어선단(漁船團)이 들어와 크게 소동을 일으키는 사건이 발생했다. 어부 186명, 어선 24척으로 구성된 이 어선단은 도방포(道傍浦, 도동)에 사기그릇 등 상품을 쌓아놓고 곡물과 교환하기도 했고, 장흥동(長興洞) 등지에서는 섬 주민이 열심히 농사지어 놓은 조 약 16석(石)을 빼앗아 갔으며, 관의 창고와 민가를 때려 부수는 등의 행패도 부렸다. 이 사건은 마침 울릉도를 수토 중이던 월송포만호 겸 울릉도장(越松浦萬戶兼鬱陵島長) 서경수(徐敬秀)에게 적발되어 정부로 보고되었다.[9]

보고를 접한 정부는 이 해(1889년) 9월 일본공사관에 일본 어민들의 불법행위를 항의하고 처벌과 배상을 요구했다.[10] 본래 일본인의 울릉도 연안어업은 1883년(고종 20)에 체결된 조일통상장정(朝日通商章程)에 근거한 것으로 이 장정 41조는 일본인의 전라·경상·강원·함경 4도 근처 바닷가에서 행하는 어업을 허가하고 있다. 따라서 강원도에 소속된 울릉도 바닷가에서 행하는 어업도 허가한 셈이다. 그러나 41조는 어업을 빙자한 물품의 매매 행위를 금지하고 있으며, 33조에서도 통상이 허가되지 않은 항구에서의 매매 행위를 금지하고 있다. 그러므로 일본 어민들의 곡물 절취나 관의 창고·민가의 파괴는 조일통상장정과 관계없이 당초부터 불법적인 것이었음은 물론, 상품의 교환 자체도 장정에 저촉되는 것이다. 그리하여 조선 정부는 이 규정에 따라 일본 어민의 처벌과 배상을 요구했던 것이다.

조선 정부의 요구에 대해 일본공사관의 반응은 미온적이었다. 당초 조일통 상장정을 체결할 때 이 장정 41조를 근거로 일본인어채범죄조규(日本人漁採犯 罪條規)도 함께 체결되었는데 조규 제2조는 어획활동 중 조선의 법이 금하고 있는 것을 어긴 일본인은 부근 일본 영사관에게 인도하며, 일본 영사관이 이 를 처벌할 것을 규정하고 있다.[11] 그러나 이 규정은 치외법권(治外法權)을 인정 하고 있는 것은 차치하고라도, 겨우 겸임도장(兼任島長)을 두고 있는데다 교통 마저 매우 불편한 울릉도로서는 도저히 실현할 수 없는 사문(死文)에 지나지 않는 규정이었다. 그런데 일본대리공사(日本代理公使) 곤도 신스케[近藤眞鋤]는 조선 측에 보내는 회답조회(9월)에서 이 조문을 들어 해당 지방관이 범인을 체 포해 부근 일본 영사관에 인도하지 않았음을 지적하고, 다만 부산영사와 원산 영사에게 조사 처리하도록 지시했다는 답변을 보내왔다.[12]

이 사건이 일어난 지 얼마 되지 않은 1889년 10월(고종 26)에 다시 조일통 상장정 제41조에 근거한 조일통어장정(朝日通漁章程)이 체결되었다. 이 장정 제2조는 일본영사가 발행하는 어업허가증을 소지한 일본 어선은 전라·경상· 강원·함경 4도 연안 3해리 이내에서도 어업을 할 수 있도록 규정하고 있다.[13] 이 규정에 따라 어업을 빙자한 일본 선박들이 더욱 자유롭게 울릉도 연안을 출입할 수 있는 길이 트였고, 실제로 1889년 말 이후 일본 선박들의 울릉도 연안 출입이 잦아졌던 것으로 보인다. 국왕이 1890년 윤 2월(고종 27) 새로 부임하는 강원도관찰사 이원일(李源逸)에게 울릉도 검찰을 각별히 당부한 것도[14] 이 때문이었을 것이다.

일본인들이 다시 울릉도에 잠입하기 시작한 것은 1891년(고종 28)부터였다. 그러나 이 해에 잠입한 숫자는 7명에 지나지 않았고, 목적도 벌목이 아니라 '끈끈이[蘇, とりもち]'를 만드는 데 있었다. 하지만 일본인들의 잠입은 점점 늘어나 1896년 이후에는 계속 200명 선을 유지했고, 대부분은 벌목에 종사하는 자들이거나 그 부속원들이었다.[15] 청일전쟁(1894~1895년)을 전후해 일본인들의 조선 진출이 급격하게 늘어나 1895년 현재 일본인 수가 12,303명에 달할 정도였는데,[16] 이런 추세가 울릉도에도 반영되고 있었던 것이다.

일본인들이 울릉도에서 자행한 불법 벌목이 말썽을 빚기 시작한 것은 1895년(고종 32) 초부터였다.[17] 이는 광무 연간으로 접어들면서 더욱 심해져 1898년(광무 2) 초에 내부(內部)에서 외부(外部)로 보낸 조회문에 따르면, 일본인들은 섬 안의 규목을 남벌할 뿐만 아니라 섬 주민들에게 칼을 휘두르는 등 폐단도 심각했다고 한다.[18]

일본인들이 불법 벌목한 목재는 물론 일본으로 밀반출되었다. 여기에는 법을 어긴 일부 섬 주민들의 협력도 있었다.[19] 그러나 도감 배계주는 이 목재를 찾기 위해 1898년(광무 2) 말에 일본으로 건너가 오키[隱岐]·도쿄 등지에서 재판해 승소했다. 그는 다음 해(광무 3) 초에도 일본 마쓰에[松江]로 건너가 소송을 제기했다.[20]

일본인의 목재 밀반출이 심해짐에 따라 정부에서는 1899년(광무 3) 5월 부산에 머무르고 있던 전 도감 배계주를 도감으로 재임명하는 한편, 그의 부임에 즈음해 부산 해관세무사서리(海關稅務司署理) 라포테(Laporte, E., 羅保得)를 함께 파견해 진상을 조사하게 했다.[21] 배계주·라포테 등이 울릉도로 떠난 것은 이 해(1899년) 6월 하순으로,[22] 라포테는 곧 조사를 마치고 돌아와 총세무사(總稅務司) 브라운(Brown, J. B., 柏卓安)을 통해 정부에 보고서를 제출했다(7월).[23] 배계주의 보고서도 이때 같이 제출된 것으로 보인다.

배계주·라포테 등의 보고에 따르면[24] 울릉도에는 이미 200여 명의 일본인이 들어와 촌락을 이루어 살고 있었다. 이들은 목재 밀반출과 상품 밀매에 종사했으며, 거래 시 그 뜻을 조금이라도 거스르면 곧 창과 칼을 휘둘렀기 때문에 섬 주민들이 모두 놀라고 두려워해 안심하고 살기 어려운 실정이었다.

울릉도에서 일본인이 자행하는 불법 벌목과 목재 밀반출은 러시아를 자극했다. 1896년 2월의 아관파천(俄館播遷)을 계기로 조선 정부는 러시아에 몇 가지 이권을 넘겨주었는데, 이 해 9월에는 압록강·두만강 유역 및 울릉도 삼림 벌채권을 블라디보스토크 상인 브린너(Brynner, Y. I.)에게 특별허가했다.[25] 따라서 러시아는 일본인의 불법 벌목과 목재 밀반출을 자신의 이권에 대한 침해로 간주했던 것이다.

이에 러시아는 1899년(광무 3) 8월에 주일공사(駐日公使)를 통해 일본 정부에게 울릉도의 수목이 러시아인에게 특별허가 되었음을 밝히고, 이 섬 어느 곳에서도 일본인이 벌목하지 못하도록 금지해 줄 것을 요청했다.[26] 이어 한국 정부에도 이 해 8월 3·15일, 10월 11일 등 세 차례에 걸쳐 조회해 일본인의 벌목을 강력히 항의했다.[27]

후술하게 될 부산 주재 일본영사관보(日本領事官補) 아카쓰카 쇼스케[赤塚正補]의 보고에 보이는 바와 같이, 울릉도 임산물(林産物)의 다수를 이루고 있는 규목은 그동안 일본인에 의해 거의 벌채된 상태였다. 그럼에도 러시아가 일본인의 벌목에 대해 갑자기 강경한 입장을 취했던 것은 러시아 남하정책에서 울릉도가 갖는 전략적 가치를 높이 평가했기 때문으로 보인다.[28] 그리고 실제로 그렇게 간주할 만한 러시아 측 움직임도 포착된다. 1899년 말 러시아 군함이 몇 차례 울릉도에 기항해 일본인의 동정을 살피거나, 울릉도가 러시아의 점령지임을 공공연히 알리며 병력을 주둔시킨 것과 러시아가 병영(兵營)과 수영(水營)을 건설하기 위해 섬 전체를 측량하고 있다는 등의 기사가 『독립신문』이나 『황성신문(皇城新聞)』에 보도되었고, 이후 울릉도시찰위원 우용정의 조사에서 이런 사실이 확인된 것이 그것이다.[29]

러시아 측으로부터 울릉도 삼림 벌채권이 러시아인에게 허가되었다는 통고를 받은 일본 정부는 즉시(1899년 8월) 주한공사(駐韓公使) 하야시 곤스케에게 사실 여부를 확인하게 했고, 곧 한국 정부로부터 이 사실을 공식적으로 확인받았다.[30] 그리하여 일본 정부는 다시 하야시 곤스케를 통해 러시아의 기득권을 존중한다는 내용의 다음과 같은 조회를 한국 정부에 보내왔다.[31]

그 본원적(本源的)인 사실, 즉 귀정부(貴政府)의 양여(讓與, 자기 소유를 남에게 보상 없이 넘겨줌)에 대해 제국정부(帝國政府)는 완전히 권리(權利)를 유보(留保)하는 것임을 성명(聲明)해 둔다.

한편 일본 정부는 러시아의 벌목 금지 요청을 받아들이기로 결정하고 울릉도에 머물고 있는 일본인의 철수를 위해 1899년 8월 말에 원산 영사관 외무서기생(外務書記生) 다카오 겐조[高雄謙三]를 울릉도로 파견했다. 9월 말 군함 마야(摩耶) 편으로 울릉도에 도착한 다카오는 현지 일본인들에게 11월 30일까지

철수할 것을 지시하고, 대표들로부터 이를 준수하겠다는 다짐도 받았다.[32]

한국 정부가 부산 해관세무사 라포테와 도감 배계주 등의 보고에 따라 일본 측에 울릉도에 있는 일본인의 철수를 요청한 것은 같은 해 9월 중순으로[33] 일본 측이 외무서기생 다카오를 울릉도로 파견한 뒤였다. 그 후 10월 2일에는 일본공사 하야시 곤스케로부터 일본인을 철수시키겠다는 약속을 받았다.[34] 이것도 다카오가 9월 말 울릉도에 도착해 현지 일본인들에게 11월 말까지 철수하도록 지시한 뒤의 일이었다. 결국 일본 측의 철수 약속은 한국 측의 항의가 아니라 러시아 측의 항의 때문이었던 것이다.

한국 정부는 일본공사로부터 울릉도에 머물고 있는 일본인의 철수를 약속받자, 다시(10월 4일) 일본공사관에 조회해 내륙에 있는 일본인들도 철수시킬 것을 요구했다. 청일전쟁을 계기로 한국에 많이 진출한 일본인들은 개항장(開港場)이 아닌 내지에까지 들어와 토지·가옥의 구입, 점포의 개설, 화물의 밀반출 등 불법을 저지르는 사례가 많았다.[35] 그리하여 한국 정부는 울릉도의 예에 따라 이들의 철수를 일본 측에 요구한 것이다.

한국 정부의 이런 요구에 일본 측은 강경한 태도로 나왔다. 일본공사 하야시 곤스케는 회답조회(10월 25일)에 "울릉도에 있는 일본인을 철수시키는 것은 벌목을 금지하기 위해서일 뿐, 주거권(住居權) 유무와는 아무런 관계가 없고, 한국 내지에는 다른 외국인도 많이 있으므로 일본인만 퇴거할 이유가 없다"며 한국 측 요구를 거절했다.[36] 그는 한국 측 요구를 거절했을 뿐만 아니라, 울릉도 일본인의 쇄환이 주거권과 관계 없음을 지적하며 오히려 울릉도의 일본인 주거권을 주장하고 나선 것이다.

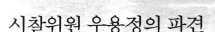

시찰위원 우용정의 파견

한국 정부는 라포테와 배계주 등의 보고에 따라 일본공사관에 조회해 일본인의 철수를 요구하는 한편, 러시아의 항의와도 관련해 1899년 9월에 내부 시찰관(內部視察官)을 울릉도조사위원으로 임명 후 파견해 정황을 살피도록 할 것을 결정했다. 이는 내부대신(內部大臣) 이건하(李乾夏)의 의견에 따른 것이었다.[37] 그리하여 그 해 12월 15일 내부시찰관 우용정을 울릉도시찰위원에 임명했다.[38]

그런데 한·일 간에 울릉도에 체류 중인 일본인들의 철수 교섭이 계속되어 오던 중, 1900년(광무 4) 초에 다시 도감 배계주로부터 일본인들의 폐단에 대한 보고가 있었다. 요지는 (1) 현지 일본인들은 퇴거할 뜻이 없을 뿐 아니라 전 도감 오성일(吳聖一)이 발급한 문서를 빙자해 1899년 8~9월 사이에 규목 1,000여 판(板)을 베어냈고, 도감이 서울로 올라가 고소하려 하자 일본인들이 나루를 지켜 서울로 올라갈 수 없었다, (2) 도감이 일본에 건너가 재판을 한 것은 수년 전의 일인데 일본인들이 당시의 비용을 강요해 섬 주민들이 변상했다, (3) 규목을 베어내는 것을 금지하자 일본인들은 사검(査檢) 김용원(金庸爰)

과 벌목 계약을 맺었다며 계약금 반환을 요청해 주민들이 3,000여 냥을 갚아 주었다는 것 등이다.[39]

도감의 보고를 접한 한국 정부는 곧(3월 16일) 일본공사관에 조회해 이를 항의했다. 이 조회문에서 정부는 도감이 보고한 세 가지 점을 지적하면서, 일본인들이 아직도 퇴거하지 않은 채 종종 폐단을 저지르고 있다고 하고 이들의 조속한 철수와 금전 상환을 요청했다.[40]

곧 이에 대한 일본공사 하야시의 회답조회가 있었다(3월 23일). 이 조회문에서 하야시 곤스케는 항의문의 사실이 확실하지 않고, 이유도 석연치 않으므로 양측에서 관리를 파견해 공동조사할 것을 요구했다. 이어 그는 울릉도에 있는 일본인들로부터 도감에게 상당한 대가를 지불하고 허가를 받아 벌목에 종사했다는 진정이 있었다며, 일본인들은 도감의 묵계 아래 왕래 거류하는 것이 관례가 되었다고 주장했다.[41] 즉 하야시의 요지는 일본인의 그릇된 행동은 양국이 관리를 파견해 공동으로 조사하되, 그 왕래 거류는 기정사실화해야 한다는 것이었다.

한국 정부는 이미 내부시찰관을 울릉도에 파견해 정황을 조사한다는 방침을 정하고 있던 터였으므로 하야시 곤스케가 제의한 공동조사안을 수락했다(5월 4일).[42] 그리하여 울릉도시찰위원으로 임명된 우용정 외에 동래감리서주사(東萊監理署主事) 김면수(金冕秀), 부산 해관세무사서리 라포테, 동 방판(幫辦) 김성원(金聲遠) 등을 선임했다. 일본 측에서 파견하는 관리는 부산 주재 영사관보(領事官補) 아카쓰카 쇼스케와 경부(警部, 통역담당) 와타나베 다카지로[渡邊鷹治郎] 등이었다.[43]

이어 외부대신 박제순(朴齊純)과 내부대신 이건하(李乾夏) 등은 일본공사 하야시 곤스케와 외부(外部)에서 회동하고(5월 21일), 조사 요령 4개 항에 합의했다. 제1항은 1899년 7월 배계주·라포테 등이 보고한 일본인들의 무단 벌채·화물 밀반출·무기 사용 등의 범법행동과 도감에 대한 목재 대금 지불 여부에 대한 내용이며, 제2·3·4항은 1900년 초에 배계주가 보고한 일본인들의 비행 세 가지였다.[44]

한편 일본공사 하야시 곤스케는 이보다 앞서(5월 초) 부산영사 노세 다쓰 고로[能勢辰五郞]에게 공동조사에 대비하는 각서 4개 항을 훈령했다.[45] 제1항은 조선이 1896년에 브린너에게 울릉도 벌목권을 넘겨주었다는 것, 제2항은 1899년 8월에 일본인의 벌목에 대해 도쿄 주재 러시아공사로부터 항의가 있어 원산 영사관 외무서기생 다카오 겐조를 울릉도에 파견했다는 것, 제3항은 1899년 9월 다카오 겐조가 울릉도에 가서 일본인들에게 11월 말까지 퇴거할 것을 명했는데, 이들로부터 도감의 허가를 받아 벌목하는 것이므로 무단 벌채가 아니라는 진정이 있었다는 것이었다. 여기서 다음의 제4항은 특히 우리의 주목을 끈다.

> 해도(該島, 울릉도) 벌목(伐木)은 장래 오랫동안 분요(紛擾)의 근본 원인이 되는 것을 염려한다. 이 분요를 피하기 위해 일방에 있어서는 아방인(我邦人, 본국인)을 시켜 로인(露人, 러시아인)으로부터 벌목권 양수(讓受, 넘겨 받음)를 위한 내담(內談)을 했고 로인으로서도 대체로 이에 동의해 목하(目下) 아직 교섭 중에 있다(이 1항은 한인은 물론 울릉도에 체류 중인 일본인에 대해서도 비밀로 할 것을 요함).

이에 따르면 일본 정부는 울릉도 벌목권이 러시아인에게 넘어간 것을 확인 했으며, 러시아공사로부터 항의를 받게 되자 비밀리에 러시아인에게 벌목권을 넘겨 받기 위해 교섭하기 시작해 상당히 진전 중에 있음을 알 수 있다.

하야시 곤스케는 이 훈령에 이어(5월 21일) 부산영사 노세 다쓰고로에게 한·일 간에 합의한 '울릉도재류일본인조사요령(鬱陵島在留日本人調査要領)'을 전달하면서 조사에서 유의할 점에 대해서도 훈령하고 있다.[46] 요지는 일본 정부로서는 일본인이 울릉도에 잔류하도록 승인받는 것이 필요하므로, 조사에 임할 때 도감이 일본인이 체류하는 것을 승인했거나 벌목을 승인 혹은 묵인한 상황에 주안점을 두라는 것이었다. 이는 결국 일본 측이 공동조사를 제의한 의도가 일본인들의 계속적인 체류에 있었음을 뜻하는 것이다. 그리고 러시아인과의 교섭도 그러한 측면에서 이해해야 할 것이다.

일본인들의 무단 벌채로 울릉도의 경제적 가치는 거의 상실되어 가고 있었다. 그럼에도 일본 정부는 벌목권이 러시아인에게 넘어간 사실을 확인하게 되자 한국 정부에 일본이 갖는 권리의 유보를 성명한 데 이어 일본인들의 주거권을 주장하며 계속적인 잔류를 획책하고 나선 것이다. 이는 일본도 러시아와 마찬가지로 울릉도의 전략적 가치를 높이 평가했기 때문으로 보인다. 이렇게 울릉도는 점차 일·러 양국의 각축장이 되어 가고 있었다.

울릉도시찰위원 우용정이 울릉도로 떠난 것은 1900년 5월 25일이었다. 그는 인천에서 일본 경부 와타나베 다카지로와 같이 소카와마루[曾川丸]를 타고 부산에 도착해(29일) 동래감리서주사 김면수·부산 해관세무사서리 라포테·동 방판 김성원·부산주재 일본영사관보 아카쓰카 쇼스케 등과 합류했다. 이들은 소류마루[蒼龍丸] 편으로 부산을 출발(29일), 5월 31일 울릉도 도동포구(道洞浦口)에 도착했다. 한국·일본 순경 각 2명도 수행했다.

울릉도시찰위원 우용정 등 양국 조사위원들은 6월 5일까지 울릉도에 체류했다. 그동안 우 위원과 아카쓰카 영사관보는 라포테가 입회한 가운데 도감 배계주와 섬 주민, 그리고 일본인들로부터 4개 조사 사항에 대한 진술을 받았다. 그러나 도감·섬 주민과 일본인들의 진술은 엇갈렸다. 대체적인 진술 내용은 (1) 일본인들은 도감의 관방(官房)에 침입하거나 무기를 휘두르는 등의 비행을 저질렀으며, 도감은 일본인들로부터 세로 받는 콩은 징수하지 않았으나 수출세는 1896(건양 원년)·1897(광무 원년) 양년에 한해 2%를 징수했다. (2) 일본인들은 전 도감 오상일(吳相鎰 또는 聖一) 등에게 규목 2주의 값을 준 것을 빙자해 규목 등을 남벌했으며 도감 배계주의 상경을 방해했다. (3) 비록 결석한 상태에서 이루어진 재판이기는 하지만 앞서(1899년) 배계주가 일본 마쓰에[松江] 재판소에 제기한 소송에 패해 피고인 후쿠마 효노스케[福間兵之助] 등에게 콩 400두를 지급했다. (4) 일본인들이 농상공부(조선 후기에 농업·상업·공업 등을 맡아보던 관청)로부터 규목 벌채 허가를 받은 동래인(東萊人) 김희언(金希彥) 등에게 3,000여 냥을 주고 규목 80주의 벌채를 계약했고, 사검 김용원은 이를 위해 김희언 등이 파견한 사람이며, 일본인들은 80주를 다 벌채한 뒤 돌아가려 한다는 것이었다.[47]

우용정은 이처럼 아카쓰카와 함께 도감·섬 주민과 일본인들로부터 진술을 받는 한편, 직접 일본인의 동태를 조사했다. 이 조사는 동행했던 동래감리서 주사 김면수*와 같이 했던 것 같다.[48] 우용정의 조사에 따르면 섬에 있는 일본

---

* 김면수는 울릉도를 다녀온 직후인 1900년(광무 4) 6월 9일자로 외부대신 박제순에게 보고서를 제출했는데, 일본인들의 동태나 섬의 형세 조사가 우용정의 조사와 일치한다. 「東萊報牒」 4(奎章閣 소장), 報告 제26호.

인 수는 남녀 합해 144명이었고, 머무르던 선박도 11척에 달했다. 심지어 우용정이 체류하는 동안에도 벌목꾼 40명 등 도합 70명을 태운 일본 선박 4척이 들어와 이에 대해 아카쓰카에게 항의하기도 했다. 이들은 1899년 이후 규목 71주를 무단 벌목하고 감탕나무를 벗겨 생즙 1,000여 통을 만들었으며, 나무나 잡목을 마구 베어 그릇을 만들어 가기도 했다. 또 늘 트집을 잡아 소란을 일으키고 이를 빌미로 규목 벌채 허가표를 얻어냈으며, 부녀자를 희롱하거나 내정(內庭)에 뛰어들어 주민을 농락하기도 했다.

　울릉도에는 내륙을 왕래할 수 있는 선박이 없었다. 따라서 일본인의 잠입과 불법이 자행되어도 정부에 알릴 길이 없었다. 뿐만 아니라 섬 주민이 필요로 하는 쌀·소금·포목이나 그 밖의 일용품조차 제때에 구입하기 어려웠다.[49] 그리하여 섬 주민들은 이런 것들을 전라남도 선박으로부터 공급받았다.[50] 하지만 일본 선박에 의존하는 경우도 많았다. 일본 선박이 가지고 오는 상품들은 섬 주민이 생산하는 콩·땅콩·보리·해산물 등과 교환되었다.[51] 그 결과 이렇게 교역하는 과정에서 일본인들의 무단 벌채와 밀반출을 방조하는 섬 주민도 생기게 되었던 것이다. 이 때문에 울릉도는 내륙을 왕래하는 선박을 갖추는 것이 절실히 필요했다.

　우용정은 이런 실정도 살폈다. 그리하여 그는 섬 주민들이 풍범선(風帆船, 돛을 달고 바람을 받아서 가는 배) 가이운마루[開運丸]를 구입하려는 것을 보고 자금을 변통해 주었다. 섬 주민들에게 압수한 규목 106주와 이미 처분한 규목의 수속료 400원을 이에 충당하도록 했던 것이다. 이런 조처와 함께 그는 울릉도의 물산은 가이운마루로만 운반해야 하고, 일본인과 부화뇌동하여 규목을 무단 벌채하거나 내외국인을 막론하고 벌목해 배를 만드는 것 등을 엄금하며, 바닷물을 졸여서 소금을 만드는 것을 서두를 것 등을 섬 주민들에게 단단히 일렀다. 일본인들의 잠입·비행의 폐단을 막아보자는 것이었다.

일본인들의 비행·불법이나 섬 주민들이 일본인과 부화뇌동하는 것은 도감의 권위가 강하지 못한 것이 원인이었다. 정부에서는 1895년(음력 고종 31)부터 도감을 두어 울릉도의 사무를 관장하게 했다. 그러나 도감의 수하에는 서기나 사환이 단 한 사람도 없었다. 1898년 도감이 지방관제에 편입된 뒤에도 마찬가지였다. 또한 도감은 섬 주민 중에서 임명되었다. 이러한 점들은 도감의 체통을 잃게 만들어 일본인은 물론, 섬 주민들까지 도감을 업신여겨 비행·불법을 자행하는 경우가 발생했고, 이러한 경우가 발생해도 도감으로서는 명령을 내리고 지휘할 힘이 없었다. 우용정은 이런 점에도 유의해 상부에 울릉도의 관제 개편을 건의했다.

우용정은 김면수와 함께 섬의 실태도 조사했다. 우용정의 조사에 따르면 1900년 6월 현재 호구는 400여 호, 남녀 총 1,700여 명, 논밭은 7,700여 마지기에 달했다.[52] 이 중 호구는 김면수가 외부대신에게 보고한 1,641명보다는 많으나,[53] 아카쓰카 영사관보가 조사한 520여 호 2,500여 명에는 미치지 못한다. 어쨌든 우용정이 조사한 숫자를 기준으로 하더라도 1896년 9월 현재의 277호 1,134명, 4,774,9마지기에 비교해 호구는 약 130호 600명, 논밭은 약 3,000마지기가 증가했다. 또 1883년(고종 20) 첫 입거 당시의 16호 54명, 310마지기에 비하면[54] 호수는 약 25배, 인구는 약 31배, 논밭은 약 24배 늘어난 것이다.

우용정은 미역을 채취하는 사람에게서 받는 세금과 조선세(造船稅)에 대해서도 조사했다. 전라 남도연해민들이 울릉도에 와서 선박 제조·미역 채취·

고기잡이에 종사했다는 것은 이미 검찰사 이규원이 확인한 것이었다.[55] 그런데 우용정의 조사에 따르면 전라 남도연해민들로부터 징수하는 미역 채취세가 울릉도 세금의 대다수를 이루고 있었다. 미역 채취세는 세율 5%였는데, 연간 징수액은 500~600원이었다. 이 기준으로 계산하면 전라 남도연해민들이 미역을 채취해 얻은 소득은 1만~12,000원이나 된다. 이는 일본인의 1897~1899년의 3년간 평균 해산물 채취액 4,160원보다 6,000~8,000원 많은 것이다. 그리고 조선세는 1파(把)에 5냥이었는데, 전라 남도연해민들은 매년 10척 내외를 건조하고 있었다.[56]

아카쓰카 영사관보도 울릉도 현황을 조사했다. 조사 내용은 그가 일본공사 하야시 곤스케에게 보고한(1900년 6월 12일) 「울릉도산림개황(欝陵島山林槪況)」과 「울릉도조사개황(欝陵島調査槪況)」에 수록되어 있다.[57] 이 보고에 따르면 울릉도 호구는 520여 호 2,500여 명으로 우용정의 조사와는 상당한 차이를 보인다. 1899년 원산 주재 일본영사관 외무서기생 다카오 겐조의 조사 보고에도 '토민(土民)의 인구는 2,000여 인으로 호수는 대략 500, 농부와 어부의 비율이 반반이며, 선박을 제조하는 대공(大工) 등이 있다'고 한 것을 보면[58] 아카쓰카의 조사가 더욱 신빙성이 있는 것으로 보인다.

또한 아카쓰카의 보고를 통해 일본인들은 끈끈이도 만들어 갔음을 알 수 있다. 1897~1899년 3년간 반출된 끈끈이의 평균 금액은 일본 시세로 3,033원(2,000관)이었다. 그러나 일본으로 반출된 임산물(林産物)의 대다수는 규목이었다. 1899년 한 해에 반출된 수는 28주, 10만 재(才)였으므로 1재당 도내 가격인 7전으로 계산해보면 총 7,000원이었다. 그리고 1900년 6월 현재 벌채한 것이 56주이고, 이 중 5만 재는 이미 반출되었으므로 이미 손해액이 3,500원이었다. 아카쓰카에 따르면 13년 전에 대단히 큰 규목이 일본으로 반출되었는데, 아마도 혼간지[本願寺] 보수에 사용되었을 것이라고 한다.

농산물 중 콩·보리·땅콩도 일본으로 수출되었다. 1897~1899년의 3년간 평균 수출 금액(일본 시세)은 콩 2만 원(울릉도 평균 생산액 5,000석 중 3,000석), 보리 960원(150~200석), 땅콩 770원으로 합계 21,630원이었다. 그리고 해산물은 일본인들이 직접 채취해 가져갔는데 1897~1899년의 3년간 평균 금액은 절인 어물 2,960원, 우뭇가사리 1,200원으로 합계 4,160원이었다. 반면 능목면(綾木棉)·면·옥양목(玉洋木)과 식용품 등이 일본으로부터 반입되어 1898~1899년 동안 7,000원 어치가 들어왔다. 이것들은 섬에 있는 일본인들에게 공급되어 섬 주민이 생산하는 콩·땅콩·보리 등과 교환되었다.

아카쓰카는 울릉도가 갖고 있는 경제성에 대해서도 진단하고 있다. 그의 보고에 따르면 임산물 중 가장 값어치가 있는 규목은 목재로 쓸 수 있는 6척 이상의 것이 벌채되어 현재 남아있는 것은 200주 미만이며, 그것도 중심부가 썩어서 사용하기에 적당치 않은 것이 많았다. 또한 해산물인 절인 어물과 우뭇가사리도 크게 감소되고 있었으며 농산물로는 오직 콩을 꼽을 수 있으나 더 이상 개간할 땅이 없어 증산될 가망이 없었다. 따라서 그는 울릉도의 장래는 유망하지 않으며, 일본인을 철수시키거나 울릉도에 들어가는 것을 금지시킨다 하더라도 그 손실은 근소한 액수일 것이라고 결론짓고 있다. 그러면서도 "그러나 금(今) 1년간 재도(在島) 일본인 문제를 미결로 남겨둘 방법만 있다면 규목은 모두 벌채될 것이다"라는 말로 보고서를 끝맺고 있다.[59]

지방관제 편입

    울릉도시찰위원 우용정이 조사를 마치고 귀경한 것은 1900년 6월 15일이었다.[60] 그는 곧 일본 측과 공동으로 조사한 4개 사항과 그가 직접 조사하고 조치한 내용, 그리고 정부가 앞으로 취할 대책을 담은 보고서를 작성해 내부대신 이건하에게 제출했다.

    우용정이 정부가 취할 대책으로 건의한 내용은 (1) 도감(島監) 배계주는 1896·1897 양년에 일본인들에게 벌금과 세금을 징수했으나 그 후엔 통상이 허가되지 않은 항구에서는 세금을 걷는 것이 불가함을 알고 징수하지 않았으며, 일본인들이 하루를 살면 '일일지해(一日之害)', 이틀을 살면 '이일지해(二日之害)'가 될 뿐만 아니라 체류하는 것 자체가 조약에 위배되는 일이므로 일본 측과 조속히 담판해 이들을 철수시켜 섬 주민과 삼림을 보호해야 한다, (2) 울릉도 관제(官制)를 개편하되 이에 따라 늘어나는 관원·서기·사환의 월급은 도내(島內) 400여 호로부터 걷는 콩·보리 80석으로 충당할 수 있으며, 도의 경비는 전라 남도민에게 징수하는 미역 채취세의 세율을 5%에서 10%로 올리면 액수가 연간 1,000여 원이 되므로 적지 않은 도움이 되리라는 것이었다.[61]

우용정의 보고서가 제출되자 정부는 곧(6월 20일) 일본공사관에 조회해 공동조사 사항을 토의하기 위한 회의 개최를 요청했다. 이 회의는 일본 측의 요구로 몇 차례 연기되다가 6월 27일 외부(外部)에서 열렸다.[62] 한국 측에서는 내부대신 이건하·외부대신 박제순·내부지방국장(內部地方局長) 정준시(鄭駿時)가, 일본 측에서는 공사 하야시 곤스케·서기관 고쿠분 쇼타로[國分象太郎] 등이 참석했다.[63] 한국 측은 일본인의 즉각 철수를 요구했고, 일본 측은 일본인의 침어를 금지시키되 철수 문제는 정부의 훈령을 기다려 조처할 것임을 고집해 어떤 결정도 내리지 못한 채 회의가 끝났다.[64]

이로부터 2개월여가 지난 뒤 비로소 하야시 곤스케는 일본인 철수 문제에 관해 일본 측 입장을 밝히는 조회문을 보내왔다(9월 5일). 이는 본국 정부의 훈령에 의한 것이었다. 그 내용은 한·일 양측이 공동으로 조사한 결과 (1) 일본인은 10년 전부터 울릉도에 체류했으며, (2) 일본인의 벌채는 도감이 의뢰했거나 적어도 매매 계약에 의한 것이고, (3) 일본인과 섬 주민 사이의 교역은 수요 공급상 긴요할 뿐 아니라 섬 주민의 요청에 의한 것으로 도감은 수출입세를 징수했으며, (4) 섬 주민의 내륙 교통은 주로 일본인에게 편의를 제공받고 있다는 사실들이 확인되었다는 것이었다.

이 조회문은 이어 십수 년이 지난 지금에 와서 퇴거를 명한다면 일본인들을 곤란하게 할 뿐 아니라 섬 주민들의 농산물 판매, 일용품 공급, 내륙과의 교통편을 잃게 되며 한국 정부는 세금 징수상의 결손을 보게 될 것임을 지적하고 있다. 또한 그럼에도 불구하고 한국 정부가 퇴거를 강요한다면 일본 정부는 한국 측에 퇴거자를 위해 상당한 보상을 지급할 것을 요구할 것이며, 일단 퇴거한 뒤에도 재도항자가 없으리라는 보장을 하기도 어려우니 한국 정부는 퇴거를 고집하기보다는 관세를 징수하고 수목 벌채에 대해 상당한 조처를 취해 현상을 유지하도록 하는 것이 일본 정부의 바람이라고 덧붙이고 있다.[65] 한국 측 입장까지 염려하는 척 하면서 일본인들의 울릉도 체류를 기정사실화하려는 것이었다.

이러한 일본 측의 요청은 한국 정부에 의해 거부되었다. 정부는 일본공사에게 보내는 회답조회에서(9월 7일) (1) 일본인의 체류는 5∼6년, 혹은 3∼4년에 지나지 않을 뿐 아니라 통상이 허가되지 않은 항구에서의 거주와 밀무역은 조약에 위반되는 것이며, 도감은 여러 차례 일본인들의 퇴거를 이른 바 있으므로 암묵적으로 허가되었거나 권했다는 것은 사리에 맞지 않고, (2) 일본인들이 전 도감 등과의 합의 혹은 매매를 빙자해 남벌한 것은 숨길 수 없는 사실이며, (3) 도감은 벌금으로 수출품에 한해 2%를 징수했을 뿐 수출입세를 징수한 사실이 없고, (4) 섬 주민들은 일본인들로부터 곤욕을 당하고 있을 뿐 편의를 얻을 까닭이 없다는 것이었다.

이어 (5) 그럼에도 일본인들을 퇴거시킬 경우 상당한 비용의 지급을 요구하고 있으나 이는 조약상에 없는 일이며, (6) 일본인들이 다시 올 경우 그 책임은 한국 정부가 아니라 일본 정부에 있고, (7) 일본 측은 현상 유지를 희망하고 있으나 그럴 경우 '조약일서(條約一書)' 자체가 무의미해지므로 승인할 수 없다는 것 등을 들어 거듭 일본인들의 철수를 요구했다.[66]

그러나 한국 측의 일본인 철수 요구는 일본 측에 의해 거부되었다. 일본공사 하야시 곤스케는 한국 측(외부)에 보낸(9월 중순) 재조회에서 일본 측이 지난번에 조회한 주된 요지는 양국 공동조사 결과에 비추어 서로의 편익을 도모하자는 데 있었으나, 한국 정부가 조약을 내세워 그것만 강요한다면 일본으로서도 조약을 원용해 이 사건을 거론하지 않을 수 없다고 전제하고, 조약 규정 이외의 지역, 즉 비개항(非開港)·개시장(開市場)에 산재하는 선교사 등 많은 외국인들은 그대로 둔 채 울릉도에 머물러 있는 일본인만의 퇴거를 요구하는 데 동의할 수 없으며, 일본인들의 울릉도 체류가 조약 규정 외의 일이지만 그것이 관습화된 책임은 도감, 즉 한국 정부에 있다는 것이었다.[67]

일본 측은 양측의 공동조사에 즈음해 일본인들의 울릉도 체류를 획책했었다. 그리하여 조사가 끝나자 일본인들이 체류하게 된 책임이 한국 측에 있다며 퇴거를 강력하게 거부하고 나선 것이다. 그러나 한국 정부는 일본인들을 부근 일본 영사관으로 인도하는 등의 조처를 취할 만한 역량을 가지고 있지 않았다. 외부대신 박제순이 퇴거를 거부하는 하야시 곤스케의 조회를 받은 직후 내부대신 이건하에게 보내는 조회문에서 '이 안건의 해결이 아득해 그 기약이 없사오며, 한갓 허문(虛文)만을 일삼는 것도 좋은 계책이 아니온 즉 참으로 걱정······'이라고 개탄하고 있는 것은[68] 바로 정부의 딱한 실정을 반영하는 것이라 하겠다.

한국 정부는 어쨌든 일본 측과 울릉도 체류 일본인들의 철수를 교섭했다. 한편 울릉도의 관제 개편도 서둘러 추진했다. 우용정이 울릉도에서 귀경한 직후 내부대신 이건하에게 제출한 보고서에 '본도(本島) 관제 개편 청의서가 정부에 보류되었다'고 하고 있는 것을 보면,[69] 관제 개편 작업은 1900년(광무 4) 6월 중순부터 시작되었고 우용정 자신도 이에 관여한 것 같다. 그러나 내부(內部)에서 정식으로 의정부에 설군청의서(設郡請議書), 즉 '울릉도를 울도(鬱島)로 개칭ᄒ고 도감을 군수로 개정에 관ᄒᆞᆫ 청의서'를 제출한 것은 이 해 10월 22일이었다.[70]

울릉도시찰위원 우용정의 보고서*와 도감 배계주의 첩보, 그리고 부산 해관세무사서리 라포테가 제출한 시찰록(視察錄)을 참작해 작성된 이 청의서는

울릉도에 군(郡)을 설치해야 할 이유로 다음의 두 가지를 들고 있다. (1) 울릉
도는 호수가 400여 호, 개간된 토지가 1만여 마지기, 1년 농산이 감자 2만여
포(包), 보리 2만여 포, 콩 1만여 포, 밀 5,000여 포나 되어 내륙의 산군(山郡)
과 비교해 큰 차이가 없으며, (2) 외국인들이 왕래 교역하고 있어 현행 도감
체제로는 행정을 하는 데 장애가 된다는 것이었다.[71]

이 설군청의서는 곧 의정부의 의결을 거쳐 1900년 10월 25일에 광무 4년 칙
령 제41호로 황제의 재가를 받아 10월 27일 『관보』에 게재됨으로써 반포되었
다. 울릉도 경영상 대단히 중요한 의미를 갖는 이 칙령의 내용은 다음과 같다.[72]

칙령 제41호

울릉도(鬱陵島)를 울도(鬱島)로 개칭하고 도감을 군수로 개정한 건

제1조 울릉도를 울도라 개칭하여 강원도에 부속하고, 도감을 군수로 개정하여 관
제 중에 편입하고, 군등(郡等)은 5등으로 할 사(事).

제2조 군청 위치는 태하동(台霞洞)으로 정하고, 구역은 울릉전도(鬱陵全島)와 죽
도(竹島)·석도(石島)를 관할할 사.

제3조 개국 504년 8월 16일 관보 중 관청사항란(官廳事項欄) 내 울릉도 이하 19
자(字)를 산거(刪去)하고, 개국 505년 칙령 제36호 제5조 강원도 26군의 6
자(字)는 7자로 개정하고, 안협군(安峽郡) 하(下)에 울도군(鬱島郡) 3자를

---

* 우용정의 「울도기」에는 개간된 토지가 7,700여 마지기로 되어 있어 1만여 마지기와는 차
이를 보이고 있으며, 농산물 수확량에 대해서는 언급되어 있지 않다. 이런 점을 감안 한다
면 (1)은 라포테의 「시찰록」을 주로 참작한 것이 아닌가 한다.

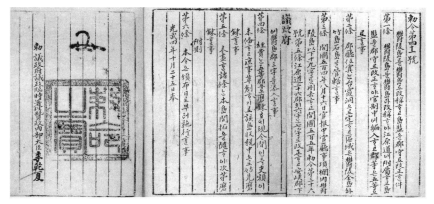

그림 1 ... 광무 4년 칙령 제41호, 울릉도를 울도(鬱島)로 개칭하고 도감을 군수로 개정한 건

첨입(添入)할 사.

제4조 경비는 5등군(等郡)으로 마련하되, 현금간(現今間)인 즉 이액(吏額)이 미비
(未備)하고 서사(庶事) 초창(草創)하기로 해도(該島) 수세(收稅) 중(中)으로
고선(姑先) 마련(磨鍊)할 사.

제5조 미진한 제조(諸條)는 본도(本島) 개척을 수(隨)하여 차제(次第) 마련할 사.

부칙(附則)

제6조 본령은 반포일로부터 시행할 사.

광무 4년 10월 25일 봉(奉)

칙(勅) 의정부의정임시서리(署理) 찬정(贊政) 내부대신 이건하(李乾夏)

이 1900년 칙령 제41호 중에서 우선 주목되는 것은 제1조의 규정이다. 종
래 울릉도 도감은 판임관 대우로, 울릉도민 중에서 임명되었다. 그런데 이제

제1조의 규정에 따라 중앙으로부터 주임관(奏任官)인 군수가 파견되기 때문이다.[73] 또 비록 최하급인 5등급의 군(郡)이지만, 울도군(鬱島郡)에도 군수 외에 순교(巡校, 하급 경리) 2명, 수서기(首書記, 수석 서기) 1명, 서기 4명, 통인(通引, 하급 관리) 2명, 사령(使令, 심부름꾼) 4명, 사용(使傭, 잡무 담당) 2명, 사동(使僮, 잡무를 보는 소년) 1명, 객사직(客舍直, 객사를 맡아보던 관리) 1명, 향교직(鄕校直) 1명 등 모두 19명의 직원을 둘 수 있게 되어[74] 우용정이 염려했던 울릉도의 관장(官長)도 지방관으로서의 체통을 세울 수 있게 되었다.

제2조의 규정은 더욱 우리의 눈길을 끈다. 군청의 위치를 태하동(울릉군 서면)으로 정하고 있는 것은 이곳 지세가 비교적 평탄한 데다 도감의 관사(官舍)가 있다는 것과[75] 관련지어 이해해야 할 것이지만, 울도군의 관할 구역으로 울릉전도·죽도와 함께 석도를 규정하고 있는 것은 오늘의 독도 문제를 가늠하는 데 대단히 중요한 의미를 갖기 때문이다.

관할 구역에 관한 규정 중에서 우선 울릉전도란, 울릉도라 하지 않고 '전도'라고 한 것을 감안할 때 울릉본도(鬱陵本島)와 이에 부속된 죽도·석도를 제외한 작은 섬과 바위들까지 망라하는 것으로 보아야 할 것이다. 다음으로 죽도는 1882년 검찰사 이규원이 확인한 섬목 남쪽으로 마주 바라보이는 죽도, 즉 바로 오늘의 죽도(竹島, 竹嶼, Boussole rock)를 가리키는 것이다.

그렇다면 석도는 어느 섬을 가리키는 것일까. 우선 울릉전도, 즉 울릉본도와 이에 부속된 작은 섬·바위들과 죽도(죽서)를 제외하고 나면, 울릉도 주변에 있는 섬은 오직 오늘의 독도가 남는다. 또 석도를 훈독(訓讀)하면 '독섬' 혹은 '돌섬'이 되는데, 지금도 울릉도 주민들은 독도를 '독섬' 혹은 '돌섬'이라 부르고 있다. 이렇게 볼 때 제2조 후단의 석도는 바로 독도를 지칭하는 것임을 알 수 있다. 1906년에 울도군수 심흥택이 강원도관찰사서리 이명래(李明來)에게 보낸 보고서에서 '독도운운(獨島云云)'한 독도[76]는 이 석도, 즉 '독섬'에서 음을 빌린 것이라 하겠다.

1900년 칙령 제41호는 1900년 10월 27일자 『관보』(제1711호)에 게재되었다. 당시의 공문식(公文式)인 개국 504년(1895년) 칙령 제86호에 따르면 '무릇 법률 명령은 관보로써 반포할 사(事)'라고 규정하고 있으므로(제2장 제10조 1항),[77] 10월 27일은 바로 칙령 제41호의 반포일이 된다. 그리고 칙령 부칙 제6조에 '본령은 반포일로부터 시행홀 사'라고 규정하고 있으므로 광무 4년 칙령 제41호는 1900년 10월 27일부터 효력을 발생하게 된다. 이는 석도, 즉 오늘의 독도가 대한제국의 영토임을 칙령으로 재확인했음을 의미한다.

이 밖에 칙령 제41호 제3조는 법령 정비, 제4·5조는 개정 후 이루어져야 할 규정이다. 제3조 중 '개국 504년 8월 16일 관보 운운(云云)'한 것은 '울릉도에 도감을 치(置)하는 건'을 삭제한다는 것이며, '개국 505년 칙령 제36호'란 1896년 8월 4일에 23부(府)를 13도(道)로 개편하면서 반포한 '지방제도와 관제와 경비의 개정에 관하는 건'을 지적하는 것으로, 울릉도가 울도군으로 승격됨에 따라 제5조의 강원도 26군을 27군으로 고치고, 제26군인 안협군 다음에 제27군으로 울도군을 넣는다는 것이다.[78] 그리고 제4조의 규정은 우용정이 울릉도에서 돌아온 직후에 건의한 울릉도 관제 개편에 따라 늘어나는 경비와 월급에 관한 대책을 그대로 받아들인 것이라 하겠다. 제4조에 보이는 '이액(吏額)'은 관리의 수(數), '서사(庶事)'는 제반 사무를 말한다. 제5조에 대해서는 특별한 설명이 필요치 않을 것이다.

석도의 해석

　　1900년(광무 4) 칙령 제41호 제2조에 보이는 석도(石島)는 울릉도 주민들이 부르던 독도의 호칭 '독섬' 혹은 '돌섬'을 한역(漢譯)한 것이며, 이것의 한자를 빌려 표기한 것이 독도이지만, 이를 확인하기 위해서는 독섬, 돌섬, 석도, 독도 등 도명(島名)의 연원을 좀 더 구체적으로 검토해 볼 필요가 있다.

　　이 문제와 관련해 먼저 밝혀두고자 하는 것은 석도는 서울에서 부르던 호칭이 아니었다는 사실이다. 현지 사정에 어두운 반면 문헌과 손쉽게 접할 수 있었던 서울에서는 울릉도 개척이 상당히 진척된 19세기 말～20세기 초까지도 독도를 우산도(于山島)로 부르고 있었다.

　　가령 1899년 9월 23일자 『황성신문』은 전면에 '별보(別報)'로 울릉도의 역사와 라포테의 조사 내용을 소개하면서 그 첫머리를 다음과 같이 쓰고 있다.

　　울진지동해(蔚珍之東海)에 일도(一島)가 유(有)ᄒ니 왈(曰) 울릉(欝陵)이라 기(其) 부속(附屬)한 소육도중(小六島中)에 최저자(最著者)ᄂ 우산도(于山島) 죽도(竹島)니 대한지지(大韓地誌)에 왈(曰) 울릉도(欝陵島)ᄂ 고우산국(古于山國)이라.

즉 울릉도에 부속된 작은 6개의 섬 가운데 가장 큰 것이 우산도와 죽도라
는 것이다. 여기서 '죽도'는 바로 오늘의 죽도(죽서)이다. 따라서 부속된 가장
큰 섬 중 하나인 '우산도'는 명백히 오늘날의 독도를 가리킨다. 그러나 '석도'
라 하지 않고 '우산도'라고 하고 있는 것은 독도의 호칭이 서울에서는 19세기
말~20세기 초까지도 우산도였음을 시사한다. 그것은 아마도 우산도에 관한
기록을 싣고 있는 문헌, 이를테면『동국문헌비고』나 정상기(鄭尙驥)의「동국지
도」등의 영향이었을 것이다.

칙령 제41호에 보이는 석도의 연원은 울릉도를 왕래하던 전라(全羅) 남도연
해민들에게서 찾아야 할 것 같다. 전라 남도연해민들이 언제부터 울릉도를 왕
래했는지는 확실하지 않지만, 안용복 피랍(1693년) 당시 전라도 선박 1척도 다
른 경상도 어선 1척과 함께 고기잡이에 나섰으므로 아무리 늦어도 17세기 말
부터 왕래가 있었던 것으로 보아야 할 것이다.[79]

검찰사 이규원의 조사에 따르면, 1882년 현재 울릉도에 있는 내륙인 수는
약 140명이었다. 이 중 전라 남도인이 가장 많은 115명이었고, 다음이 강원 14
명, 경상 10명, 경기 1명의 순으로 전라 남도연해민의 울릉도 진출이 압도적으
로 우세하다는 것을 보여준다. 전라 남도연해민들은 뱃사람들(선주 6, 격졸 109
명)로 선박 제조, 미역 채취, 고기잡이에 종사했는데, 봄에 울릉도에 와서 나무
를 베어 배를 만든 뒤, 미역을 따고 고기를 잡아 돌아갔다.[80]

전라 남도연해민들의 울릉도 왕래는 개척이 진척됨에 따라 더욱 잦아졌다.
앞(2절)에서 언급한 바와 같이 우용정·김면수 등의 조사(1900년, 광무 4)에 따
르면 이들은 매년 10척 내외의 배를 제작했으며, 섬 주민들에게 미곡(米穀) 등
도 공급했다. 또 이들이 울릉도에서 채취한 미역을 금액으로 환산하면 연간 1

만~12,000원에 달했는데 이는 일본인의 1897~1899년 연평균 해산물 채취 규모보다 6,000~8,000원을 웃도는 것이었다. 전라 남도연해민들의 울릉도 왕래가 개척 이후 더욱 활발해졌음을 말해 준다.

이들 전라 남도연해민은 울릉도를 왕래하는 도중에 동남쪽으로 200리쯤(약 50해리) 떨어져 위치한 독도를 목격했을 것이다. 또 미역을 따거나 고기를 잡기 위해, 혹은 조류나 풍랑으로 인해 독도에 당도하거나 스쳐 지나가는 경우도 있었을 것이다. 따라서 울릉도·우산도에 관한 문헌을 접할 수도, 잘 읽을 수도 없었던 뱃사람들은 자신들이 목격했거나 당도했던 독도에 나름대로의 이름을 붙였을 것이다.

그리하여 전라 남도연해민들은 자신들이 목격했거나 당도했던 이 섬을 '독섬'이라 불렀을 것으로 보인다. 그것은 (1) 독도는 나무가 거의 없고 풀조차 제대로 자라지 못하는 돌(바위)로 된 섬인 데다, (2) 전남 방언(方言)에서는 돌(石)을, '돌(tol)'로 부르는 예외가 없는 것은 아니지만(광주), 거의가 '독(tok)'으로 부르거나, 일부 지방(여수·순천·강진·영광)에서는 '돌'과 '독'을 섞어 부르고 있어서[81] 돌로 된 이 섬을 자신들이 쓰는 방언에 따라 '독섬'이라 불렀을 것으로 생각되기 때문이다.

전라 남도연해민들이 부르던 이 '독섬'이란 도명은 1883년부터 들어와 살기 시작한 울릉도 주민들에게 영향을 주었을 것이다. 그러나 그것은 입거인들의 방언에 따라 얼마만큼 잠식되어 두 어형(語形)이 공존했으리라는 것도 짐작할 수 있다. 거주민들의 출신지는 자세히 알 수 없지만, 지리적 관계를 고려한다면 첫 이주 때와 같이 강원도가 가장 많고 그 다음이 경상도였을 것으로 생각된다.* 그러므로 이들은 자신들의 방언, 즉 강원·경상도의 방언에 따라** '독섬'을 '돌섬'이라 부르기도 했을 것이다. 앞에서 언급한 바와 같이, 지금도 울릉도 주민들은 독도를 '독섬' 혹은 '돌섬'으로 부르고 있다.

이렇게 볼 때 1900년 칙령 제41호 제2조에서 울도군의 관할 구역으로 울릉전도·죽도와 함께 규정하고 있는 '석도'란 전라 남도연해민들이나 울릉섬 주민들이 부르던 '독섬' 혹은 '돌섬'을 한역(漢譯)한 것으로, 그 무렵에 서울에서 부르던 우산도, 즉 오늘의 독도를 가리키는 것이었다. 그리고 울도군수 심흥택의 보고서에 보이는 '독도'는 바로 '독섬'에서 음을 빌려온 것이었다. '독'을 차자(借字) 표기할 때 '독(獨)'자를 쓰는 것은 15세기 초까지 올라간다. 가령 약초인 '오독도기(狼毒·藺茹)를 '오독독기(吾獨毒只)'로 표기한 것이 그러한 예이다.[82] 이 점은 20세기 초에도 마찬가지였다. 전남 무안의 '독섬'을 '독도(獨島)'로, 제주에 있는 '독개'를 '독포(獨浦)'로 표기한 것이 그 예이다.[83]

그렇다면 칙령 제41호 제2조에 독도가 '석도'로 실리게 된 경위는 어떠한 것일까. 그것은 짐작컨대 울릉도시찰위원 우용정 등이 울릉도 실태 조사에 즈음해 전라 남도연해민들이나 섬 주민들이 부르던 '독섬' 혹은 '돌섬'을 '석도'로 한역 후 울릉도 관제개편안에 반영시켰기 때문이 아닌가 한다. 이 관제개

---

* 1883년(고종 20) 첫 입거 당시의 숫자는 16호 54명이었는데, 출신 도별로는 강원 39명(강릉 26명, 울진 13명), 경상 11명(함양 5명, 경주 2명, 대구·선산·연일·안동 각 1명), 충청 3명(충주), 경기 1명이었다. 「光緒 9年 7月 日 江原道鬱陵島新入民戶人口姓名年歲及田土起墾數爻成冊」(奎章閣 소장).

** 오구라 신페이[小倉進平]의 연구에 따르면, 강원도와 경상남북도에서는 돌을 '돌'이라고 하거나 여기에 기(gi), 메기(me-gi), 맹이(meŋ-i) 등의 접미사를 붙였고, 경상남북도 일부 지방(양산·하동·거창·합천·창녕·밀양·김천·상주·함창·문경)에서는 '돌'과 '독'을 혼용하고 있다고 한다. 小倉進平(1944), 『朝鮮語方言の研究』上, 岩波書店, 218~219쪽.

편안에 우용정이 관여했다는 것은 앞에서 언급해 둔 바 있다.[84]

석도와 관련해 고 방종현 교수의 견해를 덧붙이고자 한다. 1947년 8월에 한국산악회 주관 제1차 울릉도·독도학술조사단에 참여했던 그는 독도를 시찰하고 돌아와 기행문 「독도의 하루」를 『경성대학 예과신문(豫科新聞)』에 기고했다. 그는 이 글에서 독도가 곧 석도임을 주장했다. 칙령 제41호를 보지 못했을 그가 이런 추정을 했다는 것은 국어학자이기 때문이었겠지만, 가히 탁월한 소견이라고 할 만하다. 원문 중 관계된 부분을 소개한다.[85]

나는 끝으로 혹은 이 섬의 이름이 「석도(石島)」의 의(意)에서 온 것이 아닌가 생각된다. 이것은 「돌섬」 또는 「독섬」의 두 가지로 부를 수 있는 것이니 여기서 문제는 이 독도(獨島)의 외형이 전부 돌로 된 것 같이 보이게 되었다 하는 것과 또한 「돌」을 어느 방언에서 「독」이라고 하는가를 해결하면 이 석도(石島)라는 명칭이 거의 가까운 해석이 되리라는 것이다. 그런데 이 독도(獨島)는 역시 돌로 되었고 돌뿐이요 오히려 흙이 없다고 하겠다. 그러면 다음으로 「석(石)」이 「독」이라고 하는 것은 전라남도의 해안에서도 이렇게 하는 곳이 있는 만큼 「절구」를 「도구통」이라고 하든가 「기(碁)」를 「돌」 또는 「바둑」으로, 「다드미돌」을 「다드미독」이라고도 하는 것 등에 비추어 울릉도의 지명례(地名例)와 같이 이 섬은 역시 석도(石島)의 의(意)인 「독섬」이라고 생각된다.

울릉도가 군(郡)으로 승격됨에 따라 정부는 1900년 11월 26일자로 군수를 임명했다. 중앙으로부터 지방관이 파견된 것이다. 초대군수는 오랫동안 도감으로 일한 배계주였다.[86] 이어 1901년 초에는 내부 관원 최성린(崔聖麟)을 파견했다. 군 설립에 따른 여러 가지 준비를 하기 위해서였다.[87] 울릉도에 처음으로 향교가 세워진 것도 이 무렵이었다.[88] 군의 경비는 섬 주민에게 징수했는데, 이 때문에 배계주·최성린 등은 민원을 사기도 했다.[89] 한편 군으로 승격되면서 인구도 불어나, 부산해관의 스미스(Smith, D. H., 士彌須)의 조사에 따르면 군으로 승격한 지 1년도 채 안 되는 1901년 8월 현재 약 3,000명에 달했다.[90]

그러나 정부의 노력에도 불구하고 아직 제대로 된 군의 모습은 갖추어지지 않았다. 군의 관아는 여전히 도감의 관사(官舍)를 이용했고 행정 실무를 담당할 관속(官屬)도 제대로 배치되지 않았으며, 치안을 담당할 이교(吏校)는 아예 배치되지 않았다. 그러다가 1903년이 되어서야 해군의 관아를 도동(道洞)에 신축해 이전했으며, 관속·이교도 배치되어 군으로서의 면목을 어느 정도 갖추게 되었다.[91] 새로운 군수 심흥택이 부임 후 울릉도에 도착한 1903년 4월 20일 이후의 일이었다.[92]

여기서 울도군의 행정구역 변화과정에 대해 좀 더 살펴보면 1906년 9월 행정구역 정리에 따라 강원도에서 경상남도 관할로 변경되었고,[93] 지금처럼 경상북도 관할로 된 것은 1913년 12월부터였다.[94] 그리고 1915년 5월에는 관제 개정 결과 군을 폐지하고 도제(島制)를 실시해 도사(島司)를 두게 되었다.[95] 다시 군제로 복귀된 것은 1949년부터였다.[96]

■주■

1 이 책 V장 4절 참조.

2 『독립신문』, 光武 元年 10月 12日, 외방통신.

3 「勅令」(奎章閣 소장), 光武 2年 5月 26日.

4 禹用鼎,「欝島記」.

5 이 책 V장 2·3절 참조.

6 이 책 V장 4절 참조.

7 「江原道關草」(奎章閣 소장), 戊子 7月 10日·11月 9日·12月 24日·己丑 5月 6日；高麗大學校 附設 亞細亞問題研究所(1973), 『統署日記』2(『舊韓國外交關係附屬文書』), 8쪽.

8 「江原道關草」, 戊子 11月 28日·己丑 8月 6日.

9 「江原道關草」, 己丑 5月 28日·7月 17·25日·8月 6·11日；『統署日記』2, 133·163·174·197·232쪽；高麗大學校附設 亞細亞問題研究所(1967), 『日案』2(『舊韓國外交文書』), 文書番號 1510.

10 『日案』2, 文書番號 1510.

11 『高宗實錄』, 高宗 20年 6月 22日.

12 『日案』2, 文書番號 1523.

13 『高宗實錄』, 高宗 26年 10月 20日.

14 『承政院日記』, 高宗 27年 閏 2月 18日.

15 「駐韓日本公使館記錄」(國史編纂委員會 소장), 各領事機密來信(明治 33年) 釜山領事館 機密 제17호(明治 33年 6月 12日).

16 趙幾濬(1977), 『韓國資本主義成立史論』, 大旺社, 135～136쪽.

17 『統署日記』3, 高宗 32年 5月 20·21日·閏 5月 30日；『日案』3, 文書番號 3666·3688.

18 「內部來去案」(奎章閣 소장) 6(光武 2年)；高麗大學校附設 亞細亞問題研究所(1974), 『外衙門日記』(『舊韓國外交關係附屬文書』), 光武 2年 2月 10·29日.

19 『독립신문』, 光武 3年 1月 19日.

20 『外衙門日記』, 光武 2年 10月 8·11·12日, 光武 3年 4月 25日；『日本外交文書』32, 事項 9, 文書番號 165；『皇城新聞』, 光武 3年 2月 6日·4月 26日·5月 16日；「內部來去案」7(光武 3年).

21 「內部來去案」7(光武 3年), 照會 제13호；高麗大學校附設 亞細亞問題研究所(1969), 『俄案』2(『舊韓國外交文書』18), 文書番號 1460.

22 『內衙門日記』, 光武 3年 6月 27·28日.

23 高麗大學校附設 亞細亞問題研究所(1972), 『海關案』 2(『舊韓國外交關係附屬文書』) 文書番號 1621.

24 「內部來去案」 7(光武 3年), 照會 제13호 ; 『外衙門日記』, 光武 3年 9月 16日.

25 『高宗實錄』, 建陽 元年 9月 9日.

26 『外衙門日記』, 光武 3年 8月 16日 ; 『日案』 4, 文書番號 5261 ; 『日本外交文書』 32, 事項 9, 文書番號 166·168.

27 高麗大學校附設 亞細亞問題研究所(1974), 『交涉局日記』(『舊韓國外交關係附屬文書』), 光武 3年 8月 8日, 10月 17日 ; 『外衙門日記』, 光武 3年 10月 12日 ; 『俄案』 2, 文書番號 1429·1433·1434·1460·1469.

28 崔文衡(1985), 「러시아의 鬱陵島活用企圖와 日本의 對應」, 『獨島研究』, 韓國近代史資料研究協議會, 370~375쪽.

29 『독립신문』, 光武 3年 11月 14·25日 ; 『皇城新聞』, 光武 3年 11月 28日·12月 5·7日 ; 禹用鼎, 「鬱島記」.

30 『外衙門日記』, 光武 3年 8月 11·16日 ; 『日案』 4, 文書番號 5261·5266.

31 『外衙門日記』, 光武 3年 8月 21日 ; 『日案』 4, 文書番號 5273.

32 「駐韓日本公使館記錄」, 各領事館往復(明治 32年) 元山領事館 公 제28호 ; 『日本外交文書』 32, 事項 9, 文書番號 171~176.

33 『外衙門日記』, 光武 3年 9月 16日 ; 『日案』 4, 文書番號 5322.

34 『外衙門日記』, 光武 3年 9月 21·22日·10月 3日 ; 『日案』 4, 文書番號 5323·5337.

35 『外衙門日記』, 光武 3年 10月 4日 ; 『日案』 4, 文書番號 5343.

36 『外衙門日記』, 光武 3年 10月 26日 ; 『日案』 4, 文書番號 5383.

37 禹用鼎, 「鬱島記」.

38 『官報』(亞細亞文化社, 1973~4), 光武 3年 12月 19日.

39 「內部來去案」 8(光武 4年), 照會 제6호 ; 『交涉局日記』, 光武 4年 3月 15日.

40 『交涉局日記』, 光武 4年 3月 16日 ; 『日案』 4, 文書番號 5566.

41 『日案』 4, 文書番號 5572.

42 『交涉局日記』, 光武 4年 3月 27日·5月 4日 ; 『日案』 4, 文書番號 5652.

43 禹用鼎, 「鬱島記」 ; 「駐韓日本公使館記錄」, 各領事機密來信(明治 33年) 機密 제6·17호.

44 『日案』 4, 文書番號 5652 ; 「內部來去案」 8(光武 4年), 照會 제11호 ; 「駐韓日本公使館記錄」, 各領事館機密來信(明治 33年) 機密 제5호.

45 「駐韓日本公使館記錄」, 各領事機密來信(明治 33年) 機密 제5호.

46 「駐韓日本公使館記錄」, 各領事機密來信(明治 33年) 機密 제6호.

47 禹用鼎, 「鬱島記」 ; 「駐韓日本公使館記錄」, 各領事機密來信(明治 33年) 釜山領事館機密 제17호.

48 「東萊報牒」4(奎章閣 소장), 報告 제26호.

49 禹用鼎, 「欝島記」.

50 「東萊報牒」4, 報告 제26호.

51 「駐韓日本公使館記錄」(國史編纂委員會 소장), 各領事機密來信(明治 33年) 釜山領事館 機密 제
    17호(明治 33年 6月 12日).

52 禹用鼎, 「欝島記」.

53 「東萊報牒」4, 報告 제26호.

54 이 책 V장 4절 참조.

55 이 책 V장 1절 참조.

56 「東萊報牒」4, 報告 제26호 ; 禹用鼎, 「欝島記」.

57 「駐韓日本公使館記錄」(國史編纂委員會 소장), 各領事機密來信(明治 33年) 釜山領事館 機密 제
    17호(明治 33年 6月 12日).

58 「駐韓日本公使館記錄」, 各領事館往復(明治 32年) 元山領事館 公 제28호.

59 「駐韓日本公使館記錄」(國史編纂委員會 소장), 各領事機密來信(明治 33年) 釜山領事館 機密 제
    17호(明治 33年 6月 12日).

60 『皇城新聞』, 光武 4年 6月 18日.

61 禹用鼎, 「欝島記」 ; 「內部來去案」8(光武 4年), 照會 제12호.

62 『交涉局日記』, 光武 4年 6月 20·22·25·26日 ;『日案』4, 文書番號 5763·5764· 5771~
    5774 ;「內部來去案」8(光武 4年), 照會 제13호·照覆 제11호.

63 『交涉局日記』, 光武 4年 6月 27日 ;『皇城新聞』, 光武 4年 6月 29日.

64 『皇城新聞』, 光武 4年 6月 29日.

65 『交涉局日記』, 光武 4年 9月 5日 ;『日案』4, 文書番號 5901.

66 『交涉局日記』, 光武 4年 9月 7日 ;『日案』4, 文書番號 5905 ;「內部來去案」8(光武 4年 9月
    12日 起案).

67 『交涉局日記』, 光武 4年 9月 12日 ;『日案』4, 文書番號 5909.

68 「內部來去案」8(光武 4年 9月 15日 起案).

69 禹用鼎, 「欝島記」.

70 「各部請議書存案」17(奎章閣 소장).

71 「各部請議書存案」17(奎章閣 소장).

72 「勅令」(奎章閣 소장) 9, 光武 4年 10月 25日 ;『官報』, 光武 4年 10月 27日.
    原文은 다음과 같다.

勅令 第四十一號

欝陵島를 欝島로 改稱ᄒ고 島監을 郡守로 改正ᄒ 件

第一條 欝陵島를 欝島라 改稱ᄒ야 江原道에 附屬ᄒ고 島監을 郡守로 改正ᄒ야 官制中에 編

入ᄒᆞ고 郡等은 五等으로 홀 事

第二條　郡廳 位寘ᄂᆞᆫ 台霞洞으로 定ᄒᆞ고 區域은 鬱陵全島와 竹島·石島를 管轄홀 事

第三條　開國 五百四年 八月 十六日 官報中 官廳事項欄內 鬱陵島 以下 十九字를 删去ᄒᆞ고 開
國 五百五年 勅令 第三十六號 第五條 江原道 二十六郡의 六字ᄂᆞᆫ 七字로 改正ᄒᆞ고 安
峽郡下에 鬱島郡 三字를 添入홀 事

第四條　經費ᄂᆞᆫ 五等郡으로 磨鍊호ᄃᆡ 現今間인 즉 吏額이 未備ᄒᆞ고 庶事 草創ᄒᆞ기로 該島 收
稅中으로 姑先 磨鍊홀 事

第五條　未盡ᄒᆞᆫ 諸條ᄂᆞᆫ 本島 開拓을 隨ᄒᆞ야 次第 磨鍊홀 事

附則

第六條　本令은 頒布日로부터 施行홀 事

光武 四年 十月 二十五日 奉

勅 議政府議政臨時署理 贊政 內部大臣 李乾夏

73　建陽 元年(開國 505年) 勅令 제37호 地方官吏職制(「勅令」, 建陽 元年 8月 4日；『官報』, 建陽
元年 8月 6日) 참조.

74　建陽 元年(開國 505年) 勅令 제36호 地方制度와 官制와 俸給과 經費의 改正에 關ᄒᆞᆫ 件(「勅令」,
建陽 元年 8月 4日；『官報』, 建陽 元年 8月 6日) 참조.

75　「東萊報牒」4, 報告 제26호.

76　「各觀察道案」1(奎章閣 소장)；申奭鎬(1948), 「獨島 所屬에 대하여」, 『史海』 創刊號；申奭鎬
(1960), 「獨島의 來歷」, 『思想界』 8：8.

77　「勅令」, 開國 504年 5月 7日；『官報』, 開國 504年 5月 11日·12日.

78　「勅令」, 建陽 元年 8月 4日；『官報』, 建陽 元年 8月 6日；『高宗實錄』, 高宗 32年 8月 15日；
『官報』, 開國 504年 8月 16日·9月 20日.

79　『肅宗實錄』, 肅宗 22年 8月 壬子；이 책 II장 1절 참조.

80　이 책 V장 3절 참조.

81　小倉進平(1944), 『朝鮮語方言の研究』上, 岩波書店, 218～219쪽. 참고로 원문을 소개하면 다
음과 같다. '×'표는 다른 어형(語形)도 존재한다는 표시임.

石 (1) [tol] [全南] 濟州·城山·×西歸·×大靜·×麗水·×順天·×康津·×靈光·光州. [慶南]
蔚山·×梁山·東萊·×釜山·金海·×馬山·×巨濟·×統營·晋州·×南海·×河東·×咸陽·×
居昌·×陜川·×昌寧·×密陽. [慶北] 永川·慶州·浦項·興海·盈德·×大邱·高靈·義城·×咸
昌·×聞慶·醴泉·×安東·×榮州·×靑松(道內多くの地方にありては主格(石が)を[toli]の外
[tol-gi]といふ. 忠淸南北道·江原道などまた同じ).[忠南] ×鴻山·×靑陽·×舒川·×洪城·×
天安. [忠北]×淸州·×報恩·鎭川·槐山·×忠州·丹陽·堤川. [江原] 通川·長箭·高城·杆城·
襄陽·注文津·江陵·三陟·蔚珍·平海·寧越·平昌·原州·橫城·洪川·春川·麟蹄. (2) [tok] [全
南] ×西歸·×大靜·×麗水·×順天·筏橋·高興·寶城·長興·×康津·海南·靈岩·木浦·咸

平・×靈光・羅州・長城・潭陽・玉果・谷城・求禮. [全北] 雲峰・南原・淳昌・井邑・金堤・群山・
全州・任實・長水・鎮安・茂朱・錦山. [慶南]×梁山・×河東・×居昌・×陜川・×昌寧・×密陽.
[慶北] 金泉・尚州(これでは主格を[tok-i] [tok-hi]などといふ)・×咸昌・×聞慶. [忠南]×公州・
×江景・×鴻山・×靑陽・×舒川・藍浦・×洪城・海美・瑞山・沔川・禮山・鳥致院. [忠北]×淸
州・×報恩. (3) [tuk] [忠南] 保寧. (4) [tol-ma] [忠南]×天安. (5) [tol-mak] [忠南]×公州・×洪
城. [忠北]×淸州. (6) [tol-mε-gi] [忠南]×江景. (7) [tol-mε-ki] [慶北]×醴泉. (8) [tol-mεŋ-i]
[慶南]×釜山. [慶北]×榮州. [忠南]×江景・×天安. [忠北]×報恩・×永同・×忠州. (9) [tol-
moŋ-siŋ-i](卑語) [慶南]×統營. (10) [tol-mu-ʥiŋ-i] [慶南]×南海. (11) [tol-mi] [慶南]×巨
濟・×晋州・咸陽. [慶北]×安東. (12) [tol-miŋ-i] [慶南]×馬山・×統營. (13) [tol-piŋ-i] [慶南]
×馬山. [慶北]×大邱・×義城・×靑松. (14) [tol-pak] [忠南]×江景・×舒川・×洪城 (15) [tol-
ʃak] [忠南]×公州. [忠北]×淸州・×永同.

82 「鄕藥採取月令」(世宗 13年刊, 서울大學校 中央圖書館 소장) 2月條 ;「鄕藥集成方」(世宗 15年
初刊, 仁祖 11年 重刊, 高麗大學校 中央圖書館 晚松文庫 소장) 29권 48장.

83 『增補文獻備考』「輿地考」21, 海防 濟州・務安.

84 堀和生(1987),「一九○五年日本の竹島領土編入」,『朝鮮史硏究會論文集』24, 111쪽에서 제시
한 일본군함 니이다카[新高]의『일지(日誌)』(『軍艦新高行動日誌』, 防衛廳戰史部 소장)에 따르
면 울릉섬 주민들은 심흥택 보고서 이전부터 이 섬을 '독도(獨島)'라 쓰[書]고 있었다. 즉 이『일
지』1904년 9월 25일자에 '松島(欝陵島)ニ於テリアンコルド岩實見者ヨリ聽取リタル情報'라고
전제하고 이어 'リアンコルド岩韓人之ヲ獨島ト書シ本邦漁夫等略シテリヤンコ島ト呼稱セリ'
라고 기록하고 있는 것이 그것이다.

85 方鍾鉉,『一簑國語學論集』, 570~571쪽.

86 『官報』, 光武 4年 11月 29日.

87 『皇城新聞』, 光武 5年 1月 18日.

88 『皇城新聞』, 光武 5年 2月 27日.

89 『交涉局日記』, 光武 5年 5月 1日 ;『皇城新聞』, 光武 5年 5月 3日・7月 26日.

90 『皇城新聞』, 光武 6年 4月 29日.

91 『交涉局日記』, 光武 6年 9月 3日 ;『皇城新聞』, 光武 7年 10月 14日 ;「欝陵島郵便所沿革簿」
(欝陵郡郵便局 소장).

92 『官報』, 光武 7年 1月 29日, 8月 11日.

93 『官報』, 光武 10年 9月 28日 附錄.

94 『官報』(朝鮮總督府), 大正 2年 12月 29日 號外.

95 『官報』(朝鮮總督府), 大正 4年 5月 1日 號外.

96 『官報』(大韓民國), 檀紀 4282年 4月 15日.

VII. 일본의 '량고'도(독도) 영토 편입과
심흥택 보고서

─────── 벌써 30여 년 전인 1978년의 일이다. 저자는 서울대학교 내 규장각에서 울릉도·독도 관계 자료를 조사하던 중, 「각관찰도안(各觀察道案)」 1(議政府外事局)에 편철되어 있는 강원도관찰사서리 춘천군수 이명래의 「보고서호외(報告書號外)」 원본을 발견했다. 의정부 참정대신에게 보낸 이 보고서에는 고(故) 신석호(申奭鎬) 교수가 1947년 울릉도청에서 발견한 울도군수 「심흥택 보고서 부본(副本)」의 내용이 그대로 수록되어 있으며, 그 말미에는 독도의 일본 영유를 부인하는 참정대신 박제순의 '지령 제3호'도 실려 있다. 이는 독도 영유권 문제를 가늠하는 대단히 중요한 문서로 3절 「심흥택 보고서」를 정리하는 데 큰 도움이 되었다.

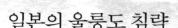

일본의 울릉도 침략

일본인들이 규목(槻木, 느티나무)을 무단 벌채하고자 울릉도에 잠입하기 시작한 것은 19세기 중엽부터였다. 이들은 조선 정부가 항의하자 1883년에 일본 정부에 의해 일단 철수했다. 그러나 1891년부터 일본인들의 울릉도 잠입이 다시 시작되었고, 그 수는 해가 갈수록 늘어났다. 그리하여 청일전쟁이 끝난 다음해인 1896년 이후부터는 계속 200명 선을 유지했다. 이들은 규목의 무단 벌채뿐 아니라 점차 상품도 밀매하기 시작했으며, 이 과정에서 섬 주민들에게 폐를 끼치는 일도 잦아졌다.

한국 정부는 울릉도에 있는 일본인들의 실태를 조사하기 위해 1899년에 부산 해관세무사서리(海關稅務司署理) 라포테(Laporte, E., 羅保得) 등을 울릉도에 파견했고, 다음 해(1900년)엔 내부시찰관 우용정 등을 파견했다. 그리고 이들의 조사 보고에 따라 일본 측에 현지 일본인들의 철수를 여러 차례에 걸쳐 요청했다. 그러나 일본 측은 일본인들의 울릉도 체류가 조약 규정 외의 일임은 인정하면서도, 일본인들의 주거권을 주장하며 그것이 관습화된 책임이 한국 정부에 있음을 내세워 철수를 거부했다.[1]

한편 울릉도에서는 내부시찰관 우용정 등이 체류하는 동안 잠시 중단되었던 일본인들의 규목 무단 벌채가 재개되고 있었다. 물론 한국 정부는 이를 일본 측에 항의했다. 그러나 아무런 성과를 거두지 못했다.[2] 그리하여 1901년 8월에 부산해관의 스미스(Smith, D. H., 士彌須), 동 방판(同幇辦) 김성원(金聲遠), 동래감리서주사(東萊監理署主事) 정보섭(丁寶燮) 등을 다시 울릉도로 파견했다. 일본인들의 실태를 조사하기 위해서였다.

현지 조사를 마친 스미스는 곧 정부에 보고서를 제출했다(8월). 요지는 (1) 섬 내에 상주하는 일본인 수는 약 550명이며, 이밖에도 매년 고기잡이와 벌목차 섬에 들어오는 수가 300~400명에 이른다, (2) 섬 내 일본인의 2대 파벌인 '하다모도당(黨)'과 '와기다당(黨)'이 울릉도를 남북으로 나누어 삼림을 스스로 영유하면서 허가서 없이 벌목하고 있으며, 섬 주민들의 벌목을 금하고 위반자에겐 벌금을 징수하고 있다, (3) 울릉도에 있는 일본 선박 수는 판재(板材)를 싣고 출범 중인 5척을 포함해 21척이며, 부산 주재 일본영사관의 허가증을 가진 어선 7척과 잠수부정(潛水夫艇) 3척이 있다는 것 등이었다.[3]

이런 스미스의 보고에 뒤이어 일본인들이 울릉도 산림을 멋대로 나누는 등의 작폐에 대한 두 차례 섬 주민들의 진정이 있었고, 울도군에서도 삼림이 이미 황폐해졌으며 토지마저 장차 일본인의 수중으로 넘어가고 말 것이라는 내용의 보고가 있었다.[4] 이와 같은 현지 일본인들의 동태는 일본인의 체류를 기정사실화하려는 일본 정부의 방침과도 무관하지 않은 것으로 보인다.

그런데 일본 정부는 1902년 3월에 일본인의 체류를 기정사실화하는 방침에서 한 걸음 더 나아가 울릉도에 경찰관주재소를 신설, 경찰을 상주시키기 시작했다.[5] 일본공사 하야시 곤스케[林權助]가 이 계획을 세운 것은 1901년 말로, 목적은 일본인과 섬 주민의 마찰을 사전에 방지함으로써 일본인 철수를 요구당하는 '고정(苦情, 괴로운 사정)'에 부딪히지 않도록 하려는 데 있었다. 일본인의 체류를 더욱 확실하게 하기 위한 방편인 것이었다. 구체적인 계획은 자세히 알 수 없지만 부산 주재 일본영사관 소속 경부(警部) 1명, 순사(巡査) 2명을 6개월 혹은 1년 기한으로 파견해 주재시킨 것으로 보인다.[6]

한국 정부가 일본의 경찰관주재소 설치를 인지한 것은 1902년 9월 말 강원도관찰사의 보고를 통해서였다. 보고에 따르면 일본 측은 울릉도에 주재소를 설치했을 뿐 아니라 섬 주민을 임의로 연행했고, 또 섬 주민들 가운데에는 억울한 일을 일본 경찰에 호소하는 일조차 있었다고 한다.[7]

사태의 중대함을 인식한 한국 정부는 곧 일본 측에 '급행조회(急行照會)'로 조약에 저촉된다며 주재소의 폐지와 울릉도에 체류 중인 일본인들의 철수를 요구했다(10월).[8] 그러나 하야시 공사는 한국 측의 요구를 거부했다. 새로운 군수 강영우(姜泳禹)의 부임에 즈음해 일본 경찰 주재 문제를 협의한 바 있고, 울릉도가 오늘처럼 개척된 것은 일본인 도항자(渡航者)들의 공로 때문이라는 것이었다.[9]

일본 경찰 주재 문제에 대해 일본공사관 서기관 고쿠분 쇼타로[國分象太郎]가 강영우와 몇 차례 접촉해 협의한 것은 사실이었다. 강영우는 부임을 앞두고 현지 일본인의 작폐 때문에 크게 공포감에 사로잡혀 있었는데, 일본 측은 바로 이 점을 이용했던 것이다.[10] 그러나 일개 군수에게 외국 경찰의 주재를 허가할 권능은 없으므로, 이 문제는 당연히 한국 정부와 협의해야 했다. 그러나 체류 중인 일본인의 철수를 요구받고 있던 일본으로서는 경찰 주재 문제를 한국 측과 협의할 수는 없었기에 새로 부임하는 군수와 협의하는 궁색한 방법을 택한 것이 아니었나 생각한다.

일본이 울릉도에 경찰관주재소를 설치한 것은 영국과 일본이 일영동맹(日英同盟)을 체결한 직후였다. 일본은 의화단사건(義和團事件) 때 영국의 요청을 받고 1900년에 대규모 병력을 중국에 파견했는데, 이후 일본은 영국과 군사적 협력 관계를 맺게 되었다. 그런데 의화단사건 때 출병했던 러시아가 만주 지방에 계속 병력을 주둔시키고 한반도로 영향력을 확대하자 일본은 영국과의 군사적 협력 관계를 동맹 관계로 발전시켜 1902년 1월 일영동맹을 맺었다. 이 동맹으로 일본은 영국이 중국에서 이권 행사하는 것을 승인하는 대신, 영국으로부터는 일본의 한국 지배와 향후 러시아와 전쟁 발생시 지원해 줄 것을 약속받았다. 울릉도 체류 일본인의 철수 거부나 경찰관주재소 설치는 이런 상황에서 이루어진 것이었다.

영국 세력을 배후에 둔 일본은 러시아 측에 만주에서 철군할 것과 한국에 대한 일본의 특수 권익 승인을 강력히 요구했다. 그러나 러시아는 만주에서 철군하는 것을 거부하며 북위 39도선 이북의 한국 영토를 중립화할 것을 요구했다. 이 협상은 여러 차례에 걸쳐 계속되었으나 타결점을 찾지 못했고, 이에 무력으로 문제를 해결하기로 결정한 일본이 1904년 2월 여순(旅順)을 기습 공격해 러일전쟁이 시작되었다.

사태의 급박함을 살핀 한국 정부는 전쟁 발발에 즈음해 국외중립(局外中立)을 선언했으나(1월), 일본은 곧 서울을 점령하고 국왕을 위협해 이미 내정하고 있던 한일의정서(韓日議定書)를 성립시켰다(2월). 한국에 대한 정치·군사·외교적 간섭을 합리화시킨 이 의정서에 의해 일본은 광대한 토지를 군용(軍用)으로 점령하고 모든 통신망을 접수했으며, 경부·경의 철도부설권, 해안·하천 항해

권 등을 획득했다.

전쟁이 일본군에 유리하게 전개되자 일본은 한국 정부에 러시아와의 국교 단절을 뜻하는 칙선서(勅宣書, 勅令) 발표를 강요했다(5월). 요지는 (1) 한·러 간에 체결된 일체의 조약·협정을 폐기한다, (2) 러시아인이나 회사와 체결했으나 한국 정부가 인정하지 않는 특허합동(特許合同, 約定), 특히 두만강·압록강·울릉도 삼림벌채권을 취소한다는 것이었다.[11]

칙선서 제1항은 적어도 일본의 입장에서 볼 때, 러시아와의 전쟁 수행상 당연한 규정이라고 할 수 있다. 그런데 제2항에서 러시아인이나 회사와 맺은 특허합동 가운데 브린너(Brynner, Y. I.)의 삼림벌채권을 지적해 무효화시킨 것이 주목된다. 당초 일본 측 계획은 두만강·압록강 삼림벌채권에 대해 특별허가 조건을 이행하지 않기 때문에 무효화시키자는 것이었는데, 한국 정부와 협의하는 과정에서 울릉도 삼림벌채권이 추가되었고 이유도 '불법행위'에서 '침점적(侵占的, 침범해 점령함) 행위'로 바꾸었다.[12] 이는 일본이 러시아와 전쟁을 하면서 울릉도의 전략상 가치를 높이 평가했기 때문인 것으로 보인다.

실제로 일본은 칙선서가 반포되면서 울릉도의 전략기지화를 추진했다. 칙선서가 반포된 직후(6월) 울릉도엔 일본 우편수취소가 설치되었으며,[13] 망루(望樓)의 설치가 결정되어(7월) 마쓰시마 동망루[배원(配員) 6명], 서망루(배원 6명)가 활동을 개시했고(9월), 일본 해군이 머무르던 죽변만(竹邊灣)과 연결하는 해저 전선도 부설되었다(9월). 이에 따라 울릉도 망루는 사세보[佐世保]의 해군진수부(海軍鎭守府)와 직접 교신할 수 있게 되었다.[14]

일본의 '량고'도 영토 편입

　일본은 러시아와의 전쟁을 성공적으로 수행하면서 한국을 식민지화하기 위한 단계를 밟아 나갔다. 그리하여 1904년 8월 일본인 재정고문관과 외국인 외교고문관 초빙을 내용으로 한 한일협정서(韓日協定書, 제1차 한일협약)를 성립시켰다. 그 의도는 한국 정부의 재정권·외교권을 박탈하는 데 있었다. 그러나 일본은 탁지부(度支部, 국가 재정을 담당하는 부서)와 외부(外部)는 물론 궁내부(宮內府)·군부(軍部)·경무청(警務廳)·학부(學部) 등에도 일본인 고문관을 초빙할 것을 강요했다. 이에 따라 정치의 실권이 일본인 고문관 수중으로 넘어가 이른바 고문정치가 시작되었다.

　한일협정서 성립과 거의 때를 같이해 일본에서는 시마네현[島根縣]의 어업인 나카이 요사브로[中井養三郞]에 의해 「량고도(독도) 영토 편입 및 대하원(リヤンコ島〈獨島〉領土編入並二貸下願」이 일본 정부에 제출되었다(9월). 그리고 이를 바탕으로 일본 정부는 1905년(明治 38) 2월 22일자로 '량고'도(島)를 영토로 편입했다. 시마네현 지사 마쓰나가 다케키치[松永武吉]는 '시마네현 고시(告示) 제40호'로 다음과 같이 고시했다.[15]

북위 37도 9분 30초, 동경 131도 55분, 오키도[隱岐島]를 거(距)하기 서북 85리 (里, 해리)에 있는 도서(島嶼)를 다케시마[竹島]라 칭하고 자금(自今) 본현(本縣) 오키도사(島司)의 소관(所管)으로 정하여짐.

이것은 러시아 함대와 벌인 '일본해 해전(5월)'을 얼마 앞두고 한 일이었다. '시마네현 고시 제40호'가 나오게 된 경위, 즉 '량고'도(독도)의 영토 편입 경위를 간단히 살펴보면 그 형식적인 계기는 시마네현 오키도 수키군[周吉郡] 사이고우정[西鄉町]의 어업인 나카이 요사브로가 제출한 문서에서 비롯되었다. 1903년 5월 량고도(독도)에서 처음 고기잡이를 하고 1904년 초가을(8월)에도 고기잡이를 했던 나카이는 이 섬에 서식하는 강치의 사업성을 높이 평가했다. 그리하여 그는 한국으로부터 량고도를 임차해 이 섬에서 하는 강치잡이를 독점하고자 했다. 나카이의 회고담이나 이력서에 따르면 그는 이 섬을 한국령으로 믿고 있었다.[16]

나카이는 1904년 8월, 강치잡이가 끝나자 곧장 도쿄로 올라가 농상무성(農商務省) 수산국장 마키 보쿠신[牧朴眞]에게 한국 정부로부터 량고도를 임차하는 문제에 대해 논의했다. 마키 보쿠신은 이 섬이 한국령이 아닐지도 모르므로 해군 수로부장(해군 대좌) 기모쓰키 가네유키[肝付兼行]에게 확인할 것을 권유했다. 기모쓰키는 『조선수로지(朝鮮水路誌)』의 편찬 책임자로, 량고도가 한국령임을 잘 알고 있었다. 그럼에도 그는 나카이에게 "량고도는 주인 없는 땅이며, 본토로부터의 거리도 일본 쪽이 10해리는 더 가깝다"고 설명했다. 기모쓰키에게 설득된 나카이는 내무, 외무, 농상무성대신 앞으로 보내는 「량고도(독도) 영토 편입 및 대하원(貸下願)」을 내무성 지방국(地方局)에 제출했다.[17]

그러나 내무성 당국자는 나카이 요사브로의 영토 편입원을 수리하려 하지 않았다. "이 시국(러일전쟁)에 한국령으로 여겨지는 풀 한 포기 나지 않는 암초를 얻어 우리를 주목하고 있는 여러 나라에게 일본이 한국을 집어 삼키려는 야심이 있다고 의심하게 하는 것은 득보다 실이 많으며, 일을 성사시키는 것도 결코 쉽지 않다"는 것이었다. 그리고 1877년 내무성에서는 '다케시마 외 1도', 즉 울릉도와 우산도(자산도·마쓰시마)가 조선령임을 태정관(太政官)의 지령으로 확인한 바 있다(V장 2절 참조). 따라서 내무성이 량고도 편입원을 거부한 것은 이 지령과 무관하지 않을 것이다.[18]

나카이 요사브로는 다시 외무성 정무국장(政務局長) 야마자 엔지로[山座圓次郎]를 찾았다. 야마자는 "현 시국은 기(其, 량고도) 편입이 시급하다. 망루를 세우고 무선, 또는 해저전선을 설치하면 적함 감시에 극히 편리하므로 외교상 내무성과 같은 고려는 필요하지 않다. 모름지기 속히 원서(願書)를 본성(本省)으로 회부(回附)시켜야 할 것이다"라고 강력히 주장했다. 야마자의 이 주장은 내무성 당국자의 량고도 영토 편입 반대론을 압도해, 내무성 지방국은 1904년 9월 29일 나카이의 영토 편입원을 받아들였다.[19]

영토 편입원을 수리한 내무성은 그로부터 3개월여가 지난 1905년(광무 9) 1월 10일 「무인도 소속에 관한 건(無人島所屬ニ關スル件)」, 즉 '량고'도를 일본 영토로 편입해 다케시마로 명명하고 시마네현 소속 오키도사의 소관으로 하는 것이 통과되도록 내각에 요청했다.[20] 내각은 1월 28일 각의(閣議)에서 이 요청을 승인했다.[21] 그리하여 내무성에서는 2월 15일자 훈령 제87호로 각의의 결정을 관내에 고시하도록 시마네현 지사에게 지령했고,[22] 이에 따라 '시마네현 고시 제40호'가 나오게 된 것이다.

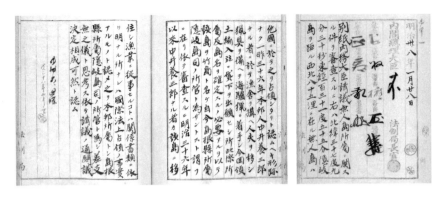

그림 1 ... 다케시마(독도) 영토 편입에 관한 일본 내각결정문(1905년 1월 28일)

량고도 영토 편입에서 가장 주목해야 할 「내각결정문」은 다음과 같다.[23]

별지(別紙) 내무대신이 요청한 무인도 소속에 관한 건을 심사해 보니, 북위 37도 9분 30초, 동경 131도 55분, 오키도[隱岐島]에서 서북 85리(浬)에 위치한 무인도는 타국에서 이를 점령했다고 인정할 만한 형적(形跡)이 없고, 메이지 36년 본방인(本邦人) 나카이 요사브로[中井養三郞]라는 자가 어사(漁舍)를 짓고, 인부(人夫)를 이동 시키고, 사냥도구를 갖추어 해려(海驢, 강치)잡이를 하다가 이번에 영토 편입 병(竝) 대하(貸下)를 제출했는데, 이번 기회에 소속 및 도명을 확정할 필요가 있으므로 해도(該島)를 다케시마[竹島]라고 이름 붙여 지금부터 시마네현[島根縣] 소속 오키도사(島司) 소관(所管)으로 하려고 한다는 내용은 메이지 36년 이래 나카이 요사브로란 자가 해도(該島)에 이주해 어업에 종사한 일이 관계 서류에 의해 명백하므로 국제법상 점령 사실이 있는 것으로 인정해 이를 본방(本邦) 소속으로 하고, 시마네현 소속 오키도사의 소관으로 삼아도 무방하다고 본다. 그러므로 내각은 요청대로 결정하는 것이 옳다고 인정함.

일본 각의의 결정 내용은 두 가지, 즉 (1) 오키도 서북 85리(해리)에 있는 무인도(량고도·독도)는 다른 나라에서 점령했다고 인정할 만한 형적이 없고, 1903년(明治 36) 이래 나카이 요사브로가 이 섬에 이주해 어업에 종사한 것이 명백하므로 국제법상 점령한 사실이 있는 것으로 인정한다, (2) 따라서 이 섬을 다케시마로 명명하여 일본 영토로 편입해 시마네현 소속 오키도사의 소관으로 한다는 것으로 요약할 수 있다.

이처럼 일본 정부가 량고도를 다케시마라 이름 붙여 영토로 편입시킨 데 대해 두 가지 측면에서 검토가 있어야 한다고 생각한다. 하나는 일본 각의의 결정이 정당한 것이냐는 점과 다른 하나는 영토 편입에 관한 고시가 충분한 절차를 밟은 것이냐는 점이다. 결론부터 말하면 두 가지 다 제대로 이루어지지 않았다.

일본 각의의 결정이 정당한 것이 되기 위해서는 무엇보다도 량고도가 주인 없는 땅이라는 전제 조건이 충족되어야 한다. 그러나 량고도는 주인 없는 땅이 아니었다. 한국에서는 이 량고도, 즉 독도를 일찍부터 고유 영토로 인식해 왔다. 그리고 1900년 10월에 반포한 광무 4년 칙령 제41호「울릉도(鬱陵島)를 울도(鬱島)로 개칭ᄒ고 도감을 군수로 개정ᄒ 건」에서는 울도군의 관할 구역으로 석도(石島, 돌섬·독섬, 독도)를 규정해(제2조) 독도가 한국 영토임을 재확인하고 있다.[24] 그러므로 엄연히 주인이 있는 땅을 자국 영토로 편입키로 한 일본 각의의 결정은 근본부터 잘못된 것이다. 한국의 칙령 제41호는 영토의 재확인이고, 일본 각의의 결정은 새로운 영토의 편입이라는 사실에 특히 유념할 필요가 있다.

또 나카이가 1903년(明治 36) 이래 '해도(該島, 랑고도)'에 이주해 어업에 종사했다는 것도 수긍이 가지 않는다. 나카이는 1903년, 1904년 단 두 차례 독도에 출어했다. 나카이에 따르면 랑고도에 강치가 모여드는 시기는 생식시기인 4~5월과 7~8월의 넉 달 동안이므로, 나카이도 이 시기에 출어했었다. 그것도 첫 출어 때(1903년)에는 5월에, 다음 해(1904년)에는 8월에 잠시 출어했던 것 같다.

또 어사(漁舍)도 지었다고 했는데, 어사란 고기를 잡기 위해 임시로 엮은 막사에 지나지 않는다. 이때 나카이는 작은 배(폭 8척, 길이 4간) 1척에 어부 7명을 데리고 갔으므로 바위로 된 이 섬에 가옥을 지었다고는 생각할 수 없다.[25] 그러므로 잠시동안 행했던 출어와 가까스로 엮어 놓은 막사를 가지고 나카이가 1903년 이래 랑고도에 이주했다고 할 수는 없는 것이다.

부산해관 스미스의 조사 보고에 따르면 보고서를 제출한 1901년(광무 6) 8월 현재 울릉도에 상주하는 일본인은 약 550명, 매년 벌목과 고기잡이를 하러 오는 수는 약 300~400명에 달하며, 이들은 울릉도 산림을 남북으로 나누어 허가서 없이 벌목하고 있었다. 즉 울릉도는 일본인들에게 강점된 상태였던 것이다. 또 이 보고서는 울릉도에 일본 선박이 출항 준비 중인 5척을 포함해 21척, 잠수부정(潛水夫艇)이 3척 있다는 것도 확인하고 있다. 나카이를 비롯한 일본 어민들은 울릉도에 불법적으로 주거지를 갖고 이곳을 기지로 독도에 출어했던 것이다. 따라서 일본 어민들의 독도 어업은 일본인의 울릉도 침략이라는 배경하에 성립된 것임을 간과해서는 안 된다.[26]

일본 내각의 랑고도 영토 편입 결정과 관련해 지적해 두고자 하는 것은 한국의 경우 일찍부터 독도를 고유 영토로 인식하고 있었는 데 반해, 일본은 그러한 인식이 거의 없었다는 사실이다. 서양 이름인 량고도에 다케시마라는 새 이름을 붙여 영토로 편입시켰다는 사실 자체가 1905년 2월 22일 이전까지는 자신의 영토라는 인식이 없었다는 것을 의미하며 그전까지 일본은 량고도를 판도 밖의 땅, 다시 말해 조선령으로 인식하고 있었다. 이 점은 량고도(독도)에 관한 가장 오래된 일본 문헌인 17세기 중엽의 『은주시청합기(隱州視聽合記 [紀])』이래 계속 유지되었다.

우산도(독도)의 위치와 소속을 밝힌 유형원의 「여지지(輿地志)」(1656년)와 거의 같은 시기에 저술한 운슈[雲州] 이즈모국[出雲國] 관원인 사이토 호센[齋藤豊宣]의 『은주시청합기』(1667년) 「국대기(國代記)」에 보이는 '다케시마[竹島]'와 '마쓰시마[松島]'는 바로 오늘의 울릉도와 독도를 가리킨다. 이는 일본이 17세기 중엽부터 독도를 마쓰시마로 불렀음을 의미한다. 그리고 이 문헌은 일본(운슈)의 영토를 오키, 즉 인슈[隱州]에 국한하며 마쓰시마(독도)를 자신의 영토에서 제외시키고 있다. 즉 마쓰시마가 일본 영토가 아닌 조선령임을 명백히 한 것이다.[27]

17세기 말 조·일 간의 울릉도 영유권 분쟁, 즉 울릉도쟁계(鬱陵島爭界, 다케시마일건)는 막부가 울릉도를 조선 지계(地界)로 인정하고 다케시마(울릉도) 도해금지령(1696년 1월 28일)을 내려 타결의 기틀이 마련되었다.[28] 이후 조·일 양국은 울릉도(다케시마)와 우산도(마쓰시마)가 조선령임을 확인하는 외교상 절차를 밟아 마침내 1699년 3월에 막부의 대조선외교를 전담하고 있는 쓰시마번의 소우 요시자네[宗義眞]로부터 예조참의 이선부가 작성한 다케시마 도해금지령을 환영하는 조선 측 서계(1698년 3월자)를 막부에 전달했다는 서계(1699년 1월 일자)가 도착해 울릉도와 우산도가 조선령임이 확인되었다. 그 뒤 막부는 울릉도쟁계 당시의 이 결정을 계속 존중해왔다.

도쿠가와 막부를 이은 메이지 정부도 초년부터 울릉도는 물론 독도(량고도)가 조선령이라는 사실을 존중했다. 1877년 초에는 다케시마(울릉도)·마쓰시마(독도)의 지적 편찬 문제를 검토한 끝에 두 섬이 일본 영외(領外), 다시 말해 사실상 조선령이라는 결론을 내렸다. 이는 내무성의 건의에 따른 것이었다. 1880년대에 들어서도 외무성과 해군이 두 섬을 조선령으로 인식하고 있는 기록이 보인다. 내무성, 외무성, 해군은 영토 문제와 직접 관련이 있는 중앙관서이며, 태정관은 국정을 총괄하는 최고기관이었다.

1877년에는 메이지 정부에서 지도를 제작했다. 량고도를 편입하기 전까지 모두 6~7편이 제작되었는데, 이 관찬 지도들의 특징은 하나같이 두 섬을 조선령으로 보고 있었다는 것이다. 이것은 19세기 초 이노 다다타카의 「대일본연해여지전도」나 중엽(막부 말)의 「관판실측일본지도(官板實測日本地圖)」(1867년)의 영향도 고려해야 하겠지만, 태정관의 선포(지령)가 크게 작용한 결과라고 보아야 할 것이다.

정부에 「량고도(독도) 영토 편입 및 대하원」을 제출한 나카이도 량고도(마쓰시마)를 한국령으로 믿고 있었다. 그리하여 한국 정부로부터 이 섬을 임차하기로 결심하고 1904년 어기(漁期)가 끝나자(8월) 곧장 도쿄로 올라갔으나, 외무성 정무국장 야마자 엔지로 등 관료들에게 설득되어 「량고도 영토 편입 및 대하원」을 일본 정부에 제출하게 되었던 것이다. 따라서 각의의 량고도 영토 편입 및 대하원 승인, 즉 량고도 병합사건은 일본 정부가 나카이에게 독도(량고도) 병합의 명분을 제공받는 대신, 그에게 이 섬의 어업권을 특별허가한 것이라고 할 수 있다. 그리고 이런 흥정을 성립시키는 데 주동적 역할을 한 것은 농상무성 수산국장 마키 보쿠신, 수로부장 기모쓰키 가네유키, 외무성 정무국장 야마자 엔지로 등의 관료였다.

17세기 말 막부의 다케시마 도해금지령이 내려진 뒤 다케시마(울릉도)와 마쓰시마(독도)는 일본인들에게 점차 잊혀져 갔다. 그 대신 19세기 중엽인 막부 말~메이지 초부터 울릉도를 마쓰시마로, 독도를 량고도(リヤンコ島)로 부르기 시작했다. 그런데 일본 정부는 스스로 조선령으로 선포했던 이 량고도에 '다케시마'라는 새 이름을 붙여 영토로 편입시킨 것이다. 이는 러시아와의 '일본해 해전'을 앞두고 독도를 전략기지로 활용하기 위해서였다.

한편 영토 편입에 관한 고시도 충분한 절차를 밟은 것이 아니었다. 일본 정부는 영토 편입 문제이기 때문에 『관보(官報)』에 게재해 정부 차원에서 공시(公示)하는 조처를 취했어야 하는데도 그렇게 하지 않았다. 일본 정부는 이보다 앞선 1898년(明治 31) 7월에 오가사와라도[小笠原島] 모도(母島)로부터 동남쪽으로 660해리 떨어져 있는 미나미토리도[南鳥島]를 영토로 편입하고, 도쿄부[東京府] 고시 58호로 이를 밝힌 바 있다.[29] 그러나 이때에도 『관보』에 게재하지 않았다. 그러므로 미나미토리도의 예에 따라 량고도의 편입도 『관보』에 게재하지 않았다는 주장이 나올 수 있다. 그러나 새로운 영토 취득이 관보에 게재되는 것이 아니라면, 일본『관보』는 도대체 무엇을 게재해야 하는 것인지 알 수 없게 된다. 더욱이 량고도는 미나미토리도와 달리 일본 정부 스스로 조선령으로 인식할 만큼 한국의 이익과 직접 관련된 섬이었으므로, 미나미토리도와 동격으로 논할 성질의 것은 아니다.

량고도 영토 편입을 밝힌 시마네현 고시는 현청(縣廳) 문앞에 붙여 놓거나[30] 한두 개의 지방 신문에 게재되는[31] 방식으로 은밀하게 이뤄졌다. 이는 각의 결정(량고도 영토 편입)을 관내에 공시하라는 내무성 훈령 87호를 충실히 이행한 것이었다고 할 수는 있지만 충분한 절차를 밟은 고시였다고 하기는 어렵다.. 어떤 일본 연구자의 주장처럼 "일본 정부가 국제적으로 영토 편입을 공시한 것"[32]으로는 볼 수 없는 고시 절차였던 것이다.

일본 정부는 이처럼 비밀리에 량고도를 영토로 편입했다. 그 이유로 두 가지를 지적할 수 있지 않을까 생각한다. 하나는 한국 정부의 반발을 염려했기 때문일 것이라는 점이다. 한국은 이미 1900년에 광무 4년 칙령 제41호로 독도를 한국 영토로 재확인했으므로, 일본이 이 섬을 병합했다는 사실이 알려질 경우 그 강도가 높든 낮든 한국 정부가 반발하리라는 것은 쉽게 짐작할 수 있는 일이었다.

다른 하나는 열강을 자극하지 않을까 염려했기 때문일 것이라는 점이다. 열강의 지원을 받아 러시아와 전쟁중이던 일본이 갑자기 량고도를 병합할 경우, 열강이 자신들의 양해를 구하지 않고 일본이 한국을 병합할지 모른다는 의구심을 가지리라는 것도 충분히 예상할 수 있었다. 나카이가 제출한 량고도 영토 편입원을 내무성 당국자가 받아들이지 않은 것도 바로 이 때문이었다.

그러나 일본이 량고도 병합을 비밀에 부친 궁극적인 이유는 러시아와 전쟁중이던 당시 상황과 깊은 관련이 있기 때문이 아닌가 생각한다. 일본은 러시아 함대와 '일본해 해전'을 앞두고 량고도를 전략기지로 활용하기 위해 편입한 것으로 보이는데, 전략기지로 활용하기 위해 편입시켰다면 전략·전술상 이 사실을 결코 대외적으로 공표할 수 없었기 때문이다.

량고도 편입이 러일전쟁을 위한 전략기지로 활용하기 위해서였다는 것은 일본함대 사령관 도고 헤이하치로[東鄕平八郎]의 일련의 움직임에서 엿볼 수 있다. 도고가 러시아 함대와의 해전을 앞두고 진해(鎭海)에서 전투준비 완료를 성명한 것이 1905년 2월 20일이고, 시마네현의 영토 편입 고시가 있었던 것은 이틀 뒤인 22일이었다. 또 이보다 앞서 도고는 1월 10일부터 21일까지 도쿄에 체류하면서 각료들과 빈번히 접촉하고 있었다. 내무성에서 내각에 영토 편입을 요청한 것은 1월 10일이었고, 도고가 전(全) 함대의 대한해협 집결령을 내린 것은 1월 21일이었으며, 각의에서 영토 편입을 결정한 것은 1주일 뒤인 28일이었다. 이러한 사실들은 결코 우연이라고 볼 수 없다.[33]

량고도 영토 편입 목적이 량고도의 전략기지화에 있었다는 사실은 일본 정부 고위관료의 발언을 통해서도 확인할 수 있다. 나카이가 량고도 영토 편입을 출원하기 위해 외무성 정무국장 야마자 엔지로를 면담했을 때, 야마자가 "현 시국은 기(其, 량고도) 편입이 시급하다. 망루를 세우고 무선, 또는 해저전선을 설치하면 적함 감시에 극히 편리하다"고 한 것은 량고도의 전략기지화를 시사한다고 보아야 할 것이다.

그리고 실제로 일본 해군은 독도를 병합하기 전인 1904년 11월에 독도와 울릉도를 해저 전선으로 연결하는 망루의 건설 가능 여부를 조사하기 시작했다. 그 결과 타당성이 인정되었지만, 겨울철이라 착공을 하지 못한 채 일본해 해전을 맞았다. 그 뒤 1905년 6월에 이 계획을 확정짓고 7월에 착공해, 포츠머스조약(9월)이 성립되기 전에 독도 망루(배원 4명)와 울릉도 (신)망루(배원 9명)가 활동을 개시했다.[34]

일본은 전쟁을 일으킨 직후인 1904년 2월에 조선에 강요해 한일의정서를 성립시켰다. 이 의정서 제4조는 "일본 정부는 한국 황실의 안녕과 영토 보전을 위해 …… 군사상 필요한 지점을 수용할 수 있다"고 규정하고 있다. 그러므로 일본은 독도를 일본령으로 편입하지 않더라도 이 조항에 의거해 전략기지로 활용할 수 있었다. 또한 독도가 일본의 주장대로 주인 없는 땅일 경우라면 더욱 거리낄 것이 없었다. 그럼에도 일본이 서둘러 독도를 영토로 편입한 것은 무엇 때문이었을까 하는 의문이 남는다.[35] 그것은 짐작컨대 일본이 국운을 걸고 러시아함대와 벌인 '일본해 해전'(5월)에서 당할지도 모를 패배에 대비해 사전에 이 섬을 일본령으로 확보해야 한다는 판단 때문이 아니었는가 한다.

심흥택 보고서

    일본은 1906년 3월 26일, 시마네현 사무관(제3부장) 진자이 요시타로[神西由太郎]를 책임자로 하고 관민(官民) 45명으로 구성된 대규모의 조사대를 다케시마(량고도·독도)에 파견했다. 그 중에는 오키도사[隱岐島司] 히가시 분스케[東文輔], 영토 편입 및 대하 출원인 나카이 요사브로[中井養三郎], 이 조사대의 보고서 『죽도급울릉도(竹島及鬱陵島)』의 작성자 오쿠하라 후쿠이치(헤이운)[奧原福市](碧雲) 등도 포함돼 있었다. 이들은 3월 27일 독도에 도착해 서도·동도를 차례로 조사했다.

    이어 조사대는 3월 28일 울릉도에 상륙해 진자이 요시타로 등은 울도군 관아로 가서 군수 심흥택(沈興澤)을 방문했다.[36] 이들은 심 군수에게 독도가 일본 영토로 편입되었다는 것을 알렸다. 『죽도급울릉도』나 그 부록 「죽도도항일지(竹島渡航日誌)」에는 이에 대한 언급이 없지만, 강원관찰사서리 춘천군수 이명래(李明來)의 보고서에서 이 사실을 확인할 수 있다. 비록 일개 군수에게 비공식적으로 한 것이기는 하지만, 일본은 비로소 량고도가 일본 영토에 편입되었음을 한국 측에 알려온 것이다. 시마네현 고시가 있은 지 1년 2개월여가 지나서였다.

이전까지 일본은 량고도 편입을 비밀로 다루어왔다. 이 점은 1905년 8월 시마네현 지사 마쓰나가 다케키치[松永武吉] 등이 다케시마를 시찰할 때도 마찬가지였다. 마쓰나가 등은 처음에 오키기선회사[隱岐汽船會社]의 선박 다이니오키마루[第二隱岐丸]를 이용할 예정이었는데, 돌연 이를 바꾸어 해군 어용선(御用船) 교토마루[京都丸]를 이용했었다. 그런데 진자이가 이끄는 이 조사대는 관민으로 구성되었을 뿐 아니라, 다이니오키마루를 이용하는 등[37] 활동이 공개적이었고, 또 당당하게 군 관아로 심 군수를 방문해 영토 편입을 알린 것이다.

진자이가 이끄는 조사대가 독도·울릉도에 파견되었을 때는 이미 러일전쟁을 마무리 짓는 포츠머스조약이 성립되어(1905년 9월) 일본이 한국에서 특수권익을 행사하는 것이 열강들에게 승인된 상태였다. 그 후 일본은 한국에 외교권 접수와 통감(統監)의 파견을 주 내용으로 하는 제2차 한일협약(을사조약)을 강요했다(11월). 그리하여 외국 주재 공사들에게 소환령이 내려지고(12월)[38] 외부(外部)는 폐지되어 사무가 의정부에 설치된 외사국(外事局)으로 넘어가는 등(1906년 1월)[39] 외교권을 박탈당했으며, 통감부와 통감 휘하의 이사청(理事廳)이 사무를 개시함으로써(2월)[40] 한국은 일본 통감 지배하에 들어간 뒤였다. 그러므로 량고도 편입을 한국에 알리거나 대외적으로 공표하더라도 거리낄 것이 없었으므로 량고도 편입을 더 이상 비밀에 부칠 이유가 없었던 것이다.

울릉도 소속 독도, 즉 석도가 일본 영토로 편입되었다는 놀라운 통보를 접한 군수 심흥택은 곧 이 사실을 강원도관찰사에게 보고했다. 그 내용은 강원도관찰사서리 춘천군수 이명래가 1906년 4월 29일자로 의정부 참정대신에게 올린 「보고서호외(報告書號外)」에 수록되어 있다. 이 보고서호외의 내용은 다

음과 같다.[41]

보고서호외

울도군수 심흥택 보고서 내에—

본군(本郡) 소속 독도가 외양(外洋) 100여 리 외(外)에 있아옵더니 본월(本月) 초 4일 진시량(辰時量)에 윤선(輪船) 1척이 군내 도동포(道洞浦)에 정박했는데, 일본 관인(官人) 일행이 관사(官舍)로 와서 스스로 이르기를, "독도가 이제 일본 영지(領地)가 된 고로 시찰차 방문했다"고 하옵는 바, 그 일행은 일본 시마네현[島根縣] 오키도사[隱技(岐)島司] 히가시 분스케[東文輔] 및 사무관 진자이 요시타로[神西田(由)太郎], 세무감독국장 요시다 헤이고[吉田平吾], 분서장(分署長) 경부(警部) 가게야마 간파치로[影山巖八郎], 순사 1인, 회의(會議) 1인, 의사·기수(技手) 각 1인, 그밖에 수원(隨員) 10여 인이 먼저 총 호구수·인구·토지·생산의 많고 적음을 묻고 또 인원 및 경비가 얼마인지를 물으며 제반 사무를 조사할 양으로 녹거(錄去)이옵기에 이에 보고하오니 밝게 살피심을 복망(伏望, 삼가 바람)합니다.

—라고 하였기에 이에 준하여 [그대로] 보고하오니 밝게 살피심을 복망합니다.

이 보고서호외에 보이는 '본월 초4일'은 음력 3월 4일로 양력으로 치면 3월 28일이다. '진시량'은 오전 7~9시쯤이란 뜻인데, 3월 27일 오후 9시 울릉도 저동포에 잠시 정박해 있던 다이니오키마루가 도동포로 옮겨 정박한 것은 다음 날 해가 돋을 무렵으로 일행이 상륙한 것은 오전 9시였다는『죽도급울릉도』부록「죽도도항일지」의 기록과 일치하고 있다. '사무관 진자이 젠타로[神西田太郎]'는 시마네현 사무관 진자이 요시타로[神西由太郎]의 약칭이자 유(由)

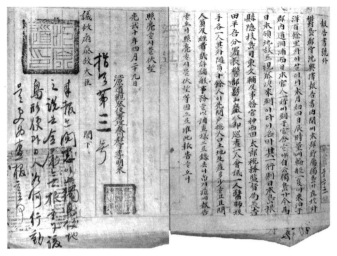

그림 2 ... 강원도관찰사서리 춘천군수 이명래의 보고서호외(1906년 4월 29일) 및 의정부 참정대신의 지령 제3호(1906년 5월 20일) [각관찰도망(各觀察道案) 1]

를 전(田)으로 본 오기이며, '세무감독국장'은 마쓰에[松江] 세무감독국장, '분서장'은 포향경찰분서장(浦鄕警察分署長), '회의'는 현회의원(縣會議員)의 약칭이다. 울도군 관아를 방문한 일본인은 수원까지 합치면 약 20명에 달하는 셈인데, 이것은 「죽도도항일지」의 '진자이 요시타로 이하 십수 명'과 약간의 차이를 보이고 있을 뿐이다.[42] 그러므로 심흥택의 보고가 상당히 정확하게 작성된 것임을 알 수 있다.

이 보고서호외에 따르면 심흥택의 보고 내용은 (1) 울도군 소속 독도, 즉 석도가 울릉도 먼 바다 100여 리에 있다는 것, (2) 음력 3월 4일(양력 3월 28일) 시마네현 오키도사 히가시 분스케, 시마네현 사무관 진자이 요시타로 등 일본 관리 약 20명이 관아를 방문해 독도가 일본 영지(영토)로 되었다고 말했다는 것, (3) 이들은 도내 호구수·인구·토지·생산량과 관아의 인원·경비·제반 사무를 질문하고 조사해 갔다는 것 등으로 요약할 수 있다.

이 문건에는 심 군수의 보고일자가 명기되어 있지 않으나 1947년 고 신석호(申奭鎬) 교수가 울릉도청에서 발견한 「심흥택 보고서 부본」에는 보고일자가 '광무 10년 병오(丙午) 음 3월 5일'로 되어 있다.[43] 양력으로 하면 1906년 3월 29일로, 심 군수는 3월 28일 일본 관리들에게 '독도'가 '일본 영지(領地)'로 되었다는 놀라운 통보를 받고 다음 날 바로 이 사실을 직속 상관인 강원도관찰사에게 보고했던 것이다. 그리고 강원도관찰사서리 춘천군수 이명래도 사안의 중대함과 긴급함을 인식한 듯 호외보고서(4월 29일자)로 심 군수의 보고 내용 그대로 의정부 참정대신에게 보고했다. 심흥택의 보고일자와 이명래의 보고서가 1개월의 격차를 보이는 것은 울릉도와 내륙 사이의 불편한 교통 사정 때문으로 보인다.

강원도관찰사서리 춘천군수 이명래의 호외보고서는 1906년 5월 7일자 접수 제325호로 의정부에 접수되었다. 그리고 의정부 참정대신은 이에 대해 5월 20일자 지령 제3호로 다음과 같이 명령했다.[44]

내보(來報)는 열실(閱悉)이고 독도(獨島) 영지지설(領地之說)은 전속무근(全屬無根)ᄒ니 해도(該島) 형편(形便)과 일인(日人) 여하행동(如何行動)을 갱위사보(更爲查報)ᄒᆞᆯ 사(事).

이 지령문은 당시 의정부 최고 책임자였던 참정대신[45]이 독도(량고도)의 일본 영토 편입을 부인하고 독도, 즉 석도가 대한제국 영토임을 명백히 한 것이

다. 당시 참정대신*은 박제순이었다.[46]

울도군수 심흥택의 보고서와 관련해 지적해 두고자 하는 것은 1906년 5월 1일자(207호) 『대한매일신보』 「잡보(雜報)」란에 보이는 다음과 같은 기사이다.

울도군수 심흥택씨가 닉부(部)에 보고ᄒ되 일본 관인 일행이 내도본군(來到本郡) ᄒ야 본군 소재 독도(獨島)는 일본 속지(屬地)라 자칭(自稱)ᄒ고 지계활협(地界濶狹)과 호구(戶口) 결총(結摠)을 일일록거(——錄去)라 ᄒ얏ᄂ딕 내부에서 지령ᄒ기를 유람도차(遊覽道次)에 지계(地界) 호구지록거(戶口之錄去)는 객혹무괴(客[容의 誤]或無怪)어니와 독도지칭운(獨島之稱云) 일본 속지는 필무기리(必無其理)니 금차(今此) 소보(所報)가 심섭아연(甚涉訝然)이라 ᄒ얏더라.

비슷한 내용이 1906년 5월 9일자(2175호) 『황성신문(皇城新聞)』 「잡보」란에 보인다. 5월 7일 의정부 외사국(外事局)에 접수된 강원도관찰사서리 이명래의 호외보고서를 취재한 기사였을 것이다. 그런데 『대한매일신보』 기사에 따르면 울도군수 심흥택은 1906년 3월 29일(음 3월 5일)자 강원도관찰사에게 보낸 보고서와 거의 같은 내용의 것을 내부(內部)에도 보냈다. 발송 시기는 신문에 보도된 일자가 5월 1일이므로, 울릉도와 내륙 사이의 불편한 교통 사정을 감

---

* 의정부 최고 책임자는 의정대신(議政大臣)이나, 1905년 1월 7일 이근명(李根命)이 사임하면서 의정대신은 공석으로 있었다. 후임 의정대신인 민영규(閔泳奎)가 임명되는 것은 1906년 5월 28일에 가서였다. 참정대신은 1905년 11월 28일 이후 박제순이 재임했는데, 1907년 5월 22일 이완용으로 교체되었다. 『高宗實錄』, 光武 10年 1月 7日 · 5月 28日.

안하면 3월 29일쯤이 아니었을까 생각한다. 생각건대 심 군수는 일본인 관리들에게 독도가 일본 영토로 편입되었다는 통보를 받자 이를 즉시 직속 상관인 강원도관찰사에게 보고하는 한편, 그럴 경우 정부로 올라갈 보고가 늦어질 것을 우려해 같은 내용의 보고서를 직접 내부로도 발송한 것이 아닌가 한다.

심 군수는 내부로 보낸 보고서에서도 일본 관원들이 군 관아를 방문해 '본군 소재 독도', 즉 울도군 관할의 독도를 '일본 속지(屬地)'라 자칭하고 울도군의 경계·호구·토지 총면적을 적어갔다고 했다. 내부는 이에 대한 지령에서 유람하는 길에 경계·호구를 적어가는 것은 있을 수 있는 일이지만, 독도를 '일본 영토'라고 했다는 것은 그럴 이유가 전혀 없는 만큼 보고 자체가 심히 의아하다고 지적하고 있다. 이는 내부에서도 의정부 참정대신과 마찬가지로 독도의 일본 영토 편입을 부인하고 독도가 한국 영토임을 명백히 한 것이다.

의정부 참정대신 박제순은 5월 20일자 지령 제3호로 독도의 형편과 일본인들이 어떻게 행동했는지 재조사해 보고할 것을 강원도관찰사에게 지시했다. 아마 내부에서 심 군수에게 내린 지령에도 이런 내용이 들어 있었을 것이다. 그러나 이러한 지령에 대한 강원도관찰사나 울도군수의 재보고서는 찾아볼 수 없다. 그 이유는 다음의 두 가지 중 하나가 아닐까 생각한다.

첫째는 그러한 지령이 강원도관찰사나 울도군수에게 내려가지 않았거나, 설령 내려갔다 하더라도 재보고서는 올라오지 못했을 경우이다. 러일전쟁이 발발하면서 일본은 한국에 한일의정서를 강요해(1904년 2월) 모든 통신기관을 접수했고, 이어 한일통신기관협정서(韓日通信機關協定書)를 체결해(1905년 4월) 우편·전신·전화 사업을 모두 이관받았으므로[47] 일본에 불이익이 되는 지령이나 보고서는 일본 측이 얼마든지 차단하거나 압수할 수 있었다.

둘째는 강원도관찰사나 울도군수로부터 재보고서가 올라오기는 했지만, 그 뒤 일본 측에서 폐기했을 경우이다. 러일전쟁 이후엔 일본 측이 자국에 불이익이 되는 문건은 관리나 기관원을 시켜 얼마든지 가져갈 수도, 없앨 수도 있었다. 그리고 실제로 그러한 혐의가 가는 사례도 있다. 가령 『비변사등록(備邊司謄錄)』 가운데 안용복의 진술이나 울릉도쟁계 관계 기사가 실려 있었을 숙종 22년(1696년) 1월에서 24년(1698년) 12월까지의 기록이 없어진 것도[48] 그러한 예가 될 것이다.

한국 정부는 이처럼 강원도관찰사서리 이명래나 울도군수 심흥택의 보고를 통해 일본이 독도를 병합한 사실을 알고 있었다. 그러나 이를 일본 측에 항의하지 않았던 것 같다. 아니, 항의를 하지 않은 것이 아니라 사실상 항의할 수가 없었을 것이다. 한국은 이미 러일전쟁 당시에도 그러했지만 특히 을사조약(1905년 11월)이 성립되면서부터 외부(外部)가 폐지(1906년 1월)되는 등 외교권을 박탈당했고, 2월부터는 통감부의 지배를 받고 있었기 때문이다. 이런 상황에서는 독도 병합에 대해 항의하려 해도 항의할 길이 사실상 막혀 있었다. 일본의 이익을 위해 한국에 파견된 일본 관리를 통해 일본 정부에 항의하는 방도밖에 없었기 때문이다.

울릉도의 일본 경찰관주재소나 일본인 철수 문제도 러일전쟁 이전까지만 하더라도 한·일 간의 중요한 외교현안이었다. 그런데 전쟁이 발발하면서 한국 정부가 아무런 항의를 하지 않은 것도 이와 같은 상황 때문이었을 것이다. 그리고 전 영토가 일본에 병합될 위급한 처지에 놓여 있는 한국으로서는 울릉도의 일본 경찰·일본인 철수 문제나 독도 문제는 미처 돌볼 겨를이 없었으리라는 것도 상기해야 할 것이다.

한국 정부가 일본의 독도 병합에 대해 항의하지 않았다고 해서 그것이 일본의 독도 병합을 묵인하는 것은 아니다. 한국 정부는 독도, 즉 우산도를 계속해서 한국의 영토로 인식하고 있었다. 고종의 명에 따라 지나간 역사적 사실들을 집대성할 목적으로 편찬 간행된 『증보문헌비고(增補文獻備考)』여지고(輿地考) 울진(蔚珍)조에 나오는 다음의 기사가 이를 증명한다.[49]

우산도 울릉도 …… 두 섬으로 하나가 우산이다. '속' 지금은 울도군이 되었다.
于山島 鬱[欝]陵島 …… 二島 一郎芋山 '續' 今爲鬱[欝]島郡.

'속(續) 지금은'이란 『증보문헌비고』를 간행한 1908년(융희 2) 현재란 뜻으로,[50] 우산도와 울릉도는 1908년 현재 울도군(鬱島郡)이 되었다는 것이다.

우산도(독도), 즉 석도(石島)는 광무 4년 칙령 제41호「울릉도를 울도로 개칭ᄒᆞ고 도감을 군수로 개정ᄒᆞᆫ 건」의 제정 반포에 따라 울도군에 소속되었으며, 시대적 여건상 일본의 독도 병합에 대해 항의하지 못했다고 하더라도 예로부터 독도가 일본 영토가 아닌 우리 영토라는 것은 이제 너무나 잘 알려진 사실이다.

1 이 책 VI장 1 · 2절 참조.

2 高麗大 附設 亞細亞問題研究所(1974), 『交涉局日記』(『舊韓國外交關係附屬文書』 7), 光武 4年 9月 5 · 11日 ; 高麗大 附設 亞細亞問題研究所(1968), 『日案』5(『舊韓國外交文書』 5), 文書番號 5900 · 5907.

3 『皇城新聞』, 光武 6年 4月 29日.

4 『交涉局日記』, 光武 5年 9月 10 · 14日 ; 『皇城新聞』, 光武 5年 9月 12 · 18日.

5 「鬱陵島郵便所沿革簿」(鬱陵郡郵便局 소장).

6 『駐韓日本公使館記錄』(國史編纂委員會 소장), 本省機密往信(明治 34年) 機密 제133호.

7 『交涉局日記』, 光武 6年 9月 30日.

8 『交涉局日記』, 光武 6年 10月 11日 ; 『日案』6, 文書番號 7057 · 7501.

9 『交涉局日記』, 光武 6年 10月 30日 ; 『日案』6, 文書番號 7084 · 7515.

10 『駐韓日本公使館記錄』(國史編纂委員會 소장), 本省機密往信(明治 34年) 機密 제133호.

11 『勅令』(奎章閣 소장), 光武 8年 5月 18日 ; 『官報』, 光武 8年 5月 18日 號外, 24日.

12 『日本外交文書』37 : 1, 文書番號 435 · 444 · 451.

13 「鬱陵島郵便所沿革簿」 ; 堀和生(1987), 「一九0五年日本の竹島領土編入」, 『朝鮮史研究會論文集』 24, 110쪽.

14 堀和生(1987), 위의 글, 114~115쪽.

15 奧原碧雲(1907), 『竹島及鬱陵島』, 日本 松江 : 報光社, 32쪽. 原文은 다음과 같다.
北緯三十七度九分三十秒東經百三十一度五十五分隱岐島ヲ距スル西北八十五浬ニ定ル島嶼ヲ 竹島ト稱シ自今本縣所屬隱岐島司ノ所管ト定メラル.

16 竹島漁獵合資會社(1905), 「行政諸官廳往復雜書類」, 「中井履歷書」 ; 奧原碧雲(1907), 위의 책, 27~32쪽.

17 姜萬吉(1985), 「日本側 문헌을 통해서 본 獨島」, 『獨島硏究』, 327~330쪽 ; 堀和生(1987), 앞의 글, 116~118쪽 ; 內藤正中(2000), 『竹島(鬱陵島)をめぐる日朝關係史』, 166~176쪽 ; 朴炳涉 (2007), 『竹島=獨島論爭』, 96~101쪽.

18 姜萬吉, 앞의 글, 327~330쪽 ; 堀和生(1987), 앞의 글, 116~118쪽 ; 內藤正中(2000), 위의 책, 166~176쪽.

19 竹島漁獵合資會社(1905), 「行政諸官廳往復雜書類」, 中井履歷書 ; 奧原碧雲(1907), 앞의 책, 27~32쪽 ; 姜萬吉, 앞의 글, 327~330쪽 ; 堀和生(1987), 앞의 글, 116~118쪽 ; 內藤正中 (2000), 앞의 책, 166~176쪽, 朴炳涉(2007), 앞의 책, 96~101쪽.

20 「內務省請議書」(日本內閣文庫 소장).

21 「內閣決定文」(日本內閣文庫 소장).

22 川上健三(1966), 『竹島の歷史地理學的硏究』, 東京:古今書院, 213쪽.

23 「內閣決定文」의 原文은 다음과 같다.

明治卅八年一月廿八日

別紙內務大臣請議無人島所屬ニ關スル件ヲ審査スルニ右ハ北緯三十七度九分三十秒東經百三十一度五十五分隱岐島ヲ距ル西北八十五浬ニ在ル無人島ハ他國ニ於テ之ヲ占領シタリト認ムヘキ形跡赤ナク一昨三十六年本邦人中井養三郞ナル者ニ於テ漁舍ヲ搆へ人夫ヲ移シ獵具ヲ備ヘテ海驢獵ニ着手シ今回領土編入並ニ貸下ヲ出願セシ所此際所屬及島名ヲ確定スルノ必要アルヲ以テ該島ヲ竹島ト名ケ自今島根縣所屬隱岐島司ノ所管ト爲サントスト謂フニ在リ依テ審査スルニ明治三十六年以來中井養三郞ナル者カ該島ニ移住シ漁業ニ從事セルコトハ關係書類ニ依リ明ナル所ナレハ國際法上占領ノ事實アルモノト認メ之ヲ本邦所屬トシ島根縣所屬隱岐島司ノ所管ト爲シ差支無之儀ト思考ス依テ請議ノ通閣議決定相成可然ト認ム.

24 I장 4절, IV장 1·2절, VI장 3절 참조.

25 奧原碧雲(1907), 앞의 책, 27~32쪽.

26 『皇城新聞』, 光武 6年 4月 29日；堀和生(1987), 앞의 글, 112쪽.

27 이 책 IV장 1절 참조.

28 이 책 II장 2절 참조.

29 「內閣決定文」, 同附屬文書(日本內閣文庫 소장).

30 崔南善(1973), 「鬱陵島와 獨島」, 『六堂崔南善全集』 2, 高麗大附設 亞細亞問題硏究所, 699~700쪽.

31 일본 정부의 주장에 따르면 시마네현 고시 제40호는 『시마네현 현보(縣報)』(明治 38년 2월 22일자)와 『산음신문(山陰新聞)』(제5912호)에 게재되었다고 한다. 愼鏞廈(2001), 『獨島領有權資料의 探究』 4, 435~436쪽.

32 大熊良一(1968), 『竹島史稿』, 東京：原書房, 243쪽.

33 崔文衡(1985), 「발틱艦隊의 來到와 日本의 獨島倂合」, 『獨島硏究』, 韓國近代史資料硏究協議會, 383~394쪽.

34 堀和生(1987), 앞의 글, 115쪽.

35 호사카 유지(2006), 「지도와 문헌으로 본 19세기 일본의 대독도 인식」, 『독도와 교과서』, 서울대학교 사범대학 학술회의 발표문, 88~89쪽.

36 奧原碧雲(1907), 앞의 책, 附錄, 「竹島渡航日誌」.

37 奧原碧雲(1907), 앞의 책, 附錄, 「竹島渡航日誌」；川上健三(1966), 앞의 책, 221~222쪽.

38 『高宗實錄』, 光武 9年 12月 14日.

39 『高宗實錄』, 光武 10年 1月 17日；「勅令」(奎章閣 소장) 16, 光武 10年 1月 17日(勅令 제5호,

外部官制改正件).

40 『官報』(日本), 明治 38年 11月 23日 號外, 39年 2月 6 · 12日.

41 議政府外事局, 「各觀察道案」1(奎章閣 소장). 原文은 다음과 같다.

報告書號外

欝島郡守 沈興澤報告書 內開에 本郡所屬 獨島가 在於外洋 百餘里 外 이살더니 本月 初四日 辰時量에 輪船一隻이 來泊于郡內道洞浦 而日本官人 一行에[이] 到于官舍ᄒ야 自云 獨島가 今爲日本領也 故로 視察次 來到이다 이온바 其一行 則日本島根縣 隱技[岐]島司 東文輔 及事務官 神西田[由]太郎 稅務監督局長 吉田平吾 分署長 警部 影山巖八郞 巡査一人 會議一人 醫師 · 技手 各一人 其外 隨員十餘人이 先問戶摠 · 人口 · 土地 · 生産 多少ᄒ고 且問 人員 及經費 幾許 諸般事務을 以調査樣으로 錄去이옵기 玆에 報告ᄒ오니 照亮ᄒ시믈 伏望等 因으로 准 此 報告ᄒ오니 照亮ᄒ시믈 伏望

光武十年 四月 二十九日

江原道觀察使署理 春川郡守 李明來

議政府 叅政大臣 閣下

42 奧原碧雲(1907), 앞의 책, 附錄 「竹島渡航日誌」.

43 申奭鎬(1948), 「獨島 所屬에 대하여」, 『史海』 1 ; 「獨島의 來歷」, 『思想界』 8 : 8 (1960).
申奭鎬 교수가 울릉도청에서 발견한 「심흥택 보고서 부본」의 내용은 다음과 같다.

報告書

本郡所屬 獨島 在於外洋 百餘里許이옵드니 本月 初四日 辰時量에 輪船一隻이 來泊于郡內道 洞浦 而日本官人 一行이 到于官舍하여 自云 獨島가 今爲日本領地 故로 視察次로 來島이다 인 바 其一行 則日本島根縣 隱岐島司 東文輔 及 事務官 神田由太郎 稅務監督局長 吉田平吾 分 署長 警部 影山岩八郞 巡査一人 會議員一人 醫師 技手 各一人 其外 隨員十餘人이 先問 戶摠 人 口 土地 及 生産多少 次問 人員及經費幾許 諸般事務를 以調査樣으로 錄去이압기 玆以 報告하 오니 照亮하심을 務望함

光武十年 丙午 陰三月 五日

※李明來의 報告書號外와 대조할 때 글자가 조금씩 다른 것이 있으나 내용은 같다.

44 議政府外事局, 「各觀察道案」1(서울대학교 내 奎章閣 소장).

45 『高宗實錄』, 光武 10年 1月 7日 · 5月 28日.

46 『高宗實錄』, 光武 9年 11月 28日 · 11年 5月 22日 ; 國史編纂委員會(1972), 『大韓帝國官員履歷書』, 751~752쪽(朴齊純).

47 『高宗實錄』, 光武 9年 4月 1日.

48 『備邊司謄錄』 3(國史編纂委員會 影印, 1959).

49 『增補文獻備考』 上(1971) 31, 輿地考 19, 海防 1, 東海 蔚珍, 東國文化社.

50 『增補文獻備考』 上, 「增補文獻備考凡例」.

VIII. 독도 영유권의 역사적 검증

——————— VIII장은 결론을 겸해서 주로 고유영토론(2도설), 도쿠가와 막부와 메이지 정부의 울릉도(다케시마)·독도(마쓰시마) 인식, 대한제국 정부의 독도 영유권 재확인과 일본의 량고도(독도) 영토 편입의 부인 등 독도 영유권론을 중심으로 정리한 것이다. 그러므로 영유권 문제와 직접적인 관계가 없는 수토와 개척은 다루지 않았다. 또 특별한 경우를 제외하고는 주석을 달지 않았다.

우산국과 우산·무(울)릉 2도설

우산국

울릉도에 언제부터 사람이 살기 시작했으며, 이들이 언제쯤 우산국이라는 작은 나라를 세우게 되었는지는 정확히 알 수 없다.

하지만 이규원(李奎遠)의 『울릉도검찰일기(鬱陵島檢察日記)』(1882년 고종 18)에서 그 단서를 찾을 수 있는데, 대황토구미(大黃土邱尾), 흑작지(黑斫之), 나리동(羅里洞)에 사방을 작은 돌로 고이고 그 위에 널찍한 덮개돌을 얹은 석장지(石葬址)가 군집(대황토구미) 혹은 산재(흑작지, 나리동)한다는 내용이 바로 그것이다(5월 2·3·4일조). 이와 관련해 서울대학교 박물관팀이 1997~1998년에 실시한 울릉도 지표조사 결과가 주목된다. 이 조사에서 서울대학교 박물관팀은 북면 현포리(玄圃里)에서 지석묘 1기를 발견하고 약간의 무문토기편 등을 수습했으며, 울릉읍 저동리(苧洞里)와 남면 남서리(南西里)에서도 각 1기씩의 지석묘를 발견했다. 여기서 현포리의 옛 이름은 이규원이 『검찰일기』에서 석장지가 간간이 보인다고 한 흑작지로, 이는 현포리에 지석묘가 있다는 서울대학교

그림 1 ... 독도 전경

그림 2 ... 촛대바위와 동도·서도

박물관팀의 견해를 뒷받침해 준다.

지석묘와 무문토기는 남만주 일대와 한반도 전역에 나타나는 청동기문화권의 중요한 특징이다. 이러한 사실은 울릉도에 청동기 시대 혹은 청동기 문화가 있었다는 것을 보여준다. 한국 청동기 시대의 편년은 기원전 1000년~기원전 400년쯤이지만, 바다 멀리 떨어진 울릉도의 편년은 좀 더 늦추어 잡아야 하지 않을까 한다.

울릉도에 최초로 정착한 사람들은 한반도 동해 연안의 주민들이었을 것이다. 일찍이 이케우치 히로시[池內宏]는 고대 울릉도 주민을 예족(濊族, 강원도)으로 추정한 바 있다.[1] 이들 첫 정착인은 독도를 최초로 목격한 사람들이기도 했다. 『세종실록』「지리지」에서 '두 섬(울릉도·우산도)은 풍일이 청명하면 서로 바라볼 수 있다'고 했듯이 실제로 날씨가 좋으면 육안으로 울릉도에서 독도를 보는 것이 가능하다. 그렇기 때문에 첫 이주민들도 우산도(독도)를 확인했으리라고 본다.

울릉도도 다른 청동기문화권 지역과 마찬가지로, 한국사상 최초의 국가 형태인 '초기국가(성읍국가)'가 세워진 것으로 보인다. 그러나 성립 시기가 기원전 몇 세기쯤인지, 그리고 초기국가의 이름이 처음부터 우산국이었는지, 아니면 다른 이름을 가지고 있다가 철기를 사용하는 새로운 세력에 의해 우산국으로 바뀐 것인지 알기 어렵다.

시간이 흘러 우산국이 신라에 귀순해 항복한 것은 이찬(伊飡) 이사부(異斯夫)의 정벌이 있던 512년(지증왕 13)으로, 이후 우산국은 신라에 매년 토산물을 바쳤다. 고려가 개창하자 우산국은 새 왕조에도 토산물을 바쳤다. 『고려사』의 '우릉도(芋陵島)에서 930년(태조 13) 8월에 사자(使者) 백길(白吉)과 토두(土豆)를 보내 토산물을 바치자, 고려에서 백길에게 정위(正位), 토두에게 정조(正朝)의 벼슬을 내렸다'는 기록에서 이를 확인할 수 있다.[2] 930년은 태조가 고창(古昌, 현재의 안동)전투에서 후백제의 견훤을 크게 패배시킨 해(1월)이다.

또한 우산국 지배자를 성주(城主)라고 부르기도 했던 것 같다. 『고려사』 세가(世家) 덕종(德宗) 원년(1032년) 11월 병자(丙子)에, '우릉성주(羽陵城主)가 아들 부어잉다랑(夫於仍多郎)을 보내 토물(土物)을 바쳤다'는 기사가 이를 뒷받침해 준다.

이처럼 우산국은 6세기 초 이후부터 신라와 고려에 토산물을 바쳐 왔다. 이는 우산국이 6세기 초부터 내륙과 조공 관계를 맺어 왔음을 의미한다. 여기서 우산국의 판도(版圖)는 『세종실록』 「지리지」나 신경준의 『강계고』(1756년), 『동국문헌비고』(1770년)에 따르면 울릉도와 우산도(독도)이다.[3]

우산국은 1018년(현종 9)쯤에 동북여진족의 침략을 받았다. 이때 우산국이 입은 손실은 매우 컸던 것 같다. 일부는 여진족에게 잡혀 가거나 내륙으로 피란했으며, 농기구를 빼앗겨 농사도 망쳤다. 그리하여 고려는 1018년 농기구를 지급하기 위해 이원구(李元龜)를 우산국에 파견했다. 이원구는 고려가 울릉도에 파견한 최초의 관원이었다. 이듬해 고려 조정은 내륙으로 피란한 우산국인들을 모두 귀환시켰고, 1022년에는 여진지역에서 도망쳐 온 우산국인들을 예주(禮州, 현재의 영덕) 호적에 편입시켰다.

그런데 1022년까지 쓰여 오던 우산국이라는 호칭은 더 이상 『고려사』나 『고려사절요』에 보이지 않는다. 또 1032년(덕종 원년)을 마지막으로 내륙에 사자(使者)를 보내 토산물을 바쳤다는 기사도 찾아볼 수 없다. 이러한 사실은 우산국이 11세기 초 동북여진족의 침략을 받은 뒤 급격히 쇠망해 갔음을 시사한다. 그 후 울릉도는 12세기 중엽 김유립(金柔立)의 보고에 보이는 바와 같이,

촌락의 흔적만 남아 있는 사람이 살지 않는 섬이 되어버렸다.

우산·무(울)릉 2도설

조선 초기인 세종~성종대(1418~1494년)에 편찬된 「신찬 팔도지리지」(1432년, 세종 14)를 거의 그대로 전재한 『세종실록』「지리지」(1454년, 단종 2), 『고려사』「지리지」(1451년, 문종 1), 「동국여지승람」(1486년·성종 17 편찬, 1499년·연산군 5 교정)* 강원도 혹은 동계(東界) 울진현(蔚珍縣)조는 울릉도와 우산도에 관한 지지(地誌)를 싣고 있다. 이는 조선 왕조의 울릉도, 독도에 대한 영유 의지를 나타내는 것이어서 주목된다. 그러나 내용에 조금씩 차이를 보이고 있어 혼선을 빚게 한다.

『세종실록』「지리지」는 우산·무릉 두 섬이 울진현 정동(正東) 바다 가운데에 있다 하고, 이어 서로 떨어짐이 멀지 않아 풍일(風日)이 청명(淸明)하면 바라볼 수 있다고 덧붙이고 있다. 그런데 『고려사』「지리지」에서는 울진현 정동 바다 가운데 울릉도가 있다 하고, 이어 혹은 우산과 무릉은 본디 두 섬으로 서로 떨어짐이 멀지 않아 풍일이 청명하면 바라볼 수 있다고 덧붙이고 있다. 『신증동국여지승람』에서는 우산도·울릉도가 울진현 정동 바다 가운데 있다

---

* 『신증동국여지승람』에서는 「동국여지승람」을 증보하면서 '신증(新增)'이라 표시하고 있는데, 우산도·울릉도에는 그러한 표시가 없다. 이는 『신증동국여지승람』이 「동국여지승람」의 우산도·울릉도 기사를 그대로 실었음을 의미한다.

하고, 이어 일설에는 두 섬을 본디 한 섬이라 한다고 덧붙이고 있다.

그런데 편찬 연대가 가장 앞서는 『세종실록』「지리지」에서는 우산·무릉 2도의 존재를 확인하고 있는 데 반해 이보다 약 20년 후에 쓰인 『고려사』「지리지」에서는 울릉 1도를 내세우면서도 우산·무릉 2도설을 덧붙이고 있으며, 「동국여지승람」의 내용을 그대로 실은 『신증동국여지승람』에서는 우산·무릉 2도설을 내세우면서도 1도설을 덧붙이고 있다.

여기에서 제기되는 의문은 『세종실록』「지리지」에서 우산·무릉 두 섬의 존재를 인정하다가 왜 『고려사』「지리지」에서는 울릉 1도설을 내세우면서도 2도설을 덧붙이는 선으로 후퇴하고 있느냐는 것이다. 그러나 이 의문은 『고려사』「지리지」가 고려 시대 지리에 한해 서술하고 있다는 점을 감안하면 쉽게 해명될 수 있다. 즉 『고려사』「지리지」는 울진현 정동 바다 가운데 울릉도가 있으며, 무릉도(울릉도)와 함께 우산도가 있다는 설도 있다는 고려 시대 울릉도·우산도에 대한 지식을 반영하고 있다고 볼 수 있다.

그렇다면 울릉도·우산도에 관한 세 지리지의 내용은 큰 무리없이 연결되는 셈이다. 즉 『고려사』「지리지」에서 울릉 1도설을 내세우면서도 우산·무릉 2도설을 덧붙이다가 『세종실록』「지리지」에서 우산·무릉 2도로 발전했으며, 「동국여지승람」에서는 『세종실록』「지리지」의 우산·무릉 2도를 계승하면서도 1도설을 덧붙이는 선으로 후퇴하고 있는 것이다.

울릉도·우산도에 대한 이와 같은 인식의 변화는 고려 중·후기나 조선 초기 두 섬에 대한 지리적 지식과 깊은 관련이 있음은 말할 나위가 없다. 여기서 우리는 세 지리지가 쓰여진 시기인 고려와 조선 왕조의 울릉도 경영에 대해 다시 한 번 살펴볼 필요가 있다.

우산국은 11세기 초 동북여진족의 침략을 받아 급격히 쇠퇴해, 마침내 사람이 살지 않는 섬이 되어 버렸다. 한편 고려는 12세기 중엽부터 관원들을 울릉도로 파견하기 시작했다. 처음은 명주도감창사(溟州道監倉使) 이양실(李陽實)이 파견(1141년, 인종 19)되었으며 이어 명주도감창전중내급사(溟州道監倉殿中內給事) 김유립(金柔立)이 파견(1157년, 의종 11)되었고, 무인정권기의 집권자 최이(崔怡, 崔瑀)도 1243년(고종 30)에 관원을 파견했다. 모두 울릉도로 내륙인을 이주시키는 것이 가능한지 알아보기 위해서였다. 김유립의 파견 때는 울릉도 지리가 자세히 조사되어 이 섬에는 암석이 많아 이민하는 데 적합하지 않다는 판정이 내려지기도 했다. 그러나 이 무렵부터 울릉도는 동계 울진현 관할로 편입되었던 것 같다.

이처럼 12세기 중엽 이후 여러 차례에 걸쳐 관원들이 울릉도로 파견되고 지리가 자세히 조사된 결과, 울릉도는 물론 독도에 대한 지견(지식과 견문)도 어느 정도 생긴 것으로 보인다. 『고려사』「지리지」울진현조에 비록 '혹은'이라는 단서가 붙기는 했지만, '우산·무릉은 본디 두 섬으로 서로 떨어짐이 멀지 않아 풍일이 청명하면 [울릉도에서 독도를] 바라볼 수 있다'는 것은 바로 이러한 지견을 반영하는 것이라 하겠다. 지금도 날씨가 맑을 때는 울릉도에서 독도를 바라볼 수 있다.

울릉도에는 고려 말부터 내륙 연해민들의 입거(入居)가 다시 시작되었던 것 같다. 그러나 새로 개창된 조선 왕조는 이들의 입거를 용납하지 않았다. 그 이유는 이들이 역(役)을 피해 도망간 사람들일 뿐 아니라 울릉도에 사람이 살게 되면 왜가 침입할 가능성이 있으며, 그렇게 되면 그들이 강원도에도 침입할 것이라 우려했기 때문이었다.

그리하여 1403년에 처음으로 거민(居民)에 대한 쇄환령이 내려져 울릉도 공도정책(空島政策)의 단서가 열렸고, 이것은 1417년 안무사(按[安]撫使) 김인우(金麟雨)가 울릉도를 다녀오면서 확정되었다. 이렇게 공도정책이 확정되면서 거민들을 쇄환하기 위해 관원들이 자주 울릉도로 파견되었는데 김인우는 안무사로 두 차례(1417년, 1425년)나 더 울릉도를 다녀왔으며, 남회(南薈)·조민(曹敏) 등도 순심경차관(巡審敬差官)으로 이 섬에 파견(1438년)되었다. 순심경차관의 파견은 울릉도 수토제도(搜討制度)의 기원이 된다고 할 수 있다.

15세기 초부터 공도정책을 결정하고 거민 쇄환을 위해 관원들을 자주 울릉도에 파견한 결과, 울진현 정동 바다 가운데 우산·무릉의 두 섬이 있다는 것이 더욱 분명해졌다. 공도정책을 확정짓고 안무사 김인우를 파견할 때의 사명이 무릉도와 우산도 거민을 쇄환하는 데 있었다든지, 세종대에 다시 김인우를 파견할 때 그의 직함이 우산·무릉등처안무사(于山·武陵等處按撫使)였다는 사실이 이를 뒷받침해 준다.

1432년에 편찬된 『세종실록』「지리지」강원도 울진현조에 '우산·무릉 두 섬이 현의 정동 바다 가운데 있다'고 하고 주기(注記)에서 '두 섬은 서로 떨어짐이 멀지 않아 풍일이 청명하면 바라볼 수 있다'고 한 것은 바로 두 섬에 대한 조선 초기의 인식을 반영하는 것이다. 편찬 연대가 뒤짐에도 불구하고 고려 후기의 지리적 인식을 반영하던 『고려사』「지리지」의 '혹은'이라는 단서가 두 섬에 대한 지리적 지견이 확대되어 감에 따라 『세종실록』「지리지」에 이르러 비로소 삭제하게 된 것이다.

울진현 정동 바다 가운데 우산·무릉의 두 섬이 있다는 인식은 세조대까지도 이어졌다. 전 중추원부사(前中樞院副使) 유수강(柳守剛)의 상서에 보이는 우산·무릉 두 섬에 읍을 설치하자는 건의(1457년, 세조 3)는 이러한 인식을 바탕으로 나온 것이라 하겠다. 이러한 인식은 연대가 그리 멀리 떨어지지 않은 성종·연산군대까지 이어졌을 것이다.

그러나 15세기 초 이래 울릉도에 대한 공도정책이 계속 시행되어 거민들을 쇄환하고 이들에게 '본국(本國)을 배반한 죄'를 적용해 처형한 결과 연해민들의 울릉도 왕래는 끊어졌고, 우산도나 무릉도는 점차 잊혀져 가는 섬이 되었다. 그리하여 이후 동해에 요도(蓼島)니 삼봉도(三峯島)니 하는 섬이 있다는, 그러나 실은 독도와 울릉도를 일컫는 것인 '신도설(新島說)'이 세종·성종대에 특히 함길도(咸吉道, 永安道) 연해민들 사이에 나돌게 되었다.

「동국여지승람」의 우산도·울릉도 기사를 그대로 옮겨 실은 『신증동국여지승람』(1531년, 중종 25) 강원도 울진현조에 '두 섬(우산도·울릉도)이 울진현 정동 바다 가운데 있다'고 하여 『세종실록』「지리지」의 기록을 계승하면서도, 주기(注記)에서 '일설에는 우산·무릉은 본디 한 섬이라고 한다'는 단서를 붙이고 있는 것도 이와 같은 사정을 반영하는 것이라고 하겠다.

사람들의 왕래가 끊기면서 우산·무릉도는 점차 잊혀져 갔고, 그 결과 신도설이 나돈 것은 매우 자연스러운 현상으로 보아야 할 것이다. 이렇게 잊혀져 가던 섬인 울릉도와 우산도가 다시 주목을 받기 시작한 것은 조선 후기에 들어서면서부터였다.

조선은 초기에 펴낸 세 관찬 지리지에 울릉도와 우산도의 지지(地誌)를 실어 두 섬에 대한 각별한 관심을 보여주고 있다. 특히 조선에서 왕조의 '정사(正史)'로 떠받드는 『실록』에 울릉도와 우산도의 지지를 수록하고 있는 것은 조선 왕조가 두 섬에 대해 영유 의지를 분명히 한 것으로 보아야 한다. 그러므로 두 섬의 지지를 실은 『세종실록』을 찬진(撰進, 편찬하여 국왕에게 올림)한 해인 1454년(단종 2)을 독도고유영토의 원년(元年)으로 볼 수 있지 않을까 한다.

우산·무(울)릉 2도설의 재정착

울릉도에 대한 공도정책이 오랜 시일에 걸쳐 실시된 결과 『신증동국여지승람』(1530년, 중종 25) 강원도 울진현조에서 보듯이 우산·울릉 1도설이 대두해 우산·울릉이 2도라는 사실은 점차 잊혀 갔다. 그러나 조선 후기로 들어서면서 실학자들의 저술을 통해 2도설을 재확인하게 되었고, 우산도(독도)가 우리 영토라는 인식도 구체화되어 갔다. 18세기 중엽에 저술된 신경준의 『강계고』*(1756년, 영조 32)가 바로 그 예이다. 그러나 그 단서는, 『강계고』에 따르면 『강계고』보다 앞선 17세기 중엽에 저술되었으나 지금은 실전(失傳)된 유형원(柳馨遠)의 「여지지(輿地志)」에서 찾을 수 있다.

신경준은 『강계고』 울릉도조에서 1472년(성종 3)에 삼봉도를 찾기 위해 박종원(朴宗元, 공식 직함은 삼봉도경차관)을 파견했으나 풍랑으로 뜻을 이루지 못한 채 돌아왔고, 동행했던 선박들이 울릉도에 상륙해 대죽(大竹) 등을 베어 왔다는 사실을 설명한 후 '내가 살피(생각)건대'를 전제하면서 다음과 같은 「여지

---

* 고려대학교 중앙도서관 소장의 수필본(手筆本), 3권 3책. 표지에 「강계지(疆界誌)」라 씌어져 있으나 이는 후대에 적어 넣은 것으로 보이며, 책 첫머리에 실린 서문에 책명을 「강계고(疆界考)」로 적고 있으므로 이에 따른다.

지」의 기록을 주석으로 달고 있다.

「여지지」에 이르기를 '일설에는 우산과 울릉은 본래 한 섬이라고 하나 『도지(圖志)』를 상고하면 두 섬이다. 하나는 왜가 이르는 바 송도(마쓰시마)인데 모두 다 우산국[의 땅]이다'라고 했다.

박종원이 비록 삼봉도를 찾지 못했지만, 「여지지」의 기록을 들어 우산·울릉이 두 섬임을 지적한 것이었다.

신경준은 『강계고』에서 「여지지」를 자주 인용하고 있는데, 첫 인용에서 '유반계형원여지지(柳磻溪馨遠輿地志)'라고 하여 저자가 실학의 거목 유형원임을 밝히고 있다. 편찬 연대는 『증보반계수록(增補磻溪隨錄)』 연보에 따르면 1656년(효종 7)이다. 유형원은 울릉도쟁계 이전인 17세기 중엽부터 '도지를 참고할 때 우산·울릉은 한 섬이 아니라 두 섬으로, 그 중의 하나가 왜가 이르는 바 마쓰시마이며 모두 다 우산국의 땅', 즉 조선의 판도임을 분명히 하고 있다.

그 뒤 신경준은 『동국문헌비고』(1770년, 영조 46) 편찬에도 참여해 「여지고(輿地考)」를 담당해 편찬했다. 그는 「여지고」에서 울릉도와 우산도를 다루면서 '「여지지」에 이르기를 울릉과 우산은 다 우산국의 땅인데, 우산은 왜가 이르는 바 송도다'라며 『강계고』에서 전제한 '내가 살피(생각)건대'를 삭제하는 한편, '두 섬 중 하나가 왜가 이르는 바 송도다'라는 다소 애매한 내용을 '우산은 왜가 이르는 바 송도다', 즉 우산이 곧 송도임을 간결하면서도 확실하게 밝혔다.

유형원의 「여지지」와 비슷한 기록은 일본 문헌에도 보인다. 「여지지」보다 10여 년 뒤지지만 같은 17세기 중엽(1667년, 寬文 7)에 저술된 사이토 호센[齋藤

豊宣]의 『은주시청합기(隱州視聽合記[紀])』가 그것이다. 특히 『은주시청합기』는 지금까지 알려져 있는 한 마쓰시마(우산도·독도)에 관한 일본 최고(最古)의 문헌으로, 마쓰시마의 영유권을 명확히 하고 있어 우리의 주목을 끈다.

인슈[隱州], 즉 오키[隱岐]에서 서북쪽으로 2일(日) 1야(夜)를 가면 마쓰시마가 있고, 또 하루 거리를 가면 다케시마[竹島]가 있다. 이 두 섬은 무인도로, 고려를 보는 것이 마치 운슈[雲州], 즉 이즈모국[出雲國]에서 오키를 바라보는 것과 같다. 그러므로 일본의 서북 경계는 인슈로 한계를 삼는다.

지리적 위치로 보아 마쓰시마는 오늘의 독도, 다케시마는 울릉도를 가리키는 것이며, 이 두 섬은 오히려 조선과 가깝기 때문에 일본의 영토는 인슈, 즉 오키에 국한한다는 것이다.

사이토 호센은 이즈모의 관원으로 그는 번주(藩主)의 명에 따라, 즉 공무(公務)로 오키도[隱岐島]를 시찰했다. 그리고 시찰하는 과정에서 그가 직접 보고들은 바를 기록한 것이 바로 『은주시청합기』이다. 그러므로 그가 '일본의 서북 경계는 인슈로 한계를 삼는다'고 한 것은 당시 조·일 간의 국경을 가늠하는 데 있어 신빙성 있는 중요한 자료라고 할 수 있다.

조선 후기로 들어와 우산·울릉 2도설을 재정착시키는 데 초석이 된 것은 유형원의 「여지지」(1656년, 효종 7)이다. 신경준의 『강계고』나 『동국문헌비고』의 기록에 따르면 「여지지」는 '우산과 울릉은 한 섬이 아니라 두 섬으로 모두 우산국의 땅인데, 우산은 왜가 이르는 바 송도(독도)'라고 밝혔다. 그리고 2도설은 안용복이 요나고[米子]로 납치될 때(1693년 4월), 돗토리[鳥取]로 밀항할 때

(1696년 6월), 그리고 밀항에서 돌아올 때 우산도(독도)를 경유한 것으로 이를 확인한 셈이다.

우산·울릉 2도설은 수토제도가 실시된 지 반세기가 조금 더 지난 18세기 중엽에 저술된 신경준의 『강계고』에 이르러 보다 더 구체화되고 있는 것을 볼 수 있다. 『강계고』 울릉도조를 보면 '두 섬으로, 하나가 바로 우산(芋山)이다. 울진현 정동(正東) 바다 가운데 있으며 일본의 은기주(隱岐州)와 가깝다'고 기록하고 있다. 울진현 정동 바다 가운데 울릉도와 함께 우산도가 있으며, 일본의 오키도와 이웃하고 있음을 분명히 하고 있는 것이다. 「여지지」에 보이던 1도설이 자취를 감추어 버린 것이 주목된다.

『강계고』 울릉도조는 이어 울릉도·우산도의 위치와 연혁, 울릉도쟁계에 관해 기록하고 있다. 그리고 연혁 말미에는 「여지지」의 기사를 인용하며 우산과 울릉은 두 섬인데 그 중 하나가 일본 측에서 부르는 송도로, 이 섬들은 모두 우산국의 땅임을 재확인하고 있다.

『강계고』 울릉도조는 이어서 「안용복사(安龍福事)」조로 연결되는데, 여기서 신경준은 안용복의 일본 피랍·밀항사건에 대해 비교적 자세하게 언급하고 있다. 특히 밀항사건을 설명하면서 안용복이 울릉도에 출어한 일본 어선을 추격하여 송도(마쓰시마)로 가서 "송도는 바로 우산도이다. 너희들은 우산이 우리 지경(地境)이란 말을 듣지 못했느냐"고 꾸짖었다고 기록하고 있다. 일본 측에서 부르는 마쓰시마가 바로 우산도이며, 그것이 조선 영토임을 거듭 강조한 것이다.

신경준은 「여지고」 울진조에서 우산도·울릉도를 다루면서 『강계고』의 울릉도조·안용복사조의 기사를 거의 그대로 싣고 있다. 차이점은 본문에 우산·

울릉은 두 섬으로 그 중 하나가 우산임을 밝히고 울릉도·우산도의 위치와 연혁, 영유권 분쟁, 안용복의 도일 사건을 부록으로 묶고 있는 것, 그리고 유형원의 「여지지」를 인용하며 "「여지지」에 이르기를 '울릉과 우산은 다 우산국의 땅인데, 우산은 왜가 이르는 바 송도다'라고 했다"고 보다 더 간결하고 명확하게 인용하고 있는 점이다.

이렇게 『동국문헌비고』는 우산·울릉은 두 섬으로 하나가 우산도이며, 우산도는 일본 측이 부르는 마쓰시마(오늘의 독도)로 '우산국의 땅', 즉 '우리의 땅'임을 천명하고 있다. 이 문헌은 역사적 사실을 집대성하고 나아가 이를 '경제(정치)의 도구(經濟之具)'로 활용하기 위해 왕명(영조)에 따라 편찬되었다는 점에서 조선 정부의 독도 영유 의지를 살펴볼 수 있다.

『동국문헌비고』에 이어 1808년(순조 8)에는 왕명에 따라 『만기요람(萬機要覽)』이 편찬되었다. 『만기요람』은 군정편(軍政篇) 4, 해방(海防) 동해(東海)조에 『동국문헌비고』 울진조의 부록 기사인 울릉도·우산도의 위치와 연혁, 울릉도 쟁계, 안용복 피랍·밀항 사건 등을 가감 없이 싣고 있다. 이는 일본 측에서 마쓰시마라고 부르는 우산도는 조선령이라는 『동국문헌비고』의 견해를 그대로 계승·수용하고 있음을 뜻한다. 『만기요람』은 국왕이 좌우(座右)에 두고 참고할 목적으로 편찬된 정무 지침서이다.

울릉도에 대한 지리적 지식과 관련해 주목되는 것은 1714년(숙종 40) 7월 강원도어사 조석명(趙錫命)이 영동지방의 해방(海防)을 논의하는 중에 "자세히 바닷가 사람의 말을 듣건대, '평해(平海)·울진(蔚珍)은 울릉도에서 가장 가까운 거리에 있고 뱃길이 조금도 막힘이 없으며, 울릉도 동쪽으로 섬이 잇달아 왜의 경계와 접한다'고 합니다"라고 한 지적이다. 울릉도 동쪽으로 섬이 잇달아 있고, 이 섬들은 일본 땅의 경계와 접하고 있다는 것이다. 울릉도 동쪽으로 잇달아 있는 섬이란 오늘의 죽도(죽서)와 독도를 가리킨다.

그런데 신경준의『강계고』울릉도조는 '두 섬으로, 하나가 바로 우산이다. 울진현 정동 바다 가운데 있으며 일본의 은기주(隱岐州)와 가깝다'고 지적하고 있다. 우산도는 울릉도와 함께 일본의 영토인 오키도와 접경해 있다는 것이다. 수토제도의 실시로 울릉도 방면의 지리가 밝혀져 18세기 초, 늦어도『강계고』가 편찬되는 18세기 중엽에는 일본과의 국경을 더욱 분명하게 가늠할 수 있었기 때문이다.

울릉도에 대한 지리적 지견의 확대는 지도 작성에도 영향을 주어 우산도의 위치가 명확히 부각되고 있는 점도 주목할 만하다. 종래의 지도, 가령『신증동국여지승람』에 실려 있는「팔도총도(八道總圖)」나「강원도도(江原道圖)」는 우산도를 내륙 쪽으로, 울릉도를 그 동쪽으로 놓고 거의 같은 크기로 붙여서 그렸다. 그런데 정상기(鄭尙驥, 1678~1752년)의「동국지도(東國地圖)」에 와서는 울릉도가 내륙 쪽으로, 우산도가 그 동쪽으로 옮겨졌을 뿐 아니라 거리나 크기가 정확히 표기되어 있는 것을 볼 수 있다.

「동국지도」는 이후의 지도 작성에 영향을 주었다.「동국지도」를 계승한 지도 중 대표적인 것은 19세기 초에 작성된「해좌전도(海左全圖)」이다. 김대건(金大建)의「조선전도(朝鮮全圖)」(1846년)도 울릉도와 독도를 제 위치에 알맞은 크기로 그려 넣고 있으므로 굳이 분류한다면「동국지도」계열로 볼 수 있지 않을까 한다.

한편 우산·울릉 1도설의 논거가 되었던 '소위우산도' 계열의 지도인 수토관 박석창(朴錫昌)의「울릉도도형(欝陵島圖形)」(1711년, 숙종 37)은 울릉 본도(欝

陵本島)에서 동쪽으로 2.5km에 위치한 죽도(죽서)를 '소위우산도(所謂于山島)'로 기록하고 있다. 그러나 시기가 좀 지난 후에는 '우산[도]'으로 적어 넣은 지도들이 보이며, 이러한 '소위우산도' 계열의 지도는 19세기 말에 이르러 제작이 중단되었던 것 같다. 검찰사 이규원의 「울릉도외도(欝陵島外圖)」(1882년)에 이 섬이 죽도로 적힌 것도 이를 시사한다.

안용복의 활동과 울릉도쟁계
(다케시마일건)

안용복의 일본 피랍 – 쟁계의 시작

조선 후기인 17세기 말 숙종조 이전부터 울릉도에 다시 내륙민들이 왕래하기 시작했다. 이들은 울릉도뿐 아니라 동쪽으로 죽도(죽서)·독도까지 진출했던 것으로 보인다.

동래의 안용복(安龍福)과 울산의 박어둔(朴於屯)은 1693년(숙종 19) 3월 27일에 울릉도로 출어(出漁)했다가 4월 18일 일본 호키주[伯耆州] 요나고정[米子町] 오오야[大谷]·무라카와[村川] 양가 선원들에게 납치되었다. 오오야·무라카와가 선원들이 안용복 등을 납치한 까닭은 17세기 초(1620년 전후) 이래 막부의 도해면허(渡海免許)를 받아 고기잡이를 해오던 다케시마[竹島, 울릉도] 근해 어장을 침범한 증인으로 삼겠다는 것이었다.

안용복은 노군(櫓軍, 노를 젓는 군사), 박어둔은 염한(塩干, 소금을 굽는 직업)이라는 천역(賤役)을 지고 있었는데, 안용복의 신분은 천민(賤民, 사노비·외거노비)으로 오랫동안 '용복(用卜)'이라는 이름만 가지고 있었던 것 같다. 박어둔의 신분은 양인(良人)이나 신양역천(身良役賤, 신분은 양민이나 천한 일을 함) 계층이었다.

안용복 등은 피랍 당일 울릉도를 출발해 자산도(우산도·마쓰시마, 19일)와 오키[隱岐]의 후쿠우라[福浦]를 거쳐(20일) 4월 27일 요나고에 도착한 뒤, 돗토리번의 가로(家老) 아라오 슈리[荒尾修理] 등의 조사를 받았다. 조사를 받으면서 안용복은 울릉도와 자산도가 조선령임을 주장해 이를 인정하는 내용의 서계(書契, 공문) 발급을 요청했고, 마침내 돗토리번은 이에 동의했다고 한다.

조사가 끝나자 곧(4월 28일) 보고서가 작성되어 안용복 등의 구상서와 같이 에도 번저(藩邸)를 거쳐 막부의 월번(月番) 노중 쓰치야 사가미노카미[土屋相模守]에게 전달되었다. 보고를 받은 쓰치야 사가미노카미는 5월 13일자로 돗토리번에는 안용복 등을 나가사키[長崎] 봉행소로 인도할 것을, 쓰시마번에는 안용복 등을 나가사키 봉행소에서 인수해 귀국시키되, 조선 측에 어민이 다케시마에 출입하는 것을 금지하도록 교섭할 것을 지시했다. 그리고 감정두(勘定頭) 마쓰다이라 미노노카미[松平美濃守]에게는 다케시마 어업에 대해 조사하라고 지시했다.

안용복 등은 이에 따라 5월 29일 요나고를 출발해 6월 1일 돗토리 성하(城下)에 당도했다. 성하에 머무르는 동안(6월 1~7일) 안용복 등은 숙식을 아라오 야마토[荒尾大和]의 저택과 정회소(町會所)에서 해결하는 등 돗토리번으로부터 융숭한 대접을 받았다. 그리고 6월 2일 저녁에는 아라오 야마토의 저택에서 돗토리번 중신(重臣) 4명과 회동했다. 안용복이 울릉도와 자산도(우산도·독도)가 조선령임을 인정한 돗토리번 서계를 받은 곳은 바로 이 자리였을 것이다. 6월 7일 나가사키로 떠날 때에도 돗토리번의 송별은 각별했다. 호송사절(護送使節)이 구성되고 가마에 타는 등 성대한 환송을 받았던 것이다.

돗토리번이 베푼 이러한 환대와 환송은 서계의 발급과 함께 안용복이 무엇인가 돗토리번에 크게 공헌한 데 따른 배려나 보답으로 보아야 할 것이다. 그것은 돗토리번에 울릉·자산 두 섬이 조선령임을 확실하게 설명해, 돗토리번에게 다케시마 도해어업이 해금(海禁)에 노출되어 있다는 것을 깨닫게 해주었기 때문이 아닌가 생각한다.

6월 30일 나가사키에 도착한 안용복 등은 7월 1일 나가사키 봉행소에 인계되었다. 그 후 쓰시마번 사자(使者)에게 인계되어(8월 14일) 쓰시마에 도착한 것은 9월 3일이었다. 그런데 나가사키 봉행소에 인계되자 안용복 등을 대하는 태도가 달라졌다. 쓰시마번은 안용복 등을 국경을 침범한 죄인으로 몰아 이들이 돗토리번에서 발급받은 서계를 빼앗는 등 안용복 등에 대한 침책(侵責)을 시작한 것이다.

안용복 등에 대한 나가사키 봉행소, 쓰시마번, 부산왜관(釜山倭館)에서의 조사는 이러한 침책 분위기 속에서 이루어졌다. 따라서 이렇게 억압된 분위기하에서 한 진술인 "울릉도가 조선령인지 일본령인지 모르고 있었다"든지, "울릉도라는 섬에 대해 이제까지 알지 못했다"는 진술을 근거로 안용복이 울릉도와 자산도가 조선령임을 인정하는 내용의 서계 발급을 요청했다는 사실 자체가 존재하지 않았다는 견해는 재고되어야 할 것이다. 남도연해민들은 이미 숙종조(1674년~) 이전부터 울릉도를 왕래하고 있었고, 안용복은 피랍 이전에 울릉도와 우산도에 관한 지식과 견문을 어느 정도 갖고 있었다고 보이기 때문이다.

또 일본의 연구자들은 안용복의 주장이 『숙종실록』 등 조선 측 문헌에는 실려 있지만 일본 측 문헌에는 보이지 않음을 들어 서계 발급설을 부인한다. 그러나 이는 그러한 사실이 없어서라기보다는 그것을 문헌에 수록하는 것이

국익상 적절하지 않다는 편찬자들의 판단 때문이 아니었나 한다(III장 2절 참조). 『숙종실록』에 실려 있는 비변사에서 안용복이 했던 진술 내용의 진실성이 대체로 인정되는 이상(III장 3절 참조), 이 서계 발급의 진술도 사실로 인정해야 할 것이다.

돗토리번이 울릉도와 자산도가 조선령이라는 안용복의 주장을 수용했으리라는 징후는 안용복을 조사한 직후부터 감지된다. 조사를 받기 전까지 안용복 등은 다케시마 어장을 침범한 죄인으로 취급되었다. 그런데 조사를 마친 뒤 에도로 보낸 보고서에는 조선인의 다케시마 출어를 막아달라고 했을 뿐, 안용복 등의 처벌 문제는 거론되지 않았다. 더 이상 안용복 등을 죄인으로 보지 않은 것이다.

더욱 주목되는 것은 1693년 5월 21일 막부 감정두 마쓰다이라 미노노카미가 다케시마 소속에 관해 질의한 내용에 대해 돗토리번 에도 번저는 5월 22일자 회답에서 '다케시마는 떨어져 있는 섬인데다 사람들이 살고 있지 않습니다. 그러므로 호키노카미[伯耆守]가 지배하는 곳이 아닙니다'라고 밝히고 있는 점이다. 다케시마 영유를 부인하는 돗토리번의 회답은 울릉도와 자산도(우산도)가 조선령이라는 안용복의 주장과 맥락을 같이 한다. 또한 돗토리번의 보고가 감정두의 질의를 받은 바로 다음 날이라는 점은 돗토리번은 진작부터, 아마도 안용복을 조사한 4월 27~28일쯤에 그의 주장을 수용했으리라는 것을 시사한다.

한편 쓰시마번은 막부로부터 조선 측에 조선 어민의 다케시마 출어 금지를 요청하라는 지시(5월 13일)를 받고 있었다. 이는 15세기 초 이래 울릉도 영유를 획책해 온 쓰시마가 그 숙원을 실현할 수 있는 기회를 맞게 된 것이며, 이는 새 영지를 취득하는 일이므로 에도에 공을 세우는 계책이기도 했다.

쓰시마번은 차왜(差倭, 大差使) 귤진중(橘眞重, 多田與左衛門)을 부산으로 파견했다. 안용복 등을 대동하고 11월 초 왜관(倭館)에 도착한 귤진중은 동래부에 조선 어민이 '본국 다케시마'로 출어하는 것을 금지시켜 달라는 내용의 도주 서계를 전했다. 막부가 지시한 '다케시마' 출어 금지에 '본국'(일본)이 추가된 것이다. 이는 다케시마(울릉도) 영유권 문제를 들고 나온 것이었다. 교섭에 임하는 일본 측 입장은 조선은 임진왜란 후부터 울릉도를 방치했지만, 일본은 그동안 다케시마(울릉도)를 지배해 왔으므로 이 섬은 일본의 영토라는 것이었다.

동래부사의 보고를 받은 조정은 그 해 11월 13일, 일본 측 요구인 조선 어민의 울릉도(다케시마) 출어 금지 문제를 논의했다. 좌의정 목래선(睦來善)이 출어를 금지시켜야 한다고 하자 우의정 민암(閔黯)이 이에 동조했으며, 국왕도 가벼이 출어하지 않도록 단단히 일러야 할 것이라고 했다. 그러나 11월 18일 사폐(辭陛)하는 자리에서 접위관(接慰官) 홍중하(洪重夏)는 "지금 울릉도를 버리는 것이 아니라면 그것이 조선령임을 분명히 해 두어야 할 것"이라고 진언(進言)했다. 하지만 목래선이나 민암이 "300년 동안이나 비워 버려둔 땅으로 인해 실호(失好)한다는 것은 좋은 계책이 아니다"라고 주장했고, 국왕도 좌·우 대신의 주장과 뜻을 같이했다. 조정에서는 울릉도를 포기하는 쪽으로 가닥을 잡아가고 있었던 것이다.

12월 7일 동래부에 도착한 홍중하는 안용복 등을 인수(12월 10일)하는 한편, '귀계 죽도(貴界竹島)'로의 출어는 금지시키되 '폐경지울릉도(弊境之鬱陵島)'라 하면서 울릉도가 조선령임을 밝히는 다소 애매한 내용의 회답서계 사본을 귤진중에게 전했다(1694년, 숙종 20년 1월 15일). 그리고 이어 시작된 귤진중과의 협상에서 조선 측은 울릉도가 조선령이라는 사실이 존중된다면, 그 사용권은 일본 측에 넘길 수도 있다는 제의까지 했던 것 같다. 그러나 일본(귤진중) 측은 '울릉도' 삭제를 고집했고, 조선 측이 이에 불응하자 그는 회답서계를 가지고 귀국(2월 22일)했다.

그 후 쓰시마번은 '울릉도' 삭제를 다시 시도해 귤진중을 차왜(대차사)로 재발령하여 그 해 5월에 부산왜관으로 파견했다. 왜관에 도착(윤 5월 13일)한 귤진중은 쓰시마 번주의 제2차 서계를 전하고 거듭 '울릉도' 삭제를 요청했다. 이 요구가 받아들여진다면 회답서계에는 '귀계 죽도'만 남게 되어 울릉도가 일본령임을 승인하는 결과가 되는 것이었다.

이런 쓰시마 번주의 요구에 조정은 지금까지 영유권 교섭에서 취했던 소극적 자세에서 급선회해 일본 측 요구를 거부하는 강경 방침을 취했다. 새 접위관 유집일(俞集一)이 했던 안용복에 대한 조사나 차왜들과의 접촉을 통해 쓰시마번의 울릉도 일본영유권 주장이 막부의 뜻이 아닌 도주의 책략에서 나온 것임을 깨닫게 되었기 때문이다. 그리하여 전에 보냈던 회답서계를 회수(8월)하고, 영의정 남구만(南九萬)이 고쳐 쓴 내용의 서계를 왜관에 전했다(9월 10일). 그 안에는 다케시마, 즉 울릉도는 강원도 울진현에 속한 섬이므로 조선 어민이 경계를 침범한 것이라고 할 수 없으며, 앞으로 일본 연해민의 왕래를 금한다는 내용을 담고 있었다.

그러나 쓰시마번은 조선 측이 강경한 입장에서 재작성한 서계를 받고, 도주 소우 요시쓰구[宗義倫]가 사망해 새 도주 소우 요시미치[宗義方]가 들어서 전 도주 소우 요시자네[宗義眞]가 그 뒤를 보살피게 된 이후에도 강경한 자세를 계속 유지했다. 귤진중이 소우 요시자네의 뜻에 따라 조선 측에 보낸 「힐문4개조(詰問四個條)」(1695년 6월)도 쓰시마번의 강경한 입장을 반영하는 것이었다.

에도 막부의 다케시마(울릉도) 도해금지령

울릉도쟁계(다케시마일건)는 3년째로 접어들었지만, 조선 측의 강경한 자세는 변화가 없었다. 그런데다 안용복에 대한 호키주(돗토리번)의 환대도 신경이 쓰이는 문제였다. 마침내 소우 요시자네는 1695년(元禄 8) 10월 에도로 올라가 관백(關白) 도쿠가와 쓰나요시[德川綱吉]를 배알한 데 이어, 노중 아베 분고노카미[阿部豊後守]를 방문해 지금까지의 교섭 전말을 보고하고 막부의 지원을 기다렸다. 번내의 온건론자 수야마 쇼에몬[陶山庄右衛門]의 건의를 받아들인 결과였다.

아베 분고노카미는 울릉도쟁계에 관한 대책을 검토하기 시작했다. 돗토리번에는 다케시마에 관련된 설문지가 보내졌다(12월 24일). 문항 중에는 '이나바[因幡]·호키주[伯耆州]에 부속된 다케시마는 어느 때부터 두 나라(이나바·호키주)에 부속되었는가(因州·伯州え附候竹島は、いつの頃より兩國之附屬候哉)', '다케시마 외 양국에 부속된 섬이 있는가(竹島の外兩國え附屬の島有之哉)' 등이 포함되어 있었다.[4] 이는 이미 감정두 마쓰다이라 미노노카미가 조사한 바를 확인하기 위한 것으로 보인다.

그러자 즉시 에도 돗토리 번저의 회답이 있었다(25일). 그 내용은 '다케시마는 이나바·호키주의 부속이 아닙니다(竹島は因幡·伯耆附屬にては無御座候)', '다케시마·마쓰시마[는 물론] 그밖에 [어떤] 두 나라에 부속된 섬도 없습니다(竹島·

松島其外兩國之附屬の島無御座候)'라는 것으로, 다케시마와 함께 마쓰시마(우산도·자산도)까지 돗토리번의 소속이 아님을 밝히고 있다. 이에 노중 아베 분고노카미는 다시 마쓰시마의 소속에 대해서 문의했다. 돗토리번의 회답은 다케시마(울릉도)로 가는 길에 있는, 어느 나라[州]에도 소속되지 않은 작은 섬이라는 것이었다.

다음 해(1696년) 1월에도 노중 아베 분고노카미의 마쓰시마에 대한 질의가 거듭 있었다. 이미 예고한 다케시마 도해금지의 발령을 앞두고 이 섬이 일본령인지 아닌지를 최종적으로 확인하기 위함이었을 것이다. 그러나 보고(1월 23일)는 한결같았다. 마쓰시마는 어느 나라에도 소속되지 않은 다케시마에 부속된 섬이라는 것이었다.

돗토리번의 이 보고는 막부(노중 아베 분고노카미)가 다케시마(울릉도)는 조선령임을 천명하고 다케시마 도해금지령 발령을 예고(1월 9일)한 뒤에 있었다. 이런 사실은 돗토리번이 막부의 다케시마 시책(조선령 인정)을 지지하고 있고, 돗토리번이나 그밖에 어떤 나라의 지배도 받지 않으며 다케시마에 부속된 섬인 마쓰시마(자산도·우산도)도 조선령으로 보고 있었다는 것을 말해준다. 즉 돗토리번의 보고에 보이는 '돗토리번의 지배를 받지 않는 섬', '어떤 나라[州]의 지배도 받지 않는 섬', '다케시마에 부속된 섬'이란 '조선령'의 완곡한 표현으로 보아도 좋을 것이다.

돗토리번이 다케시마·마쓰시마에 대해 인식의 변화가 일어난 시기는 안용복을 조사하면서(1693년 4월 27~28일) 그에게 울릉도(다케시마), 자산도(우산도, 마쓰시마)가 조선령이라는 설명을 들은 후부터였던 것 같다. 그리고 이러한 인식은 감정두 마쓰다이라 미노노카미를 통해 막부에 전달되었고(1693년 5월 22

일), 다케시마 도해금지령 발령에 즈음해 직접 막부에 보고(1695년 12월~1696년 1월)하게 된 것이다.

실제로 돗토리번은 안용복을 조사할 당시부터 울릉도·자산도가 조선령이라는 그의 주장을 수용하고 있었던 것으로 보인다. 돗토리번이 그 해(1693년) 5월 22일자로 작성한 막부 감정두 마쓰다이라 미노노카미에게 보내는 보고서에서 '다케시마는 멀리 떨어져 있는데다 사람이 살고 있지 않기 때문에 호키노카미[伯耆守]가 지배하는 곳이 아닙니다'라고 밝히고 있는 점이 이를 뒷받침한다. 문서를 작성한 시기가 안용복에 대한 조사가 끝난(4월 28일) 직후인데다, 돗토리번의 다케시마 영유 부인은 안용복의 주장과 맥락을 같이하기 때문이다.

그리고 안용복이 밝힌 울릉·자산도가 조선령이라는 사실은 돗토리번으로 하여금 다케시마 도해어업이 해금(海禁)에 노출되어 오오야·무라카와 양가는 물론, 번이나 번주마저 곤경에 빠지게 된 위급한 처지에 놓여 있다는 것을 깨닫게 해 주었을 것이다. 이런 점에서 안용복은 돗토리번에 크게 공헌했다고 할 수 있지 않을까 한다.

돗토리번이 안용복을 환대, 환송하고 두 섬이 조선령임을 인정하는 서계를 발급한 것, 안용복이 밀항했을 때, 막부가 울릉도가 조선령임을 인정해 다케시마 도해금지령을 내린 뒤의 일이지만, 번에서 그를 환대하고 번주가 보낸 고위 관원에게 두 섬이 조선령임을 확인받은 배경도 여기에서 찾아야 할 것이다.

이제 돗토리번은 해금에 노출된 다케시마 도해어업을 폐지해야 했다. 따라서 이런 필요에 의해 마련한 것이 두 섬에 대한 영유권 부인이 아니었나 생각한다. 영유권 자체를 부인하면 에도(노중)와 비정상적(사적)으로 연계되어 있는 다케시마 도해어업을 쉽게 폐지시킬 수 있으므로, 돗토리번의 보고(회답)는 바로 이 점을 겨냥한 것으로 보인다.

막부는 돗토리번의 건의(보고)를 받아들였다. 노중 아베 분고노카미는 관백 도쿠가와 쓰나요시의 재가를 받아 1696년 1월 9일, 소우 요시자네를 수행한 쓰시마번의 가로 히라타 나오에몬[平田直右衛門]을 불러 놓고 다케시마가 조선의 판도됨을 유시(諭示)했다. 그 내용은 (1) 다케시마에 아직 일본인이 거주한 적이 없고, (2) 다이토쿠군[台德君], 즉 도쿠가와 히데타다[德川秀忠] 때(1620년 전후) 요나고 마을 사람들이 그 섬에서 고기잡이하기를 원했기 때문에 이를 허락했던 것이며, (3) 지리적으로도 이나바보다 조선과 더 가까우므로 조선의 지계임을 의심할 여지가 없다는 것이었다.

이처럼 아베 분고노카미는 다케시마가 조선의 지계임을 천명하면서 앞으로의 시책(다케시마 도해금지령)에 대해서도 언급했다. 즉 "당초에 이 섬을 저 나라에서 취(取)한 것이 아니니 지금 다시 돌려준다고 말할 수 없다. 다만 우리나라 사람이 가서 고기잡이 하는 것을 금할 뿐이다"라며 마땅히 이 뜻을 조선에 알려야 한다고 지시한 것이다. 이는 막부가 울릉도의 조선 판도(版圖)됨을 분명히 하고, 다케시마(울릉도) 도해금지령을 내릴 것을 예고한 것이었다.

그로부터 20일이 채 안 되는 1696년(元祿 9) 1월 28일, 노중들이 자리한 가운데 노중 도다 야마시로노카미[戶田山城守]가 다케시마(울릉도) 도해금지령 각서를 쓰시마번의 소우 요시자네에게 건넸다. 그리고 이날 노중 도다는 돗토리번 에도 유수거(留守居) 요시다 헤이마[吉田平馬]에게 노중들이 서명한 다케시마 도해금지령 봉서(奉書, 관백의 명을 전달하는 문서)를 건네어 돗토리번주 이케다 쓰나키요[池田綱淸]에게 전했다. 다케시마(울릉도) 도해금지령이 내려진 것이다. 그리하여 17세기 초 이래 호키국 요나고정 오오야·무라카와 양가의 다케시마 어업은 금지되었고, 돗토리번은 해금에 노출되는 위험한 상태에서 벗어날 수 있었다.

쓰시마번은 물론 돗토리번과 입장을 달리했다. 소우 요시자네는 다케시마 도해금지령은 받아들이면서, 이 금지령은 연말쯤 구두로 조선에 전달할 것임을 밝혔다. 여기에는 막부의 금지령에 대한 쓰시마번의 불쾌감이 감추어져 있었으며, 구두 약속은 증거가 될 수 없다는 번내 강경론자들의 견해가 고려된 것이었다. 또 소우 요시자네는 도다에게 돗토리번에 금지령 결정을 알리는 것을 보류해 줄 것을 요청했다. 쓰시마번이 조선에 금지령을 전달하기 전에 돗토리번에 의해 미리 알려지는 것을 우려했기 때문이었다. 그러나 이 요청은 막부가 금지령 봉서를 돗토리번에 전달함으로써 거절한 결과가 되었고, 막부의 통보가 돗토리번 에도 번저의 『어용인일기(御用人日記)』(「在府日記」)에도 기재(元祿 9년 1월 28일조)되었지만, 쓰시마번이 조선에 통고(10월)할 때까지 비밀은 지켜졌던 것 같다.

여기서 한 가지 검토해야 할 것은 다케시마(울릉도) 도해금지령이 우산도(자산도·마쓰시마)에도 적용되느냐 하는 것이다. 결론부터 말하자면 우산도에도 물론 적용된다. 이 문제와 관련하여 살피건대, 우산도를 조선령이라고 밝힌 조선 측 자료는 많지만, 마쓰시마를 일본령으로 본 일본 측 기록은 거의 없다. 굳이 든다고 하면 『죽도도설(竹島圖說)』(寶曆年間, 1751~1763년)에 나오는 '오키국[隱岐國] 마쓰시마'·'오키[隱岐]의 마쓰시마', 『장생죽도기(長生竹島記)』(1801년)에 보이는 '마쓰시마는 본조(本朝, 일본) 서해의 끝'이라는 기록 정도이다.

같은 시기 조선에서는 『동국문헌비고』(1770년)와 『만기요람』(1808년)이 편찬되었다. 일본의 두 문헌은 영토 문제에 별 책임이 없는 민간의 저술인데다 기록 자체가 일본령임을 천명한 것이라고 보기 어려운 데 반해, 조선의 두 문헌은 왕명에 따라 편찬되었고 우산도가 일본 오키에 인접한 조선령임을, 다시 말해 우리 영토임을 밝히며 영유 의지를 분명히 하고 있다. 특히『만기요람』은 국왕(순조)이 좌우(座右)에 놓고 참고하는 정무지침서로 편찬된 것이었다.

또 조선 쪽에서 우산도를 일본령으로 본 기록은 찾아볼 수 없지만, 일본 쪽에서 마쓰시마(자산도·우산도)를 조선령으로 본 기록은 많다. 돗토리번은 다케시마 도해금지령(1696년 1월 28일) 직전까지 세 차례에 걸쳐 마쓰시마가 이나바·호키주 소속이 아님을 막부에 보고했다. 마쓰시마는 어느 나라[州]에도 소속되지 않는 다케시마에 속한 섬이라는 것이었다. 도해금지령 이후에 제작된 도쿠가와 시대를 대표하는 나가쿠보 세키스이[長久保赤水]의「개정일본여지노정전도(改正日本輿地路程全圖)」(1779년)나 이노 다다타카[伊能忠敬]의「대일본연해여지전도(大日本沿海輿地全圖)」(1821년 관찬)는 두 섬을 조선 영토와 함께 채색하지 않거나 아예 그려 넣지 않음으로써 두 섬이 조선령임을 알려주고 있다.

메이지 정부에서도 다케시마와 마쓰시마의 지적 편찬 문제로 두 섬의 소속에 관한 논의가 있었다. 이에 대해 태정관에서는 '다케시마 외 1도[竹島外一島, 마쓰시마]는 일본과 관계없다 …… (竹島外一島之儀本邦關係無之儀 ……)'는 결론을 내렸다(1877년 3월). 다케시마(울릉도)와 마쓰시마(우산도·자산도)가 조선령임을 우회적으로 선언한 것이다.

그런데 17세기 말 막부에서 다케시마 도해금지령을 내릴 때 마쓰시마, 즉 우산도는 전혀 거론되지 않았다. 1877년(明治 10)에 다케시마·마쓰시마 소속에 대해 논의할 때도 내무성이 제시한 울릉도쟁계 당시 조·일 간에 주고받은 서계, 서신에도 마쓰시마에 대한 기록은 없다.

그렇다면 나가쿠보 세키스이와 이노 다다타카의「전도(全圖)」, 그리고 메이지 정부는 무엇을 근거로 다케시마와 마쓰시마, 즉 울릉도와 우산도를 조선령으로 인정했는가 하는 의문이 생긴다. 그 해답은 우산도가 울릉도의 속도라는 데서 찾아야 할 것 같다.

돗토리번은 안용복을 조사(1693년 4월 27일)한 이후부터 다케시마 도해금지령이 내려지기 직전까지 이미 세 차례(감정두 마쓰다이라 미노노카미에게 한 것까지 합치면 네 차례)에 걸쳐 막부에 마쓰시마가 어느 나라[州]에도 소속되지 않은 다케시마의 부속도서임을 보고했다.「오오야가문서[大谷家文書]」에는 '다케시마 내의 마쓰시마[竹嶋之內松嶋]', '다케시마 근처의 마쓰시마[竹嶋近邊松嶋]', '다케시마 근처의 작은 섬[竹島近所之小嶋]' 등의 기록이 보이는데, 이는 마쓰시마가 다케시마의 속도임을 말해주는 것이다. 조선에서 우산도를 자산도(子山島)라고 부른 것도 울릉도와 모자(母子) 관계에 있는 섬, 즉 부속된 섬이라는 뜻이다.[5]

우산도는 울릉도와 한 세트였다.[6] 따라서 울릉도쟁계 결과 울릉도가 조선령으로 인정됨에 따라 우산도(마쓰시마)도 자연 조선령으로 인정되었던 것이다. 내무성에서 마쓰시마 소속에 대해 태정관에 건의('다케시마 외 1도 지적 편찬에 관한 질의서')할 때, 4건의 부속문서와 함께 제시한「기죽도약도(磯竹島略圖)」(울릉도 지도)에 다케시마와 함께 마쓰시마를 그려 넣은 것도 이 사실을 뒷받침해 준다.

이처럼 우산도(마쓰시마)는 울릉도에 부속된 섬으로 조선 조정에서 영유 의지를 분명히 했으며, 조선 측 자료는 물론 일본 측 자료에 의해서도 입증되는 조선령이었다. 그러므로 다케시마 도해금지령은 울릉도는 물론 우산도에도 적용되는 것이었다. 이런 점에서 마쓰시마 도해면허가 다케시마 도해금지령 이후에도 계속 유효하다는 견해는 재고되어야 할 것이다. 심지어 최근의 연구 성과는 막부의 마쓰시마 도해면허 자체가 존재하지 않았음을 확인해 주고 있다.[7]

안용복의 일본 밀항과 활동

안용복이 일본에 건너가 소장을 제출[정문(呈文), 정단(呈單)]한 것은 1696년(숙종 22)의 일이었다. 그는 울릉도쟁계가 관백의 뜻이 아닌 쓰시마번의 탐욕과 기만 때문으로 보았다. 그리고 이를 바로잡기 위해서는 자신이 일본으로 건너가 돗토리번을 통해 관백에게 소원(訴願)해야 한다고 생각했다. 그리하여 그는 이해 봄에 울산으로 가서 일본으로 밀항할 이인성(李仁成)을 비롯한 10명의 동지를 모으고 울릉도와 자산도가 실려 있는 8장으로 된 「조선팔도지도(朝鮮八道之圖)」, 자신이 입을 무관복 청첩리(靑帖裏)·검은 천으로 싼 갓·가죽신·통정대부(通政大夫, 정3품 당상관) 등을 새겨 넣은 호패 등을 준비했을 것이다.

안용복이 비변사에서 한 진술 등에 따르면 안용복 등 11명은 그 해 3월 18일 울산을 출발해 저녁 때 울릉도에 도착했다. 그리고 5월 중순에 이르러 울릉도에 출어한 일본 어선을 우산도(자산도·마쓰시마)로 추격해 쫓아버렸다. 이들이 우산도를 거쳐(5월 15일 도착, 16일 출발) 오키에 도착한 것은 5월 18일 아침이었고, 20일에서 22일까지는 재번역인(在番役人, 手代)들의 조사를 받았다. 예의 무관복을 입고 '통정대부'라고 새겨진 호패를 찬 안용복은 「조선팔도지

도」를 꺼내 보이면서 일본에서 다케시마·마쓰시마로 불리는 섬들은 조선 강원도 동래부 소속 울릉도와 자산도임을 밝혔다. 그리고 이런 사실을 소원(訴願)하기 위해 호키[伯耆]로 건너갈 것이라고 말했다. 또 자신(안용복, 안벤쵸 'アンベンチョウ')은 4[3]년 전에 도리베(とりべ, 박어둔)와 함께 다케시마(울릉도)에서 납치되어 일본에 끌려 왔었다는 사실도 밝혔다.

안용복 등은 6월 4일 호키주 아카사키[赤崎]에 도착해 다음 날 아오야진[靑谷津]에 정박했다. 배에는 '조울양도감세장신안동지기(朝欝兩島監稅將臣安同知騎)'(전면)·'조선국안동지승주(朝鮮旺安同知乘舟)'(후면)라고 쓴 깃발과 그 아래에 "배꼬리에서 일어나 ……"라는 농촌의 정경을 읊은 시구(詩句)를 적은 작은 깃발이 나부끼고 있었다. 안용복 등이 울산에서 준비한 깃발에 이인성이 오키에 도착한 후 쓴 것이었다. 당시 이 깃발을 그린 그림에 적힌 설명에 따르면 '조울양도'는 울릉도(다케시마)와 자산도(우산도·마쓰시마)를 가리킨다.

돗토리번에서 안용복 등을 외교사절로 인정하기 시작한 것은 가로항[加露(賀露)港]의 도젠지[東善(禪)寺]를 거처로 정한 6월 14일부터였다. 6월 21일에는 거처를 성하의 정회소(町會所)로 옮겼는데, 돗토리번에서는 안용복 일행을 맞이하기 위해 교자(轎子) 2채와 말 9필을 준비하고 숙소에는 시중을 들 사람까지 배치하는 등 극진한 접대를 했다. 짐작컨대 이날 안용복 등은 돗토리번 중신들과 상견례를 가졌을 것이며, 안용복은 오키에서 이인성 등과 같이 작성한 소장(訴狀) 초안을 건네주었을 것이다.

안용복 일행은 7월 17일 다시 거처를 고야마지[湖山池] 아오시마[靑嶋]의 임시 가옥으로 옮겼다. 노중 오쿠보 가가노카미[大久保加賀守]가 6월 23일 돗토리번으로 각서를 보내 이객(異客)들의 배에 경비를 붙여 감시하라는 지시를 내렸기 때문이다. 이밖에도 이 각서에는 쓰시마번에 요청해 돗토리번으로 통역을 보낼 것이며, 안용복 등이 원하는 바는 나가사키 봉행소에서 다루는 것이 원칙이므로 그렇게 하든지 아니면 귀국시키라는 내용이 들어 있었다.

안용복 일행은 호키주 아카사키에 도착(6월 4일)한 이후, 특히 돗토리 성하에 머무르는 동안 돗토리번으로부터 융숭한 대접을 받았다. 이는 돗토리번이 안용복 등을 조선 외교사절로 보았기 때문만은 아니었던 것 같다. 아무래도 돗토리번이 해금에 노출되는 위험을 일깨워 준 안용복이 3년 만에 다시 찾아온 것을 환영해서가 아니었는가 한다. 경비를 붙여 감시하라는 막부의 지시에도 불구하고 아오시마에 임시 가옥을 지어 머무르게 한 것도 안용복에 대한 돗토리번의 배려로 보아야 할 것이다. 안용복이 돗토리번을 통해 관백에게 쓰시마 도주(島主)의 불법 비리를 고발하기로 한 것도 어떤 기대가 있었기 때문이었을 것이다.

안용복의 밀항사건에서 중요한 것은 쓰시마 도주를 고발한 소장의 내용과 제출한 시기라고 할 수 있다. 그러나 이 무렵의 안용복 관계 자료는 매우 간략해서 그 내용과 시기를 잘 알 수 없다. 그러므로 소장의 내용은 『숙종실록』 등 한국 측 자료를 통해 추정할 수밖에 없다. 이 자료들에 따르면 쓰시마 도주의 불법·비리는 (1) 안용복에게서 울릉·자산도가 조선령이라는 호키주의 서계(공문)를 탈취한 것, (2) 막부의 명을 빙자해 울릉도를 차지하려고 중간에서 농간을 부리는 것, (3) 조선에서 일본으로 보내는 물품들의 중량을 줄인 후 재포장해 전매하면서 막대한 이익을 얻고 있는 것이었다.

소장의 제출 시기에 대한 기록도 분명한 것이 없다. 그런데 동래부사의 장계(狀啓, 1694년 2월, 『숙종실록』 숙종 23년 2월 을미조)에 따르면 관왜[館倭, 여기서는 왜관의 우두머리인 관수(館守)를 말하는 듯]가 '귀국인(貴國人)이 작년 가을에 단자(單子)를 올렸다'고 했고, 안용복 등이 성하(城下)에서 아오시마로 거처를 옮긴 것이 7월 17일이었으므로 안용복은 7월 10일을 전후한 시기에 정회소에서 돗토리번 중신들과 회담을 갖고 소장을 건네주었을 것이다.

한편 7월 초순에 쓰시마번에 알려진 '조선인이 원하는 소송은 나가사키 봉행소에 가서 하게 하라'는 노중 오쿠보 가가노카미의 각서(6월 23일자)는 조선 외교를 전담해 온 쓰시마번의 위상을 훼손시키는 것이었다. 쓰시마번은 에도로 급사(急使)를 파견해 조선인 대책의 수정을 막부에 요청했고, 막부는 이 요청을 받아들여 7월 24일에 '조선과의 외교는 쓰시마번 외에는 할 수 없으므로 조선인들을 귀국시켜야 한다'고 돗토리번에 지시했다.

그런데 안용복 등의 소장은 쓰시마번에서 볼 때 도주는 물론, 도주를 돌보고 있는 전 도주 소우 요시자네도 연루되는 등 노중의 각서 이상으로 심각한 문제였다. 따라서 쓰시마번은 소장의 취하를 위해 노력했다. 쓰시마번이 에도로 급사를 파견한 것도 막부에 조선인 대책의 수정을 교섭하는 동시에 은밀히 돗토리번 측과 접촉해 소장을 취하시키려는 의도가 있었던 것으로 보인다.

7월 19일 에도에서 돗토리로 돌아온 이케다[池田] 번주는 안용복이 제출한 소장을 막부에 제출하지 않았다. 그 대신 막부의 7월 24일자 지시가 돗토리번으로 내려온 8월 4일, 고위관원을 아오시마로 보내 안용복 등과 만나(안용복으로서는 제3차 회담) 전날 울릉도를 침범했다가 안용복 등의 추격을 받았던 어민 15명을 적발해 처벌하였음을 알리는 한편, 안용복 등에게 울릉·자산 두 섬이 조선령임을 확인해 주었다.

8월 말 귀국한 안용복 일행은 대다수가 체포되어 비변사의 심문을 받았다.

조정에서는 안용복의 공과(功過)가 논의되었다. 그 과실(죄목)로는 국경을 멋대로 넘은 것과 소장의 제출을 들 수 있겠지만, 공로로는 (1) 조선이 일본(막부)과 교섭하는 데 쓰시마가 아닌 다른 길이 있을 수 있으며, (2) 쓰시마번이 울릉도를 가로채려고 중간에서 기만·조롱한 정황이 전부 드러났다는 것이 지적되었다. 그리고 (3) 쓰시마가 갑자기 일본인의 울릉도 고기잡이를 금지시키겠다는 통지를 해온 것도 조정에서는 안용복의 공으로 보고 있었다. 그의 활동이 쟁계를 종결시키는 데 기여했던 것이다.

이와 함께 (4) 비록 뒤에 쓰시마번에 탈취당하기는 했지만 돗토리번으로부터 울릉도와 자산도가 조선령임을 인정하는 서계를 발급받은 사실(1693년 6월)과 다케시마 도해금지령이 내려진 이후의 일이긴 하지만 돗토리번주 이케다가 소장을 막부에 제출하지 않는 대신 고위관원을 아오시마로 보내 두 섬이 조선령임을 확인한 사실(1696년 8월)도 그의 공으로 돌려야 할 것이다.

이 밖에 (5)『숙종실록』에 따르면(숙종 20년 8월 기유조), 울릉도 영유권 교섭에서 수세적(守勢的)이던 조선 측이 강경 방침으로 선회한 것도 안용복의 진술이 결정적이었다고 한다. 안용복 등이 왜관에서 풀려나(1693년 12월) 새로 도임(1694년 1월)한 접위관 유집일의 조사를 받을 때, 안용복은 쓰시마 도주의 서계(1693년 9월) 내용에 대해 쓰시마번이 에도(막부)에 공을 세우려는 계책이라고 진술했고, 이에 주목한 유집일이 차왜들과의 접촉을 통해 그러한 기미를 확인했던 것 같다. 유집일은 귀경해 이러한 정보를 정부에 보고했고, 정부는 이것을 계기로 지금까지의 수세적이고 소극적인 자세를 수정해 강경 방침으로 전환했다. 그리하여 1693년 9월자 회답서계를 회수하고 일본 연해민의 울릉도 출입을 금지하는 내용으로 영의정 남구만이 작성하고, 예조참판 이여(李

畲)가 고쳐 쓴 서계(1693년 9월자)를 왜관으로 전달했다(9월 10일, Ⅱ장 2절 참조).

이런 공로 등으로 안용복은 사형에서 형을 감해 유배형이(1697년 3월) 내려졌다. 소장의 작성자 이인성도 종범(從犯)으로 인정되어 처벌되었을 것이다. 그 밖의 사람들은 이미 전년 10월에 모두 석방되었다.

이처럼 안용복이 울릉도쟁계에 기여한 공로는 적지 않지만, 보다 더 중요하고 각별한 공로가 하나 더 있다. 그것은 (6) 안용복은 납치되었을 때 울릉·자산도가 조선령임을 돗토리번에 알렸고, 돗토리번은 아마도 요나고에서 그를 조사할 당시부터 이를 수용하고 있었다는 사실이다. 그리하여 돗토리번은 막부에 두 섬의 영유를 부인하는 보고를 세 차례나 했으며, 이 보고가 결정적 요인이 되어 막부는 오오야·무라카와 양가의 다케시마 출어를 금지하는 다케시마 도해금지령(1696년)을 내렸던 것이다.

그리고 안용복의 활동과 관련해 주목되는 것은 비록 그가 의도했던 것은 아니지만, 조선 후기에 들어와 유형원이 「여지지」(1656년)에서 제시한 우산·울릉 2도설을 최초로 현지 확인했다는 점이다. 안용복은 요나고로 납치(1693년 4월)될 때나, 돗토리로 밀항(1696년 6월)할 때 울릉도를 출발해 우산도(자산도), 오키도를 경유했다. 돗토리에서 돌아올 때(1696년 8월)도 같은 경로였던 것 같다. 따라서 안용복은 세 차례에 걸쳐 우산도를 현지 확인할 수 있었다. 그 여정도 울릉(다케시마)~우산(마쓰시마) 하루 거리, 우산~오키 약 이틀 거리로, 다케시마와 마쓰시마를 조선령으로 본 사이토 호센[齋藤豊宣]의 『은주시청합기(隱州視聽合記[紀])』의 기록과 거의 일치한다. 유형원의 우산·울릉 2도설은 사이토 호센에 의해 인정되고, 안용복에 의해 현지 확인된 셈이다.

울릉도쟁계의 타결

안용복이 일본에서 벌인 활동, 특히 돗토리번과의 접근은 쓰시마번을 불안하게 했다. 조선이 쓰시마번이 아닌 다른 길, 이를테면 돗토리번을 통해 에도(막부)와 교섭하게 되는 사태를 우려했던 것이다. 소우 요시자네는 1696년(元祿 9) 10월 16일 전 도주의 문상차 건너온 역관 변동지(卞同知)·송판사(宋判事)에게 당초 연말로 미뤄왔던 막부의 다케시마(울릉도) 도해금지령을 서둘러 알리는 한편, 안용복의 소장 제출에 대해서는 유감의 뜻을 표했다.

쓰시마 봉행(奉行) 평진현(平眞顯) 등이 동래 훈도(訓導)·별차(別差)에게 보낸 서신[구상서(口上書), 구술서(口述書)]의 내용은 울릉도가 일본과는 머나 조선과는 가까우므로 일본 연해민들의 출어를 금지하도록 했으며, 100년의 우호를 위해 하나의 섬과 같은 사소한 일은 따지지 않기로 했다는 것을 밝히고 있다. 막부가 도해금지령을 내렸음을 알리는 것이었다.

역관 변동지·송판사 등이 귀국한 것은 1697년 1월 10일이었다. 그들은 소우 요시자네의 다케시마 도해금지령, 안용복의 소장 제출에 관한 각각의 일본문 구상서와 쓰시마번 가로 6명의 한문 구상서를 휴대했다.

조선 측은 쓰시마번 소우 요시자네가 구두(구상서)로 통보해온 다케시마(울릉도) 도해금지령에 대한 서계를 작성해 1698년 4월에 동래부로 보냈다. 정부로서는 썩 내키는 일은 아니었지만 왜관 관수(館守) 도보 신고로[唐坊新五郎], 재판(裁判) 다카세 하치에몬[高勢八右衛門]의 몇 차례에 걸친 간청이 있었기 때문이다. 또한 서계의 전달이 이처럼 늦어진 것은 울릉도쟁계(다케시마일건)를 마무리짓는 이 서계의 문안을 놓고 동래부 훈도·별차와 왜관 관수·재판 사이에 절충이 계속되었기 때문이다.

예조참의 이선부 명의(1698년 3월)로 된 이 서계에서 조선 측은 막부가 울릉도는 조선령임을 인정한 다케시마 도해금지령을 환영하고, 울릉도와 다케시마가 1도2명(一島二名)임을 강조해 정당한 인식을 촉구했다. 또 안용복 등은 물에 빠져 떠내려간 사람일 뿐 맹약을 어겨 다른 길을 경유하려 했다고 할 수 없으며, 안용복의 소장 제출에 관해서는 문서를 위조한 죄가 있기 때문에 이미 구속 수감했다고 전했다.[8]

이선부의 이 서계*는 1698년 4월에 대관(代官) 히라야마 규자에몬[平山九左衛門]이 가져갔고, 6월에 막부로 제출되었다. 사자(使者) 쓰시마번 가로 히라타 나오에몬[平田直右衛門]은 노중 아베 분고노카미에게 이선부의 서계에 대해 보고했고, 아베는 7월 하순에 이를 관백에게 아뢰었다. 임무를 마친 히라타는 7월 25일 에도를 떠나 9월 2일 쓰시마로 돌아갔다.

이에 쓰시마번은 1699년(元祿 12) 사자 아비루 소베에[阿比留惣兵衛]를 부산으로 파견했다. 그는 쓰시마번 형부대보(刑部大輔) 소우 요시자네가 예조참의 이선부에게 보내는(1699년 1월) 회답서계와 쓰시마번(소우 요시자네)이 보내는 구상서[구상지각(「口上之覺」)]를 가지고 왔다. 서계는 울릉도가 조선령임을 명백히 한 이선부의 서계를 막부에 보고했다는 것, 구상서는 울릉도를 조선령화하

---

* 이선부의 서계에 대해 다보하시 기요시[田保橋潔]를 비롯한 일본의 연구자들은 '사서(謝書)' 혹은 '다케시마 사서' 즉 막부의 다케시마 도해금지령 반포에 감사를 표한 서신(서계)으로 보고 있다. 그러나 이 서계 어디에도 사의(謝意)를 밝힌 구절은 없다. 막부의 조처를 환영한다고 했을 뿐이다.

는 데 소우 요시자네의 역할이 컸다는 내용이었다.

아비루 소베에는 3월 20일 부산에 도착했고, 다음 날 왜관 관수 도보 신고로는 동래부 훈도·별차를 왜관으로 초청해 두 문건을 전달했다. 울릉도의 조선 영유를 외교적으로 마무리 짓는 서계의 교환이 이루어진 것이다. 이렇게 해서 1693년(숙종 19, 元禄 6)부터 시작된 울릉도, 우산도(자산도·마쓰시마) 영유권 분쟁(울릉도쟁계)의 막이 내렸다.

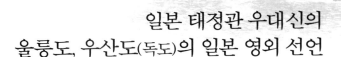

일본 태정관 우대신의
울릉도, 우산도(독도)의 일본 영외 선언

태정관 우대신의 지령

　일본의 경우 다케시마(울릉도) 도해금지령(1696년)에도 불구하고 마쓰시마
(독도)를 오키주[隱岐州]에 속한 섬으로 보거나[北園通荗, 『竹島圖說』, 寶曆(1751
~1763년) 연간] '일본 서해의 끝'으로 보는 도서(矢田高當, 『長生竹島記』, 1801년)
가 있고, 심지어 울릉도가 조선령임을 모르는 도서(松浦武四郎, 『他計甚麼雜誌』,
1854년)도 있었다. 그러나 이는 책임이 없는 민간의 저술일 뿐이며, 대체로
『강계고』·『동국문헌비고』·『만기요람』 군정편 등과 같은 시기에 제작된 일련
의 중요 지도들은 마쓰시마를 조선령으로 보았다.

　일본에서 처음으로 경·위도를 도입해 작성한, 그리하여 메이지 초년에 이
르기까지 일본 지도계(地圖界)에 군림했다는 나가쿠보 세키스이의 「일본여지
노정전도」(1773년)의 개정판 「개정일본여지노정전도」(1779년)는 일본 본토와
그 부속지를 모두 채색하고 있지만, 다케시마(울릉도)와 마쓰시마(독도)는 조선
본토와 함께 채색하지 않고 경·위도선도 긋지 않았다. 또 이 지도의 울릉도·

마쓰시마 부분에는 '[두 섬에서] 고려를 보는 것이 운슈[雲州]에서 인슈[隱州]를 바라보는 것과 같다'는 『은주시청합기』와 거의 같은 내용의 기록이 보인다. 이는 마쓰시마를 조선령으로 본 것이다.

하야시 시헤이[林子平]의 『삼국통람도설(三國通覽圖說)』(1785년)의 부속 지도인 「삼국접양지도(三國接壤之圖)」는 울릉도와 독도의 위치와 크기를 정확하게 그려 넣고, 조선 본토와 같은 노란색으로 칠해 일본 영토인 녹색과 구별하여 독도가 조선령임을 분명히 하고 있다. 더욱 주목되는 것은 이 지도에 울릉도와 독도를 조선령으로 그려 넣으면서 '조선의 차지로(朝鮮ノ持之)'라는 설명까지 곁들이고 있다는 사실이다. 이는 조·일 간 울릉도쟁계 결과 울릉도와 독도가 조선의 영유로 결정된 사실을 반영한 것이다.

19세기 초에는 일본 지리학사에 위대한 업적을 남긴 것으로 평가되는 이노 다다타카[伊能忠敬]의 「대일본연해여지전도」(1821년)가 편찬되었다. 이 지도 역시 다케시마와 마쓰시마가 빠져 있어 두 섬이 일본령이 아니라 조선령임을 시사하고 있다. 그리고 이 지도를 국가에서 펴냈다는 사실을 고려할 때, 막부가 17세기 말 울릉도와 독도를 조선령으로 인정한 이후 오랫동안 이 사실을 존중해 왔음을 알 수 있다.

1867년 12월 9일 왕정복고(王政復古)가 이루어져 이듬해 메이지 정부가 수립되었다. 새로 수립된 메이지 정부 외무성은 1869년 12월에 조선과의 직접적인 국교 개시 문제 등을 정탐하기 위해 외무성 출사(出仕) 사다 하쿠보[佐田白茅]·모리야마 시게루[森山茂]·사이토 사카에[齋藤榮] 등을 쓰시마·부산(왜관) 등지로 파견했다. 이들은 1870년 4월에 귀국해 모두 10여 개 항목으로 구성된 복명서(復命書) 「조선국교제시말내탐서(朝鮮國交際始末內探書)」를 제출했다.

10여 개의 항목은 외무성에서 사다 하쿠보 등이 현지로 떠나기 앞서 태정관에 승인을 받은 것이었다. 이와 관련해 주목되는 것이 마지막 항목인 '다케시마·마쓰시마가 조선의 부속으로 된 시말(竹島松島朝鮮附屬二相成候始末)'이다. 비록 내용은 부실하지만 제목만으로도 외무성은 물론 태정관도 울릉도와 독도가 조선령이라는 사실을 메이지 정부 초년부터 인식하고 있었음을 말해 준다.[9]

19세기 중엽(막부 말)에는 「관판실측일본지도(官板實測日本地圖)」(1867년)가 막부에 의해 제작되었다. 이 지도는 1870년 메이지 정부(開成學校)에 의해 다시 제작되었는데, 「대일본연해여지전도」(1821년)와 마찬가지로 다케시마와 마쓰시마가 실리지 않았다. 두 섬을 일본 영외로 본 것이다. 이는 다케시마와 마쓰시마가 일본 영외라는 에도 시대의 인식이 메이지 정부로 이어진 것이라고 할 수 있다.

메이지 초년에는 태정관 정원(正院) 지지과(地誌課)에서 근대적 토지제도의 확립을 위한 기초 작업으로 일본 지지(地誌)를 편찬했다. 1872년부터 1873년까지 찬술(纂述)을 마친 후 1874년부터 1879년에 걸쳐 순차적으로 간행(8책 77권)되었다. 『일본지지제요(日本地誌提要)』라고 이름 붙인 이 책 제4책 제50권(1875년) 「오키(隱岐)」는 오키의 부속 섬 179개를 들고 있다. 그런데 다케시마와 마쓰시마는 이에 포함시키지 않고 서북쪽에 있다고 별도로 기록하고 있다. 이렇게 「관판실측일본지도」 이후 국가에서 펴낸 지도들은 다케시마와 마쓰시마를 일본 영외로 보았다. 적어도 1905년 량고도(독도) 병합 이전까지는 그러했다.

이처럼 메이지 정부는 초년부터 울릉도는 물론 독도도 조선령임을 인식하고 있었다. 그리고 오래지 않아 내무성의 의견에 따라 태정관에서 두 섬이 일본 판도 밖의 섬, 다시 말하면 조선령임을 선언하게 된다. 그 직접적인 계기가 된 것이 메이지 정부의 지적 편찬 사업이었다.

1876년 10월 내무성 지리요(地理寮)는 지적 편찬을 위해 시마네현[島根縣]에 다케시마에 대해서 조회했고, 시마네현 당국은 17세기 오오야·무라카와 양가의 다케시마 어업을 조사하는 한편 다케시마 「유래(由來)의 개략(槪略)」과 오오야가의 다케시마 「도면(圖面)」을 첨부한 '일본해내 다케시마 외 1도[日本海內竹島外一島] 지적 편찬에 관한 질의서'를 내무성에 제출했다. '다케시마 외 1도' 란 다케시마 「유래의 개략」에 '다케시마 …… 다음에 1도가 있는데 마쓰시마 라 부른다(竹島 …… 次ニ一島アリ松島ト呼ブ)'라고 밝히고 있는 바와 같이, 마쓰 시마(우산도·자산도)를 가리킨다.

질의서를 받은 내무성은 다케시마일건(울릉도쟁계)에 대해 조사하고 시마 네현의 '질의서'를 검토한 끝에 두 섬이 조선령이라는 결론을 내렸다. 그러나 '판도(版圖)의 취하고 버림은 중대한 사건'이기 때문에 1877년 3월 17일 태정 관에 '일본해 내 다케시마 외 1도 지적편찬에 관한 질의서'를 제출하고 판단을 요청했다.

이 '질의서'에는 4건의 부속 문서가 첨부되어 있었다. 제1호, 1696년(元祿 9 년) 1월 구 정부에서 다케시마를 조선령으로 인정해 도해금지령을 내린 배경 설명, 제2호, 같은 해 10월 쓰시마 봉행 평진현 등이 다케시마 도해금지령을 동래부 훈도·별차에게 알리는 서신, 제3호, 1698년(元祿 11) 3월 조선 예조참 의 이선부가 막부의 결정을 환영하고 울릉도와 다케시마가 1도2명임을 들어 정당한 인식을 촉구하는 한편, 안용복 등은 물에 떠내려간 표류민에 불과하다 는 내용의 소우 요시자네에게 보내는 서계, 제4호 1699년(元祿 12) 3월 조선 측 서계 내용을 막부에 보고했다는 내용의 예조참의 이선부에게 보내는 소우 요시자네의 서계, 그리고 다케시마를 조선령으로 인정하게 된 전말과 이 과정에서 쓰시마가 수행한 긍정적 역할을 조선 측(예조참의)에 알리는 소우 요시자네의 구상서(口上之覺) 등이 첨부되어 있었다. 또한 내무성이 태정관에 제출한 질의서 말미에는 시마네현에서 작성한 다케시마「도면」을 참고해 제작한「기죽도약도」도 시마네현 질의서와 함께 첨부되어 있었다. 부속문서 제5호라고 할 수 있는 이「약도(略圖)」는 다케시마 옆에 마쓰시마를 그려 이 섬이 울릉도에 속한 섬으로, 조선령임을 말해주고 있다.

질의서를 접수한 태정관 조사국의 심사에서는 내무성의 견해, 즉 1692년(元祿 5) 조선인이 울릉도에 들어온 이래 조·일 양국 간에 문서가 오간 끝에 두 섬이 일본과 관계가 없다고 결론 맺은 사실이 인정되어 다음의 지령안(指令按[案])이 작성되었다

> 질의한 다케시마 외 1도 건에 대해 본방(일본)은 관계가 없다는 것을 주지(周知) 할 것.
>
> 伺之趣竹島外一嶋之儀本邦關係無之儀ト可相心得事.

이 지령안은 우대신(右大臣) 이와쿠라 도모미[岩倉具視]의 승인을 받아 1877년 3월 29일자로 내무성에 전달되었고, 이는 다시 4월 9일자로 시마네현에 전해졌다.

결국 일본 최고 국가기관인 태정관은 내무성에서 질의해 온 다케시마(울릉도)와 마쓰시마(독도) 영유 문제에 대해 두 섬이 일본과 관계가 없음을, 다시 말

해 사실상 조선령임을 공적으로 선언한 것이다. 이는 도쿠가와 막부를 계승한 메이지 정부 역시 울릉도는 물론 독도도 조선령으로 인정한 것이 된다.

1880년대로 들어서면 외무성과 해군도 량고도(우산도·독도)를 조선령으로 인식한 기록이 보인다. 외무성은 울릉도 현황에 관한 1881년 11월 29일자 내무성의 조회를 받은 바 있다. 그 안에는 다케시마(울릉도)와 마쓰시마(독도)를 일본 판도 밖으로 선언한 태정관의 지령문도 들어 있었다. 그러나 외무성은 울릉도의 일본인 철수 문제가 조·일 간의 외교 현안이 되었음에도 내무성의 조회에 대해 아무런 이의도 제기하지 않았다. 외무성에서는 메이지 초년부터 다케시마(울릉도)는 물론 마쓰시마(독도)도 조선령이라는 사실을 인식하고 있었기 때문으로 보인다. 그리고 그 뒤 마쓰시마를 편입(1905년)할 때까지 다케시마와 마쓰시마의 영유권을 분리해서 다룬 적이 없다고 한다.[10] 이는 외무성이 마쓰시마를 다케시마에 부속된 섬으로 인식했음을 뜻한다.

한편 1880년 9월 아마기함[天城艦]의 조사 결과는 해군 수로국(水路局)의 『환영수로지(寰瀛水路誌)』 제2권(露韓編, 1883년)과 수로부(水路部, 1886년 수로국의 개칭)의 1894·1899년판 『조선수로지(朝鮮水路誌)』에 반영되었다. 여기에는 마쓰시마(울릉도)와 함께 리앙코르도열암(リヤンコールト 列岩, Liancourt Rocks, 량고도, 독도)이 실려 있다. 이에 반해 1892년부터 순차적으로 간행된 일본 영토만을 다룬 『일본수로지(日本水路誌)』에는 시모노세키조약(1895년)에 따른 새 영토인 대만이나 팽호도(澎湖島), 쿠릴(치시마) 열도의 최북단인 점수도(占守島)까지 실렸지만, 리앙코르도 열암은 실리지 않았다.

이러한 사실은 일본 해군이 량고도를 일본령이 아닌 조선령으로 인식하고 있었다는 것을 의미하며, 아마기함도 이미 마쓰시마(울릉도)를 조사할 당시부터 량고도를 조선령으로 보고 있었다는 것을 말해준다. 즉 수로국은 「조선동해안도(朝鮮東海岸圖)」(1876년 초판)에서 독도가 조선령임을 인정하고 아마기함의 현지 조사(1880년 9월)에서 이를 확인했으며, 『조선수로지』(1894·1899년)를 간행하면서 이를 재확인했던 것이다.

이처럼 아마기함은 이미 조사 당시부터 량고도를 조선령으로 인식하고 있었다. 그러므로 기타자와 마사노부가 관계 문헌을 검토하고 특히 아마기함의 조사 결과를 토대로 내린 마쓰시마(울릉도)가 '우리(일본) 판도 밖의 땅'이라는 결론에는 부속 섬인 량고도(독도)도 포함되는 것으로 보아야 할 것이다.

결론적으로 1877년 초에 일본 내무성과 태정관이 울릉도와 독도를 일본 영외(領外), 다시 말해 조선령으로 판단하고 이를 선언했고, 1880년대 들어서는 외무성이 이에 동조했으며, 해군에서도 두 섬을 조선령으로 인식하고 있었다. 즉 영토 문제와 관련된 일본의 중앙관서와 일본 최고의 국가기관인 태정관까지 독도를 일본 영외로, 다시 말하면 조선령으로 판단하거나 인식하고 있었던 것이다.

그런데 태정관(우대신 이와쿠라 도모미)의 선언(지령)에는 몇 가지 주목해야 할 것이 있다. 첫째, 학계에서 다케시마 도해금지령이 마쓰시마에도 적용되느냐 하는 문제를 놓고 논쟁을 해왔는데, 이제 메이지 정부에서 '다케시마 외 1도'의 '외 1도'가 마쓰시마이며 그것이 일본과 관계없다고 밝혀 이 금지령이 마쓰시마에도 적용된다는 것, 즉 마쓰시마가 조선령임이 확인되었다고 하는 사실이다. 내무성 질의서의 부속문서로 볼 수 있는 「기죽도약도」에서도 다케시마와 함께 마쓰시마를 그려 넣어 그것이 조선령임을 재확인하고 있다.

둘째, 내무성의 질의서나 태정관의 지령에서 '다케시마 외 1도', 즉 울릉도와 우산도가 '본방(本邦)과 관계없다'는 결론을 내리게 된 배경이 내무성 질의서에 수록된 울릉도쟁계 당시 조·일 간에 오간 외교문서(서계, 서신)에 있었다고 하는 사실이다. 내무성 부속문서 내용이 우산도를 포함한 울릉도가 조선령이라는 것을 확인해 주는 것이기 때문에 내무성이나 태정관도 두 섬이 일본 영외라는 결론을 내릴 수밖에 없었던 것이다. 이는 1696년 10월~1699년 3월에 걸쳐 울릉도(다케시마), 우산도(마쓰시마)의 조선 소속을 외교적으로 확인하는 작업이 완벽하게 이루어졌음을 의미한다. 따라서 메이지 정부의 울릉도, 독도 시책은 17세기 말 막부의 다케시마 도해금지령의 영향을 받게 되었다.

메이지 정부의 일본인 울릉도 도항 금지와 쇄환

일본인의 울릉도 침어(侵漁) 문제는 18세기 초까지만 하더라도 조선 정부에서 자주 논의되었으나 이후 자취가 없어졌다. 이는 일본인의 울릉도 침어가 적어도 수토관(搜討官)에 의해 적발되지 않을 만큼 현저하게 감소되었다는 것을 의미한다. 그런데 일본 연해민들의 침어는 19세기 중엽부터 재개되었던 것 같고, 조선의 수토관이 이를 확인한 것은 1881년(고종 18) 초였다.

1881년은 고종이 대미 수교 방침을 확정(1880년)짓고 이에 대비하기 위해 외교·통상·자강정책 등을 다룰 통리기무아문을 설치하는 등, 이른바 초기 개화정책을 추진하던 바로 그 해였다. 보고를 접한 정부는 통리기무아문의 건의에 따라 일본 외무성으로 서계를 보내 이를 항의하는 한편, 부호군(副護軍) 이규원을 울릉도검찰사에 임명(5월 23일)해 현지를 검찰하게 했다. 울릉도 개척

가능성의 검토를 겸한 것이었다. 일본인의 침어가 개국·개화정책을 추진 중인 고종으로 하여금 보다 더 적극적으로 울릉도 경영에 나서게 한 것이다.

이 결정에 따라 정부에서는 예조판서 심순택 명의의 서계를 일본 외무경(外務卿) 이노우에 카오루[井上馨]에게 보내(5월) 항의했다. 요지는 (1) 지금으로부터 189년 전인 1693년(숙종 19)에 일본인이 울릉도의 이름을 잘못 알아 여러 차례 서계가 왕래한 끝에 마침내 바로잡혀 일본은 영구히 연해민이 울릉도에 들어와 고기잡이하는 것을 불허할 것임을 약속했다는 것, (2) 그럼에도 일본인들이 울릉도에 잠입해 벌목하고 있으므로 선박들을 철수시키고 다시 그러한 잘못이 없도록 해야 한다는 것이었다.

이 서계는 곧 외무성에 도착했다. 그러나 외무성에서는 선뜻 이에 대한 일본 정부의 입장을 밝히는 회신(回信)을 하지 못했다. 그 이유는 외무성에서 도명(島名)상의 혼란을 빚고 있는 마쓰시마에 대한 조사를 하고 있었기 때문이다. 도명 혼란의 배경을 간단히 살펴보자면 1696년 다케시마 도해금지령이 내려지면서부터 다케시마와 마쓰시마는 일본인들에게 점차 잊혀져 갔고, 막부 말~메이지 초년쯤에는 시볼트(Siebold, Philipp Franz von)의 「일본도(日本圖)」(1840년) 영향을 받아 다케시마(울릉도)를 마쓰시마, 마쓰시마(독도)를 '랑고'도(リャンコ島)로 새롭게 이름 지었다. 그런데다 1876년 이후 마쓰시마 개척 허가 요청 문서가 수년에 걸쳐 잇달아 제출되고, 다케시마 도해 요청 문서도 제출되어 도명상 혼란이 일어나고 있었다. 마침내 일본 정부는 1880년 9월 아마기함[天城艦]을 현지로 보내 조사했다. 그 결과 마쓰시마는 조선의 울릉도이며 다케시마는 그 옆에 있는 죽서(竹嶼)라는 것이 밝혀졌지만, 외무성으로서는 충분한 자체 조사 검토가 필요했다.

기타자와 마사노부[北澤正誠]의 『죽도고증(竹島考證)』상·중·하와 이를 다시 요약 정리한 「죽도판도소속고(竹島版圖所屬考)」(1881년 8월)는 이런 외무성의 필요에 의해 작성된 것이었다. 한·중·일의 관계 자료와 아마기함의 현지 조사결과를 토대로 작성된 이 두 조사보고서 말미에서 기타자와는 다음과 같은 말로 결론을 대신하고 있다.

이로 말미암아 볼진대 금일의 마쓰시마는 곧 겐로쿠[元祿] 12년 칭(稱)한 바의 다케시마로 고래(古來)로 우리 판도 밖의 땅임을 알 것이다.
由此觀之ハ今日ノ松島ハ卽チ元祿十二年稱スル所ノ竹島ニシテ古來我版圖外ノ地タルヤ知ルベシ.

아마기함의 조사 결과를 놓고 볼 때 지금의 마쓰시마는 겐로쿠 12년(1699년) 울릉도쟁계 당시 일컬었던 다케시마(울릉도)로, 일본 판도 밖에 있는 땅이라는 것이다. 이 다케시마에는 부속 섬인 독도도 당연히 포함되는 것이다.

기타자와의 보고서는 외무성에 의해 아무런 이의 없이 접수(8월)되었고, 얼마 지나지 않아 태정대신 산조 사네토미[三條實美]에게 보고되었다(10월). 기타자와의 보고서 제출이 있자 외무성에서는 곧(8월) 조선 예조판서 앞으로 회답을 보내 사실을 조사 후 선처해 양국 우의에 장애가 되지 않도록 하겠다고 약속했다. 그 뒤(11월) 일본 측에서는 울릉도에서 벌목하던 일본인들이 모두 철수했다는 내용의 사실과 다른 회답을 조선 측에 보내기도 했다.

그런 가운데 1882년 6월에는 울릉도에서 일본인들의 벌목이 계속되고 있으므로 잘못이 되풀이되지 않도록 해달라는 조선 예조판서 이회정(李會正)의 공함(公函, 서계)이 있었다. 울릉도를 검찰하면서 일본인들이 벌목에 종사하고 있는 사실을 확인하고 돌아온 검찰사 이규원의 건의에 따른 것이었다. 또 제물포조약 비준차 일본에 건너갔던 수신사 박영효도 일본인의 벌목에 대해 강력히 항의했다(12월).

조선 측의 항의가 잇따르자 일본 정부는 외무경 이노우에 카오루의 건의에 따라 몇 가지 조치를 취했다. 우선 일본공사 다케조에 신이치로[竹添進一郞]는 1883년(고종 20) 1월에 예조판서 이병문(李秉文)에게 조회해 벌목 금지를 약속했다. 요지는 이미 금령을 내렸으므로 이후 범법자를 조선 지방관이 색출해 인근의 일본 영사관에게 인도하면, 이들을 조일수호조규(朝日修好條規)와 일본 법률에 의거해 처벌하겠다는 것이었다. 그러나 '이미 금령을 내렸다'는 것도 실제로 금령을 내린 것이 3월이므로, 사실과 다른 것이었다.

이어 참사원(參事院)에서는 2월에 외무경의 울릉도도항금지안(유달문)을 심사해 일본인의 울릉도 도항을 금하며, 금령을 범해 밀무역과 무단 벌채를 하는 경우에는 무역 규칙과 형법이 정하는 바에 의해 처벌하는 것이 타당하다는 결정을 내렸다. 그리고 참사원의 이 결정에 따라 태정대신 산조 사네토미는 3월 1일 일본인의 마쓰시마(울릉도) 도항을 금하며, 위반자는 일한무역규칙 제9조와 형법에 의해 처벌할 것임을 내무경(內務卿) 야마다 아키요시[山田顯義]와 사법경(司法卿) 오키 다카토[大木喬任]에게 내달(內達)했다.

그러나 이런 약속이나 내달에도 불구하고 일본인의 울릉도 왕래는 계속되었다. 태정대신의 내달이 있었던 1883년 1월(양 3월) 중에도 후쿠오카현[福岡縣] 하야세 이와헤이[早瀨岩平] 등 80여 명이 울릉도에 잠입해 수목과 어류를 무단 채취했고, 이 무렵부터 일본 연해 각 현으로부터 잠입하는 자가 잇달아 그 수가 야마구치현[山口縣] 사족(士族) 마쓰오카[松岡] 등 수십 명을 합쳐 모두 수백 명을 헤아리게 되었다.

사태가 이에 이르자 일본 정부로서도 대책을 강구하지 않을 수 없었다. 조선 정부에 신의를 잃는 것은 물론, 장차 조선 정부에서 항의를 해올 경우 매우 난처한 입장에 빠지게 될 것을 염려했던 것이다. 외무경 이노우에 카오루는 우선 원산 주재 영사 소에다 다카시[副田節]에게 지시해 하야세 이와쿠라 등 80여 명을 조속히 철수시키겠다고 덕원부사(德源府使) 정현석(鄭顯奭)에게 약속했다. 이어 하야세·마쓰오카 등의 원적지(原籍地)인 후쿠오카현·야마구치현에 이들을 조속히 철수시키라고 지시했다. 그러나 울릉도에 있는 대부분의 일본인은 원적지를 밝히기 어려웠으므로, 이노우에 카오루는 내무성에서 관원을 파견해 이들을 철수시킬 것을 태정대신에게 요청했다.

일본 내무성에서 울릉도로 관리를 파견한 것은 8월(양 9월) 하순이며, 파견자들은 내무소서기관(內務少書記官) 히가키 나오에[檜垣直技]와 수원(隨員)·순검(巡檢) 등 모두 31명이었다. 울릉도에 9월(양 10월) 7일 도착한 이들은 섬 내의 일본인을 조사·점검 후 에치코마루[越後丸]에 태우고 9월 14일 울릉도를 출발해, 15일 바칸[馬關]으로 돌아갔다. 내무성 관리들은 떠나기에 앞서 도장(島長) 전석규(全錫奎)로부터 남은 사람이 단 한 명도 없다는 증서를 받기도 했다. 또 원산 주재 영사 소에다 다카시는 9월 9일자로 덕원부사 정현석에게 조회해 장차 일본 정부에서 관리를 파견해 울릉도의 일본인을 체포해 처벌할 것임을 알려오기도 했다. 에치코마루가 울릉도에 도착한 후의 일이었다.

일본 내무성 관리들이 울릉도에서 쇄환(刷還)한 일본인 수는 255명에 달했다. 이 안에 마쓰오카 등 야마구치현 출신 수십 명이 포함되었는지는 확실하

지 않다. 그러나 후쿠오카현 출신 하야세 등 80여 명은 해당 현에서 별도로 쇄
환한 것으로 생각된다. 그러므로 마쓰오카 등 수십 명이 255명 내에 포함되었
다고 하더라도, 이 무렵에 울릉도에서 수목이나 어류를 무단 채취하던 일본인
수가 330명을 웃돌았다는 것을 알 수 있다. 검찰사 이규원이 조사했을 때인
78명보다 약 4.3배 증가한 것이다.

쇄환된 255명 중 243명은 야마구치현, 3명은 효고현[兵庫縣], 9명은 경시청
(警視廳)으로 각각 인도되었다. 이들은 해당 재판소에서 재판을 받았다. 이 재
판은 1886년(明治 19)까지 계속되었다. 조선 정부로부터도 여러 차례 항의가
있었으므로 이들에 대한 재판은 불가피했을 것이다. 그러나 그 결과는 조선
정부와 했던 약속과 달리 모두 무죄 방면이었다.

19세기로 들어와 일본인이 울릉도에서 저지른 무단 벌목이 조선·일본 정
부 간에 외교 문제화된 것은 1881년(고종 18)부터였다. 이후 조선 정부에서는
여러 차례 공함을 보내 일본인들의 철수를 요청했다. 그러나 그때마다 일본
정부는 철수를 약속하면서도 시일을 미루어 왔다. 그러기를 2년, 1883년(고종
20) 9월 드디어 울릉도에서 일본인이 완전 철수함으로써 조·일 양국 정부 간
외교 현안이었던 울릉도 무단 벌목 문제가 일단 해결을 보게 되었다.

광무 4년 칙령 제41호

조선 정부는 1881년(고종 18) 부호군 이규원을 울릉도검찰사에 임명해 이듬
해 여름 울릉도로 파견했다. 그 후 그의 조사 보고에 따라 울릉도 개척 방침을

확정짓고, 1883년 여름부터 백성들을 이주시키기 시작했다. 개척은 급속도로 이루어져 갔다. 그리하여 1895년 초에는 2세기에 걸쳐 실시해 오던 수토제도를 폐지(고종 31년 12월)하는 대신, 전임도장제(專任島長制)를 실시하게 되었다(고종 32년 1월). 이 도장제는 곧(8월) 도감제(島監制)로 바뀌었다.

수토제도의 폐지와 도감제의 실시는 조선 정부의 울릉도 경영상 획기적 의미를 갖는 것이었다. 하지만 도감은 지방관제에 편입된 것이 아니었다. 울릉도가 지방관제에 편입된 것은 광무 2년(1898년) 칙령 제12호를 반포(5월)하면서부터였다. 그러나 아직 도감은 섬 주민 중에서 임명하는 자치적 성격을 띠는 것이었다. 중앙으로부터 지방관이 파견되는 것은 내부시찰관(內部視察官) 우용정(禹用鼎)이 울릉도를 다녀온(1900년) 뒤의 일이다.

19세기 중엽부터 울릉도에 잠입해 목재를 무단 벌목 후 밀반출하던 일본인들이 조선 정부의 항의에 따라 철수한 것은 1883년이었다. 이후 1883년 말의 덴쥬마루[天壽丸] 사건과 1885년 반리마루[萬里丸] 사건 등 일본인들의 목재 밀반출이 더러 있었고 1888년 이후 일본 어선이 울릉도 연안에 출몰하면서 섬 주민들에게 폐를 끼치는 일도 있었으나, 잠입과 무단 벌목은 일단 사라졌다. 그런데 1891년부터 일본인들의 잠입은 다시 시작되었고, 그 수는 점점 불어나 1896년(건양 원년) 이후에는 200명 선을 유지했다. 이들 대부분은 특히 규목 무단 벌목에 종사했으며 무단 벌목한 규목은 일본으로 밀반출되었다.

일본인들의 무단 벌목과 밀반출은 광무 연간(1897년~)으로 접어들면서 더욱 심해졌다. 뿐만 아니라 일본인들은 점차 상품까지 밀매하기 시작했으며 그 과정에서 섬 주민들에게 폐를 끼치는 일도 잦아졌다. 정부에서는 실태를 조사하기 위해 1899년 부산해관세무사서리(釜山海關稅務司署理) 라포테(Laporte, E.,

羅保得)를 파견했고, 1900년 5월에는 일본 측과 공동 조사하기 위해 울릉도시찰위원(내부시찰관) 우용정을 파견했다.

현지 조사를 마치고 돌아온(6월) 시찰위원 우용정은 곧 정부가 앞으로 취할 대책 등을 담은 보고서를 작성해 내부대신 이건하(李乾夏)에게 제출했다. 요지는 일본인이 울릉도에서 체류하는 것은 조약을 어기는 일이므로 이들을 조속히 철수시켜 섬 주민과 산림을 보호해야 하며, 울릉도는 외국인의 왕래가 잦으므로 자치적 성격을 띠는 도감(島監)제도를 개편해야 한다는 것이었다.

우용정의 건의에 따라 외부(外部)는 일본 측과 울릉도에서 체류 중인 일본인들의 철수를 교섭하고, 내부(內部)는 1900년 10월 22일자로 의정부에 설군청의서(設郡請議書)를 제출했다. 군(郡)을 설치해야 하는 이유로 든 것은 울릉도가 내륙과 비교해 호수, 토지, 농산 등에서 큰 차이가 없으며, 외국인이 왕래하고 있어 도감이란 호칭으로는 행정을 하는 데 어려움이 있다는 것이었다. 청의서가 제출되자 의정부는 곧 광무 4년 칙령 제41호 '울릉도(鬱陵島)를 울도(鬱島)로 개칭ㅎ고 도감(島監)을 군수(郡守)로 개정ㅎ 건'을 의결했고, 10월 25일 황제의 재가를 받아 10월 27일자『관보(官報)』에 게재해 이를 반포했다.

칙령 제41호 중에서 우선 주목되는 것은 제1조의 규정이다. 기존의 울릉도 도감은 판임관(判任官) 대우였고, 그것도 울릉도민 중에서 임명하는 자치적 성격이었다. 그런데 이제 제1조의 규정에 따라 중앙에서 주임관인 군수(郡守)가 파견되어 명실상부하게 지방 관제에 편입되었고, 관장으로서의 체통도 세울 수 있게 되었기 때문이다.

그러나 더욱 주목되는 것은 제2조에 울도군의 관할 구역으로 울릉전도(鬱陵全島)·죽도(竹島)와 함께 석도(石島)를 규정하고 있다는 사실이다. 죽도는 오늘의 죽도(죽서), 울릉 '전도'는 울릉도와 이에 부속된 작은 섬·바위들을 통칭한 것이다. 따라서 석도는 오늘의 독도(獨島)를 가리킨다. 석도를 훈독(訓讀)하면 '돌섬' 혹은 '독섬'이 되는데, 지금도 울릉도민들은 독도를 '돌섬' 혹은 '독섬'으로 부르고 있다. 1906년 울도군수 심흥택이 제출한 「심흥택 보고서」에 보이는 '독도'는 바로 '독섬'을 차자표기(借字表記)한 것이다.

석도, 즉 '돌섬' 혹은 '독섬'은 서울에서 부르는 호칭이 아니었다. 현지 사정에 어두운 대신, 지리에 대한 문헌을 비교적 손쉽게 접할 수 있었던 서울에서는 울릉도 개척이 상당히 진척된 19세기 말~20세기 초까지도 독도를 '우산도'라고 부르고 있었다. 그런 만큼 석도의 연원은 일찍이(1947년) 고(故) 방종현(方鍾鉉) 교수가 지적한 바와 같이 전남의 방언에서 찾아야 할 것 같다. 검찰사 이규원이 울릉도를 검찰할 때인 1882년에 울릉도에서 내륙인 약 140명을 확인했는데, 그 중 전라 남도연해민이 115명(82%)이나 되었다. 그리고 뱃사람들인 이들 전라 남도연해민들의 울릉도 왕래는 개척이 진척됨에 따라 더욱 잦아졌다. 문헌을 접할 수도, 잘 읽을 수도 없었던 이들은 울릉도를 왕래하다 목격했거나 당도했던 '바위로 된 섬'인 독도를 자신들의 방언에 따라 '독섬'으로 불렀을 것이다. 전라남도 지방에서 '돌(tol)'을 '독(tok)'이라고 하는 것은 이미 잘 알려진 사실이다.

전라 남도연해민들이 부르던 이 '독섬'이라는 도명(島名)은 울릉도에 입거하기 시작한 도민들에게 영향을 주었을 것이다. 울릉도민들의 출신지는 잘 알수 없지만, 지리적 관계를 고려할 때 첫 입거 당시와 같이 강원도가 가장 많고, 다음이 경상도였을 것이다. 그리고 돌을 지칭하는 강원도와 경상도의 방언은 '돌'이었고, 경상도 일부 지방에서는 '돌'과 '독'을 혼용했다. 그러므로 울릉도민들은 첫 입거 당시부터 '독섬'을 '돌섬'이라 부르기도 했을 것이다. 즉 전라 남도연해민들이 부르던 '독섬'은 입거인들의 방언에 잠식되어 '독섬' 혹은 '돌섬'이라는 두 어형(語形)이 공존하게 되었던 것이다. 그리고 시찰위원 우용정 등은 섬의 실태조사에 즈음해 이 두 어형을 '석도(石島)'로 한역(漢譯)했던 것이다.

칙령 제41호 '울릉도를 울도로 개칭ᄒ고 도감을 군수로 개정ᄒ 건'은 1900년 10월 27일자 『관보』에 게재되었다. 당시의 공문식(公文式)에 따르면, '범(凡) 법률 칙령은 관보로써 반포할 것'을 규정하고 있으므로, 10월 27일은 칙령 제41호의 반포일이 된다. 그리고 이 칙령 부칙 제6조에 '본령(本令)은 반포일로부터 시행ᄒ 사(事)'라고 규정하고 있으므로, 칙령 제41호는 1900년 10월 27일부터 효력을 발생하게 된다. 이는 석도, 즉 독도가 대한제국의 영토임을 칙령으로 확고히한 것을 의미한다.

울릉도가 군(郡)으로 승격됨에 따라 정부는 그 해(1900년) 11월에 군수를 임명했다. 처음으로 중앙으로부터 지방관이 파견된 것이다. 첫 군수는 오랫동안 도감으로 일했던 배계주였다. 그리고 1903년에는 군 관아를 신축해 태하동에서 도동으로 이전했으며 행정을 담당하는 관속(官屬), 치안을 담당하는 이교(吏校)가 배치되어 군의 모습을 갖추게 되었다. 심흥택이 군수로 부임(1903년 4월)한 이후의 일이었다.

일본의 '량고'도 영토 편입과
심흥택 보고서

일본의 '량고'도 영토 편입

한국 정부가 1900년 10월에 광무 4년 칙령 제41호 '울릉도를 울도로 개칭 ᄒ고 도감을 군수로 개정흔 건'을 반포해 석도(石島), 즉 독도를 영토로 재확 인한 지 5년여가 지난 뒤인 1905년(明治 38) 일본은 러일전쟁 중, 특히 '일본해 해전'을 얼마 앞두고 2월 22일자 시마네현[島根縣] 고시 제40호로 '량고도(リヤ ンコ島, 독도)'를 영토로 편입시켰다.

시마네현 고시 제40호가 나오게 된 경위를 간단히 살펴보면, 그 형식적인 계기가 된 것은 시마네현 출신 어업인 나카이 요사브로[中井養三郞]의 출원이 었다. 1903년 5월과 1904년 8월에 량고도(독도)에 출어했던 나카이 요사브로 는 이 섬에 서식하는 강치[可支魚・海驢・海馬・アシカ]잡이의 사업성을 높이 평가 했다.

나카이는 한국 정부로부터 이 섬을 임차하기로 결심하고 어기(漁期)가 끝나 자 도쿄로 가서 관계부서 관료들과 이 문제를 논의했다. 농상무성 수산국장 마키 보쿠신[牧朴眞]은 한국령이 아닐지도 모른다고 했고, 해군 수로부장 기모쓰키 가네유키[肝付兼行]는 이 섬이 한국령임을 잘 알고 있음에도 주인 없는 땅이라고 주장했다. 이에 설득된 나카이는 「량고'도(독도) 영토 편입 및 대하원(貸下願)」을 내무·외무·농상무성에 제출했다.

그러나 내무성 당국자는 이 청원서를 수리(受理)하려 하지 않았다. 그 이유는 '이 시국(러일전쟁)에 량고도를 병합하는 것은 다른 나라들로부터 일본이 한국을 집어 삼키려는 야심이 있다는 의심을 살 뿐이다'라는 것이었다. 그러나 이는 일찍이(1877년) 내무성에서 태정관의 지령으로 마쓰시마(량고도)를 한국령으로 인정한 사실과 무관하지 않을 것이다. 그러나 내무성 당국자의 이러한 견해는 외무성 정무국장 야마자 엔지로[山座圓次郎]의 발언에 압도되고 말았다. 야마자는 "현 시국은 그(량고도) 편입이 매우 필요하다 …… 외교상 내무성과 같은 고려는 필요하지 않다 ……"고 주장한 것이다.

내무성에서 나카이의 영토 편입원을 받아들인 것은 1904년 9월 29일이고, 그로부터 3개월여가 지난 1905년 1월 10일 내무성에서 '무인도 소속에 관한 건(無人島所屬ニ關スル件)', 즉 량고도를 일본 영토로 편입하고 다케시마로 명명해 시마네현 소속 오키도사[隱岐島司]의 소관으로 할 것을 내각에 요청했다. 이 요청은 1월 28일 각의(閣議)에서 승인되었다. 내무성에서는 2월 15일자 훈령 제87호로 각의의 결정을 관내에 고시하도록 시마네현 지사에게 지령했고, 이에 따라 시마네현 고시 제40호가 나오게 되었다.

량고도 병합 과정에서 가장 주목해야 할 것은 각의의 결정문이다. 그 요지는 오키도 서북 85해리에 있는 무인도(량고도)는 다른 나라에서 점령한 흔적이 없고, 1903년 이래 나카이 요사브로가 이 섬에 이주해 어업에 종사한 것이 명백하므로 국제법상 점령한 사실이 있는 것으로 인정되어 이 섬을 일본 영토로 편입하고 다케시마로 명명해 시마네현 소속 오키도사의 소관으로 한다는 것이었다.

각의의 이 결정은 정당한 것이 아니었다. 한국은 량고도(독도)를 일찍부터 울릉도에 부속된 섬, 다시 말하면 우리 영토로 인식해 왔다. 이는 도쿠가와 막부가 쓰시마 도주의 서계(1699년)를 통해 인정하고 메이지 정부(태정관) 역시 우대신의 지령(1877년)으로 선언한 것이었다. 그리고 1900년 10월에 제정, 반포한 광무 4년 칙령 제41호 '울릉도를 울도로 개칭ᄒᆞ고 도감을 군수로 개정ᄒᆞᆫ 건'에서는 울도군의 관할 구역으로 석도(독섬·돌섬, 독도)를 규정함으로써(제2조) 독도가 한국 영토임을 재확인하고 있다. 그러므로 일본 각의에서 다른 나라의 영토를 병합하기로 결정한 것은 근본부터 잘못된 것이다.

또 결정문에는 나카이가 1903년(明治 36) 이후 량고도에 이주한 것을 인정한다고 하고 있으나, 한국 영토인 울릉도에 불법적으로 주거를 갖고 1903년과 1904년 두 번에 걸쳐, 그것도 어기에 잠시 출어한 사실을 가지고 이주로 인정한 것은 너무나 군색하고 무리한 논리라고 하지 않을 수 없다.

각의의 이 결정과 관련해 지적해 두고자 하는 것은 일찍부터 일본은 독도를 자신의 영토로 인식한 적이 거의 없다는 사실이다. 서양의 호칭인 '량고도(リヤンコ島)'에 '다케시마'라는 새 이름을 붙여 영토로 편입시켰다는 사실 자체가 1905년 2월 이전까지 영토로서의 인식이 없었다는 것을 의미한다. 오히려 일본은 량고도(독도)를 영토 밖의 땅, 다시 말하면 조선령으로 인식하고 있었다. 이 점은 독도에 관한 일본 최고(最古)의 문헌이라고 하는 사이토 호센[齋藤豊宣]의 『은주시청합기』(1667년) 이후 계속 그러했다.

특히 17세기 말 조·일 간 울릉도쟁계에서 막부는 다케시마(울릉도)가 조선령임을 인정해 다케시마 도해금지령(1696년, 元祿 9)을 내렸는데, 다케시마에는 그 부속 섬인 마쓰시마(독도)도 포함되는 것이었다. 그 후 막부는 다케시마(울릉도)와 마쓰시마(독도)가 조선령이라는 사실을 계속 존중해 왔다.

근대에 들어와서도 메이지 정부는 울릉도는 물론 독도도 조선령이라는 막부의 결정을 존중하고 있음을 보여준다. 이러한 사례는 특히 근대적 토지제도의 확립을 위한 기초 작업으로 추진된 지지(地誌), 지적(地籍) 편찬사업이나 지도 작성에서 살펴볼 수 있다(V장 2절 참조).

태정관 정원(正院)에서는 1872~1873년에 전 일본의 지지를 편찬하고 1874년부터 순차적으로 출간해 1877년까지 『일본지지제요(日本地誌提要)』전 8책 77권을 완간했다. 그 중 제4책 제50권 「오키[隱岐]」(1875년 간행)는 이 섬의 속도(屬島)로 179개의 섬을 꼽고 있다. 그러나 179개 속에 다케시마(울릉도)는 물론 마쓰시마(독도)도 들어가 있지 않으며, 두 섬은 별도로 기록하고 있다. 즉 두 섬을 일본 영외(領外)로 보았던 것이다.

메이지 정부는 1870년 후반부터 지도도 제작했다. 처음은 육군참모본부에서 제작한 「대일본전도(大日本全圖)」(1877년)와 문부성의 「일본제국전도(日本帝國全圖)」(1877년)였다. 이어 내무성 지리국의 「부현관할도(府縣管轄圖)」(1879년), 「대일본국전도(大日本國全圖)」 등 모두 6~7종이 제작되었다. 그런데 이 시기 관찬 지도의 특징은 한결같이 다케시마(울릉도)와 마쓰시마(독도)를 일본 영외, 즉 조선령으로 보고 있다는 것이다. 이는 메이지 정부(開成學校)가 다케시마와 마쓰시마를 일본 영외로 본 막부 말년의 「관판실측일본지도(官板實測日本地圖)」를 다시 제작한 것과도 관련지어 생각해 볼 수 있다. 그러나 더욱 커다란 영향을 준 것은 1877년 태정관 우대신의 다케시마·마쓰시마의 일본 영외 선언이 아니었나 한다.

내무성에서는 울릉도쟁계 당시 조·일 간에 주고받은 외교문서 등을 조사 검토한 끝에 '다케시마 외 1도', 즉 다케시마와 마쓰시마는 일본과 관계없다는 결론을 내렸고, 태정관에서도 이를 받아들여 '다케시마 외 1도(마쓰시마)는 본방(本邦)과 관계없다'는 지령을 내렸다. 두 섬이 조선령임을 우회적으로 선언한 것이다.

1880년대에 들어서면 외무성과 해군이 량고도(독도)를 조선령으로 인식한 기록이 보인다. 외무성은 울릉도 현황에 관해 1881년 11월 29일자 내무성의 조회를 받은 바 있다. 그 안에는 다케시마(울릉도)와 마쓰시마(독도)를 일본 영토 밖으로 선언한 태정관의 지령문(1877년)도 들어 있었다. 그러나 외무성은 당시 울릉도에서 체류 중인 일본인 철수 문제가 조·일 간 외교 현안으로 대두했음에도 내무성 조회에 대해 어떤 이의도 제기하지 않았다. 그리고 그 뒤 독도를 편입(1905년)할 때까지 다케시마와 마쓰시마의 영유권을 분리해서 다룬 적이 없다고 한다. 외무성에서는 한결같이 독도를 조선령으로 인식하고 있었던 것이다.

한편 해군 수로국의 『환영수로지(寰瀛水路誌)』(1883년)와 수로부(수로국의 개칭)의 1894·1899년판 『조선수로지』에는 1880년 9월 아마기함[天城艦]의 조사 결과가 반영되어 마쓰시마(울릉도)와 함께 리앙고루도 열암(リャンコルト 列岩, Liancourt Rocks, 독도)이 실려 있다. 이에 반해 1892년부터 순차적으로 간행된 일본 영토만을 다룬 『일본수로지』에는 시모노세키조약에 따른 새 영토를 모두 싣고 있지만, 리앙고루도 열암은 실리지 않았다. 그러나 량고도 편입

후에 간행(1907년)된 『일본수로지』 제4권 제1개정판 제3편 본주(本州) 서안(西岸)에는 다케시마(리앙고루도 열암)를 추가하고 6장 말미에 '메이지 38년(1905년)에 시마네현 소관으로 편입되었다'는 설명을 붙이고 있다.

이러한 사실은 본래 해군이 리앙고루도 열암을 조선령으로 인식하고 있었다는 것을 의미한다. 그리고 이는 해군 당국뿐 아니라 아마기함도 이미 마쓰시마를 조사할 때부터 량고도를 조선령으로 보고 있었다는 것을 말해준다. 따라서 해군성 수로국에서는 「조선동해안도(朝鮮東海岸圖)」(1876년 초판)에서 독도가 조선령임을 인정하고 이어 아마기함의 현지 조사(1880년)에서 이 사실을 확인했으며, 『조선수로지』(1894·1899년)를 간행하면서 이를 재확인한 것이다.

일본 정부에 '량고도(독도) 영토 편입 및 대하원'을 제출한 나카이 요사브로도 량고도를 한국령으로 믿고 있었다. 그리하여 한국 정부로부터 이 섬을 임차하기로 결심하고 1904년의 어기가 끝나자(8월) 곧장 도쿄로 가서 농상무성 수산국장 마키 보쿠신과 이 문제를 논의했던 것이다. 그러나 나카이는 마키 보쿠신, 수로부장 기모쓰키 가네유키, 외무성 정무국장 야마자 엔지로에게 설득되어 '량고도 영토 편입 및 대하원'을 일본 정부에 제출하게 된다.

따라서 각의의 '량고도 영토 편입 및 대하원'의 승인은 일본 정부가 나카이로부터 독도(량고도) 편입의 명분을 제공받는 대신, 그에게 이 섬의 어업권을 특별허가한 것이라고 할 수 있다. 그리고 이런 흥정을 성립시키는 데 주도적 역할을 한 것은 농상무성 수산국장 마키 보쿠신, 수로부장 기모쓰키 가네유키, 외무성 정무국장 야마자 엔지로 등의 관료였다. 이들에 대한 재조명이 요청된다.

17세기 말 막부의 다케시마 도해금지령이 내려지면서부터 다케시마(울릉

도)와 마쓰시마(독도)는 일본인들에게서 점차 잊혀져 갔다. 그 대신 19세기 중엽, 즉 막부 말~메이지 초부터 울릉도를 마쓰시마로, 독도를 량고도(リャンコ島)로 부르기 시작했다. 그리고 일본 정부는 사실상 조선령으로 판단해 스스로 일본 영외로 선포했던 량고도에 다케시마[竹島]라는 새 이름을 붙여 영토로 편입시켰다. 그것은 러시아와의 '일본해 해전'을 앞두고 독도를 전략기지로 활용하기 위해서였다.

량고도 영토 편입에 관한 고시도 충분한 절차를 밟은 것이 아니었다. 일본 정부가 량고도 영토 편입을 『관보』에 게재해 정부 차원에서 공시(公示)하는 조처를 취하지 않았기 때문이다. 량고도 영토 편입을 밝히는 시마네현 고시는 현청(縣廳)의 문 앞에 게시하거나 한두 개의 지방 신문에 게재되는 등 은밀한 방식으로 이뤄졌다. 각의의 결정(량고도 영토 편입)을 관내에 고시하라는 내무성 훈령(87호)을 충실히 이행한 것이라고 할 수는 있지만 충분한 절차를 밟은 고시였다고 하기는 어렵다. 따라서 '일본 정부가 국제적으로 영토 편입을 공시한 것'이라는 견해는 더욱 수긍하기 어렵다.

일본 정부가 이처럼 량고도 병합을 비밀스럽게 다룬 것은 한국의 반발이 예상되는 데다 러일전쟁에서 일본을 지원하는 열강을 자극하지 않을까 염려했기 때문으로 보인다. 그러나 궁극적인 이유는 일본의 국운을 건 러시아 함대와의 '일본해 해전'(1905년 5월)을 앞두고 량고도를 전략 기지로 활용하기 위해서였다. 그것은 일본함대 사령관 도고 헤이하치로[東鄉平八郎]의 일련의 움직임과 영토 편입 과정이 일정면에서 많이 일치하고, 외무성 정무국장 야마자 엔지로의 발언에서 보듯 일본 정부의 고위 관리가 전략기지화 발언을 한 것에서 알 수 있다. 그리고 실제로 일본 해군은 독도를 병합하기 직전인 1904년

11월에 독도와 울릉도를 해저 전선으로 연결하는 망루(望樓)의 건설 여부를 조사하기 시작했다. 그 결과 타당성이 인정되었지만, 마침 겨울철이어서 착공을 하지 못한 채 '일본해 해전'을 맞았다. 그 뒤 1905년 6월에 이 계획이 확정되어 7월에 착공돼 포츠머스조약(9월)이 성립되기 전인 8월부터 독도 망루[배원(配員) 4명]·울릉도 (신)망루(배원 9명)가 활동을 개시했다.

그런데 일본은 독도를 영토로 편입하지 않더라도 한국에 강요한 한일의정서(1904년 2월) 규정(제4조)에 따라 이 섬을 수용해 전략기지로 활용할 수 있었다. 일본의 주장대로 이 섬이 주인 없는 땅일 경우라면 더욱 거리끼는 바가 없을 것이다. 그럼에도 일본이 이 섬의 병합을 강행한 것은 국운(國運)을 건 러시아 함대와의 '일본해 해전'에서 패배할 경우에 대비해 사전에 이 섬을 일본령으로 확보해야 한다는 판단 때문은 아니었는가 하는 의문이 들기도 한다.

심흥택 보고서

일본은 러일전쟁이 끝난 이듬해인 1906년(明治 39) 3월 26일, 시마네현 사무관(제3부장) 진자이 요시타로[神西由太郎]를 책임자로 하고 관민(官民) 45명으로 구성된 대규모의 조사대를 다케시마(량고도·독도)에 파견했다. 그 중에는 오키도사(島司) 히가시 분스케[東文輔], 영토 편입 및 대하 출원인 나카이 요사브로, 이 조사대의 보고서『죽도급울릉도(竹島及鬱陵島)』의 작성자 오쿠하라 후쿠이치(헤이운)[奧原福市(碧雲)] 등도 들어 있었다. 이들은 3월 27일 독도에 도착해 서도·동도를 차례로 조사했다.

이어 조사대는 3월 28일 울릉도에 상륙했고, 진자이 요시타로 등은 울도군아(鬱島郡衙, 군청)로 군수 심흥택을 방문했다. 이들은 심 군수에게 독도가 일본 영토로 편입되었다는 것을 알렸다. 『죽도급울릉도』나 그 부록 「죽도도항일지(竹島渡航日誌)」에는 이에 대한 언급이 없지만, 울도군수 심흥택의 보고서나 강원도관찰사서리 춘천군수 이명래의 보고서에서 이 사실을 확인할 수 있다. 비록 일개 군수에게 한 것이기는 하지만, 일본은 비로소 량고도 영토 편입을 한국 측에 알려온 것이었다. 시마네현 고시가 있은 지 1년 2개월여가 지나서였다. 이는 1876년 일본 정부가 오가사와라도[小笠原島]를 편입할 때 이 섬과 관계가 깊은 영·미(英·美)와 몇 차례나 절충하고 다시 구미(歐美) 12개국에 편입을 통고한 것과는 사뭇 대조적이었다.[11]

일본은 량고도 편입을 비밀스럽게 다루어 왔다. 이 점은 1905년 8월 시마네현 지사 마쓰나가 다케요시[松永武吉] 등이 다케시마(량고도·독도)를 시찰할 때도 그러했다. 마쓰나가 등은 처음에 오키기선회사[隱岐汽船會社]의 선박 다이니오키마루[第二隱岐丸]를 이용할 예정이었는데, 돌연 이를 바꾸어 해군 어용선(御用船) 교토마루[京都丸]를 이용했었다. 그런데 진자이가 이끄는 이번 조사대는 관민으로 구성되었을 뿐 아니라 다이니오키마루를 이용하는 등 활동이 공개적이었고, 또 당당하게 군 관아로 심 군수를 방문해 영토 편입을 알린 것이다.

진자이가 이끄는 조사대가 독도·울릉도에 파견되었을 때는 이미 러일전쟁을 마무리 짓는 포츠머스조약이 성립되어 일본이 한국에서 특수 권익을 갖는 것이 열강에 의해 양해되어 있었다. 그리고 그 결과 일본은 한국에 외교권의 접수와 통감(統監)의 파견을 주 내용으로 하는 제2차 한일협약(을사조약)을 강요했다(11월). 그리하여 외국 주재 공사들에게 소환령이 내려지고(12월), 외부(外部)는 폐지되어 그 사무가 의정부에 설치된 외사국(外事局)으로 넘어가는 등(1906년 1월) 외교권을 박탈당했으며, 통감부와 통감 휘하의 이사청(理事廳)이 사무를 개시함으로써(2월) 한국은 일본 통감 지배하에 들어간 뒤였다. 그러므로 량고도 편입을 한국에 알리거나 대외적으로 공표한다 하더라도 거리끼는 바가 없었다. 영토 편입을 더 이상 비밀에 부칠 이유가 없었던 것이다.

울도군 소속 독도가 일본 영토로 편입되었다는 놀라운 통보를 접한 군수 심흥택은 곧 이 사실을 강원도관찰사에게 보고했다. 그 내용은 고(故) 신석호(申奭鎬) 교수가 1947년 8월 울릉도청에서 발견한, 그러나 지금은 실전(失傳)된 심 군수가 강원도관찰사에게 올린 1906년 음 3월 5일자 「보고서부본(報告書副本)」과 강원도관찰사서리 춘천군수 이명래가 1906년 4월 29일자로 의정부 참정대신에게 올린 「보고서호외(報告書號外)」에 수록되어 있다.

이 두 보고서에 보이는 '본월(本月) 초4일'은 음력 3월 4일, 양력으로는 3월 28일이다. '진시량(辰時量)'은 오전 7~9시쯤이란 뜻으로 3월 27일 오후 9시 울릉도 저동포에 잠시 머물렀던 다이니오키마루가 도동포로 옮겨 머무른 것은 다음 날 해가 돋을 무렵이고, 일행이 상륙한 것은 오전 9시였다는 『죽도급울릉도』 부록 「죽도도항일지」의 기록과 일치한다. '사무관 신서유태랑(神西由太郎)' 혹은 '신서전태랑(神西田太郎)'은 시마네현 사무관 진자이 요시타로[神西由太郎]의 약칭이자 오기이며, '세무감독국장'은 마쓰에[松江] 세무감독국장, '분서장'은 포항경찰분서장, '회의'는 현회의원(縣會議員)의 약칭이다. 울도군 관아를 방문한 일본인은 수원(隨員)까지 합치면 약 20명에 달하는 셈인데, 이는 「죽도도항일지」의 '진자이 요시타로 이하 십수 명'(십수 명은 수행원을 뺀 수인 듯)과 다소 차이를 보이고 있을 뿐이다. 이들 내용은 심흥택의 보고서가 대체로 상당히 정확하게 작성된 것임을 시사한다.

「보고서부본」이나 「보고서호외」에 따르면 심흥택의 보고 내용은 (1) '본군(울도군) 소속 독도'가 울릉도 먼 바다 100여 리에 있다는 것, (2) 음력 3월 4일(양력 3월 28일) 시마네현 오키도사 히가시 분스케[東文輔]·시마네현 사무관 진자이 요시타로[神西由太郞] 등 일본 관리 약 20명이 군 관아를 방문해 독도가 일본 영지로 되었다고 말했다는 것, (3) 이들은 도내 호구·토지·생산량, 군 관아의 인원·경비·제반 사무에 대해 조사해 갔다는 것으로 요약할 수 있다.

울도군 소속 '독도'란 광무 1900년 칙령 제41호에 보이는 '석도'를 가리킨다. '석도'를 훈독(訓讀)하면 '독섬' 혹은 '돌섬'이 되는데, 이는 조선 후기 이래 울릉도를 왕래하던 전라 남도연해민들이나 울릉도민들의 독도에 대한 호칭이었다. 이 두 어형(語形)을 한역(漢譯)한 것이 '석도'이고, '독섬'을 차자표기(借字表記)한 것이 '독도'다. '독'을 차자표기할 때 '獨'자를 쓰는데 전남 무안에서 '독섬'을 '독도(獨島)'로, 제주(濟州)의 '독개'를 '독포(獨浦)'로 표기한 것이 그 예다. 일본 군함 니이다카[新高]의 「행동일지(行動日誌)」(1904년 9월 25일자)에도 한인(울릉도민)들이 리앙고루도암(リアンコルド岩, 량고도)을 '독도'로 쓴다고 전하고 있다.

「보고서호외」에는 심 군수의 보고일자가 명기되어 있지 않지만, 「보고서부본」에는 보고일자가 '광무 10년 병오 음 3월 5일(光武十年丙午陰三月五日)'로 되어 있다. 양력으로 치면 1906년 3월 29일이 된다. 그러니까 심 군수는 3월 28일 일본 관리들로부터 '본군 소속 독도'가 '일본 영지'로 되었다는 놀라운 통보를 받자 바로 다음 날 이 사실을 직속 상관인 강원도관찰사에게 보고했던 것이다. 그리고 강원도관찰사서리 춘천군수 이명래도 사안의 중대함과 긴급함을 인식한 듯, 호외보고서(4월 29일자)로 심 군수의 보고 내용 그대로 의정부 참정대신에게 보고했다. 심흥택과 이명래의 보고일자에 1개월의 격차를 보이는 것은 울릉도와 내륙 사이의 불편한 교통사정 때문으로 보인다.

강원도관찰사서리 춘천군수 이명래의 호외보고서는 1906년 5월 7일자 접수 제325호로 의정부 외사국(外事局)에 접수되었다. 그리고 의정부 참정대신은 이에 대해 5월 20일자 지령 제3호로 '독도영지(領地, 영토)설(독도가 일본 영토에 편입되었다는 것)은 전혀 근거 없으니, 해도(該島, 독도)의 형편과 일본인이 어떻게 행동했는지를 다시 조사 보고할 것'을 지령하고 있다. 물론 이 지령문은 당시 의정부 최고 책임자였던 참정대신*이 독도(량고도)의 일본 영토 편입을 부인하고 독도, 즉 석도가 대한제국 영토임을 명백히 한 것이다. 당시 참정대신은 박제순이었다.

그런데 1906년 5월 1일자 『대한매일신보』 「잡보(雜報)」란에 따르면, 울도 군수 심흥택은 강원도관찰사에게 보낸 보고서와 거의 같은 내용을 내부(內部)에도 보냈다. 그리고 발송 시기는 신문에 보도된 일자가 5월 1일이므로 울릉도와 내륙 사이의 불편한 교통 사정을 감안할 때, 3월 29일쯤이 아닐까 생각한다. 생각건대 심 군수는 일본 관리들로부터 독도가 일본 영토로 편입되었다

---

* 의정부의 최고 책임자는 의정대신(議政大臣)이나, 1905년 1월 7일 이근명(李根命)이 사임하면서 의정대신은 공석으로 있었다. 후임 의정대신 민영규(閔泳奎)가 임명되는 것은 1906년 5월 28일에 가서였다. 참정대신은 1905년 11월 28일 이후 박제순이 재임했는데, 1907년(광무 11) 5월 22일 이완용(李完用)으로 교체되었다.

는 통보를 받자 이를 즉시 직속 상관인 강원도관찰사에게 보고하는 한편, 그럴 경우 정부로 보고가 늦어질 것을 우려해 같은 내용의 보고서를 직접 내부로도 발송한 것이 아닌가 한다.

심 군수는 내부로 보낸 보고서에서도 일본 관원들이 군 관아를 방문해 '본군 소속 독도', 즉 울도군 관할의 독도를 '일본 속지(屬地)'라 자칭하고, 울도군의 경계·호구·토지 총면적을 적어갔다고 했다. 그리고 내부에서는 이에 대한 지령에서 유람하는 길에 경계·호구를 적어가는 것은 있을 수도 있는 일이지만, 독도를 '일본 속지'라 했다는 것은 그럴 이유가 없는 만큼 보고 자체가 심히 의아하다고 지적하고 있다. 이는 내부에서도 의정부와 똑같이 독도의 일본 영토 편입을 부인하고 그것이 한국 영토임을 명백히 한 것임을 뜻한다.

의정부 참정대신 박제순은 5월 20일자 지령 제3호로 독도의 형편과 일본인들이 어떻게 행동했는지 재조사할 것을 강원도관찰사에게 지시했다. 아마 내부에서 심 군수에게 내린 지령에도 이런 내용이 들어 있었을 것이다. 그러나 이러한 지령에 대한 강원도관찰사나 울도군수의 재보고서는 찾아볼 수 없다. 그 이유는 둘 중 하나가 아닐까 한다.

첫째는 그러한 지령이 강원도관찰사나 울도군수에게 내려가지 않았거나, 설령 내려갔다 하더라도 재보고서는 올라오지 못했을 경우이다. 그것은 러일전쟁이 발발하면서 일본은 한국에 한일의정서를 강요해(1904년 2월) 모든 통신 기관을 접수했고, 이어 한일통신기관협정서를 체결해(1905년 4월) 우편·전신·전화 사업을 모두 이관받았으므로 일본에 불이익이 되는 지령이나 보고서는 얼마든지 차단하거나 압수할 수 있었기 때문이다.

둘째는 강원도관찰사나 울도군수로부터 재보고서가 올라오기는 했지만,

그 뒤 자취를 감춘 경우이다. 러일전쟁 이후엔 일본에 불이익이 되는 문건은 일본 측이 관리나 기관원을 시켜 얼마든지 가져갈 수도, 없앨 수도 있었다. 그리고 실제로 그러한 혐의를 받을 만한 사례도 있다. 『비변사등록(備邊司謄錄)』 가운데 안용복의 진술이나 울릉도쟁계가 실려 있었을 1696년(숙종 22) 1월에서 1698년 12월까지의 기록이 없어진 것도 한 예가 될 것이다.

울도군 우산도

한국 정부는 이처럼 강원도관찰사서리 이명래나 울도군수 심흥택의 보고를 통해 일본이 독도를 병합한 사실을 알고 있었으나 이를 일본 측에 항의했던 것 같지는 않다. 사실 항의를 하지 않은 것이 아니라 '항의할 수가' 없었을 것이다. 한국은 이미 러일전쟁 당시부터 그러했지만 특히 을사조약이 성립되면서 외부(外部)가 폐지(1906년 1월)되는 등 외교권을 박탈당했고, 그 후 통감부가 사무를 개시해(2월) 일본의 지배를 받고 있었다. 따라서 한국 정부는 독도 병합에 대해 항의할 길이 사실상 막혀 있었다. 일본의 이익을 위해 한국에 파견된 일본 관리, 즉 일본 외무성을 통해 일본 정부에 항의하는 방도밖에 없었기 때문이다.

울릉도의 일본 경찰관주재소나 일본인 철수 문제도 러일전쟁 이전까지만 하더라도 한·일 간의 중요한 외교 현안이었다. 그런데 전쟁이 발발하면서 한국 정부가 아무런 항의를 하지 않는 것은 이와 같은 상황과 관련지어 이해해야 할 것이다. 또한 전 영토가 일본에 병합될 위급한 처지에 놓여 있는 한국 정부로서는 이에 비해서는 사소한 울릉도의 일본 경찰·일본인 철수 문제나 독도 문제는 돌볼 겨를이 없었으리라는 것도 상기해야 할 것이다.

한국 정부는 이처럼 일본의 독도 병합에 대해 항의하지 못했으나 결코 일본의 독도 병합을 묵인하지 않았다. 한국 정부는 독도를 계속해서 우리 영토로 인식하고 있었다. 고종의 명에 따라 과거에 있었던 사실들를 집대성할 목적으로 편찬 간행한 『증보문헌비고』 여지고 19, 해방 1, 동해 울진조에 보이는 다음의 기사가 그 증거이다.

> 우산도(于山島) 울릉도(鬱[欝]陵島) …… 두 섬으로 하나가 우산(芋山)이다. 속(續)
> 지금은 울도군(鬱[欝]島郡)이 되었다.

'속(續) 지금은'이란 『증보문헌비고』를 간행한 1908년 현재란 뜻으로,[12] 우산도와 울릉도는 1908년 현재 울도군이라는 것이다. 우산도(독도), 즉 석도는 광무 4년 칙령 제41호 「울릉도를 울도로 개칭ᄒᆞ고 도감을 군수로 개정ᄒᆞᆫ 건」의 제정 반포에 따라 울도군에 소속되었고, 당시 여건상 일본의 독도 병합에 대해 항의할 순 없었지만 위의 『증보문헌비고』에서 보듯이 독도가 우리 영토임을 한국 정부는 주장하고 있었으며, 독도가 일본 영토가 아닌 한국 영토라는 것은 이제 너무나 잘 알려진 사실이다.

1 池內宏(1921),「朝鮮高麗朝に於ける東女眞の海寇」,『滿鮮地理歷史硏究報告』8, 216~217쪽.

2 『高麗史』, 世家 太祖 13年 8月 丙午.

3 『世宗實錄』地理志 江原道 蔚珍縣;申景濬,『疆界考』欝陵島;『東國文獻備考』輿地考 13, 關防 3, 東海 蔚珍;『萬機要覽』軍政篇 4, 海防, 東海.

4 『竹島之書附』;塚本孝(1985),「竹島關係旧鳥取藩文書および繪圖(上)」,『レファレンス』411, 80~81쪽;이훈(1996),「조선 후기의 독도(獨島) 영속 시비」,『독도와 대마도』, 지성의 샘, 39~40쪽;內藤正中(2000),『竹島(欝陵島)をめぐる日朝關係史』, 東京:多賀出版, 84~86쪽;朴炳涉(2007), 앞의 책, 50~51쪽.

5 李丙燾(1963),「獨島 名稱에 대한 史的 考察-于山·竹島 名稱考-」,『趙明基紀念佛敎史論叢』;宋炳基(1985),「高宗朝의 欝陵島·獨島 經營」,『獨島硏究』, 韓國近代史資料硏究協議會, 189쪽.

6 堀和生(1987),「一九0五年日本の竹島領士編入」,『朝鮮史硏究會論文集』24, 103~104쪽;內藤正中·朴炳涉(2007),『竹島=獨島論爭』, 新幹社, 89쪽.

7 池內敏(2006),『大君外交と「武威」』, 名古屋:名古屋大學出版會, 251~259쪽.

8 田保橋潔(1931),「鬱陵島 その發見と領有」,『靑丘學叢』3, 20~21쪽;川上健三(1966),『竹島の歷史地理學的硏究』, 東京:古今書院, 159쪽;池內敏(2006), 앞의 책, 320~321쪽. 울릉도 쟁계 연구의 기본 자료라고 하는『죽도기사(竹島紀事)』(越常右衛門 克明 編集, 1726)도 예외는 아니다.『竹島紀事』元祿 11年 5月, 12年 10月 19日條 등 참조.

9 『日本外交文書』2-3, 문서번호 574;3, 문서번호 87;愼鏞廈(2001),『獨島領有權 資料의 探究』4, 156~164쪽.

10 堀和生(1987), 앞의 글, 105쪽.

11 堀和生(1987), 앞의 글, 118쪽.

12 『增補文獻備考』上,「增補文獻備考凡例」.

512년(지증왕 13)	6월	신라 이찬(伊飡) 이사부(異斯夫), 우산국을 정벌함. 이후 우산국은 신라에 매년 토산물 바침.
930년(태조 13)	8월 15일	'우릉도(芋陵島)'에서 사자(使者) 백길(白吉)과 토두(土豆)를 고려에 보내어 '방물(方物)'을 바침. 백길을 정위(正位), 토두(土豆)를 정조(正朝)에 배(拜)함.
1018년(현종 9)		우산국, 동북여진족의 침략을 받음. 이원구(李元龜)를 우산국에 보내어 농기구를 전함.
1019년(현종 10)	7월 24일	동북여진족의 침략을 받아 내륙으로 피난하여 온 우산국인들을 모두 돌려보냄.
1022년(현종 13)	7월 9일	여진 지역에 잡혀 갔다가 도망하여 온 우산국인들을 예주[禮州(영덕(盈德))]에 편호(編戶).
1032년(덕종 1)	11월 8일	우릉성주(羽陵城主), 아들 부어잉다랑(夫於仍多郞)을 보내 토물(土物)을 바침. 이후 울릉도(鬱陵島)에서 사자를 보내 토산물을 바쳤다는 기사가 보이지 않음. 우산국은 11세기 초 동북여진족(東北女眞族)의 침략을 받은 뒤 급격히 쇠망하여 갔으며, 마침내 울릉도는 촌락 기지만 있는, 거의 사람이 살지 않는 도서가 되어버렸던 것으로 추정.
1141년(인종 19)	7월 3일	명주도감창사(溟州道監倉使) 이양실(李陽實)이 파견한 사람이 울릉도에서 돌아와 과일·나뭇잎 등을 바침. 이 무렵(12세기 중엽)부터 울릉도는 울릉도(蔚陵島)·우릉도(羽陵島·芋陵島)·무릉도(武陵島) 등으로 불리워졌는데, 이 가운데서도 자주 쓰인 것이 울릉도(蔚陵島)임.
1157년(의종 11)	5월 12일	내륙인을 이주시킬 목적으로 울릉도에 파견되었던 명

		주도감창전중내급사(溟州道監倉殿中內給事) 김유립(金柔立)이 돌아와 이날, (1) 섬 가운데 큰 산이 있는데 그 산정에서 동쪽 해안까지가 1만여 보(步), 서쪽 해안까지가 1만 3천여 보, 남쪽 해안까지가 1만 5천여 보, 북쪽 해안까지가 3천여 보에 달한다는 것, (2) 7군데의 촌락 기지와 석불·철종·석탑 등이 있다는 것, (3) 시호·고본·석남초(柴胡·藁本·石南草) 등이 자란다는 것, (4) 암석이 많아 사람이 살기에 적합하지 않다는 것 등을 보고함. 이 무렵부터 울릉도는 동계(東界) 울진현(蔚珍縣) 관할로 편입된 것으로 추정.
1243년(고종 30)		집권자 최이[우](崔怡[瑀]), 동군민(東郡民)[동부(東部)지방의 군민(郡民)?]을 울릉도에 이주시켰으나 익사자가 많이 생김에 따라 곧 철수.
1273년(원종 14)		울릉도에 진기한 나무가 많은 것으로 알려지고, 몽골 지배기로 들어서면서 원(元)의 목재(木材) 요청이 있자, 울릉도 목재 벌채가 계획됨.
1346년(충목왕 2)	3월 30일	동계(東界) 우릉도인(芋陵島人)이 내조(來朝).
1371년경(공민왕 20)		영흥군 환(永興君 環), 무릉도로 유배.
1379년(우왕 5)	7월	왜(倭), 무릉도에 침입.
14세기 말(공민왕대)		울릉도가 무릉도로 불리워짐. 이 호칭은 조선 태조·태종대에도 그대로 사용되었는데, 태종대에는 무릉도(武陵島)라고도 하였으며, 세종~성종대에는 무릉도(茂陵島)로 쓰여진 경우가 더 많았던 편이고, 때로는 우산도로 불리워지기도 함.
1403년(태종 3)	8월 11일	무릉도 거민을 출륙(出陸)시키는 조처를 취함. 이 무렵 왜(倭)가 강릉(江陵) 임내(任內)·우계(羽溪)와 장기(長鬐) 등지에 침입하고 있었으므로 이에 대비하기 위한 것이었음. 이는 조선 초기 울릉도 공도정책(空島

		政策)의 단서가 됨.
1407년(태종 7)	3월 16일	쓰시마도 수호(守護) 소 사다시게(宗貞茂), 사람을 보내어 도내의 여러 부락을 이끌고 무릉도에 옮겨 살기를 청함.
1412년(태종 12)	4월 15일	강원도 고성군(高城郡) 어라진(於羅津)에 내박한 유산국도인(流山國島人) 백가물(白加勿) 등 12명을 통주(通州, 통천〈通川〉)·고성(高城)·간성(杆城) 등지에 분치(分置)케 함.
1416년(태종 16)	9월 2일	전강원도관찰사(前江原道觀察使) 호조참판 박습(朴習)의 계언(啓言)에 "옛날 방지용(方之用)이란 자가 15호를 이끌고 [무릉도(武陵島)에] 입거하였는데, 혹 때로는 가왜(假倭)로 입구(入寇)하였다"고 함. 호조참판 박습(朴習)의 계언에 따라 무릉도를 잘 아는 전만호(前萬戶) 김인우(金麟雨)를 무릉등처안무사(武陵等處安撫使)에, 이 섬을 다녀온 바 있는 삼척인(三陟人) 이만(李萬)을 반인(伴人)에 임명하여 울릉도에 파견하기로 함. 거민을 쇄환(刷還)하기 위한 것임.
1417년(태종17)	2월 5일	무릉등처안무사 김인우가 우산도에서 돌아옴. 대죽(大竹)·수우피(水牛皮)·생저(生苧)·면자(綿子)·검박목(檢樸木) 등의 토산물을 바치고, 거민 3명도 데려 옴. 섬 안에 15호 남녀 86명이 살고 있다고 보고.
	2월 8일	김인우가 돌아오자 국왕은 즉시 우의정 한상경(韓尙敬)과 6조(曹)·대간(臺諫)으로 하여금 우산·무릉도 거민의 쇄환(刷還) 편부(便否)를 의논케 함. 다수의 의견은 거민들에게 5곡과 농구를 지급, 안업(安業)케 하되 주수(主帥)를 파견하여 무휼하고, 또 토공(土貢)을 바치게 하는 것이 옳다고 함. 국왕, 공조판서 황희(黃喜)의 건의를 받아들여 거민의 쇄환을 결정하고 김인우를 다시 안무사에 임명, 파견키로 함으로써 공도정책을 확정.

1419년(세종 1)	연초	무릉도 거민의 쇄환을 일단 마무리 지은 것으로 추정.
	4월 19일	"무릉에서 출래한 남녀 17명이 경기(京畿) 평구역리(平丘驛里)에 이르러 양식이 떨어졌다"고 함.
1425년(세종 7)	8월 8일	1423년(세종 5) 김을지(金乙之) 등 28명이 무릉도로 도망가 살다가 금년 5월 김을지 등 7명이 평해군(平海郡) 구미포(仇彌浦)에 잠입했다가 체포됨. 정부에서는 잔여 거민을 쇄환하기 위하여 김인우(金麟雨)를 우산·무릉등처안무사(于山·武陵等處安撫使)에 임명·파견함. 수군 46명이 탄 배 1척이 풍랑을 만나 실종.
	10월 20일	우산·무릉등처안무사 김인우 복명함. 무릉도의 남녀 20명을 수포(搜捕)하여 옴. 정부 관원들 가운데에는 이들이 역(役)을 피한 허물을 들어 처벌할 것을 주장함. 그 범행이 사면령이 내리기 이전임을 들어 형벌을 과하지 않고 다만 충청도의 심원(深遠)한 산군(山郡)에 배치하여 다시 도망가지 못하도록 함.
	12월 28일	우산·무릉등처안무사 김인우를 수행했다가 실종된 46명 중 장을부(張乙夫) 등 10명이 일본에서 돌아옴.
1430년(세종 12)	1월 26일	함길도관찰사에게 요도(蓼島)를 다녀왔다는 김남련(金南連)을 서울로 올려 보내되, 늙거나 병들었으면 이 섬의 사정을 물어서 보고하게 함.
	4월 4일	상호군(上護軍) 홍사석(洪師錫)을 강원도에 보내어 요도를 심방(尋訪)케 함.
	4월 6일	전농군(典農軍) 신인손(辛引孫)을 강원도에 보내어 요도를 심방케 함.
1432년(세종 14)	1월 19일	「신찬팔도지리지(新撰八道地理志)」(『세종실록』「지리지」) 찬진(撰進)됨. 강원도 울진현조에 "우산·무릉(于山·武陵) 두 섬이 현(縣)의 정동(正東) 바다 가운데 있다[두 섬은 서로 떨어짐이 멀지 않아 풍일(風日)이 청명(淸明)하면 바라

		볼 수 있다.」라는 요지의 울릉도·독도에 관한 지지(地誌)를 실음.
1436년(세종 18)	(윤)6월 20일	강원도관찰사 유계문(柳季聞)이 장계를 올려 무릉도 우산은 땅이 기름지고 산물이 많을 뿐 아니라, 동서남북이 각각 50여 리나 되고 선박을 정박시킬 곳도 있으므로 모민(募民), 이주시키되 만호(萬戶)나 수령(守令) 등 배치 건의.
1437년(세종 19)	2월 8일	유계문(柳季聞)이 재차 장계를 올려 무릉도에 왜가 침입할 우려가 있음을 지적하고 현(縣)을 설치하여 이민할 것을 요청함. 국왕도 왜의 무릉도 점거를 우려하였으나 현을 설치하고 이민하는 데에는 어려움이 있음을 지적하면서 매년 관원을 보내어 섬 안을 탐사하고 토산물을 채집하며, 혹은 마장(馬場)을 설치하여 왜의 점거를 막는 것이 바람직하다는 뜻을 피력함. 그리고 만약 사람을 파견할 경우 그 시기, 장비, 선박 수 등을 조사 보고할 것을 지시.
1438년(세종 20)	4월 21일	도닉(逃匿)한 인구(人口)의 수색 검문을 겸하여, 전호군(前護軍) 남회(南薈), 전부사직(前副司直) 조민(曹敏)을 순심경차관(巡審敬差官)에 임명하여 무릉도로 파견함.
	7월 15일	4월에 무릉도에 파견되었던 경차관 남회·조민 등이 돌아와 복명함. 이들은 남녀 66명을 수포(搜捕)하여 왔고, 또 사철(沙鐵)·석종유(石鐘乳)·생포(生鮑)·대죽(大竹) 등의 토산물을 바침.
	7월 26일	강원도관찰사에게 양양(襄陽)의 동쪽 바다에 있다는 요도의 탐문 지시.
	11월 25일	경차관 남회 등에게 수포되어 온 무릉도 입거인들이 '본국(本國)을 모배(謀背)한 죄(罪)'로 관헌의 국문(鞫問)을 받음. 수모죄인(首謀罪人) 김안(金安)을 교형(絞刑)에 처하고, 그 밖에 도죄인(從罪人)들을 모두 종성(鍾城)으

		로 이주 결정.
1439년(세종 21)	2월 7일	무릉도 입거인 김범(金凡)·귀생(貴生) 등을 교형(絞刑)에 처함.
1441년(세종 23)	7월 14일	함길도관찰사·도절제사에게 새 땅[요도]의 탐문 지시.
1445년(세종 27)	6월 12일	강원도관찰사에게 요도의 탐문을 지시.
	8월 17일	강원도관찰사에게 요도 발견자에 대한 포상 조건을 알리고 이를 관내에 널리 효유케 함.
1451년(문종 1)	8월 25일	『고려사(高麗史)』 찬진(撰進)됨. 「지리지(地理志)」 동계(東界) 울진현(蔚珍縣)조에 "울릉도가 있다[현(縣)의정동(正東)바다 가운데 있다. 신라 때 우산국이라 일컬었다. 혹은 무릉(武陵) 혹은 우릉(羽陵)이라고도 한다. …… 혹은 '우산과 무릉은 본디 두 섬으로 서로 떨어짐이 멀지 않아 풍일이 청명할 때 바라볼 수 있다'고 한다]"라는 요지의 울릉도·독도에 관한 지지(地誌)를 실음.
1457년(세조 3)	4월 16일	전중추원부사(前中樞院副使) 유수강(柳守剛)이 상서하여 우산·무릉 두 섬에 읍을 설치할 것 등을 건의함. 이날 병조의 요청에 따라 윤허하지 않음. 다만 두 섬의 입거인을 쇄환하지 말도록 지시.
	12월 11일	영안도관찰사(永安道觀察使) 이계손(李繼孫)에게 삼봉도(三峯島)로 도망쳐 간 자들을 탐문 보고할 것을 지시.
1470년(성종 1)	5월	함경도인 김한경(金漢京)이 동료 1명과 같이 삼봉도에 표박(漂泊)하여 거민들과 만났다고 함.
1471년(성종 2)	8월 17일	강원도관찰사 성순조(成順祖)에게 무릉도로 잠입(潛入)한 자들을 수포하기 위한 준비를 지시함.
1472년(성종 3)	2월 3일	병조에서 삼봉도수멱절목(三峯島搜覓節目)을 마련하여 보고.
	3월 6일	인정전에 나아가 과거에 응시하는 선비들에게 책문(策問, 시무〈時務〉)를 시험 봄)함. 삼봉도가 그 문제로 출제.

	4월 1일	삼봉도경차관(三峯島敬差官) 박종원(朴宗元)이 사폐(辭陛)함. 삼봉도의 위치를 잘 아는 함길도인 김한경과 왜·여진통사(倭·女眞通事) 각 1인이 수행.
	6월 12일	강원도관찰사 이극돈(李克墩), 경차관 박종원 등의 삼봉도 탐험 결과 보고. 경차관 일행이 울진포(蔚珍浦)를 떠나 삼봉도로 출발하였으나, 도중에 폭풍을 만나 박종원이 탄 선박은 무릉도 앞 15리쯤까지 갔다가 간성(杆城) 청간진(淸簡津)으로 돌아왔으며, 사직(司直) 곽영강(郭永江) 등이 탄 3척은 무릉도에 도착하여 3일 동안 머무르면서 도내를 수색하였으나 사람은 보이지 않고 옛 집터만 있을 뿐이었으므로 대나무 수 개를 베어 싣고 강릉 우계현(羽溪縣) 오이진(梧耳津)으로 돌아왔다고 함.
1473년(성종 4)	8월 12일	병조에서 삼봉도수멱절목을 의론하여 보고.
	1월 9일	영안도관찰사(永安道觀察使) 정난종(鄭蘭宗)에게 무릉도·요도의 탐문을 지시.
1475년(성종 6)	5월	경차관 박종원을 수행했던 김한경이 영안도민(永安道民) 5~6명과 같이 경원(慶源) 말웅대진(末應大津)을 떠나 다시 삼봉도 탐사를 시도. 떠난 지 3일 만에 삼봉도가 바라보이는 곳까지 당도하였으나 상륙하지 못한 채 되돌아 옴. 그 까닭은 바람 때문이라고도 하고, 혹은 섬에 7~8명의 사람이 있어 대적할 수 없었기 때문이었다고도 함.
1476년(성종 7)	9월	영안도관찰사의 주선으로 김한경이 영흥인(永興人) 김자주(金自周) 등 11명과 같이 삼봉도를 탐사함. 종성(鍾城) 옹구미(瓮仇未)를 떠나 부령(富寧)·회령(會寧)·경원(慶源) 앞바다를 거쳐 10일 만에 삼봉도에서 7~8리 떨어진 곳까지 당도하였으나, 섬에는 바닷물이 관통하여 흘렀고 섬과 바다 사이에는 30개의 사람 모습과 같은 것들[아마도 가지어(可支魚)인 듯]이 줄 서 있었으므

		로, 이들은 두려워 상륙하지 못하고 섬의 모습을 그려 가지고 돌아옴.
	10월 27일	병조의 계청(啓請)에 따라 명년(1477) 4월에 관원을 파견하여 삼봉도를 찾자는 결정을 내림. 그러나 관원들 사이에 삼봉도를 포기해야 한다는 주장도 있고 하여, 국왕의 적극적 의지에도 불구하고, 실행하지 못함.
1479년(성종 10)	5월 12일	병조, 영안도관찰사의 계본(啓本)에 따라 관원을 삼봉도로 파견하여 거민을 쇄환할 것을 청함. 대신들, 거민이 있는지 알아 본 뒤에 다시 의논할 것을 건의.
	8월 30일	국왕, 영안도경차관 신중거(辛仲琚)를 참석시킨 가운데, 대신·부원군·승지들과 삼봉도 정토 문제를 논의하여 다음해 2~3월에 관원을 파견하여 초무(招撫)하되, 영안도관찰사·절도사로 하여금 전함을 준비케 하기로 결정. 이 자리에서 삼봉도 옆에 작은 섬이 있고, 그곳에 2호가 살고 있다는 보고도 있었음. 영안도관찰사 이덕량(李德良), 남도절도사(南道節度使) 이흠석(李欽石), 북도절도사(北道節度使) 신주(辛鑄) 등에게 삼봉도 토벌 준비.
	9월 5일	조위(曹偉) 영안도경차관에 임명. 그는 삼봉도 정토에 사용할 전함의 건조를 감독, 거민을 쇄환하는 사명을 띰.
	9월 12일	삼봉도 투접(投接) 인민에게 내리는 유서(諭書) 작성.
	10월 말	경차관 조위(曹偉), 영안도에서 삼봉도에 보낼 김한경 등 32명을 모집, 3척의 선박에 분승(分乘), 부령(富寧) 남면(南面) 해변에서 삼봉도로 출발. 각 선박의 패두(牌頭)는 문식(文識)이 있거나 직함(職啣)을 가지고 있는 엄근(嚴謹)·김자주(金自周)·김려강(金麗[呂]江) 등으로 국왕의 유서도 휴대.
	12월	김한경 등 역풍으로 삼봉도행을 포기. 김한경과 3패두,

		서울로 잡혀가 병조의 국문을 받음.
1480년(성종 11)	2월	김한경 등의 삼봉도 파견이 좌절되자 정부에서는 다시 삼봉도초무사(三峯島招撫使)의 파견을 계획, 이어 심안인(沈安仁)을 초무사(招撫使)에, 성건(成健)을 부사(副使)에 임명.
	3월 17일	삼봉도초무사 심안인이 사폐.
	5월 30일	삼봉도초무사 심안인 일행, 영안도로 가 석방된 김한경 등과 합류, 9척의 선박을 동원하여 삼봉도로 출발할 예정이었으나, 심안인이 떠난 지 얼마 안 되어, 흙비가 내려 풍수가 고르지 못하다는 이유로 이날 소환령이 내림으로써 초무사의 삼봉도행이 중단.
1481년(성종 12)	1월 9일	초무사의 삼봉도행이 중단되자 정부에서는 영안도관찰사 이극돈(李克墩)의 헌의(獻議)에 따라 다시 삼봉도 수득책(搜得策)을 결정. 영안도 자원인 30여 명으로 하여금 국왕의 유서를 휴대, 입송케 하되 섬의 소재를 확실히 알게 되면 사절을 보내어 거민을 초무하며, 응하지 않을 때는 군사를 보내 토벌한다는 것이었다. 그러나 이 수득책도 실현되지 못했던 것 같다.
1486년(성종 17)	12월	「동국여지승람(東國輿地勝覽)」(수교〈讎校〉) 찬진.
1530년(중종 25)	8월	『신증동국여지승람(新增東國輿地勝覽)』 찬진됨. 강원도 울진현조에 "우산도·울릉도[혹은 무릉(武陵) 혹은 우릉(羽陵)이라고도 한다. 두 섬이 현(縣)의 정동(正東) 바다 가운데 있다. …… 일설에는 우산·울릉은 본디 한 섬이라고 한다]"라는 요지의 울릉도·독도에 관한 지지를 실음.
1592년(선조 25)	4월 14일	일본군 부산포 상륙, 임진왜란 일어남.
1598년(선조 31)	11월	일본군 철수, 왜란 끝남.
1614년(광해군 6)	7월	이보다 앞서 쓰시마, 서계를 보내어 이소다케시마[礒

		(磯)[竹島]의 일본 영유를 주장. 이 달에 조선 측[동래부사 윤수겸(尹守謙)], 쓰시마도로 서계를 보내어 이소다케시마가 조선령 울릉도임을 설명하고 이 섬을 왕래하는 선박은 해적선으로 논할 것임을 경고.
	9월 2일	쓰시마, 다시 서계(書契)를 보내어 도민의 이소다케시마 이주를 청함. 이날 신동래부사 박경업(朴慶業), 쓰시마로 서계를 보내 거듭 이소다케시마가 조선령 울릉도임을 설명하고 이 섬을 왕래하는 선박은 해적선으로 논할 것임을 경고.
1625년(?)(인조 3)	5월 16일	일본 막부, 호키국[伯耆國] 태수(太守)에게 요나고정[米子町] 오오야·무라카와[大谷·村川] 양가(兩家)의 다케시마[竹島, 울릉도] 도해(渡海)를 면허.
1656년(효종 7)		유형원(柳馨遠), 「여지지(輿地志)」 저술. 신경준(申景濬)의 『강계고(疆界考)』나 『동국문헌비고(東國文獻備考)』「여지고(輿地考)」에 의하면 「여지지」는 우산(于山)과 울릉(欝陵)은 "여러 도지(圖志)를 참고할 때 두 섬"이며 "모두 우산국의 땅인데 우산은 왜가 이르는 바 송도(松島)"라고 밝힘.
1667년(현종 8)		일본 이즈모[出雲國, 운주〈雲州〉]의 번사(藩士, 관원) 사이토 호센[齋藤豊仙(宣)], 『은주시청합기(隱州視聽合記[紀])』를 저술. 이 문헌에 오늘의 울릉도와 독도를 가리키는 '다케시마[竹島]'와 '마쓰시마[松島]'라는 명칭이 보임. 이는 일본이 17세기 중엽부터 독도를 마쓰시마로 불렀음을 의미하는 것이지만, 이 문헌은 동시에 일본(운슈[雲州])의 판도를 오키[隱岐]에 국한시킴으로써 마쓰시마(독도)를 그 영역 밖으로 돌리고 있어 마쓰시마가 일본의 판도가 아니라는 것을 명백히 함.
1692년(숙종 19)	3월	조선 어민 50여 명, 울릉도(다케시마)에서 일본 어민과 조우.

1693년(숙종 19)	3월 27일	동래의 노군(櫓軍) 안용복과 울산의 염한(塩干) 박어둔, 연해어민 7명과 울릉도에 출어(出漁).
	4월 18일	안용복, 박어둔 일본 호키국 요나고정 오오야 · 무라카와가 선원들에 의해 일본으로 끌려감.
	4월 20일	안용복 등, 오키 후쿠우라(福浦)에 도착. 역인(役人)들의 조사를 받음. 안용복, 울릉도가 조선의 지계임을 들어 그 구금 납치의 부당성 주장.
	4월 27일	안용복 등, 4월 23일 후쿠우라를 떠나 이날 요나고에 도착함. 돗토리번[鳥取藩]의 가로(家老) 아라오 슈리[荒尾修理] 등의 조사를 받음. 이 조사에서 안용복, 울릉도와 자산도가 조선령임을 인정하는 공문(서계)의 발급을 요청.
	5월 10일	돗토리번 에도[江戶] 번저(藩邸), 안용복 조사 결과를 막부 월번(月番) 노중(老中) 쓰치야 사가미노카미[土屋相模守]에게 보고.
	5월 13일	막부, 안용복 등을 나가사키 봉행소로 이송할 것을 돗토리번에, 나가사키 봉행소로부터 안용복 등을 인수 귀국시키되 조선 어민의 다케시마(울릉도)로의 출어금지를 조선 측에 요청할 것을 쓰시마번에 지시.
	5월 21일	막부 감정두(勘定頭) 마쓰다이라 미노노카미[松平美濃守], 돗토리번에 다케시마 어업에 대하여 문의.
	5월 22일	돗토리번, 막부 감정두 마쓰다이라 미노노카미에게 보내는 보고서에서 다케시마 영유를 부인.
	5월 26일	돗토리번, 막부로부터 조선인들을 나가사키[長崎]로 호송하라는 지시를 받음.
	6월 1일	안용복 등, 막부의 지시에 따라 5월 29일 요나고를 떠나 이날 돗토리 성하에 도착, 아라오 야마토[荒尾大和]

		의 저택(별장)에서 묵음.
	6월 2일 밤	안용복, 아라오 야마토의 저택에서 돗토리번 중신들과 만남. 안용복이 예(例)의 서계를 받은 것도 이 자리(아라오 야마토의 저택)로 추정.
	이날 밤	안용복 등, 거처를 정회소(町會所)로 옮김.
	6월 7일	안용복 등, 성하를 떠남. 호송사절이 따르고 안용복 등은 교자(轎子)에 타는 환송을 받음.
	6월 30일	조선인들에 관한 막부 지시, 쓰시마번에 도착. 안용복 등 나가사키에 도착.
	7월 1일	안용복 등, 나가사키 봉행소에 인계됨. 이날부터 안용복 등에 대한 일본 측의 침책(侵責) 시작.
	8월 14일	안용복 등, 쓰시마번에서 온 사자(使者)에게 인계.
	9월 3일	안용복 등 쓰시마에 도착. 쓰시마번, 이날부터 10월 22일까지 사이에 안용복에게서 예의 서계를 탈취.
	10월 22일	쓰시마도주 소우 요시쓰구[宗義倫] 차왜(差倭) 귤진중(橘眞重, 다다 요자에몬〈多田與左衛門〉)을 부산으로 파견, 서계를 보내어 조선 어민의 "본국 다케시마(本國 竹島)"로의 출어금지를 요청. 이날 귤진중, 안용복 등을 대동하고 쓰시마를 떠남.
	11월 2일	사자 귤진중 부산에 도착, 왜관(倭館)에 듦.
	12월 7일	접위관(接慰官) 홍중하(洪重夏) 동래부에 도착.
	12월 10일	안용복·박어둔 조선 측 접위관에 인계.
	12월	조선 측[예조참판 권해(權瑎)], 죽도(울릉도)로의 출어는 금하되 울릉도가 조선령임을 시사하는 서계를 왜관에 전함.
1694년(숙종 20)	1월	접위관 유집일(俞集一) 동래부에 도착함.

(윤)5월	쓰시마도, 다시 차왜 귤진중을 보내어 회답서계에 들어 있는 '울릉(蔚陵)' 2자의 삭제 요청.
7월 16일	전무겸선전관(前武兼宣傳官) 성초형(成楚珩)이 상소하여 울릉도에 특별히 진(鎭)을 설치하여 왜로 하여금 넘보지 못하도록 할 것을 건의.
8월	접위관 유집일, 다시 동래부로 파견.
8월 25일	일본 측으로부터 회답서계를 회수.
9월 10일	조선 측, 죽도, 즉 울릉도는 강원도 울진현의 속도(屬島)요, 따라서 조선 어민이 범계(犯界)한 것이라고 할 수 없으며, 앞으로 일본 연해민의 울릉도 왕래를 금한다는 요지의 개작(改作)한 서계를 왜관으로 보냄.
9월 19일	영의정 남구만(南九萬), 삼척첨사를 울릉도에 파견, 형세를 조사하여 민호(民戶)를 이주시키거나 진(鎭)을 설치함으로써 왜에 대비할 것을 건의하였고, 이에 따라 장한상(張漢相)을 삼척첨사로 발탁. 장한상, 울릉도를 향하여 삼척을 출발. 일행은 별견역관(別遣譯官, 왜어역관〈倭語譯官〉) 안신휘(安愼徽)를 포함하여 총 150명, 기선(騎船) 2척, 급수선(汲水船) 4척 동원.
9월	쓰시마도주 소우 요시쓰구 사망함. 그의 어린 동생 소우 요시미치[宗義方]가 새 도주로 들어서고 그의 부(父) 소우 요시자네[宗義眞]가 뒤를 돌봄.
10월 6일	삼척첨사 장한상, 9월 20일부터 10월 3일까지 13일 동안을 체류하면서 울릉도를 심찰(審察)하고 이날 삼척으로 돌아옴. 장한상, 울릉도 심찰 결과, 즉 (1) 왜인이 왕래한 흔적이 있다는 것, (2) 민호를 이주시킬 수 없고 따라서 보(堡)도 설치할 수 없다는 것, (3) 울릉도 동남쪽 3백여 리에 한 섬(독도)이 있다는 것 등을 지도와 함께 정부에 보고. 이 장한상의 울릉도 심찰은 울릉도 수토

		제도(搜討制度)의 기원이 됨.
	10월	조정에서, 영의정 남구만의 건의에 따라, 울릉도를 1년, 혹은 2년을 걸러서 수토(搜討)하기로 결정.
1695년(숙종 21)	6월 10일	차왜 귤진중, 동래부사(東萊府使)에게 글을 보내어 조선 측의 개작한 서계 중 사실과 다르다고 하는 4개조를 들고 조정의 해명을 요구.
	10월	쓰시마도의 새 도주(島主, 소우 요시미치)의 부(父) 소우 요시자네, 다케시마 소속에 관한 조선 측과의 교섭 전말을 막부에 보고하고 그 지시를 기다림.
	12월 24일	일본 막부(노중 아베 분고노카미[阿部豊後守]), 다케시마 소속에 관한 설문지를 돗토리번으로 보냄.
	12월 25일	에도 돗토리번저[鳥取藩邸], 다케시마의 돗토리번(이나바·호키주[因幡·伯耆州]) 소속을 부인.
	12월말	노중 아베 분고노카미, 돗토리번에 거듭 마쓰시마(우산도·자산도) 소속에 대하여 문의. 돗토리번, 마쓰시마의 영유를 부인.
1696년(숙종 22)	1월 9일	일본 막부의 노중 아베 분고노카미, 쓰시마번의 가로 히라타 나오에몬[平田直右衛門]에게 '다케시마'가 일본과 멀리 떨어져 있으나 조선과는 가깝다 하니 이는 조선의 지계(地界)임이 분명하므로 일본인의 출어를 금할 것이며 이 뜻을 조선에 알려야 한다고 지시.
	1월 23일	노중 아베 분고노카미, 재삼 돗토리번에 마쓰시마 소속에 대하여 문의. 이날, 돗토리번, 마쓰시마는 어느 나라(州)에도 소속되어 있지 않다고 답함.
	1월 28일	일본 막부, 다케시마(울릉도)도해금지령 각서를 쓰시마번의 소우 요시자네에게 수교. 다케시마 도해금지령 봉서(奉書)를 에도 번저(藩邸)에 체재 중인 돗토리번주[鳥

	取藩主] 마쓰다이라 호키노카미[松平伯耆守]에게 통달. 이는 호키국 태수에게 내준 요나고정 오오야·무라카와 양가의 다케시마도항면허(竹島渡航免許)의 취소를 의미하는 것임.
2월 9일	돗토리번, 번주에게 발급된 다케시마 도해면허증을 막부로 반납.
봄	안용복, 쓰시마도주의 불법 비리를 관백(關白)에게 소원(訴願)하기 위해 일본 밀행을 결심하고 울산으로 가 10명의 동지를 모으고 울릉도와 자산도가 그려져 있는 「조선팔도지도」, 자신이 입을 무관복 청첩리(靑帖裏)·흑포립(黑布笠)·가죽신·통정대부(通政大夫, 정3품 당상관의 품계)의 호패 등을 준비. 뱃머리에 두 개의 깃발을 단 깃대도 세움.
3월 18일	안용복 등 아침에 울산 출발, 저녁 때 울릉도 도착.
5월 중순	안용복 등, 울릉도에 출어한 일본 어선을 추격하여 쫓아버리고 5월 15일 자산도(마쓰시마·우산도)에 정박.
5월 18일	안용복 등, 5월 16일 자산도를 출발, 이날 오키도에 안착하여 5월 20~22일까지 역인(役人)들의 조사를 받음. 안용복, 「조선팔도지도」를 보이면서 다케시마와 마쓰시마는 조선 강원도 소속의 울릉도와 자산도임을 밝힘.
6월 4일	안용복 등, 호키주 아카사키[赤崎]에 도착, 다음날(5일) 아오야나루[靑谷津]에 정박. 배에는 「조울양도감세장신안동지기(朝鬱兩島監稅將臣安同知騎)」(전면), 「조선국안동지승주(朝鮮國安同知乘舟)」(이면)라고 쓴 깃발, 농촌 정경과 고향을 읊은 시구를 적은 작은 깃발을 달고 있었음. 이인성(李仁成)이 오키에서 써 넣은 것으로 추정.
6월 12일	안용복 등, 돗토리번에서 거처로 정해준 가로항[加路〈賀露〉港]의 도젠지[東善[禪]寺]에 듦. 외교사절로 인정받기

	시작.
6월 21일	안용복 등, 거처를 돗토리 성하(城下)로 옮김. 이날 돗토리번에서는 교자 2채와 말 9필을 동원함. 이날 안용복 등, 돗토리번 중신들과 상견례를 갖고(제1차 회담) 오키에서 이인성 등과 작성한 소장(訴狀) 초안도 제시했을 것으로 추정.
6월 23일	노중 오쿠보 가가노카미[大久保加賀守], 각서(覺書)를 돗토리번으로 내려 보내어 이객(異客, 안용복 등)들은 배에서만 머무를 것, 이객이 원하는 소송은 나가사키 봉행소(奉行所)에서만 취급하는 것이 원칙이며 그렇지 않으면 귀국시킬 것, 쓰시마번에 연락하여 돗토리로 통사(통역)를 보낼 것임을 지시 내지 고지.
7월 7일	막부로부터 조선인이 돗토리번에 와 있으므로 그곳으로 통사를 파견하라는 지시가 쓰시마번으로 내려옴.
7월 7일 이후	쓰시마번, 에도로 급사(急使)를 파견하여 막부에 조선인 대책의 수정 요청. 이 급사는 돗토리번에 안용복 소장의 취하를 요청하라는 밀명도 띠고 있었을 것으로 추정.
7월 10일 전후	안용복 등, 돗토리번의 중신들과 정회소에서 만나(제2차 회담) 쓰시마도주의 불법 비리를 적은 소장을 요나고의 성주 아라오 야마토에게 건네주었을 것으로 추정.
7월 17일	안용복 등, 코야마지[湖山池]의 작은 섬 아오시마[靑嶋]에 새로 지은 가옥(假屋)으로 거처를 옮김.
7월 19일	돗토리번주 이케다 쓰나키요[池田綱淸], 돗토리로 돌아옴. 번주 마쓰다이라[松平], 안용복 등의 소장을 막부에 납입(納入)하지 않음.
7월 24일	막부, 조선과의 외교는 쓰시마번 외는 할 수 없으므로 조선인들을 귀국시켜야 한다고 돗토리번에 지시.

	8월 1일	돗토리번, 막부의 다케시마(울릉도)도해금지령을 요나고의 오오야·무라카와 양가에 알림.
	8월 4일	마쓰다이라 번주가 파견한 고위관원 히라이 긴자에몬[平井金左衛門], 안용복 등을 청도에서 만나(제3차 회담) 전날 울릉도로 범계(犯界)했다가 안용복 등의 추격을 받았던 어민 15명을 적발 처벌했음을 알리고, 울릉·자산도에 침범하는 자들이 있거나 쓰시마도주가 횡침(橫侵)하는 경우 국서를 보내오면 엄히 처벌할 것임을 다짐함으로써 두 섬이 조선령임을 확인.
	8월 6일	안용복 일행, 아오시마를 떠나 귀국길에 오름.
	8월 말	안용복 일행, 귀국함. 거의가 체포되어 비변사에서 심문을 받음.
	10월 13일	안용복 일행 중 안용복·이인성 외는 모두 방석(放釋).
	10월 16일	소우 요시자네, 전 도주의 문상차 쓰시마도에 건너간 역관 변동지(卞同知)·송판사(宋判事)에게, 일본인의 다케시마 어채(漁採)를 금한다는 막부의 결정을 구두로 알리고 안용복의 정문(呈文 : 소장제출)에 유감스러운 뜻을 표하는 한편, 쓰시마도 봉행(奉行) 평진현(平眞顯) 등이 작성한 다케시마 도해금지령과 정문에 관한 구술서를 전함.
1697년(숙종 23)	1월 10일	변동지·송판사 쓰시마에서 동래부로 돌아옴.
	1월 22일	호송을 명목으로 역관들과 동행한 재판(裁判) 다카세 하치에몬[高勢瀨八右衛門], 소우 요시자네의 다케시마(울릉도) 도해금지령 구두통보에 대한 회답서계의 발급을 조선 측에 요청. 이후 동래부 훈도(訓導)·별차(別差)와 재판 다카세·왜관 관수(館守) 도보 신고로[唐坊新五郎] 사이에 서계 문안(文案)을 놓고 1년여에 걸쳐 절충이 계속됨.

	3월 27일	조정, 울릉도쟁계를 매듭짓는 데 기여한 공로를 참작하여 안용복을 감사(減死) 정배(定配)케 함. 이인성에게도 정배하는 조처가 취해진 것으로 추정.
	8월	부산 왜관의 일본인들 관 밖으로 나와 쓰시마번으로 보내는 서계의 개정 등을 요구하는 시위를 벌임.
1698년(숙종 24)	3월 4일	작년 8월 왜관 일본인들의 관외 시위의 주모자로 지목된 재판 다카세 하치에몬이 쓰시마로 돌아감.
	4월	쓰시마번의 소우 요시자네에게 보내는 서계 문안이 타결. 이 서계에서 조선 측 예조참의 이선부(李善溥)의 서계를 소우 요시자네에게 보내 막부의 결정에 사의를 표하고 울릉도와 다케시마가 1도2명(一島二名)임을 강조.
1699년(숙종 25)	3월	쓰시마도, 부산으로 사자 아비루 소베에[阿比留惣兵衛]를 보내어 조선 측(예조참의 이선부) 서계의 내용을 막부에 보고했음을 알려옴. 이로써 울릉도쟁계가 매듭지어져 울릉도와 우산도가 에도막부에 의해 조선령으로 인정.
	6월 21일	월송포만호 전회일(田會一), 울릉도 수토(6월 4일 출발). 전회일, 울릉도의 지도와 토산물 바침.
1702년(숙종 28)	5월 28일	삼척영장 이준명(李浚明), 울릉도 수토. 이준명, 울릉도의 지도와 토산물 바침.
1705년(숙종 31)	6월 13일	울릉도를 수토하고 돌아오는 도중 익사한 평해군관 황인건(黃仁建) 등 16명에게 휼전(恤典, 국가에서 내리는 은전〈恩典〉)을 거행케 함.
1708년(숙종 34)	2월 27일	부사직 김만채(金萬埰), 상소하여 울릉도에 진(鎭)을 설치할 것을 청함.
1710년(숙종 36)	10월 3일	사직(司直) 이광적(李光迪), 상소하여 왜선이 자주 울릉도에 들어가 어물(魚物)을 채취하고 있으므로 서둘러

		대책을 강구할 것을 청함.
1717년(숙종 43)	3월 17일	흉년으로 울릉도 수토 정지.
1718년 (숙종 44)	2월 30일	흉년으로 울릉도 수토 정지.
1726년(영조 2)	10월 20일	강원도 유생 이승수(李昇粹), 상소하여 울릉도에 변장(邊將) 1원(員)을 두고 민간을 모집하여 경작하게 할 것을 청함.
		쓰시마번, 「죽도기사(竹島紀事)」 편찬.
1734년(영조 10)	1월 13일	훈련원판관 윤필은(尹弼殷), 상소하여 울릉도 등지에서 농사를 짓도록 허락하여 관방(關防)을 공고히 할 것을 청함.
1735년(영조 11)	1월 13일	강원도관찰사 조최수(趙最壽), 흉년으로 울릉도 수토의 정지를 청함. 윤허(允許)하지 않음.
1756년(영조 32)		신경준, 『강계고』를 저술함. 신경준, 『강계고』「울릉도」·「안용복사(安龍福事)」조에서 울진현 정동 바다 가운데 울릉도와 함께 우산도가 있음을 분명히 하고 두 섬의 위치와 연혁, 「여지지」의 기사, 울릉도 영유권 분규, 안용복의 제1·2차 도일 사건에 관하여 자세히 언급함. 『강계고』에서 신경준은 울릉·우산도는 우산국의 땅, 조선의 영토임을 강조.
1769년(영조 45)	10월 14일	영의정 홍봉한(洪鳳漢)의 주청에 따라 울릉도에 관한 문적(文蹟)을 채택, 책자를 만들어 사대·교린의 문자로 삼게 함.
	10월 16일	제조(提調) 원인손(元仁孫)에게 명하여 삼척영장을 지낸 사리를 잘 아는 자와 더불어 울릉도의 봉만(峰巒)·형승(形勝)·물산(物産)을 그려 오게 함.
	11월 29일	울릉도 감찰을 소홀히 하여 그 인삼을 유출시킨 지방관 삼척부사 서노수(徐魯修)를 처벌.

	12월 9일	강원도관찰사 홍명한(洪名漢), 울릉도 인삼 밀채와 연루된 혐의로 탄핵 받아 물러남.
1770년(영조 46)	1월 4일	강원도관찰사 서명선(徐命善)을 인견하고 울릉도에서 채삼(採蔘)을 금지케 함.
	8월 5일	『동국문헌비고』 찬진됨. 신경준이 동서(同書)의 「여지고」를 담당 편찬함. 신경준, 울진조에서 우산도·울릉도를 다루면서 『강계고』의 「울릉도」·「안용복사」조의 기사를 대부분 그대로 전재. 우산·울릉이 두 섬임을 본문에서 밝히고, 그 위치와 연혁, 울릉도 영유권 분규, 안용복 도일 사건을 부록으로 묶고 있는 것, 「여지지」의 기사를 "울릉(欝陵)과 우산(于山)은 다 우산국(于山國)의 땅인데, 우산은 왜(倭)가 이르는 바 송도(松島)다"라고 간결 명확하게 인용하고 있는 것이 다름.
1779년(정조 3)		나가쿠보 세키스이[長久保赤水]의 「개정일본여지노정전도(改正日本輿地路程全圖)」 제작됨. 다케시마(울릉도)와 마쓰시마(독도)를 조선 본토와 함께 채색하지 않고 경·위도를 표시하지 않음으로써, 채색을 하고 경위도를 표시한 일본 영토와 구별하고 있는 것이 주목됨.
1785년경(정조 9)		하야시 시헤이[林子平]의 「삼국접양지도(三國接壤之圖)」 제작됨. 울릉도와 독도를 조선 영토로 채색하고 "조선의 차지로"라는 설명까지 곁들인 것이 주목됨.
1787년(정조 11)	5월 27일(양)	프랑스 해군 대령 라 페루즈(La Pe'rouse, Jean Francois Galaup de)가 이끄는 부솔(Boussol)호, 울릉도를 발견.
	5월 28일(양)	라 페루즈, 새로 발견한 섬(울릉도)을 다줄레(Isle Dagelet)로 명명.
	7월 25일	울산의 해척(海尺, 고기잡이를 전업(專業)으로 하는 사람) 등 14명에게 울릉도에서의 채복(採鰒) 공문을 내 준 경상좌도 병마절도사 강오성(姜五成), 울산부사 심공예

		(沈公藝)를 우선 파직한 뒤 구속.
1794년(정조 18)	5월 8일	월송포만호 한창국(韓昌國), 울릉도를 수토하고(4월 21일 출발) 돌아옴. 한창국, 울릉도의 지도와 토산물·가지어피(可支魚皮)를 바침.
1795년(정조 19)	6월 4일	이조판서 윤시동(尹蓍東)의 주청에 따라 울릉도 인삼의 채취시기를 명년 봄에서 금년 6~7월로 앞당겨 정함.
1800년대	중엽(막부 말, 메이지 초)	17세기 말(1696, 숙종 22, 元祿 9) 일본 막부의 도해금지령에 따라 잠잠해졌던 일본인의 울릉도 침어(侵漁)가 재개.
1808년경(순조 8)		『만기요람(萬機要覽)』 찬진됨. 동서(同書) 「군정편」 4 해방(海防) 동해(東海)조에 『동국문헌비고』 울진조의 부록 기사, 즉 울릉도·우산도의 위치와 연혁, 울릉도 영유권 분규, 안용복 도일 사건 등을 가감없이 전재함.
1821년(순조 21)		이노 다다타카[伊能忠敬]의 「대일본연해여지전도(大日本沿海輿地全圖)」 제작됨. 다케시마와 마쓰시마가 빠져 있는 것이 주목.
1828년(순조 28)		오카지마 마사요시[岡嶋正義], 『죽도고(竹島考)』 저술.
1836년(헌종 2)	6월	일본 하마다번[濱田藩] 아이즈야 하치우에몬[會津屋 八右衛門] 등 다케시마에서 밀무역, 적발.
1837년(헌종 3)	2월 21일	일본 막부, 다케시마 도해금지령을 다시 내림.
1849년(헌종 15)		프랑스 포경선(捕鯨船) 리앙쿠르(Liancourt)호, 독도 발견. '리앙쿠르 암초(Rochers Liancourt)'로 명명.
1867년(고종 4)		가쓰 카이슈[勝海舟]의 「대일본연해략도(大日本沿海略圖)」 제작. 울릉도를 마쓰시마, 독도를 리앙고루도 로구(リアンコールトロック)로 표기.
1870년(고종 7)	4월	부산에 파견되었던 일본 외무성 출사(出仕) 사다 하쿠보[佐田白茅]·모리야마 시게루[森山茂]·사이토 사카

		에[齋藤榮], 외무성에 「조선국교제시말내탐서(朝鮮國交際始末內探書)」를 제출. 제13항을 '다케시마·마쓰시마가 조선에 부속(附屬)하게 된 시말(始末)'이라고 한 것이 주목. 이해에 하시모토 교쿠란[橋本玉蘭]의 「대일본사신전도(大日本四神全圖)」 제작됨. 울릉도를 마쓰시마, 독도를 리앙고루도 로구(リアンコールトロック)로 표기.
1876년(고종 13)	2월 2일	조일수호조규(朝日修好條規, 강화도조약) 성립.
	7월 6일	조일수호조규부록·무역장정 성립.
		일본 해군성 수로국, 「조선동해안도(朝鮮東海岸圖)」를 제작. 독도를 원 경위도에서 떼어내어 울릉도 아래 안쪽으로 옮겨 실음으로써 그것이 조선령임을 인정.
1877년(고종 14)	3월 17일(양)	일본 내무성, 「일본해 내 다케시마(竹島, 울릉도)와 일도(마쓰시마[松島], 독도) 지적(地籍) 편찬에 관한 질의서」를 태정관(太政官)에 제출하고 그 소속에 대한 판단을 요청.
	3월 29일(양)	일본 태정관 우대신(太政官 右大臣) 이와쿠라 도모미[岩倉具視], 지적 편찬상 문제가 된 다케시마와 마쓰시마가 일본령이 아님을 내무성(內務省)에 지령.
1880년(고종 18)	9월(양)	일본, 군함 아마기[天城]를 보내어 도명상(島名上)의 혼란을 빚고 있는 '마쓰시마'에 대하여 조사. 그 결과 '마쓰시마'는 울릉도, '다케시마'는 그 옆에 있는 죽서(竹嶼)임이 밝혀짐.
1881년(고종 18)	5월	강원도관찰사 임한수(林翰洙), 장계하여 울릉도 수토관이 이 섬에서 벌목 중인 일본인 7명을 적발하였음을 보고. 통리기무아문의 계청에 따라 예조판서 심순택(沈舜澤) 명의의 서계를 일본 외무성으로 보내어 울릉도에서 벌

		목 중인 일본인과 그 선박의 철수 요청.
	5월 23일	부호군(副護軍) 이규원(李奎遠)을 울릉도검찰사(鬱陵島檢察使)에 임명. 통리기무아문의 계청에 따라 울릉도 방수(防守)·이민(移民) 문제를 조사하기 위한 것임.
	8월 20일(양)	일본 외무성 관원 키타자와 미사노부[北澤正誠], 한국·일본·중국의 문헌과 아마기함[天城艦]의 현지 조사 결과를 검토하여 『죽도고증(竹島考證)』(상·중·하)을 작성. 지금의 마쓰시마는 겐로쿠[元祿] 12년(숙종 25, 1699)에 일컬었던 다케시마(울릉도)로 일본 판도 밖에 있는 땅임을 밝혔는데, 이날, 키타자와 미사노부, 『죽도고증』을 다시 요약한 보고서「죽도판도소속고(竹島版圖所屬考)」를 외무성에 제출.
	8월 27일	일본 외무성대리 우에노 가게노리[上野景範], 예조판서 심순택에게 8월 20일자 회답서계(回答書契)를 보내어 울릉도에서의 일본인의 벌목은 듣지 못했던 일이므로 사실을 조사 조처하여 양국 우의에 장애가 되지 않도록 할 것을 약속.
	12월 15일	주조선일본공사관 사무서리 소에다 다카시[副田節], 울릉도에서 벌목한 사실은 있으나 현재 일본인은 모두 철수했다는 요지의 서함을 통리기무아문사 이재면(李載冕) 앞으로 보내옴.
1882년(고종 19)	4월 7일	울릉도검찰사 이규원, 사폐.
	4월 10일	울릉도검찰사 이규원, 등정(登程).
	4월 29일	울릉도 검찰사 이규원 일행, 강원도 평해군(平海郡) 구산포(邱山浦)를 출발, 울릉도로 향함. 총인원 102명, 선박 3척이 동원.
	4월 30일	울릉도검찰사 이규원 일행, 울릉도 서쪽 소황토구미(小黃土邱尾)에 도착.

	5월 12일	울릉도검찰사 이규원 일행, 5월 11일 울릉도 출발, 이 날 평해군(平海郡) 구산포(邱山浦)로 돌아옴.
	6월 5일	울릉도검찰사 이규원 5월 27일 귀경, 서계(書啓)·별단(別單) 등을 올리고 이날 복명. 이규원, 서계·별단과 복명을 통해 (1) 울릉도에 약 140명의 내륙인이 있다는 것, (2) 일본인 78명이 무단 벌목하고 있으며 일본인이 세운 '대일본국송도규곡(大日本國松島槻谷)'이라는 표목(標木)이 있다는 것, (3) 충분한 경식처(耕食處)와 풍부한 해륙산물이 있다는 것 등을 보고하고, (4) 울릉도를 개척할 것, (5) 일본 정부에 항의할 것 등 건의.
	6월 16일	예조판서 이회정(李會正) 명의로 된 서계를 일본 외무성으로 보내어 일본인들이 울릉도에서 무단 벌목하고 있으므로 설법(設法) 엄방(嚴防)하여 잘못이 되풀이 되지 않도록 할 것을 청함.
	8월 20일	영의정 홍순목(洪淳穆)이 상주한 울릉도 개척 방침, 즉 (1) 우선 모민(募民) 개간(開墾)하되 5년부터 세를 걷는다, (2) 영남·호남의 조선(漕船)을 울릉도에서 건조할 수 있도록 허락한다, (3) 검찰사에게 문의하여 도장(島長)을 임명 파견한다, (4) 진(鎭)의 설치는 뒤로 미루되 도장으로 하여금 이에 관한 대책을 미리부터 강구하도록 강원도관찰사에게 지시한다는 것 등 확정.
	8월 말경	울릉도 도장에 전석규(全錫奎)를 임명.
	9월 22일	일본에 체류 중인 수신사(修信使) 박영효(朴泳孝), 일본 외무경(外務卿) 이노우에 가오루[井上馨]에게 일본인의 울릉도에서의 무단 벌목에 대하여 항의.
	10월경	울릉도 개척 사업을 주관할 지방관(地方官)으로 평해군수(平海郡守)를 위촉.
1883년(고종 20)	1월 9일	주조선일본공사 다케조에 신이치로[竹添進一郎], 예조

		판서 이병문(李秉文)에게 조복(照覆)하여 일본인의 울릉도에서의 벌목 금지 약속.
	3월 1일	일본 태정대신(太政大臣) 산죠 시네토미(三條實美), 일본인의 마쓰시마(울릉도) 도항을 금하며, 위반자는 일한무역규칙 제9조와 형법에 의하여 처벌할 것임을 내무경(內務卿) · 사법경(司法卿)에게 내달(內達).
	3월 16일	참의교섭통상사무(參議交涉通商事務) 김옥균(金玉均)을 동남제도개척사겸포경등사(東南諸島開拓使兼捕鯨等事)에 임명.
	4월경	울릉도에 내륙인 약 30명이 입거(入居). 2차로 약 20명이 입거. 총 입거인 수는 7월 현재 16호 54명.
	10월 14일(양)	울릉도 잔류 일본인 255명이 내무성에서 보낸 선박 에치코마루[越後丸] 편으로 철수.
	12월 초	동남제도개척사 수원 탁정식(卓挺埴), 일본 선박 덴쥬마루[天壽丸]의 울릉도 목재의 밀반출(덴쥬마루사건)을 확인. 일본 해군성 수로국(水路局), 『환영수로지(寰瀛水路誌)』 제2권(노한편(露韓編)) 간행. 마쓰시마(울릉도)와 함께 리앙고루도 열암(독도)을 포함하고 있는 것이 주목됨.
1884년(고종 21)	1월 11일	울릉도장 전석규, 덴쥬마루사건에 연루되어 파면. 독판교섭통상사무(督辦交涉通商事務) 민영목(閔泳穆), 일본서리공사 시마무라 히사시[嶋村久]에게 공함(公函)을 보내어 천수환 사건을 항의.
	3월 15일	울릉도 관수(管守)의 직명을 울릉도첨사(鬱陵島僉使)로 정하고 삼척영장(三陟營將)이 겸하게 함.
	6월 22일	조일통상장정(朝日通商章程) 성립. 이 장정 41호는 일본인의 전라 · 경상 · 강원 · 함경 4도 해빈(海濱)에서의 어업

		허가.
		일본인 어채범죄조규(日本人漁探犯罪條規) 성립.
	6월 30일	울릉도첨사를 평해군수가 겸하게 함.
	7월 이후	울릉도 수토를 평해군수와 월송포만호가 담당하게 함.
	12월 17일	해방총관(海防總管) 이규원을 동남개척사(東南開拓使)에 임명. 이해부터 울릉도에 이·교배(吏·校輩)가 배치된 것으로 추정.
1885년(고종 22)	4월 6일	갑신정변 뒤처리 문제를 마무리 짓기 위하여 일본에 건너간 전권부대신 묄렌돌프(Möllendorff, Paul George von), 일본 선박 반리마루[萬里丸]의 울릉도 목재 '도탈(盜奪)'(반리마루사건)을 외무성에 항의하고 압류 요청.
1886년(고종 23)	6월 12일	일본 정부가 울릉도 목재를 밀반출한 무라카미 도쿠하치(村上德八)에게 벌금을 부과하고 이 벌금과 목재 공매 대금을 보내 옴. 이로써 덴쥬마루사건이 매듭지어짐.
1887년(고종 24)	5월 21일	일본대리공사 다카히라 고고로[高平小五郎], 독판교섭통상사무 김윤식(金允植)에게 조회하여 만리환의 목재 공매 대금의 교부를 약속함. 이로써 만리환사건이 매듭지어짐.
1888년(고종 25)	2월 6일	울릉도첨사를 도장으로 바꾸어 평해군 소속 월송포수군만호(越松浦水軍萬戶)가 겸하게 함. 종래의 도장은 가도장(假島長), 혹은 도수(島首)로 호칭.
	2월 26일 이후	겸임도장 월송포수군만호가 울릉도 수토를 전담 실시.
	가을	일본 어민들이 울릉도 연안에 출몰하기 시작. 가족을 거느린 일본인[시로미즈 기치베(白水吉兵衞)]이 울릉도 입적을 원함.
1889년(고종 26)	여름	일본 어선단(24척)이 울릉도에 들어와 곡물을 절취하고

		관고(官庫)·민가(民家)를 부수는 등 크게 소요를 일으킴.
	9월 19일	독판교섭통상사무 민종묵(閔種黙), 일본공사관으로 조회하여 일본 어민들의 울릉도에서의 불법 행위를 항의하고 그 처벌과 배상을 요구.
	10월 20일	조일통어장정(朝日通漁章程) 성립. 장정 22조는 어업준단(어업허가증)을 가진 일본 어선은 전라·경상·강원·함경 4도 해빈에서의 어업을 허가. 일본대리공사 곤도 신수케[近藤眞鋤], 독판교섭통상사무 민종묵(閔種黙)에게 조복하여 일본 어민들의 울릉도에서의 불법 행위를 부산·원산영사에게 조사·처리하도록 지시하였음을 알려옴.
	연말~ 1890년초	영의정 심순택의 건의에 따라 서재(鼠災)를 크게 입은 울릉도에 삼척·울진·평해 3읍의 환곡(還穀) 중 3백 석을 지급케 함.
1890년(고종 27)	(윤)2월 18일	국왕, 강원도관찰사 이원일(李源逸)을 소견하고 울릉도 검찰을 각별히 당부.
	4월	울릉도민, 태하동(台霞洞)에 「영의정심공순택휼진영세불망비(領議政沈公舜澤恤賑永世不忘碑)」 세움.
1891년(고종 28)		일본인의 울릉도 잠입이 다시 시작.
1892년(고종 29)		선전관(宣傳官) 윤시병(尹始炳)을 검찰관(檢察官)에 임명하여 울릉도에 파견. 이해부터 일본 해군, 순차적으로 『일본수로지(日本水路誌)』를 간행. 독도를 수록하지 않고 있는 것이 주목.
1893년(고종 30)		평해군수 조종성(趙鍾成)을 수토관에 임명하여 울릉도에 파견.
1894년(고종 31)	1월 7일	울릉도 이·교배 배치의 폐지를 평해군·울릉도에 지령.
	6월 23일	일본 해군, 서해 풍도(豊島) 해상의 청국 군함 제원·광을

		(濟遠·廣乙)을 공격함. 청일전쟁 시작.
	12월 27일	울릉도 수토제도 폐지. 이해에 평해군수 조종성을 사검관(査檢官)에 임명, 울릉도에 파견. 이해에 일본 해군, 『조선수로지』 간행. 울릉도·독도를 수록.
1895년(고종 32)	1월 29일	울릉도 전임도장을 두기로 함.
	3월 23일	청일전쟁을 매듭짓는 바칸[馬關, 시모노세키(下關)]조약 성립.
	8월 16일	울릉도 도장을 도감(島監)으로 바꿈.
	9월 20일	울릉도 도감에 배계주(裵季周)를 임명.
1896년(건양 원년)	9월경	울릉도에서 작성한 바에 의하면 도내 호구(戸口)가 227호 1,134명(남 662, 여 472), 농지가 4,774.9두락임.
	9월 9일	울릉도 및 압록강·두만강 유역 삼림 벌채권을 러시아인 부린너(Brynner, Y. I.)에게 특허. 이해부터 울릉도에 잠입한 일본인 수는 2백 명 내외의 선을 유지하였고 그 대부분이 벌목에 종사.
1897년(광무 원년)	10월 10일	대한제국 성립.
1898년(광무 2)	5월 26일	칙령(勅令) 제12호로 지방 관제(地方 官制, 1896, 건양 원년 칙령 제36호)를 개정, 울릉도에 도감을 두고 판임관으로 대우하도록 함.
	연말	울릉도도감 배계주, 밀반출된 목재를 찾고자 일본으로 건너가 오키[隱岐]·도쿄 등지에서 재판.
1899년(광무 3)	연초	울릉도도감 배계주, 밀반출된 목재를 찾고자 일본으로 건너가 마쓰에[松江]에서 재판.
	6월 하순	일본인들의 무단 벌목[범작(犯斫)]·밀반출[투운(偷

	運)]을 조사하기 위하여 부산해관세무사서리 라포테(Laporte, E.) 등을 울릉도에 파견.	
7월	부산해관세무사서리 라포테 등 울릉도에서 돌아와, (1) 울릉도에는 2백여 명의 일본인들이 촌락을 형성하고 있다는 것, (2) 이들은 목재를 밀반출하고 상품을 밀매하고 있으며, (3) 거래하는 중 그 뜻을 거스르면 난포한 행동을 한다는 요지의 보고서 제출.	
8월 초	주일러시아공사, 일본 정부에 일본인의 울릉도에서의 벌목 금지 요청.	
8월 3일	주한러시아공사, 한국 정부에 일본인의 울릉도에서의 벌목 항의.	
8월 15일	주한러시아공사, 한국 정부에 일본인의 울릉도에서의 벌목 항의.	
8월 21일	주한일본공사 하야시 곤수케(林權助), 외부대신 박제순(朴齊純)에게 조회하여 러시아의 울릉도 삼림 채벌권을 존중하되 일본 정부의 권리를 유보할 것임을 성명.	
9월 16일	외부대신 박제순, 일본공사에게 조회하여 울릉도 재류 일본인의 철수 요구.	
10월 2일	일본공사 하야시 곤수케, 외부대신 박제순에게 조복하여 울릉도 재류 일본인의 철수 약속.	
10월 11일	주한러시아공사, 한국 정부에 일본인의 울릉도에서의 벌목 항의.	
10월 25일	일본공사 하야시 곤수케, 외부대신 박제순에게 조회하여 울릉도 재류 일본인의 철수가 그 주거권(住居權)과 관계가 없음을 밝힘.	
12월 15일	내부시찰관(內部視察官) 우용정(禹用鼎)을 울릉도 시찰위원(視察委員)에 임명함.	

		일본 해군, 『조선수로지』 간행. 울릉도·독도 수록.
		러시아 군함이 몇 차례 울릉도에 기항.
1900년(광무 4)	3월 16일	이해 초에 울릉도 도감 배계주, 울릉도에서의 일본인들의 작폐(作弊)에 대하여 보고하여 옴. 이날 외부대신 박제순, 일본공사 하야시 곤수케에게 조회하여 일본인의 작폐를 항의하고 그 조속한 철수를 요청.
	3월 23일	일본공사 하야시 곤수케, 외부대신 박제순에게 조회하여 울릉도 재류 일본인의 비행을 공동 조사할 것을 요청하고 일본인의 왕래 거류는 도감의 묵인에 의한 것임을 주장.
	5월 4일	외부대신 박제순, 일본공사 하야시 곤수케에게 조회하여 공동 조사안을 수락.
	5월 31일	이날 울릉도시찰위원 우용정·부산주재 일본영사관보 아카쓰카 쇼수케[赤塚正補] 등 한일 공동 조사단이 울릉도에 도착, 6월 5일까지 체류하면서 일본인들의 비행 등을 조사. 한편 이때의 우용정의 조사에 의하면 도내 재류 일본인 수는 144명, 새로 들어온 자가 70이며, 한국인 호구는 400여 호, 남녀 합계 1700여 명, 전토 7,700여 두락.
	6월 초순	울릉도에 출장 체류 중인 울릉도 시찰위원 우용정, 도민들의 내륙 왕래용 선박 개운환(開運丸)의 구입 비용 마련.
	6월 7일	울릉도에서의 일본인들의 목재[규목(槻木)] 작벌(斫伐)이 재개.
	6월 15일	울릉도시찰위원 우용정, 귀경. 곧 (1) 울릉도 재류 일본인들을 조속히 철수시킴으로써 도민과 삼림을 보호해야 하며, (2) 울릉도 관제도 개편해야 한다는 요지의 보고서를 제출.

	6월 27일	내부대신 이건하(李乾夏)·외부대신 박제순, 외부에서 일본공사 하야시 곤수케와 회합하고 울릉도 재류 일본인의 철수를 요청.
	9월 5일	일본공사 하야시 곤수케, 외부대신 박제순에게 조회하여 한국 측의 울릉도 재류 일본인의 철수요청을 거부.
	10월 22일	내부, '울릉도를 울도(鬱島)로 개칭(改稱)ᄒ고 도감(島監)을 군수(郡守)로 개정(改正)에 관(關)ᄒ 청의서(請議書)'를 의정부에 제출.
	10월 27일	광무 4년 칙령 제41호 '울릉도를 울도(鬱島)로 개칭ᄒ고 도감을 군수로 개정ᄒ 건(件)'을 제정 반포함. 이 칙령 제2조에 울도군의 관할 구역으로 울릉전도(鬱陵全島)·죽도(竹島)와 함께 석도(石島, 독도)를 규정하고 있는 것이 주목됨.
	11월 26일	울도군 초대 군수에 배계주를 임명.
1901년(광무 5)	연초	설군(設郡)을 준비하기 위하여 내부관원 최성린(崔聖麟)을 울릉도에 파견. 이 무렵에 향교(鄕校)도 설립.
	8월	부산해관(釜山海關)의 스미스(Smith,D.H., 士彌須), 동방판(同幇辦) 김성원(金聲遠), 동래감리서주사(東萊監理署主事) 정보섭(丁寶燮) 등을, 울릉도에서의 일본인들의 실태를 조사하기 위하여 이 섬에 파견.
	8월 20일	부산해관의 스미스, 울릉도에서의 일본인의 실태에 관하여 (1) 섬 안에 상주하는 일본인 수는 약 550명이며, 이 밖에도 매년 채어·벌목(採魚·伐木)차 내도(來島)하는 수가 300~400명에 이른다, (2) 도내 일본인의 2대 파벌인 '하다모도당(黨)'과 '와기다당(黨)'이 울릉도를 남북으로 분계(分界), 삼림(森林)을 스스로 영유(領有)하여 '인장(認狀)' 없이 벌목하고 있는데다가 도민들의 벌목을 금하고 위반자로부터 벌금을 징수하고 있다, (3)

		도내 일본 선박 수는 판재(板材)를 싣고 출범 중인 5척을 포함하여 21척이며, 부산일본영사관(釜山日本領事館)의 준단(准單 : 허가증)을 가진 어선 7척과 잠수부정(潛水夫艇) 3척이 있다는 요지의 보고서를 제출.
	9월 14일	울도군, 전도가 일본인으로 가득차고 그들에 의해 삼림이 황폐해졌고, 토지마저 그 수중으로 들어가고야 말 것임을 보고.
1902년(광무 6)	1월	영일동맹 성립. 일본, 한국에 대한 특수권익을 영국으로부터 승인받음.
	3월	울릉도에 일본 경찰관 주재소가 신설됨.
	10월 11일	외부대신서리 최영하(崔榮夏), 일본공사 하야시 곤수케에게 '급행'으로 조회하여 울릉도 일본 경찰관 주재소의 폐지와 재류 일본인의 철수를 요청함.
	10월 29일	일본공사 하야시 곤수케, 외부대신 임시서리 조병식(趙秉式)에게 조복하여 한국 측의 울릉도 일본 경찰관 주재소 폐지, 재류 일본인 철수 요구를 거부함.
1903년(광무 7)	1월 26일	심흥택(沈興澤)을 울도군수(欝島郡守)에 임명.
	4월 20일	울도군수 심흥택 도임(到任).
	5월	일본 어업인 나카이 요사부로[中井養三郎], 울릉도에서 독도로 출어.
	8월 20일	외부대신 이도재(李道宰), 일본공사 하야시 곤수케에게 조회하여 울릉도 일본 경찰관 주재소의 폐지와 재류 일본인의 철수를 거듭 요청.
	8월 24일	일본공사 하야시 곤수케, 외부대신 이도재에게 조복하여 한국 측의 울릉도 일본 경찰관 주재소 폐지, 재류 일본인의 철수 요구를 거부. 이해에 울도군 군아(郡衙)를 도동(道洞)으로 옮김. 관속

		(官屬)·이교(吏校)도 배치.
1904년(광무 8)	2월 8일	일본군 여순(旅順)을 기습 공격함. 러일전쟁 시작.
	2월 23일	한일의정서 성립됨. 일본의 한국에 대한 정치·군사·외교적 간섭이 합리화 됨.
	4월	한일통신기관협정서(韓日通信機關協定書) 성립됨. 우편·전신·전화사업이 일본으로 이관.
	5월 18일	일본의 강요에 따라 러시아와 체결한 조약·협정을 폐기하고 러시아인이나 회사에게 양여한 두만강·압록강·울릉도 삼림 벌식권(伐植權) 등의 폐기를 내용으로 하는 '칙선서(勅宣書)' 반포.
	6월 1일	울릉도에 일본 우편수취소(郵便受取所) 설치.
	7월 5일	일본 해군, 울릉도 망루(望樓) 건설을 결정.
	8월 22일	일본의 강요로 일본인 재정고문관 1명, 일본이 추천하는 외교고문관 1명을 초빙하는 것을 내용으로 하는 제1차 한일협약 외국인 용빙협정(外國人 傭聘協定) 성립. 이달에 나카이 요사브로, 량고도(독도)에 출어.
	9월 2일	울릉도(마쓰시마) 동망루·서망루(東望樓·西望樓) 활동 개시.
	9월 25일	일본 해군, 지난 9월 8일 해군 정박지 죽변만(竹邊灣)과 울릉도 망루를 연결하는 해저 전선 부설에 착공, 이날 완성. 일본 군함 니이다카[新高]의 『일지(日誌)』에 독도를 울릉도 한인들은 '독도(獨島)'라 쓰[書]고, 일본 어부들은 량고도(リヤンコ島)라 부른다고 기록.
	9월 29일	내무성, 일본 시마네현[島根縣] 주길군(周吉郡) 사이고정[西鄕町]의 어업인 나카이 요사브로의 「량고도(독도) 영토 편입 및 대하원(リヤンコ島〈獨島〉領土編入並ニ貸

		下願)」을 수리(受理).
1905년(광무 9)	1월 10일	일본 내무성, 내각에 '무인도 소속에 관한 건', 즉 량고도를 일본 영토로 편입, 다케시마[竹島]로 명명하여 시마네현 소속 오키도새[隱岐島司]의 소관으로 할 것을 청의(請議).
	1월 21일	일본 함대 사령관 도고 헤이하치로[東鄕平八郎], 일본 전 함대의 대한해협 집결령을 내림.
	1월 28일	일본 각의(閣議), 내무성에서 청의한 '무인도 소속에 관한 건'을 승인함. 그 결정문(「내각결정문」) 요지는 (1) 오키도 서북 85리에 있는 무인도(량고도·독도)는 다른 나라에서 점령하였다고 인정할 만한 형적이 없고, 1903년 이래 나카이 요사브로가 이 섬에 이주하여 어업에 종사한 것이 명백하므로 국제법상 점령한 사실이 있는 것으로 인정한다, (2) 따라서 이 섬을 다케시마로 명명, 일본 영토로 편입하여 시마네현 소속 오키도사의 소관으로 한다는 것.
	2월 15일	일본 내무성, 시마네현지사에게 훈령 제87호로 각의의 결정을 관내에 고시할 것을 지령.
	2월 20일	일본 함대 사령관 도고 헤이하치로, 한국 진해(鎭海)에서 러시아에 대한 임전 태세 완료 성명.
	2월 22일	일본 시마네현지사 마쓰나가 다케키치[松永武吉], 시마네현고시 제40호로 량고도(독도)의 영토 편입을 고시.
	5월 27일	일본 함대, 쓰시마 동북해 해전에서 러시아 함대를 대파.
	5월 28일	독도 근해에서 러시아 네보가토프(Nebogatov) 제독이, 울릉도 근해에서 로제스트벤스키(Rozhdestvensky) 제독이 일본 함대에 투항.
	8월	일본 시마네현지사 마쓰나가 다케키치 등 독도 시찰.

	9월 5일	러일전쟁을 매듭짓는 포츠머스 강화조약 성립.
	11월 17일	을사조약(제2차 한일협약) 늑결(勒結)됨. 한국의 외교권을 일본이 접수하고 통감(統監)을 파견하는 것을 주요 내용으로 함.
1906년(광무 10)	1월 17일	외부(外部) 폐지되고 그 사무는 의정부에 설치된 외사국(外事局)으로 넘어감.
	2월 1일	통감부(統監府)·이사청(理事廳) 사무를 개시.
	3월 27일	시마네현 사무관 진자이 요시타로[神西由太郎]를 책임자로 하는 일본 관민 45명으로 구성된 독도 조사대, 독도를 조사.
	3월 28일	진자이 요시타로 등 일본 조사대, 울릉도에 상륙 울도군아(鬱島郡衙)로 군수 심흥택을 방문하여 독도가 일본 영토로 편입되었음을 알려옴.
	3월 29일	울도군수 심흥택, 강원도관찰사서리 춘천군수 이명래(李明來)에게 3월 4일(양 3월 28일) 일본 관인(官人) 일행이 군아를 방문하여 '본군 소속 독도'가 '일본영지(領地)'로 편입되었음을 알려왔다는 사실을 보고. 아마도 이 날짜로 같은 내용을 내부(內部)에도 보고.
	4월 29일	강원도관찰사서리 춘천군수 이명래, 의정부 참정대신(參政大臣)에게 호외보고서(號外報告書)로 울도군수 심흥택의 보고를 보고.
	5월 1일	『대한매일신보』(207호) 「잡보(雜報)」란에 '일본 관원 일행이 군청을 방문하여 독도가 일본 속지(屬地)임을 말하더라'는 울도군수 심흥택의 보고와 이를 부인하는 내부의 지령을 보도.
	5월 7일	강원도관찰사서리 춘천군수 이명래의 '보고서호외(報告書號外)', 의정부 외사국에 접수.

	5월 9일	『황성신문』(2175호) 「잡보」란에 5월 1일자 『대한매일신보』 「잡보」란의 기사와 같은 내용을 보도.
	5월 20일	의정부 참정대신, 강원도관찰사에게 지령 제3호로 독도의 일본 '영지지설(領地之說)'을 부인하고 독도의 형편과 일본인들이 어떻게 행동하였는지 다시 조사 보고할 것을 지령.
1908년(융희 2)	9월 24일	울도군이 강원도에서 경상남도로 이속.
		『증보문헌비고(增補文獻備考)』 찬진. 우산도(芋山島, 독도)가 울도군(鬱島郡) 소속으로 기록.

참고문헌

1. 자료

• 국내자료

「各觀察道案」1, 奎章閣 所藏.

「各部請議書存案」17, 奎章閣 所藏.

「疆界考」(申景濬), 高麗大學校 中央圖書館 所藏.

「江原監營關牒」, 奎章閣 所藏.

「江原道關草」, 奎章閣 所藏.

「啓下書契册」, 奎章閣 所藏.

『高麗史』.

『高麗史節要』.

『高宗實錄』.

『官報』(朝鮮・大韓帝國).

『官報』(大韓民國).

『官報』(朝鮮總督府).

「光緒9年4月日鬱陵島開拓時船格糧米雜物容入假量成册」, 奎章閣 所藏.

「光緒9年7月日江原道鬱陵島新入民戶人口姓名年歲及田土起墾數爻成册」, 奎章閣 所藏.

『光海君日記』, 太白山・鼎足山本.

『交涉局日記』(『舊韓國外交關係附屬文書』), 高麗大學校附設 亞細亞問題研究所, 1974.

「內閣決定文」, 日本內閣文庫 所藏.

「內務省請議書」, 日本內閣文庫 所藏.

「內部來去案」, 奎章閣 所藏.

「內衙門日記」, 奎章閣 所藏.

『大典會通』, 朝鮮總督府中樞院, 1939.

『大韓帝國官員履歷書』, 國史編纂委員會, 1972.

『大韓每日申報』.

『독립신문』.

『東國文獻備考』, 國立中央圖書館 所藏.

「東萊報牒」, 奎章閣 所藏.

『同文彙考』4, 國史編纂委員會, 1978.

『萬機要覽』財用篇·軍政篇, 朝鮮總督府 中樞院, 1937.

『邊例集要』下, 國史編纂委員會, 1970.

『備邊司謄錄』3, 國史編纂委員會, 1959.

『三國史記』.

『三國遺事』.

『成宗實錄』.

『世宗實錄』.

『修信使記錄』, 國史編纂委員會, 1958.

『肅宗實錄』.

『承政院日記』.

『新增東國輿地勝覽』, 東國文化社, 1958.

『俄案』1·2(『舊韓國外交文書』), 高麗大學校附設 亞細亞問題研究所, 1969.

『旅菴全書』(申景濬) I, 景仁文化社, 1976.

「領議政沈公舜澤恤賑永世不忘碑」.

『英祖實錄』.

『外衙門日記』(『舊韓國外交關係附屬文書』), 高麗大學校附設 亞細亞問題研究所, 1974.

「欝島記」(禹用鼎), 高麗大學校附設 亞細亞問題研究所 所藏.

「欝陵島檢察日記·啓本草」(李奎遠).

「蔚陵島事蹟」(張漢相).

「欝陵島郵便所沿革簿」, 鬱陵郡郵便局 所藏.

『尹致昊日記』1, 國史編纂委員會, 1973.

『日案』1~6(『舊韓國外交文書』), 高麗大學校附設 亞細亞問題研究所, 1967.

『正祖實錄』.

「駐韓日本公使館記錄」, 國史編纂委員會 所藏.

『增補文獻備考』, 東國文化社, 1957.

『增補磻溪隨錄』(柳馨遠), 景仁文化社, 1974.

『芝峰類說』(李睟光) 2, 景仁文化社, 1970.

『哲宗實錄』.

「勅令」, 奎章閣 所藏.

『太宗實錄』.

『通文館志』, 朝鮮史編修會, 1944.

『統署日記』2(『舊韓國外交關係附屬文書』), 高麗大學校附設 亞細亞問題研究所, 1973.

『海關案』2(『舊韓國外交關係附屬文書』), 高麗大學校附設 亞細亞問題研究所, 1972.

「鄕藥集成方」, 高麗大學校 中央圖書館 晩松文庫 所藏.

「鄕藥採取月令」, 서울大學校 中央圖書館 所藏.

『皇城新聞』.

• 일본자료

『官報』(日本).

『善隣始末』附錄「竹島始末」, 日本內閣文庫 所藏.

「善隣通交事考」.

『御用人日記』.

『隱州視聽合記[紀]』(齋藤豊仙[宣]), 日本內閣文庫 所藏.

『因府年表』.

『因伯記要』.

『日本古地圖大成』(中村拓), 講談社, 1966.

『日本外交文書』.

「在府日記」(鳥取藩).

『朝鮮通交大紀』.

『鳥取藩史』6.

『竹島考』上・下(岡島正義), 鳥取縣立博物館 所藏, 1828.

「竹島考證」(北澤正誠) 上・中・下, 日本內閣文庫 所藏, 1881.

『竹島及鬱陵島』(奧原碧雲), 日本 松江：報光社, 1907.

『竹島紀事』.

『竹島之書附』.

「村上家文書」.

『通航一覽』.

「行政諸官廳往復雜書類」, 竹島漁獵合資會社, 1905.

『現行法令集覽』上(日本內閣記錄課), 東京：有斐閣書房, 1907.

2. 저서

金柄烈・內藤正中, 『한일전문가가 본 독도』, 다다미디어, 2006.

內藤正中, 『竹島(鬱陵島)をめぐる日朝關係史』, 東京：多賀出版, 2000.

內藤正中(權五曄・權靜 譯), 『獨島와 竹島』, 제이앤씨, 2005.

內藤正中・朴炳涉, 『竹島=獨島論爭』, 新幹社, 2007.

大西俊輝(權五曄・權靜 譯), 『獨島』, 제이앤씨, 2004.

大熊良一, 『竹島史稿』, 東京：原書房, 1968.

朴炳涉, 『안용복 사건에 대한 검증』, 한국해양수산개발원, 2007.

方鍾鉉, 『一簑國語學論集』, 民衆書館, 1963.

北澤正誠, 『竹島考證』上・中・下, 1881.

北澤正誠, 『竹島版圖所屬考』, 1881.

山邊健太郎, 『日韓倂合小史』, 東京：岩波書店, 1976.

小倉進平, 『朝鮮語方言の研究』上, 東京：岩波書店, 1944.

송병기, 『울릉도와 독도』, 단국대학교 출판부, 1999.

송병기, 『독도영유권자료선』, 한림대학교 아시아문화연구소, 2004.

송병기, 『고쳐쓴 울릉도와 독도』, 단국대학교 출판부, 2005.

송병기, 『재정판 울릉도와 독도』, 단국대학교 출판부, 2007.

신용하, 『독도의 민족영토사연구』, 지식산업사, 1996.

신용하, 『독도영유권 자료의 탐구』 4, 독도연구보전협회, 2001.

유미림, 『박세당의 「울릉도」와 장한상의 「울릉도 사적」 역주 및 비교연구』, 한국해양수산
　　　개발원, 2007.

李光麟, 『開化黨研究』, 一潮閣, 1973.

李漢基, 『韓國의 領土』, 서울대출판부, 1969.

이혜은·이형근, 『만은(晩隱) 이규원(李奎遠)의 『울릉도검찰일기(鬱陵島檢察日記)』』, 한국
　　　해양수산개발원, 2006.

林英正, 『獨島 영유권의 日本側 주장을 반박한 일본인 논문집』, 경인문화사, 2003.

趙幾濬, 『韓國資本主義成立史論』, 大旺社, 1977.

中井猛之進, 『欝陵島植物調査書』, 朝鮮總督府, 1919.

池內敏, 『大君外交と「武威」』, 名古屋 : 名古屋大學出版會, 2006.

川上健三, 『竹島の歷史地理學的硏究』, 東京 : 古今書院, 1966.

韓國近代史資料研究協議會, 『獨島研究』, 1985.

韓國史學會, 『鬱陵島·獨島學術調査研究』, 1978.

3. 논문

姜萬吉, 「日本側 文獻을 통해서 본 獨島」, 『獨島研究』, 韓國近代史資料研究協議會, 1985

梶村秀樹, 「竹島=獨島問題と日本國家」, 『朝鮮研究』 182, 1978.

堀和生, 「一九〇五年日本の竹島領土編入」, 『朝鮮史研究會論文集』 24, 1987.

權五曄, 「안용복의 일본에서의 독도·울릉도 수호활동」, 『누가 독도를 침탈하려 하는
　　　가?-독도영유권의 역사적·국제법적 해부-』(독도학회 학술회의 발표문), 2006.

內藤正中, 「隱岐の安龍福」, 『北東アジア文化研究』 22, 2006.

朴炳涉,「竹島問題補遠-島根縣竹島問題研究會 最終報告書批判-」,『北東アジア文化研究』26, 2007.

朴炳涉,「明治政府の竹島=獨島認識」,『北東アジア文化研究』28, 2008.

方鍾鉉,「獨島의 하루」,『京城大學豫科新聞』13호, 1947.

宋炳基,「高宗朝의 鬱陵島·獨島 經營」,『獨島研究』, 韓國近代史資料研究協議會, 1985.

宋炳基,「聯美論의 發展과 初期의 開化政策」,『近代韓中關係史研究』, 檀國大學校出版部, 1985.

宋炳基,「朝鮮後期·高宗朝의 鬱陵島 搜討와 開拓」,『崔永禧先生華甲紀念韓國史學論叢』, 탐구당, 1987.

宋炳基,「朝鮮初期 地理志의 于山·鬱陵(武陵)島記事 檢討」,『龍巖車文燮博士華甲紀念論叢 朝鮮時代史研究』, 신서원, 1989.

宋炳基,「日本의 '량고'島(獨島)領土編入과 鬱島郡守 沈興澤 報告書」,『尹炳奭教授華甲紀念韓國近代史論叢』, 지식산업사, 1990.

宋炳基,「鬱陵島의 地方官制 編入과 石島」,『國史館論叢』23, 國史編纂委員會, 1991.

宋炳基,「資料를 통해 본 韓國의 獨島領有權」,『한국독립운동사연구』10, 1996.

宋炳基,「朝鮮後期의 鬱陵島 經營-搜討制度의 確立-」,『震檀學報』86, 1998.

宋炳基,「凝菴發掘 沈興澤報告書 副本에 대하여」,『凝菴申奭鎬博士誕生100周年紀念 韓國史學論叢』(『白山學報』70), 刊行委員會, 2004.

宋炳基,「安龍福의 活動과 鬱陵島爭界」,『歷史學報』192, 2006.

宋炳基,「獨島(竹島)問題의 再檢討」,『東北亞歷史論叢』18, 2007.

宋炳基,「安龍福의 活動과 竹島(鬱陵島)渡海禁止令」,『東洋學』43, 2008.

申奭鎬,「獨島 所屬에 대하여」,『史海』, 1948.

申奭鎬,「獨島의 來歷」,『思想界』8, 1960.

愼鏞廈,「朝鮮王朝의 獨島領有와 日本帝國主義의 獨島侵略-獨島領有에 대한 實證的 一研究-」,『韓國獨立運動史研究』3, 1989.

李丙燾,「獨島의 名稱에 대한 史的 考察-于山·竹島名稱考-」,『趙明基博士華甲紀念佛敎史學論叢』, 1963.

李瑄根, 「近世 鬱陵島問題와 檢察使 李奎遠의 探察成果-그의 檢察日記를 中心한 若干의 考察-」, 『大東文化研究』 1, 1963.

李俊九, 「17세기말 號牌·戶籍이 말하는 울릉도·독도 파수꾼 安龍福과 朴於屯」, 『朝鮮史研究』 14, 2005.

李燦, 「韓國古地圖에서 본 獨島」, 『鬱陵島·獨島學術調査研究』, 韓國史學會, 1978.

이훈, 「조선 후기의 독도(獨島) 영속 시비」, 『독도와 쓰시마도』, 지성의 샘, 1996.

田保橋潔, 「鬱陵島その發見と領有」, 『青丘學叢』 3, 1931.

田保橋潔, 「鬱陵島の名稱に就いて(補)」, 『青丘學叢』 4, 1931.

鄭杜熙, 「朝鮮初期 地理志의 編纂」, 『歷史學報』 69, 1976.

池內宏, 「朝鮮高麗朝に於ける東女眞の海寇」, 『滿鮮地理歷史研究報告』 8, 1921.

池內敏, 「17-19世紀 鬱陵島海域の生業と交流」, 『歷史學研究』 756, 2001.

池內敏, 「前近代竹島の歷史學的研究序說-隱州視聽合紀の解釋をめぐつて-」, 『青丘學術論文集』 25, 2005.

崔南善, 「鬱陵島와 獨島」, 『六堂崔南善全集』 2, 高麗大學校附設 亞細亞問題研究所, 1973.

崔文衡, 「러시아의 鬱陵島活用企圖와 日本의 對應」, 『獨島研究』, 韓國近代史資料研究協議會, 1985.

崔文衡, 「발틱艦隊의 來到와 日本의 獨島併合」, 『獨島研究』, 韓國近代史資料研究協議會, 1985.

崔書勉, 「古地圖から見た獨島」, 『統一日報』, 1981年 5月 27～29日.

崔書勉, 「韓日間의 歷史的 問題-獨島 問題를 中心으로」, 『日本學』 24, 2005.

호사카유지(保坂祐二), 「林子平圖와 獨島」, 『일어일문학연구』 58 : 2, 2006.

호사카유지(保坂祐二), 「지도와 문헌으로 본 19세기 일본의 대독도 인식」, 『독도와 교과서』(서울대학교 사범대학 학술회의 발표문), 2006.

黃相基, 「獨島問題研究」, 서울大碩士學位論文, 1954.

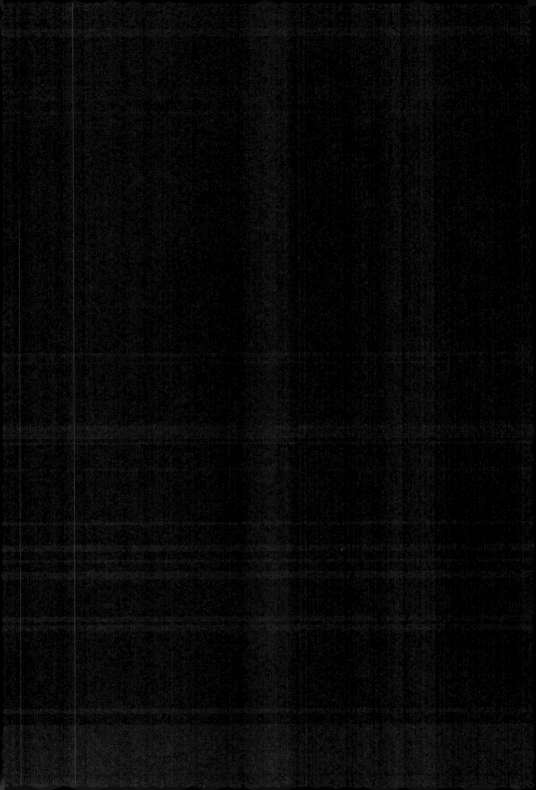